STENDHAL

Le rouge et le noir

PRÉFACE DE ROGER NIMIER

Réussir par des femmes

LE LIVRE DE POCHE

PREFACE A STENDHAL

par Roger NIMIER

Le 23 février 1828, Antoine Berthet, qui avait tiré, dans une église, un coup de pistolet sur une dame, se fit couper la tête par une guillotine. C'est un appareil étriqué, sur lequel on se couche à peine qu'un lourd couperet d'acier vous tombe sur la nuque, vous assomme et, tandis qu'on n'y réfléchit pas, vous sépare en deux.

Le 10 mai 1830, Henry Beyle, un Grenoblois, qui se faisait appeler Stendhal quand il écrivait des livres, donna le bon à tirer du « Rouge et le Noir », c'est-à-dire le bon à guillotiner de Julien Sorel, son héros. Julien Sorel avait copié sur l'épaule d'Antoine Berthet. Tous deux, séducteurs de femmes mariées, ils étaient entrés au séminaire, sans éprouver la Foi, ni soupçonner l'épreuve. Tous deux encore, dénoncés par leur première maîtresse, ils avaient tenté de la tuer.

Stendhal était un gros homme de quarante-sept ans, fier de son mollet, la tête surmontée d'un toupet de cheveux noircis, sur les joues des côtelettes. des lèvres minces sous un nez pointu mais garni. Ancien fonctionnaire de l'Empereur Napoléon, voyageur, estimé dans les salons, belle fourchette, ami des filles, il était réputé pour son esprit. Comme il ne jouait pas le métier de grand homme, des critiques ont imaginé qu'il était méconnu de son temps. C'est le contraire. Balzac, Byron ou Goethe, pas un de ses contemporains qui ne fût frappé par un génie, qui leur semblait bizarre, mais qui leur faisait envie. Catégorique devant les maîtresses de maison, admiré en cachette par les critiques, quelle gloire serait plus honorable : d'un côté, ce public d'égaux, restreint parce qu'on a peu d'égaux; de l'autre, des dames ou des messieurs qui vous ignorent mais finissent par se marier pour faire des enfants qui vous adorent quand ils sont grands.

Ces enfants de Stendhal se sont succédés. Ils ont porté le lorgnon de Taine, les moustaches de Bourget, le panama de Larbaud, la pipe de Giono; ils supportent à présent la réputation d'être frivoles.

Pourtant, qui résume « Le Rouge et le Noir » vous dira qu'il s'agit de la description d'une scierie, en Franche-Comté; qu'un pauvre et très jeune homme sort de cette scierie, se voit placé comme précepteur, séduit la mère de ses élèves, est éloigné, entre au séminaire, s'y déplaît, vient à Paris, séduit une jeune fille blonde, élancée, du grand monde, approche de la plus belle réussite, colonel des Hussards peut-être, mais dénoncé comme intrigant par sa première maîtresse, saute à cheval, tente de la tuer, ne se défend pas devant ses juges, a la tête tranchée.

Ces événements, intelligibles sous la Restauration, où l'on redoutait les précepteurs pauvres qui menaçaient toujours d'une révolution ou d'une grossesse, n'a plus de sens aujourd'hui, tant Stendhal eut de succès, tant la jeunesse a dépassé toute prévision.

Dans la seconde moitié du XXᵉ siècle, en effet, « Le Rouge et le Noir » se déroule autrement. M. de Rênal, maire de Verrières, en Franche-Comté, s'amuse du petit Sorel qui se destine à l'Inspection des Finances et qui pense à gauche. Il le laisse jouer au tennis avec sa femme, qui serre les dents, qui perd, qui boit parfois du whisky et s'intéresse à la littérature, à Stendhal, par exemple.

Julien Sorel songe au parti communiste, mais la situation ne lui paraît pas mûre. Il rencontre une figure admirable dans la personne de l'abbé Pirard, qui fut prêtre ouvrier, tout en restant profond théologien.

L'abbé Pirard l'expédie à Paris. Entouré de jeunes gens sans moralité, sans éducation, qui lui font fête et tentent de le corrompre, dégoûté par ces bavardages, ces lâches liaisons, ces enfants qui singent le diable et supportent mal l'alcool, il tente d'arracher une jeune fille, Mathilde de la Mole, à leur influence. Hélas! il est trop avancé dans la voie de la médiocrité pour y parvenir tout à fait. Mathilde, un jour, se coupera les cheveux courts, pour signifier qu'elle abandonne l'imbécillité et ses pompes. En vain, le succès est plus fort, Julien sera chef de cabinet d'un ministre et il ne sourcillera pas quand Mathilde lui apprendra qu'elle est enceinte. Chiquement, il se proposera de l'épouser et de passer député, à Verrières, où un siège est vacant. Apprenant que son ancienne

maîtresse, Madame de Rênal, fait campagne contre lui, il l'emmène en voiture, accélère parce qu'il sent que toujours il l'aime,
rentre dans un arbre.

Son visage, caché par des bandes Velpeau, lui attire la sympathie des femmes; d'ailleurs, Madame de Rênal est morte
en disant, qu'entre eux, il n'y avait eu que des mains serrées,
des balles perdues.

A la Chambre, le premier soin de Julien Sorel fut de réclamer l'abolition de la peine de mort. Trois petites têtes bouclées animent son appartement, quai de la Muette; on ne l'y
voit guère, car les affaires de l'Etat réclament ses soins. Son
front bas et méchant lui est resté.

Ce front, chez Stendhal, n'était méchant qu'en colère. Inventant un petit homme qui parut épouvantable ou invraisemblable aux yeux de ses contemporains, ce Julien Sorel qui ne
savait pas résister aux tentations prochaines du XXe siècle, il y
a placé tout ce que son esprit portait de calcul, tout ce que
son âme aimait avec ferveur. Oui, généreux, oui, plus qu'un
autre éperdu, oui, la révolution comme le paradis des géomètres, non la tyrannie des imbéciles, jamais la lâcheté même
si elle fut décidée — et les barques laborieuses de l'intrigue,
tournées et retournées par les vagues qui viennent du cœur.

Le savait-il? Stendhal, passionnément étudié depuis cent ans,
chaque blanchisseuse comptée, chaque lettre d'amour pesée, nous
semble avoir vécu dans l'attente, l'exaltation, l'excès, le plaisir, le malheur. La raison, la logique étaient pourtant ses
arguments principaux. Se trompait-il? On relit les lettres misérables qu'il envoyait à une autre Mathilde, Mathilde Dembowska
qui ne l'aimait pas. On oublie qu'il faisait, en 1830, précisément, la conquête d'une Italienne de 17 ans, Giulia Rinieri.
Stendhal, de tous côtés, s'offre à la réflexion, cœur difficile à
percer, mais qui fut vraiment heureux, lorsque le plus célèbre
romancier d'Europe écrivit ce qu'il pensait de « La Chartreuse
de Parme ».

Par la faute de l'auteur, « Le Rouge et le Noir » prête à
des lectures différentes. On peut y flairer Stendhal. On y trouve
le XIXe siècle, étalé sur une table d'opération, ses hobereaux
mis à l'air et ses honnêtes gens, rayonnant de santé sous le
regard du chirurgien. Aussi bien, une étude de l'amour, avançant entre les murs de la société.

Le roman demeure, d'une forme étrange, écrit rapidement
par un homme qui l'avait en tête et qui ne songeait même pas
à inventer (car alors on imite, on se fait bien voir), mais à se
livrer peut-être, car l'apoplexie viendra vous prendre dans la

rue. Mais si Stendhal est mort aujourd'hui, il n'est mort que pour lui.

Il s'était rêvé comme un autre Molière, avec les succès du comique et de la raison, qui ne sont que français. Plus loin, plus proches, c'étaient les actrices et la vie sous forme d'applaudissements. Là, tous les plans de Stendhal échouèrent. Alors qu'il suffit de lire ses dialogues à haute voix pour entendre un admirable auteur de théâtre, il n'a pas su enjamber l'alexandrin.

Dans « Le Rouge et le Noir », sans dommage, tout le monde parle. Les personnages, neufs, d'humeur nouvelle à chaque instant, surpris eux-mêmes par ce qu'ils viennent de faire, contraignent le calcul à respecter la vie. Ils parlent, la fièvre monte, ou bien, la conversation est une épigramme, une équation : pas un mot qui s'endorme.

Inventant, sans y penser, le monologue intérieur, Stendhal a montré M. de Rênal, Julien Sorel, Mathilde, raisonnant, rêvant, courant à la chasse aux pensées, ivres de leur esprit, qu'il soit sage ou fou. Aussi fou, l'auteur semble poursuivre toutes ces idées qu'il n'a pas le temps de rattraper et qui, sans cesse, désignent des femmes, la politique, les âges, les grands hommes, les beaux sentiments et les paysages.

Cette sensibilité, tant de concentration par tant de routes différentes, est remarquable dans le roman français. M. de Rênal maudit Madame de Rênal, va comme un loup de phrase en phrase, « lorsqu'au détour d'une allée, il rencontra cette femme qu'il eût voulu voir morte ». Ici, le metteur en scène cogne la tête de l'acteur contre un élément du décor. Et c'est peut-être la principale raison de l'admiration de Balzac pour Stendhal : chez l'un comme l'autre, qui rêvaient sans cesse, les personnages se réveillent.

Cependant, Balzac, défenseur de l'ordre et de la monarchie, nous décrit une société différente. Rastignac ou Rubempré traversent le désespoir et la boue avant de pouvoir espérer un avenir social qui ne mènera l'un qu'au rang de ministre, et l'autre au grade de pendu. Les vrais rouages sont montrés, toute l'horreur et toute la haine. Chez Stendhal, cela se passe plus facilement. Julien Sorel méprise et surnage. Il saute les barrières, accepte à peine ce qui lui vient, redoute quand il aime, cherche à satisfaire son cœur et son esprit. Il tient des raisonnements sévères — après une injustice : « Julien fut étonné de ce qu'il avait fait. Ce n'est rien, se dit-il, il faudra en venir à bien d'autres injustices, si je veux parvenir et encore savoir les cacher, sous de belles paroles sentimentales. »

Veut-il parvenir? Où Rastignac se laisse porter par un mouvement social, irrésistible, Julien Sorel n'attend même pas la révolution de juillet. Modèle des hommes pressés, inventé par un rude célibataire au poil gris, ayant servi de miroir à l'auteur, il est resté miroir pour ses lecteurs.

Au xxe siècle, les opinions se sont empilées. Léon Blum, à propos de Stendhal, pense surtout à la doctrine, à une façon de choisir la vie, de la discipliner en l'entraînant vers le plaisir ou les idées — en somme, en interdisant à la vie de se perdre en elle-même, comme une tendance courante l'y porte.

Alain, enfourchant ce cheval capricieux, l'a admiré pour sa révolte et sa générosité, écrivant à son propos : « Ce qui est difficile, c'est de n'être jamais dupe, et cependant de tout croire de l'homme. »

Maurice Bardèche a comparé Julien Sorel aux vaincus de l'après-guerre, en soulignant les points de ressemblance entre la Restauration et la IVe République. Ce qui nous rappelle une phrase de Madame de Rênal qui trouve tout son sens aujourd'hui : « Songez, dit-elle à son mari, qu'en 1816, vous avez contribué à certaines arrestations. »

Enfin, Aragon a comparé Julien Sorel à Tartuffe, tous deux pénétrant dans une société hostile avec, pour seule arme, le mensonge.

A ces quatre images, on ajoutera une remarque : le rôle de l'amitié dans la vie de Julien Sorel. Dans le passé, dans les rêves, c'est Napoléon ou Rousseau. De son vivant, c'est Fouqué, le marchand de bois, l'abbé Chélan, l'abbé Pirard ou le marquis de La Mole. Les femmes ne sont que des obstacles à franchir. Comme on est délivré quand elles sont à vous! Comme on est libre de les mépriser ou de s'en passer.

Si elles se rebellent, on les tue. On ne regrette rien. En prison, à l'abri de gros murs, tout près d'avoir la tête coupée, on peut enfin les aimer tendrement.

Balzac, dans une de ses « Lettres de Paris », en 1831, notait que Stendhal « venait de froisser le cœur humain ». Balzac écrivait pour les femmes, ses lectrices passionnées, qui voulaient régner comme des anges sociaux. Il se peut que « Le Rouge et le Noir » en même temps qu'un manifeste de la jeunesse, soit d'abord un livre pour les hommes. Il a fallu que les femmes portent des pantalons et des cheveux courts, pour le comprendre.

ROGER NIMIER.

AVERTISSEMENT

Cet ouvrage était prêt à paraître lorsque les grands événements de juillet sont venus donner à tous les esprits une direction peu favorable aux jeux de l'imagination. Nous avons lieu de croire que les feuilles suivantes furent écrites en 1827.

CHRONIQUE DE 1830

I

La vérité, l'âpre vérité.
DANTON.

CHAPITRE PREMIER

UNE PETITE VILLE

> *Put thousands together*
> *Less had,*
> *But the cage less gay.*
> HOBBES.

La petite ville de Verrières peut passer pour l'une des plus jolies de la Franche-Comté. Ses maisons blanches avec leurs toits pointus de tuiles rouges s'étendent sur la pente d'une colline, dont les touffes de vigoureux châtaigniers marquent les moindres sinuosités. Le Doubs coule à quelques centaines de pieds au-dessous de ses fortifications, bâties jadis par les Espagnols, et maintenant ruinées.

Verrières est abritée du côté du nord par une haute montagne, c'est une des branches du Jura. Les cimes brisées du Verra se couvrent de neige dès les premiers froids d'octobre. Un torrent, qui se précipite de la montagne, traverse Verrières avant de se jeter dans le Doubs, et donne le mouvement à un grand nombre de scies à bois, c'est une industrie fort simple et qui procure un certain bien-être à la majeure partie des habitants, plus paysans que bourgeois. Ce ne sont pas cependant les scies à bois qui ont enrichi cette petite ville. C'est à la fabrique des toiles peintes, dites de Mulhouse, que l'on doit l'aisance générale, qui, depuis la chute de Napoléon, a fait rebâtir les façades de presque toutes les maisons de Verrières.

A peine entre-t-on dans la ville que l'on est étourdi

par le fracas d'une machine bruyante et terrible en apparence. Vingt marteaux pesants, et retombant avec un bruit qui fait trembler le pavé, sont élevés par une roue que l'eau du torrent fait mouvoir. Chacun de ces marteaux fabrique, chaque jour, je ne sais combien de milliers de clous. Ce sont de jeunes filles fraîches et jolies qui présentent aux coups de ces marteaux énormes les petits morceaux de fer qui sont rapidement transformés en clous. Ce travail, si rude en apparence, est un de ceux qui étonnent le plus le voyageur qui pénètre pour la première fois dans les montagnes qui séparent la France de l'Helvétie. Si, en entrant à Verrières, le voyageur demande à qui appartient cette belle fabrique de clous qui assourdit les gens qui montent la grande rue, on lui répond avec un accent traînard : *Eh! elle est à M. le maire.*

Pour peu que le voyageur s'arrête quelques instants dans cette grande rue de Verrières, qui va en montant depuis la rive du Doubs jusque vers le sommet de la colline, il y a cent à parier contre un qu'il verra paraître un grand homme à l'air affairé et important.

A son aspect tous les chapeaux se lèvent rapidement. Ses cheveux sont grisonnants, et il est vêtu de gris. Il est chevalier de plusieurs ordres, il a un grand front, un nez aquilin, et au total sa figure ne manque pas d'une certaine régularité : on trouve même, au premier aspect, qu'elle réunit à la dignité du maire de village cette sorte d'agrément qui peut encore se rencontrer avec quarante-huit ou cinquante ans. Mais bientôt le voyageur parisien est choqué d'un certain air de contentement de soi et de suffisance mêlée à je ne sais quoi de borné et de peu inventif. On sent enfin que le talent de cet homme-là se borne à se faire payer bien exactement ce qu'on lui doit, et à payer lui-même le plus tard possible quand il doit.

Tel est le maire de Verrières, M. de Rênal. Après avoir traversé la rue d'un pas grave, il entre à la mairie et disparaît aux yeux du voyageur. Mais, cent pas plus haut, si celui-ci continue sa promenade, il aperçoit une maison d'assez belle apparence, et, à travers une grille de fer attenante à la maison, des jardins magnifiques. Au-delà, c'est une ligne d'horizon formée par les collines de la

Bourgogne, et qui semble faite à souhait pour le plaisir des yeux. Cette vue fait oublier au voyageur l'atmosphère empestée des petits intérêts d'argent dont il commence à être asphyxié.

On lui apprend que cette maison appartient à M. de Rênal. C'est aux bénéfices qu'il a faits sur sa grande fabrique de clous que le maire de Verrières doit cette belle habitation en pierres de taille qu'il achève en ce moment. Sa famille, dit-on, est espagnole, antique, et, à ce qu'on prétend, établie dans le pays bien avant la conquête de Louis XIV.

Depuis 1815, il rougit d'être industriel : 1815 l'a fait maire de Verrières. Les murs en terrasse qui soutiennent les diverses parties de ce magnifique jardin qui, d'étage en étage, descend jusqu'au Doubs, sont aussi la récompense de la science de M. de Rênal dans le commerce du fer.

Ne vous attendez point à trouver en France ces jardins pittoresques qui entourent les villes manufacturières de l'Allemagne, Leipsick, Francfort, Nuremberg, etc. En Franche-Comté, plus on bâtit de murs, plus on hérisse sa propriété de pierres rangées les unes au-dessus des autres, plus on acquiert de droits aux respects de ses voisins. Les jardins de M. de Rênal, remplis de murs, sont encore admirés parce qu'il a acheté, au poids de l'or, certains petits morceaux de terrain qu'ils occupent. Par exemple, cette scie à bois, dont la position singulière sur la rive du Doubs vous a frappé en entrant à Verrières, et où vous avez remarqué le nom de SOREL, écrit en caractères gigantesques sur une planche qui domine le toit, elle occupait, il y a six ans, l'espace sur lequel on élève en ce moment le mur de la quatrième terrasse des jardins de M. de Rênal.

Malgré sa fierté, M. le maire a dû faire bien des démarches auprès du vieux Sorel, paysan dur et entêté; il a dû lui compter de beaux louis d'or pour obtenir qu'il transportât son usine ailleurs. Quant au ruisseau *public* qui faisait aller la scie, M. de Rênal, au moyen du crédit dont il jouit à Paris, a obtenu qu'il fût détourné. Cette grâce lui vint après les élections de 182*.

Il a donné à Sorel quatre arpents pour un, à cinq cents

pas plus bas sur les bords du Doubs. Et, quoique cette position fût beaucoup plus avantageuse pour son commerce de planches de sapin, le père Sorel, comme on l'appelle depuis qu'il est riche, a eu le secret d'obtenir de l'impatience et de la *manie de propriétaire,* qui animait son voisin, une somme de 6 000 francs.

Il est vrai que cet arrangement a été critiqué par les bonnes têtes de l'endroit. Une fois, c'était un jour de dimanche, il y a quatre ans de cela, M. de Rênal, revenant de l'église en costume de maire, vit de loin le vieux Sorel, entouré de ses trois fils, sourire en le regardant. Ce sourire a porté un jour fatal dans l'âme de M. le maire, il pense depuis lors qu'il eût pu obtenir l'échange à meilleur marché.

Pour arriver à la considération publique à Verrières, l'essentiel est de ne pas adopter, tout en bâtissant beaucoup de murs, quelque plan apporté d'Italie par ces maçons qui au printemps traversent les gorges du Jura pour gagner Paris. Une telle innovation vaudrait à l'imprudent bâtisseur une éternelle réputation de *mauvaise tête,* et il serait à jamais perdu auprès des gens sages et modérés qui distribuent la considération en Franche-Comté.

Dans le fait, ces gens sages y exercent le plus ennuyeux despotisme; c'est à cause de ce vilain mot que le séjour des petites villes est insupportable pour qui a vécu dans cette grande république qu'on appelle Paris. La tyrannie de l'opinion, et quelle opinion! est aussi *bête* dans les petites villes de France qu'aux Etats-Unis d'Amérique.

CHAPITRE II

UN MAIRE

> L'importance! Monsieur, n'est-ce rien? Le respect des sots, l'ébahissement des enfants, l'envie des riches, le mépris du sage.
>
> BARNAVE.

HEUREUSEMENT pour la réputation de M. de Rênal comme administrateur, un immense *mur de soutènement* était

nécessaire à la promenade publique qui longe la colline à une centaine de pieds au-dessus du cours du Doubs.
Elle doit à cette admirable position une des vues les plus
pittoresques de France. Mais, à chaque printemps, les
eaux de pluie sillonnaient la promenade, y creusaient des
ravins et la rendaient impraticable. Cet inconvénient, senti
par tous, mit M. de Rênal dans l'heureuse nécessité d'im-
mortaliser son administration par un mur de vingt pieds
de hauteur et de trente ou quarante toises de long.

Le parapet de ce mur, pour lequel M. de Rênal a dû
faire trois voyages à Paris, car l'avant-dernier ministre de
l'Intérieur s'était déclaré l'ennemi mortel de la promenade de Verrières, le parapet de ce mur s'élève maintenant de quatre pieds au-dessus du sol. Et, comme pour
braver tous les ministres présents et passés, on le garnit
en ce moment avec des dalles de pierre de taille.

Combien de fois, songeant aux bals de Paris aban-
donnés la veille, et la poitrine appuyée contre ces grands
blocs de pierre d'un beau gris tirant sur le bleu, mes
regards ont plongé dans la vallée du Doubs! Au-delà, sur
la rive gauche, serpentent cinq ou six vallées au fond
desquelles l'œil distingue fort bien de petits ruisseaux.
Après avoir couru de cascade en cascade on les voit tomber dans le Doubs. Le soleil est fort chaud dans ces montagnes; lorsqu'il brille d'aplomb, la rêverie du voyageur
est abritée sur cette terrasse par de magnifiques platanes.
Leur croissance rapide et leur belle verdure tirant sur le
bleu, ils les doivent à la terre rapportée que M. le maire a
fait placer derrière son immense mur de soutènement, car
malgré l'opposition du conseil municipal, il a élargi la
promenade de plus de six pieds (quoiqu'il soit ultra et moi
libéral, je l'en loue), c'est pourquoi dans son opinion et
dans celle de M. Valenod, l'heureux directeur du dépôt
de mendicité de Verrières, cette terrasse peut soutenir
la comparaison avec celle de Saint-Germain-en-Laye.

Je ne trouve, quant à moi, qu'une chose à reprendre
au Cours de la Fidélité; on lit ce nom officiel en quinze
ou vingt endroits, sur des plaques de marbre qui ont valu
une croix de plus à M. de Rênal; ce que je reprocherais
au Cours de la Fidélité, c'est la manière barbare dont

l'autorité fait tailler et tondre jusqu'au vif ces vigoureux platanes. Au lieu de ressembler par leurs têtes basses, rondes, et aplaties, à la plus vulgaire des plantes potagères ils ne demanderaient pas mieux que d'avoir ces formes magnifiques qu'on leur voit en Angleterre. Mais la volonté de M. le maire est despotique, et deux fois par an tous les arbres appartenant à la commune sont impitoyablement amputés. Les libéraux de l'endroit prétendent, mais ils exagèrent, que la main du jardinier officiel est devenue bien plus sévère depuis que M. le vicaire Maslon a pris l'habitude de s'emparer des produits de la tonte.

Ce jeune ecclésiastique fut envoyé de Besançon, il y a quelques années, pour surveiller l'abbé Chélan et quelques curés des environs. Un vieux chirurgien-major de l'armée d'Italie retiré à Verrières, et qui de son vivant était à la fois, suivant M. le maire, jacobin et bonapartiste, osa bien un jour se plaindre à lui de la mutilation périodique de ces beaux arbres.

— J'aime l'ombre, répondit M. de Rênal avec la nuance de hauteur convenable quand on parle à un chirurgien, membre de la Légion d'honneur; j'aime l'ombre, je fais tailler *mes* arbres pour donner de l'ombre, et je ne conçois pas qu'un arbre soit fait pour autre chose, quand toutefois, comme l'utile noyer, il *ne rapporte pas de revenu*.

Voilà le grand mot qui décide de tout à Verrières : RAPPORTER DU REVENU. À lui seul il représente la pensée habituelle de plus des trois quarts des habitants.

Rapporter du revenu est la raison qui décide de tout dans cette petite ville qui vous semblait si jolie. L'étranger qui arrive, séduit par la beauté des fraîches et profondes vallées qui l'entourent, s'imagine d'abord que ses habitants sont sensibles au *beau;* ils ne parlent que trop souvent de la beauté de leur pays : on ne peut pas nier qu'ils n'en fassent grand cas; mais c'est parce qu'elle attire quelques étrangers dont l'argent enrichit les aubergistes, ce qui, par le mécanisme de l'octroi, *rapporte du revenu à la ville.*

C'était par un beau jour d'automne que M. de Rênal se promenait sur le Cours de la Fidélité, donnant le bras à sa femme. Tout en écoutant son mari qui parlait d'un air grave, l'œil de madame de Rênal suivait avec inquiétude les mouvements de trois petits garçons. L'aîné, qui pouvait avoir onze ans, s'approchait trop souvent du parapet et faisait mine d'y monter. Une voix douce prononçait alors le nom d'Adolphe, et l'enfant renonçait à son projet ambitieux. Madame de Rênal paraissait une femme de trente ans, mais encore assez jolie.

— Il pourrait bien s'en repentir, ce beau monsieur de Paris, disait M. de Rênal d'un air offensé, et la joue plus pâle encore qu'à l'ordinaire. Je ne suis pas sans avoir quelques amis au Château...

Mais, quoique je veuille vous parler de la province pendant deux cents pages, je n'aurai pas la barbarie de vous faire subir la longueur et les *ménagements savants* d'un dialogue de province.

Ce beau monsieur de Paris, si odieux au maire de Verrières, n'était autre que M. Appert, qui, deux jours auparavant, avait trouvé le moyen de s'introduire non seulement dans la prison et le dépôt de mendicité de Verrières, mais aussi dans l'hôpital administré gratuitement par le maire et les principaux propriétaires de l'endroit.

— Mais, disait timidement madame de Rênal, quel tort peut vous faire ce monsieur de Paris, puisque vous administrez le bien des pauvres avec la plus scrupuleuse probité?

— Il ne vient que pour *déverser* le blâme, et ensuite il fera insérer des articles dans les journaux du libéralisme.

— Vous ne les lisez jamais, mon ami.

— Mais on nous parle de ces articles jacobins; tout cela nous distrait *et nous empêche de faire le bien* (1). Quant à moi je ne pardonnerai jamais au curé.

(1) Historique.

CHAPITRE III

LE BIEN DES PAUVRES

> Un curé vertueux et sans intrigue
> est une Providence pour le village.
>   FLEURY.

Il faut savoir que le curé de Verrières, vieillard de quatre-vingts ans, mais qui devait à l'air vif de ces montagnes une santé et un caractère de fer, avait le droit de visiter à toute heure la prison, l'hôpital et même le dépôt de mendicité. C'était précisément à six heures du matin, que M. Appert, qui de Paris était recommandé au curé, avait eu la sagesse d'arriver dans une petite ville curieuse. Aussitôt il était allé au presbytère.

En lisant la lettre que lui écrivait M. le marquis de La Mole, pair de France, et le plus riche propriétaire de la province, le curé Chélan resta pensif.

Je suis vieux et aimé ici, se dit-il enfin à mi-voix, ils n'oseraient! Se tournant tout de suite vers le monsieur de Paris, avec des yeux, où, malgré le grand âge, brillait ce feu sacré qui annonce le plaisir de faire une belle action un peu dangereuse :

— Venez avec moi, monsieur, et en présence du geôlier et surtout des surveillants du dépôt de mendicité, veuillez n'émettre aucune opinion sur les choses que nous verrons. M. Appert comprit qu'il avait affaire à un homme de cœur : il suivit le vénérable curé, visita la prison, l'hospice, le dépôt, fit beaucoup de questions, et, malgré d'étranges réponses, ne se permit pas la moindre marque de blâme.

Cette visite dura plusieurs heures. Le curé invita à dîner M. Appert, qui prétendit avoir des lettres à écrire : il ne voulait pas compromettre davantage son généreux compagnon. Vers les trois heures, ces messieurs allèrent achever l'inspection du dépôt de mendicité, et revinrent ensuite à la prison. Là, ils trouvèrent sur la porte le geôlier, espèce de géant de six pieds de haut et à jambes arquées;

sa figure ignoble était devenue hideuse par l'effet de la terreur.

— Ah! monsieur, dit-il au curé, dès qu'il l'aperçut, ce monsieur, que je vois là avec vous, n'est-il pas M. Appert.

— Qu'importe? dit le curé.

— C'est que depuis hier j'ai l'ordre le plus précis, et que M. le préfet a envoyé par un gendarme, qui a dû galoper toute la nuit, de ne pas admettre M. Appert dans la prison.

— Je vous déclare, monsieur Noiroud, dit le curé, que ce voyageur, qui est avec moi, est M. Appert. Reconnaissez-vous que j'ai le droit d'entrer dans la prison à toute heure du jour et de la nuit, et en me faisant accompagner par qui je veux?

— Oui, monsieur le curé, dit le geôlier à voix basse, et baissant la tête comme un bouledogue que fait obéir à regret la crainte du bâton. Seulement, monsieur le curé, j'ai femme et enfants, si je suis dénoncé on me destituera; je n'ai pour vivre que ma place.

— Je serais aussi bien fâché de perdre la mienne, reprit le bon curé, d'une voix de plus en plus émue.

— Quelle différence! reprit vivement le geôlier; vous, monsieur le curé, on sait que vous avez 800 livres de rente, du bon bien au soleil...

Tels sont les faits qui, commentés, exagérés de vingt façons différentes, agitaient depuis deux jours toutes les passions haineuses de la petite ville de Verrières. Dans ce moment, ils servaient de texte à la petite discussion que M. de Rênal avait avec sa femme. Le matin, suivi de M. Valenod, directeur du dépôt de mendicité, il était allé chez le curé pour lui témoigner le plus vif mécontentement. M. Chélan n'était protégé par personne; il sentit toute la portée de leurs paroles.

— Eh bien, messieurs! je serai le troisième curé, de quatre-vingts ans d'âge, que l'on destituera dans ce voisinage. Il y a cinquante-six ans que je suis ici; j'ai baptisé presque tous les habitants de la ville, qui n'était qu'un bourg quand j'y arrivai. Je marie tous les jours des jeunes gens dont jadis j'ai marié les grands-pères. Verrières est

ma famille; mais je me suis dit, en voyant l'étranger :
« Cet homme venu de Paris peut être à la vérité un libéral, il n'y en a que trop; mais quel mal peut-il faire à nos
pauvres et à nos prisonniers? »

Les reproches de M. de Rênal, et surtout ceux de M. Valenod, le directeur du dépôt de mendicité, devenant de
plus en plus vifs :

— Eh bien, messieurs, faites-moi destituer, s'était écrié
le vieux curé, d'une voix tremblante. Je n'en habiterai
pas moins le pays. On sait qu'il y a quarante-huit ans,
j'ai hérité d'un champ qui rapporte 800 livres. Je vivrai
avec ce revenu. Je ne fais point d'économies dans ma
place, moi, messieurs, et c'est peut-être pourquoi je ne
suis pas si effrayé quand on parle de me la faire perdre.

M. de Rênal vivait fort bien avec sa femme; mais ne
sachant que répondre à cette idée, qu'elle lui répétait timidement : « Quel mal ce monsieur de Paris peut-il faire
aux prisonniers? » il était sur le point de se fâcher tout à
fait quand elle jeta un cri. Le second de ses fils venait
de monter sur le parapet du mur de la terrasse, et y courait, quoique ce mur fût élevé de plus de vingt pieds sur
la vigne qui est de l'autre côté. La crainte d'effrayer son
fils et de le faire tomber empêchait madame de Rênal de
lui adresser la parole. Enfin l'enfant, qui riait de sa
prouesse, ayant regardé sa mère, vit sa pâleur, sauta sur
la promenade et accourut à elle. Il fut bien grondé.

Ce petit événement changea le cours de la conversation.

— Je veux absolument prendre chez moi Sorel, le fils
du scieur de planches, dit M. de Rênal; il surveillera les
enfants qui commencent à devenir trop diables pour nous.
C'est un jeune prêtre, ou autant vaut, bon latiniste, et
qui fera faire des progrès aux enfants; car il a un caractère ferme, dit le curé. Je lui donnerai 300 francs et la
nourriture. J'avais quelques doutes sur sa moralité, car
il était le benjamin de ce vieux chirurgien, membre de
la Légion d'honneur, qui, sous prétexte qu'il était leur
cousin, était venu se mettre en pension chez les Sorel. Cet
homme pouvait fort bien n'être au fond qu'un agent secret des libéraux; il disait que l'air de nos montagnes

faisait du bien à son asthme; mais c'est ce qui n'est pas
prouvé. Il avait fait toutes les campagnes de *Buonaparté*
en Italie, et même avait, dit-on, signé *non* pour l'empire
dans le temps. Ce libéral montrait le latin au fils Sorel, et
lui a laissé cette quantité de livres qu'il avait apportés
avec lui. Aussi n'aurais-je jamais songé à mettre le fils
du charpentier auprès de nos enfants; mais le curé, justement la veille de la scène qui vient de nous brouiller à
jamais, m'a dit que ce Sorel étudie la théologie depuis
trois ans, avec le projet d'entrer au séminaire; il n'est
donc pas libéral, et il est latiniste.

« Cet arrangement convient de plus d'une façon, continua M. de Rênal, en regardant sa femme d'un air diplomatique; le Valenod est tout fier des deux beaux normands qu'il vient d'acheter pour sa calèche. Mais il n'a
pas de précepteur pour ses enfants.

— Il pourrait bien nous enlever celui-ci.

— Tu approuves donc mon projet? dit M. de Rênal,
remerciant sa femme, par un sourire, de l'excellente idée
qu'elle venait d'avoir. Allons, voilà qui est décidé.

— Ah! bon Dieu! mon cher ami, comme tu prends vite
un parti!

— C'est que j'ai du caractère, moi, et le curé l'a bien
vu. Ne dissimulons rien, nous sommes environnés de libéraux ici. Tous ces marchands de toile me portent envie,
j'en ai la certitude; deux ou trois deviennent des richards;
eh bien! j'aime assez qu'ils voient passer les enfants de
M. de Rênal allant à la promenade sous la conduite de
leur précepteur. Cela imposera. Mon grand-père nous racontait souvent que, dans sa jeunesse, il avait eu un précepteur. C'est cent écus qu'il m'en pourra coûter, mais
ceci doit être classé comme une dépense nécessaire pour
soutenir notre rang.

Cette résolution subite laissa madame de Rênal toute
pensive. C'était une femme grande, bien faite, qui avait
été la beauté du pays, comme on dit dans ces montagnes.
Elle avait un certain air de simplicité, et de la jeunesse
dans la démarche; aux yeux d'un Parisien, cette grâce
naïve, pleine d'innocence et de vivacité, serait même allée
jusqu'à rappeler des idées de douce volupté. Si elle eût

appris ce genre de succès, madame de Rênal en eût été bien honteuse. Ni le coquetterie, ni l'affectation n'avaient jamais approché de ce cœur. M. Valenod, le riche directeur du dépôt, passait pour lui avoir fait la cour, mais sans succès, ce qui avait jeté un éclat singulier sur sa vertu; car ce M. Valenod, grand jeune homme, taillé en force, avec un visage coloré et de gros favoris noirs, était un de ces êtres grossiers, effrontés et bruyants, qu'en province on appelle de beaux hommes.

Madame de Rênal, fort timide et d'un caractère en apparence fort inégal, était surtout choquée du mouvement continuel et des éclats de voix de M. Valenod. L'éloignement qu'elle avait pour ce qu'à Verrières on appelle de la joie, lui avait valu la réputation d'être très fière de sa naissance. Elle n'y songeait pas, mais avait été fort contente de voir les habitants de la ville venir moins chez elle. Nous ne dissimulerons pas qu'elle passait pour sotte aux yeux de *leurs* dames, parce que, sans nulle politique à l'égard de son mari, elle laissait échapper les plus belles occasions de se faire acheter de beaux chapeaux de Paris ou de Besançon. Pourvu qu'on la laissât seule errer dans son beau jardin, elle ne se plaignait jamais.

C'était une âme naïve qui jamais ne s'était élevée même jusqu'à juger son mari et à s'avouer qu'il l'ennuyait. Elle supposait, sans se le dire, qu'entre mari et femme il n'y avait pas de plus douces relations. Elle aimait surtout M. de Rênal quand il lui parlait de ses projets sur leurs enfants, dont il destinait l'un à l'épée, le second à la magistrature, et le troisième à l'Eglise. En somme, elle trouvait M. de Rênal beaucoup moins ennuyeux que tous les hommes de sa connaissance.

Ce jugement conjugal était raisonnable. Le maire de Verrières devait une réputation d'esprit et surtout de bon ton à une demi-douzaine de plaisanteries dont il avait hérité d'un oncle. Le vieux capitaine de Rênal servait avant la révolution dans le régiment d'infanterie de Monsieur le duc d'Orléans, et, quand il allait à Paris, était admis dans les salons du prince. Il y avait vu madame de Montesson, la fameuse madame de Genlis, M. Ducrest, l'inventeur du Palais-Royal. Ces personnages ne reparaissaient que trop souvent dans les anecdotes de M. de Rênal. Mais peu à peu ce souvenir de choses aussi délicates à raconter était devenu un travail pour lui, et, depuis quelque temps, il ne répétait que dans les grandes occasions ses anecdotes relatives à la maison d'Orléans. Comme il était d'ailleurs fort poli, excepté lorsqu'on parlait d'argent, il passait, avec raison, pour le personnage le plus aristocratique de Verrières.

CHAPITRE IV

UN PÈRE ET UN FILS

E sarà mia colpa,
Se cosi è?
                                    MACHIAVELLI.

« MA femme a réellement beaucoup de tête! se disait le lendemain à six heures du matin, le maire de Verrières, en descendant à la scie du père Sorel. Quoi que je lui aie dit, pour conserver la supériorité qui m'appartient, je n'avais pas songé que si je ne prends pas ce petit abbé Sorel, qui, dit-on, sait le latin comme un ange, le directeur du dépôt, cette âme sans repos, pourrait bien avoir la même idée que moi et me l'enlever. Avec quel ton de suffisance il parlerait du précepteur de ses enfants!... Ce précepteur, une fois à moi, portera-t-il la soutane? »

M. de Rênal était absorbé dans ce doute, lorsqu'il vit de loin un paysan, homme de près de six pieds, qui, dès le petit jour, semblait fort occupé à mesurer des pièces de bois déposées le long du Doubs, sur le chemin de halage. Le paysan n'eut pas l'air fort satisfait de voir approcher M. le maire, car ses pièces de bois obstruaient le chemin et étaient déposées là en contravention.

Le père Sorel, car c'était lui, fut très surpris et encore plus content de la singulière proposition que M. de Rênal lui faisait pour son fils Julien. Il ne l'en écouta pas moins avec cet air de tristesse mécontente et de désintérêt dont sait si bien se revêtir la finesse des habitants de ces montagnes. Esclaves du temps de la domination espagnole, ils conservent encore ce trait de la physionomie du fellah de l'Egypte.

La réponse de Sorel ne fut d'abord que la longue récitation de toutes les formules de respect qu'il savait par cœur. Pendant qu'il répétait ces vaines paroles, avec un sourire gauche qui augmentait l'air de fausseté et presque de friponnerie naturel à sa physionomie, l'esprit actif du vieux paysan cherchait à découvrir quelle raison pouvait porter un homme aussi considérable à prendre chez lui son vaurien de fils. Il était fort mécontent de Julien, et c'était pour lui que M. de Rênal lui offrait le gage inespéré de 300 francs par an, avec la nourriture et même l'habillement. Cette dernière prétention que le père Sorel avait eu le génie de mettre en avant subitement, avait été accordée de même par M. de Rênal.

Cette demande frappa le maire. Puisque Sorel n'est pas ravi et comblé de ma proposition, comme naturellement il devrait l'être, il est clair, se dit-il, qu'on lui a fait des offres d'un autre côté; et de qui peuvent-elles venir, si ce n'est du Valenod? Ce fut en vain que M. de Rênal pressa Sorel de conclure sur-le-champ : l'astuce du vieux paysan s'y refusa opiniâtrement; il voulait, disait-il, consulter son fils, comme si, en province, un père riche consultait un fils qui n'a rien, autrement que pour la forme.

Une scie à eau se compose d'un hangar au bord d'un ruisseau. Le toit est soutenu par une charpente qui porte sur quatre gros piliers en bois. A huit ou dix pieds d'élévation, au milieu du hangar, on voit une scie qui monte et descend, tandis qu'un mécanisme fort simple pousse contre cette scie une pièce de bois. C'est une roue mise en mouvement par le ruisseau qui fait aller ce double mécanisme : celui de la scie qui monte et descend et celui qui pousse doucement la pièce de bois vers la scie, qui la débite en planches.

En approchant de son usine, le père Sorel appela Julien de sa voix de stentor; personne ne répondit. Il ne vit que ses fils aînés, espèce de géants qui, armés de lourdes haches, équarrissaient les troncs de sapin, qu'ils allaient porter à la scie. Tout occupés à suivre exactement la marque noire tracée sur la pièce de bois, chaque coup de leur hache en séparait des copeaux énormes. Ils n'entendirent pas la voix de leur père. Celui-ci se dirigea vers le hangar; en y entrant, il chercha vainement Julien à la place qu'il aurait dû occuper, à côté de la scie. Il l'aperçut à cinq ou six pieds plus haut, à cheval sur l'une des pièces de la toiture. Au lieu de surveiller attentivement l'action de tout le mécanisme, Julien lisait. Rien n'était plus antipathique au vieux Sorel; il eût peut-être pardonné à Julien sa taille mince, peu propre aux travaux de force, et si différente de celle de ses aînés; mais cette manie de lecture lui était odieuse, il ne savait pas lire lui-même.

Ce fut en vain qu'il appela Julien deux ou trois fois. L'attention que le jeune homme donnait à son livre, bien plus que le bruit de la scie, l'empêcha d'entendre la terrible voix de son père. Enfin, malgré son âge, celui-ci sauta lestement sur l'arbre soumis à l'action de la scie, et de là sur la poutre transversale qui soutenait le toit. Un coup violent fit voler dans le ruisseau le livre que tenait Julien; un second coup aussi violent, donné sur la tête, en forme de calotte, lui fit perdre l'équilibre. Il allait tomber à douze ou quinze pieds plus bas, au milieu des leviers de la machine en action, qui l'eussent brisé, mais son père le retint de la main gauche, comme il tombait :

— Eh bien, paresseux! tu liras donc toujours tes maudits livres, pendant que tu es de garde à la scie? Lis-les le soir, quand tu vas perdre ton temps chez le curé, à la bonne heure.

Julien, quoique étourdi par la force du coup, et tout sanglant, se rapprocha de son poste officiel, à côté de la scie. Il avait les larmes aux yeux, moins à cause de la douleur physique que pour la perte de son livre qu'il adorait.

— Descends, animal, que je te parle.

Le bruit de la machine empêcha encore Julien d'entendre cet ordre. Son père, qui était descendu, ne voulant pas se donner la peine de remonter sur le mécanisme, alla chercher une longue perche pour abattre des noix et l'en frappa sur l'épaule. A peine Julien fut-il à terre,

que le vieux Sorel, le chassant rudement devant lui, le
poussa vers la maison. Dieu sait ce qu'il va me faire! se
disait le jeune homme. En passant, il regarda tristement
le ruisseau où était tombé son livre; c'était celui de tous
qu'il affectionnait le plus, le *Mémorial de Sainte-Hélène*.

Il avait les joues pourpres et les yeux baissés. C'était
un petit jeune homme de dix-huit à dix-neuf ans,
faible en apparence, avec des traits irréguliers, mais déli-
cats, et un nez aquilin. De grands yeux noirs, qui, dans
les moments tranquilles, annonçaient de la réflexion et
du feu, étaient animés en cet instant de l'expression de
la haine la plus féroce. Des cheveux châtain foncé, plan-
tés fort bas, lui donnaient un petit front, et, dans les
moments de colère, un air méchant. Parmi les innombrables variétés de la physionomie humaine, il n'en est
peut-être point qui se soit distinguée par une spécialité
plus saisissante. Une taille svelte et bien prise annonçait
plus de légèreté que de vigueur. Dès sa première jeunesse,
son air extrêmement pensif et sa grande pâleur avaient
donné l'idée à son père qu'il ne vivrait pas, ou qu'il
vivrait pour être une charge à sa famille. Objet des mépris
de tous à la maison, il haïssait ses frères et son père;
dans les jeux du dimanche, sur la place publique, il était
toujours battu.

Il n'y avait pas un an que sa jolie figure commençait
à lui donner quelques voix amies parmi les jeunes
filles. Méprisé de tout le monde, comme un être faible,
Julien avait adoré ce vieux chirurgien-major qui un jour
osa parler au maire au sujet des platanes.

Ce chirurgien payait quelquefois au père Sorel la
journée de son fils, et lui enseignait le latin et l'histoire,
c'est-à-dire ce qu'il savait d'histoire : la campagne de
1796 en Italie. En mourant, il lui avait légué sa croix de
la Légion d'honneur, les arrérages de sa demi-solde et
trente ou quarante volumes, dont le plus précieux venait
de faire le saut dans *le ruisseau public,* détourné par le
crédit de M. le maire.

A peine entré dans la maison, Julien se sentit l'épaule
arrêtée par la puissante main de son père; il tremblait
s'attendant à quelques coups.

— Réponds-moi sans mentir, lui cria aux oreilles la voix dure du vieux paysan, tandis que sa main le retournait comme la main d'un enfant retourne un soldat de plomb. Les grands yeux noirs et remplis de larmes de Julien se trouvèrent en face des petits yeux gris et méchants du vieux charpentier, qui avait l'air de vouloir lire jusqu'au fond de son âme.

CHAPITRE V

UNE NÉGOCIATION

> *Cunctando restituit rem.*
> ENNIUS.

— Réponds-moi sans mentir, si tu le peux, chien de *lisard;* d'où connais-tu madame de Rênal, quand lui as-tu parlé?

— Je ne lui ai jamais parlé, répondit Julien, je n'ai jamais vu cette dame qu'à l'église.

— Mais tu l'auras regardée, vilain effronté?

— Jamais! Vous savez qu'à l'église je ne vois que Dieu, ajouta Julien, avec un petit air hypocrite, tout propre, selon lui, à éloigner le retour des taloches.

— Il y a pourtant quelque chose là-dessous, répliqua le paysan malin, et il se tut un instant; mais je ne saurai rien de toi, maudit hypocrite. Au fait, je vais être délivré de toi, et ma scie n'en ira que mieux. Tu as gagné M. le curé ou tout autre, qui t'a procuré une belle place. Va faire ton paquet, et je te mènerai chez M. de Rênal, où tu seras précepteur des enfants.

— Qu'aurai-je pour cela?

— La nourriture, l'habillement et trois cents francs de gages.

— Je ne veux pas être domestique.

— Animal, qui te parle d'être domestique, est-ce que je voudrais que mon fils fût domestique?

— Mais, avec qui mangerai-je?

Cette demande déconcerta le vieux Sorel, il sentit qu'en parlant il pourrait commettre quelque imprudence; il s'emporta contre Julien, qu'il accabla d'injures, en l'accusant de gourmandise, et le quitta pour aller consulter ses autres fils.

Julien les vit bientôt après, chacun appuyé sur sa hache et tenant conseil. Après les avoir longtemps regardés, Julien, voyant qu'il ne pouvait rien deviner, alla se placer de l'autre côté de la scie, pour éviter d'être surpris. Il voulait penser à cette annonce imprévue qui changeait son sort, mais il se sentit incapable de prudence; son imagination était tout entière à se figurer ce qu'il verrait dans la belle maison de M. de Rênal.

Il faut renoncer à tout cela, se dit-il, plutôt que de se laisser réduire à manger avec les domestiques. Mon père voudra m'y forcer; plutôt mourir. J'ai quinze francs huit sous d'économies, je me sauve cette nuit; en deux jours, par des chemins de traverse où je ne crains nul gendarme, je suis à Besançon; là, je m'engage comme soldat, et, s'il le faut, je passe en Suisse. Mais alors plus d'avancement, plus d'ambition pour moi, plus de ce bel état de prêtre qui mène à tout.

Cette horreur pour manger avec les domestiques n'était pas naturelle à Julien, il eût fait pour arriver à la fortune des choses bien autrement pénibles. Il puisait cette répugnance dans les *Confessions* de Rousseau. C'était le seul livre à l'aide duquel son imagination se figurât le monde. Le recueil des bulletins de la grande armée et le *Mémorial de Sainte-Hélène* complétaient son coran. Il se serait fait tuer pour ces trois ouvrages. Jamais il ne crut en aucun autre. D'après un mot du vieux chirurgien-major, il regardait tous les autres livres du monde comme menteurs, et écrits par des fourbes pour avoir de l'avancement.

Avec une âme de feu, Julien avait une de ces mémoires étonnantes si souvent unies à la sottise. Pour gagner le vieux curé Chélan, duquel il voyait bien que dépendait son sort à venir, il avait appris par cœur tout le Nouveau Testament en latin, il savait aussi le livre *du Pape*, de M. de Maistre, et croyait à l'un aussi peu qu'à l'autre.

Comme par un accord mutuel, Sorel et son fils évitèrent de se parler ce jour-là. Sur la brune, Julien alla prendre sa leçon de théologie chez le curé, mais il ne

jugea pas prudent de lui rien dire de l'étrange proposition qu'on avait faite à son père. Peut-être est-ce un
piège, se disait-il, il faut faire semblant de l'avoir
oublié.

Le lendemain de bonne heure, M. de Rênal fit appeler
le vieux Sorel, qui, après s'être fait attendre une heure
ou deux, finit par arriver, en faisant dès la porte cent
excuses, entremêlées d'autant de révérences. À force de
parcourir toutes sortes d'objections, Sorel comprit que son
fils mangerait avec le maître et la maîtresse de la maison, et les jours où il y aurait du monde, seul dans une
chambre à part avec les enfants. Toujours plus disposé
à incidenter à mesure qu'il distinguait un véritable
empressement chez M. le maire, et d'ailleurs rempli de
défiance et d'étonnement, Sorel demanda à voir la
chambre où coucherait son fils. C'était une grande pièce
meublée fort proprement, mais dans laquelle on était
déjà occupé à transporter les lits des trois enfants.

Cette circonstance fut un trait de lumière pour le vieux
paysan; il demanda aussitôt avec assurance à voir l'habit
que l'on donnerait à son fils. M. de Rênal ouvrit son
bureau et prit cent francs.

— Avec cet argent, votre fils ira chez M. Durand, le
drapier, et lèvera un habit noir complet.

— Et quand même je le retirerais de chez vous, dit le
paysan, qui avait tout à coup oublié ses formes révéren-
cieuses, cet habit noir lui restera?

— Sans doute.

— Oh bien! dit Sorel d'un ton de voix traînard, il ne
reste donc plus qu'à nous mettre d'accord sur une seule
chose : l'argent que vous lui donnerez.

— Comment! s'écria M. de Rênal indigné, nous sommes
d'accord depuis hier : je donne trois cents francs; je
crois que c'est beaucoup, et peut-être trop.

— C'était votre offre, je le ne nie point, dit le vieux
Sorel, parlant encore plus lentement; et, par un effort
de génie qui n'étonnera que ceux qui ne connaissent pas
les paysans francs-comtois, il ajouta en regardant fixement
M. de Rênal : *Nous trouvons mieux ailleurs.*

À ces mots, la figure du maire fut bouleversée. Il revint

cependant à lui, et, après une conversation savante de deux grandes heures, où pas un mot ne fut dit au hasard, la finesse du paysan l'emporta sur la finesse de l'homme riche, qui n'en a pas besoin pour vivre. Tous les nombreux articles qui devaient régler la nouvelle existence de Julien se trouvèrent arrêtés; non seulement ses appointements furent réglés à quatre cents francs, mais on dut les payer d'avance, le premier de chaque mois.

— Eh bien! je lui remettrai trente-cinq francs, dit M. de Rênal.

— Pour faire la somme ronde, un homme riche et généreux comme monsieur notre maire, dit le paysan d'une voix *câline,* ira bien jusqu'à trente-six francs.

— Soit, dit M. de Rênal, mais finissons-en.

Pour le coup, la colère lui donnait le ton de la fermeté. Le paysan vit qu'il fallait cesser de marcher en avant. Alors, à son tour, M. de Rênal fit des progrès. Jamais il ne voulut remettre le premier mois de trente-six francs au vieux Sorel, fort empressé de le recevoir pour son fils. M. de Rênal vint à penser qu'il serait obligé de raconter à sa femme le rôle qu'il avait joué dans toute cette négociation.

— Rendez-moi les cent francs que je vous ai remis, dit-il avec humeur. M. Durand me doit quelque chose. J'irai avec votre fils faire la levée du drap noir.

Après cet acte de vigueur, Sorel rentra prudemment dans ses formules respectueuses; elles prirent un bon quart d'heure. A la fin, voyant qu'il n'y avait décidément plus rien à gagner, il se retira. Sa dernière révérence finit par ces mots:

— Je vais envoyer mon fils au château.

C'était ainsi que les administrés de M. le maire appelaient sa maison quand ils voulaient lui plaire.

De retour à son usine, ce fut en vain que Sorel chercha son fils. Se méfiant de ce qui pouvait arriver, Julien était sorti au milieu de la nuit. Il avait voulu mettre en sûreté ses livres et sa croix de la Légion d'honneur. Il avait transporté le tout chez un jeune marchand de bois, son ami, nommé Fouqué, qui habitait dans la haute montagne qui domine Verrières.

Quand il reparut : — Dieu sait, maudit paresseux, lui dit son père, si tu n'auras jamais assez d'honneur pour me payer le prix de ta nourriture, que j'avance depuis tant d'années! Prends tes guenilles, et va-t'en chez M. le maire.

Julien, étonné de n'être pas battu, se hâta de partir. Mais à peine hors de la vue de son terrible père, il ralentit le pas. Il jugea qu'il serait utile à son hypocrisie d'aller faire une station à l'église.

Ce mot vous surprend? Avant d'arriver à cet horrible mot, l'âme du jeune paysan avait eu bien du chemin à parcourir.

Dès sa première enfance, la vue de certains dragons du 6e, aux longs manteaux blancs et la tête couverte de casques aux longs crins noirs, qui revenaient d'Italie, et que Julien vit attacher leurs chevaux à la fenêtre grillée de la maison de son père, le rendit fou de l'état militaire. Plus tard il écoutait avec transport les récits des batailles du pont de Lodi, d'Arcole, de Rivoli, que lui faisait le vieux chirurgien-major. Il remarqua les regards enflammés que le vieillard jetait sur sa croix.

Mais lorsque Julien avait quatorze ans on commença à bâtir à Verrières une église, que l'on peut appeler magnifique pour une aussi petite ville. Il y avait surtout quatre colonnes de marbre dont la vue frappa Julien; elles devinrent célèbres dans le pays, par la haine mortelle qu'elles suscitèrent entre le juge de paix et le jeune vicaire, envoyé de Besançon, qui passait pour être l'espion de la congrégation. Le juge de paix fut sur le point de perdre sa place, du moins telle était l'opinion commune. N'avait-il pas osé avoir un différend avec un prêtre qui, presque tous les quinze jours, allait à Besançon, où il voyait, disait-on, Mgr l'évêque?

Sur ces entrefaites, le juge de paix, père d'une nombreuse famille, rendit plusieurs sentences qui semblèrent injustes; toutes furent portées contre ceux des habitants qui lisaient le *Constitutionnel*. Le bon parti triompha. Il ne s'agissait, il est vrai, que de sommes de trois ou de cinq francs; mais une de ces petites amendes dut être payée par un cloutier, parrain de Julien. Dans sa colère, cet homme s'écriait : « Quel changement! et dire que depuis plus de vingt ans le juge de paix passait pour un si honnête homme! » Le chirurgien-major, ami de Julien, était mort.

Tout à coup Julien cessa de parler de Napoléon; il annonça le projet de se faire prêtre, et on le vit constamment, dans la scierie de son père, occupé à apprendre par cœur une bible latine que le curé lui avait prêtée. Ce bon vieillard, émerveillé de ses progrès, passait des soirées entières à lui enseigner la théologie. Julien ne faisait paraître devant lui que des sentiments pieux. Qui eût pu deviner que cette figure de jeune fille, si pâle et si douce, cachait la résolution inébranlable de s'exposer à mille morts plutôt que de ne pas faire fortune!

Pour Julien, faire fortune, c'était d'abord sortir de Verrières; il abhorrait sa patrie. Tout ce qu'il y voyait glaçait son imagination.

Dès sa première enfance, il avait eu des moments d'exaltation. Alors il songeait avec délices qu'un jour il serait présenté aux jolies femmes de Paris, il saurait attirer leur attention par quelque action d'éclat. Pourquoi ne serait-il pas aimé de l'une d'elles, comme Bonaparte, pauvre encore, avait été aimé de la brillante madame de Beauharnais? Depuis bien des années, Julien ne passait peut-être pas une heure de sa vie sans se dire que Bonaparte, lieutenant obscur et sans fortune, s'était fait le maître du monde avec son épée. Cette idée le consolait de ses malheurs qu'il croyait grands, et redoublait sa joie quand il en avait.

La construction de l'église et les sentences du juge de paix l'éclairèrent tout à coup; une idée qui lui vint le rendit comme fou pendant quelques semaines, et enfin s'empara de lui avec la toute-puissance de la première idée qu'une âme passionnée croit avoir inventée.

« Quand Bonaparte fit parler de lui, la France avait
« peur d'être envahie; le mérite militaire était nécessaire
« et à la mode. Aujourd'hui, on voit des prêtres de qua-
« rante ans avoir cent mille francs d'appointements,
« c'est-à-dire trois fois autant que les fameux généraux
« de division de Napoléon. Il leur faut des gens qui les

« secondent. Voilà ce juge de paix, si bonne tête, si
« honnête homme, jusqu'ici, si vieux, qui se déshonore
« par crainte de déplaire à un jeune vicaire de trente
« ans. Il faut être prêtre. »

Une fois, au milieu de sa nouvelle piété, il y avait déjà
deux ans que Julien étudiait la théologie, il fut trahi par
une irruption soudaine du feu qui dévorait son âme. Ce
fut chez M. Chélan, à un dîner de prêtres auquel le bon
curé l'avait présenté comme un prodige d'instruction,
il lui arriva de louer Napoléon avec fureur. Il se lia le
bras droit contre la poitrine, prétendit s'être disloqué le
bras en remuant un tronc de sapin, et le porta pendant
deux mois dans cette position gênante. Après cette peine
afflictive, il se pardonna. Voilà le jeune homme de dix-
neuf ans, mais faible en apparence, et à qui l'on en eût
tout au plus donné dix-sept, qui, portant un petit paquet
sous le bras, entrait dans la magnifique église de
Verrières.

Il la trouva sombre et solitaire. A l'occasion d'une fête,
toutes les croisées de l'édifice avaient été couvertes
d'étoffe cramoisie. Il en résultait, aux rayons du soleil,
un effet de lumière éblouissant, du caractère le plus imposant et le plus religieux. Julien tressaillit. Seul, dans
l'église, il s'établit dans le banc qui avait la plus belle
apparence. Il portait les armes de M. de Rênal.

Sur le prie-Dieu, Julien remarqua un morceau de
papier imprimé, étalé là comme pour être lu. Il y porta
les yeux et vit :

*Détails de l'exécution et des derniers moments de Louis
Jenrel, exécuté à Besançon, le...*

Le papier était déchiré. Au revers, on lisait les deux
premiers mots d'une ligne, c'étaient : *Le premier pas.*

— Qui a pu mettre ce papier là? dit Julien. Pauvre
malheureux, ajouta-t-il avec un soupir, son nom finit
comme le mien... et il froissa le papier.

En sortant, Julien crut voir du sang près du bénitier,
c'était de l'eau bénite qu'on avait répandue : le reflet
des rideaux rouges qui couvraient les fenêtres la faisait
paraître du sang.

Enfin, Julien eut honte de sa terreur secrète.

— Serais-je un lâche! se dit-il, *aux armes!*

Ce mot si souvent répété dans les récits de batailles du vieux chirurgien était héroïque pour Julien. Il se leva et marcha rapidement vers la maison de M. de Rênal.

Malgré ces belles résolutions, dès qu'il l'aperçut à vingt pas de lui, il fut saisi d'une invincible timidité. La grille de fer était ouverte, elle lui semblait magnifique, il fallait entrer là-dedans.

Julien n'était pas la seule personne dont le cœur fût troublé par son arrivée dans cette maison. L'extrême timidité de madame de Rênal était déconcertée par l'idée de cet étranger, qui, d'après ses fonctions, allait se trouver constamment entre elle et ses enfants. Elle était accoutumée à avoir ses fils couchés dans sa chambre. Le matin, bien des larmes avaient coulé quand elle avait vu transporter leurs petits lits dans l'appartement destiné au précepteur. Ce fut en vain qu'elle demanda à son mari que le lit de Stanislas-Xavier, le plus jeune, fût reporté dans sa chambre.

La délicatesse de femme était poussée à un point excessif chez madame de Rênal. Elle se faisait l'image la plus désagréable d'un être grossier et mal peigné, chargé de gronder ses enfants, uniquement parce qu'il savait le latin, un langage barbare pour lequel on fouetterait ses fils.

CHAPITRE VI

L'ENNUI

> Non so peù cosa son,
> Cosa facio.
> MOZART *(Figaro)*.

AVEC la vivacité et la grâce qui lui étaient naturelles quand elle était loin des regards des hommes, madame de Rênal sortait par la porte-fenêtre du salon qui donnait sur le jardin, quand elle aperçut près de la porte d'entrée la figure d'un jeune paysan presque encore enfant, extrêmement pâle et qui venait de pleurer. Il était en chemise bien blanche, et avait sous le bras une veste fort propre en ratine violette.

Le teint de ce petit paysan était si blanc, ses yeux si doux, que l'esprit un peu romanesque de madame de Rênal eut d'abord l'idée que ce pouvait être une jeune fille déguisée, qui venait demander quelque grâce à M. le maire. Elle eut pitié de cette pauvre créature, arrêtée à la porte d'entrée, et qui, évidemment, n'osait pas lever la main jusqu'à la sonnette. Madame de Rênal s'approcha, distraite un instant de l'amer chagrin que lui donnait l'arrivée du précepteur. Julien, tourné vers la porte, ne la voyait pas s'avancer. Il tressaillit quand une voix douce dit tout près de son oreille :

— Que voulez-vous ici, mon enfant?

Julien se tourna vivement, et, frappé du regard si rempli de grâce de madame de Rênal, il oublia une partie de sa timidité. Bientôt, étonné de sa beauté, il oublia tout, même ce qu'il venait faire. Madame de Rênal avait répété sa question.

— Je viens pour être précepteur, madame, lui dit-il enfin, tout honteux de ses larmes qu'il essuyait de son mieux.

Madame de Rênal resta interdite, ils étaient fort près l'un de l'autre à se regarder. Julien n'avait jamais vu un être aussi bien vêtu et surtout une femme avec un teint si éblouissant, lui parler d'un air doux. Madame de Rênal regardait les grosses larmes qui s'étaient arrêtées sur les joues si pâles d'abord et maintenant si roses de ce jeune paysan. Bientôt elle se mit à rire, avec toute la gaieté folle d'une jeune fille, elle se moquait d'elle-même, et ne pouvait se figurer tout son bonheur. Quoi, c'était là ce précepteur qu'elle s'était figuré comme un prêtre sale et mal vêtu, qui viendrait gronder et fouetter ses enfants!

— Quoi, monsieur, lui dit-elle enfin, vous savez le latin?

Ce mot de monsieur étonna si fort Julien qu'il réfléchit un instant.

— Oui, madame, dit-il timidement.

Madame de Rênal était si heureuse, qu'elle osa dire à Julien :

— Vous ne gronderez pas trop ces pauvres enfants?

— Moi, les gronder, dit Julien étonné, et pourquoi?

— N'est-ce pas, monsieur, ajouta-t-elle après un petit silence et d'une voix dont chaque instant augmentait l'émotion, vous serez bon pour eux, vous me le promettez?

S'entendre appeler de nouveau monsieur, bien sérieusement, et par une dame si bien vêtue, était au-dessus de toutes les prévisions de Julien : dans tous les châteaux en Espagne de sa jeunesse, il s'était dit qu'aucune dame comme il faut ne daignerait lui parler que quand il aurait un bel uniforme. Madame de Rênal, de son côté, était complètement trompée par la beauté du teint, les grands yeux noirs de Julien et ses jolis cheveux qui frisaient plus qu'à l'ordinaire, parce que pour se rafraîchir il venait de plonger sa tête dans le bassin de la fontaine publique. A sa grande joie, elle trouvait l'air timide d'une jeune fille à ce fatal précepteur, dont elle avait tant redouté pour ses enfants la dureté et l'air rébarbatif. Pour l'âme si paisible de madame de Rênal, le contraste de ses craintes et de ce qu'elle voyait fut un grand événement. Enfin elle revint de sa surprise. Elle fut étonnée de se trouver ainsi à la porte de sa maison avec ce jeune homme presque en chemise et si près de lui.

— Entrons, monsieur, lui dit-elle d'un air assez embarrassé.

De sa vie une sensation purement agréable n'avait aussi profondément ému madame de Rênal, jamais une apparition aussi gracieuse n'avait succédé à des craintes plus inquiétantes. Ainsi ces jolis enfants, si soignés par elle, ne tomberaient pas dans les mains d'un prêtre sale et grognon. A peine entrée sous le vestibule, elle se retourna vers Julien qui la suivait timidement. Son air étonné, à l'aspect d'une maison si belle, était une grâce de plus aux yeux de madame de Rênal. Elle ne pouvait en croire ses yeux, il lui semblait surtout que le précepteur devait avoir un habit noir.

— Mais, est-il vrai, monsieur, lui dit-elle en s'arrêtant encore, et craignant mortellement de se tromper, tant sa croyance la rendait heureuse, vous savez le latin?

Ces mots choquèrent l'orgueil de Julien et dissipèrent

le charme dans lequel il vivait depuis un quart d'heure.

— Oui, madame, lui dit-il en cherchant à prendre un air froid; je sais le latin aussi bien que M. le curé, et même quelquefois il a la bonté de dire mieux que lui.

Madame de Rênal trouva que Julien avait l'air fort méchant, il s'était arrêté à deux pas d'elle. Elle s'approcha et dit à mi-voix :

— N'est-ce pas, les premiers jours, vous ne donnerez pas le fouet à mes enfants, même quand ils ne sauraient pas leurs leçons.

Ce ton si doux et presque suppliant d'une si belle dame fit tout à coup oublier à Julien ce qu'il devait à sa réputation de latiniste. La figure de madame de Rênal était près de la sienne, il sentit le parfum des vêtements d'été d'une femme, chose si étonnante pour un pauvre paysan. Julien rougit extrêmement et dit avec un soupir et d'une voix défaillante :

— Ne craignez rien, madame, je vous obéirai en tout.

Ce fut en ce moment seulement, quand son inquiétude pour ses enfants fut tout à fait dissipée, que madame de Rênal fut frappée de l'extrême beauté de Julien. La forme presque féminine de ses traits et son air d'embarras ne semblèrent point ridicules à une femme extrêmement timide elle-même. L'air mâle que l'on trouve communément nécessaire à la beauté d'un homme lui eût fait peur.

— Quel âge avez-vous, monsieur? dit-elle à Julien.

— Bientôt dix-neuf ans.

— Mon fils aîné a onze ans, reprit madame de Rênal tout à fait rassurée, ce sera presque un camarade pour vous, vous lui parlerez raison. Une fois son père a voulu le battre, l'enfant a été malade pendant toute une semaine, et cependant c'était un bien petit coup.

Quelle différence avec moi, pensa Julien. Hier encore, mon père m'a battu. Que ces gens riches sont heureux!

Madame de Rênal en était déjà à saisir les moindres nuances de ce qui se passait dans l'âme du précepteur; elle prit ce mouvement de tristesse pour de la timidité, et voulut l'encourager.

— Quel est votre nom, monsieur? lui dit-elle avec un accent et une grâce dont Julien sentit tout le charme, sans pouvoir s'en rendre compte.

— On m'appelle Julien Sorel, madame; je tremble en entrant pour la première fois de ma vie dans une maison étrangère, j'ai besoin de votre protection et que vous me pardonniez bien des choses les premiers jours. Je n'ai jamais été au collège, j'étais trop pauvre; je n'ai jamais parlé à d'autres hommes que mon cousin le chirurgien-major, membre de la Légion d'honneur, et M. le curé Chélan. Il vous rendra bon témoignage de moi. Mes frères m'ont toujours battu, ne les croyez pas, s'ils vous disent du mal de moi, pardonnez mes fautes, madame, je n'aurai jamais mauvaise intention.

Julien se rassurait pendant ce long discours, il examinait madame de Rênal. Tel est l'effet de la grâce parfaite, quand elle est naturelle au caractère, et que surtout la personne qu'elle décore ne songe pas à avoir de la grâce; Julien, qui se connaissait fort bien en beauté féminine, eût juré dans cet instant qu'elle n'avait que vingt ans. Il eut sur-le-champ l'idée hardie de lui baiser la main. Bientôt il eut peur de son idée; un instant après il se dit : il y aurait de la lâcheté à moi de ne pas exécuter une action qui peut m'être utile, et diminuer le mépris que cette belle dame a probablement pour un pauvre ouvrier à peine arraché à la scie. Peut-être Julien fut-il un peu encouragé par ce mot de joli garçon, que depuis six mois il entendait répéter le dimanche par quelques jeunes filles. Pendant ces débats intérieurs, madame de Rênal lui adressait deux ou trois mots d'instruction sur la façon de débuter avec les enfants. La violence que se faisait Julien le rendit de nouveau fort pâle; il dit, d'un air contraint :

— Jamais, madame, je ne battrai vos enfants; je le jure devant Dieu.

Et en disant ces mots, il osa prendre la main de madame de Rênal et la porter à ses lèvres. Elle fut étonnée de ce geste et, par réflexion, choquée. Comme il faisait très chaud, son bras était tout à fait nu sous son châle, et le mouvement de Julien, en portant la main à ses lèvres, l'avait entièrement découvert. Au bout de quelques instants, elle se gronda elle-même, il lui sembla qu'elle n'avait pas été assez rapidement indignée.

M. de Rênal, qui avait entendu parler, sortit de son cabinet; du même air majestueux et paterne qu'il prenait lorsqu'il faisait des mariages à la mairie, il dit à Julien :

— Il est essentiel que je vous parle avant que les enfants ne vous voient.

Il fit entrer Julien dans une chambre et retint sa femme qui voulait les laisser seuls. La porte fermée, M. de Rênal s'assit avec gravité.

— M. le curé m'a dit que vous étiez un bon sujet, tout le monde vous traitera ici avec honneur, et si je suis content, j'aiderai à vous faire par la suite un petit établissement. Je veux que vous ne voyiez plus ni parents ni amis, leur ton ne peut convenir à mes enfants. Voici trente-six francs pour le premier mois; mais j'exige votre parole de ne pas donner un sou de cet argent à votre père.

M. de Rênal était piqué contre le vieillard, qui, dans cette affaire, avait été plus fin que lui.

— Maintenant, *monsieur,* car d'après mes ordres tout le monde ici va vous appeler monsieur, et vous sentirez l'avantage d'entrer dans une maison de gens comme il faut; maintenant, monsieur, il n'est pas convenable que les enfants vous voient en veste. Les domestiques l'ont-ils vu? dit M. de Rênal à sa femme.

— Non, mon ami, répondit-elle d'un air profondément pensif.

— Tant mieux. Mettez ceci, dit-il au jeune homme surpris, en lui donnant une redingote à lui. Allons maintenant chez M. Durand, le marchand de drap.

Plus d'une heure après, quand M. de Rênal rentra avec le nouveau précepteur tout habillé de noir, il retrouva sa femme assise à la même place. Elle se sentit tranquillisée par la présence de Julien, en l'examinant elle oubliait d'en avoir peur. Julien ne songeait point à elle; malgré toute sa méfiance du destin et des hommes, son âme dans ce moment n'était que celle d'un enfant; il lui semblait avoir vécu des années depuis l'instant où, trois heures

auparavant, il était tremblant dans l'église. Il remarqua
l'air glacé de madame de Rênal, il comprit qu'elle était
en colère de ce qu'il avait osé lui baiser la main. Mais
le sentiment d'orgueil que lui donnait le contact d'habits
si différents de ceux qu'il avait coutume de porter le
mettait tellement hors de lui-même, et il avait tant
d'envie de cacher sa joie, que tous ses mouvements
avaient quelque chose de brusque et de fou. Madame de
Rênal le contemplait avec des yeux étonnés.

— De la gravité, monsieur, lui dit M. de Rênal, si vous
voulez être respecté de mes enfants et de mes gens.

— Monsieur, répondit Julien, je suis gêné dans ces
nouveaux habits; moi, pauvre paysan, je n'ai jamais
porté que des vestes; j'irai, si vous le permettez, me
renfermer dans ma chambre.

— Que te semble de cette nouvelle acquisition? dit
M. de Rênal à sa femme.

Par un mouvement presque instinctif, et dont certainement, elle ne se rendait pas compte, madame de Rênal
déguisa la vérité à son mari.

— Je ne suis point aussi enchantée que vous de ce
petit paysan, vos prévenances en feront un impertinent
que vous serez obligé de renvoyer avant un mois.

— Eh bien! nous le renverrons, ce sera une centaine
de francs qu'il m'en pourra coûter, et Verrières sera
accoutumée à voir un précepteur aux enfants de M. de
Rênal. Ce but n'eût point été rempli si j'eusse laissé à
Julien l'accoutrement d'un ouvrier. En le renvoyant, je
retiendrai, bien entendu, l'habit noir complet que je
viens de lever chez le drapier. Il ne lui restera que
ce que je viens de trouver tout fait chez le tailleur, et
dont je l'ai couvert.

L'heure que Julien passa dans sa chambre parut un
instant à madame de Rênal. Les enfants, auxquels l'on
avait annoncé le nouveau précepteur, accablaient leur mère
de questions. Enfin Julien parut. C'était un autre homme.
C'eût été mal parler que de dire qu'il était grave; c'était
la gravité incarnée. Il fut présenté aux enfants, et leur
parla d'un air qui étonna M. de Rênal lui-même.

— Je suis ici, messieurs, leur dit-il en finissant son allocution, pour vous apprendre le latin. Vous savez ce que c'est que de réciter une leçon. Voici la sainte Bible, dit-il en leur montrant un petit volume in-32, relié en noir. C'est particulièrement l'histoire de Notre-Seigneur Jésus-Christ, c'est la partie qu'on appelle le Nouveau Testament. Je vous ferai souvent réciter des leçons, faites-moi réciter la mienne.

Adolphe, l'aîné des enfants, avait pris le livre.

— Ouvrez-le au hasard, continua Julien, et dites-moi le premier mot d'un alinéa. Je réciterai par cœur le livre sacré, règle de notre conduite à tous, jusqu'à ce que vous m'arrêtiez.

Adolphe ouvrit le livre, lut un mot, et Julien récita toute la page avec la même facilité que s'il eût parlé français. M. de Rênal regardait sa femme d'un air de triomphe. Les enfants, voyant l'étonnement de leurs parents, ouvraient de grands yeux. Un domestique vint à la porte du salon, Julien continua de parler latin. Le domestique resta d'abord immobile, et ensuite disparut. Bientôt la femme de chambre de madame et la cuisinière arrivèrent près de la porte; alors Adolphe avait déjà ouvert le livre en huit endroits, et Julien récitait toujours avec la même facilité.

— Ah, mon Dieu! le joli prêtre, dit tout haut la cuisinière, bonne fille fort dévote.

L'amour-propre de M. de Rênal était inquiet; loin de songer à examiner le précepteur, il était tout occupé à chercher dans sa mémoire quelques mots latins; enfin, il put dire un vers d'Horace. Julien ne savait de latin que sa Bible. Il répondit en fronçant le sourcil :

— Le saint ministère auquel je me destine m'a défendu de lire un poète aussi profane.

M. de Rênal cita un assez grand nombre de prétendus vers d'Horace. Il expliqua à ses enfants ce que c'était qu'Horace; mais les enfants, frappés d'admiration, ne faisaient guère attention à ce qu'il disait. Ils regardaient Julien.

Les domestiques étant toujours à la porte, Julien crut devoir prolonger l'épreuve :

— Il faut, dit-il au plus jeune des enfants, que M. Stanislas-Xavier m'indique aussi un passage du livre saint.

Le petit Stanislas, tout fier, lut tant bien que mal le permier mot d'un alinéa, et Julien dit toute la page. Pour que rien ne manquât au triomphe de M. de Rênal, comme Julien récitait, entrèrent M. Valenod, le possesseur des beaux chevaux normands, et M. Charcot de Maugiron, sous-préfet de l'arrondissement. Cette scène valut à Julien le titre de monsieur; les domestiques eux-mêmes n'osèrent pas le lui refuser.

Le soir, tout Verrières afflua chez M. de Rênal pour voir la merveille. Julien répondait à tous d'un air sombre qui tenait à distance. Sa gloire s'étendit si rapidement dans la ville, que peu de jours après M. de Rênal, craignant qu'on ne le lui enlevât, lui proposa de signer un engagement de deux ans.

— Non, monsieur, répondit froidement Julien, si vous vouliez me renvoyer je serais obligé de sortir. Un engagement qui me lie sans vous obliger à rien n'est point égal, je le refuse.

Julien sut si bien faire que, moins d'un mois après son arrivée dans la maison, M. de Rênal lui-même le respectait. Le curé étant brouillé avec MM. de Rênal et Valenod, personne ne put trahir l'ancienne passion de Julien pour Napoléon, il n'en parlait qu'avec horreur.

CHAPITRE VII

LES AFFINITÉS ÉLECTIVES

> Ils ne savent toucher le cœur qu'en le froissant.
>
> UN MODERNE.

LES enfants l'adoraient, lui ne les aimait point; sa pensée était ailleurs. Tout ce que ces marmots pouvaient faire ne l'impatientait jamais. Froid, juste, impassible, et cependant aimé, parce que son arrivée avait en quelque sorte chassé l'ennui de la maison, il fut un bon précepteur. Pour lui, il n'éprouvait que haine et horreur pour la haute société où il était admis, à la vérité au bas bout de la table, ce qui explique peut-être la haine et l'horreur. Il y eut certains dîners d'apparat, où il put à grand-peine contenir sa haine pour tout ce qui l'environnait. Un jour de la Saint-Louis entre autres, M. Valenod tenait le dé chez M. de Rênal, Julien fut sur le point de se trahir; il se sauva dans le jardin, sous prétexte de voir les enfants. Quels éloges de la probité! s'écria-t-il; on dirait que c'est la seule vertu; et cependant quelle considération, quel respect bas pour un homme qui évidemment a doublé et triplé sa fortune, depuis qu'il administre le bien des pauvres! Je parierais qu'il gagne même sur les fonds destinés aux enfants trouvés, à ces pauvres dont la misère est encore plus sacrée que celle des autres! Ah! monstres! monstres! Et moi aussi, je suis une sorte d'enfant trouvé, haï de mon père, de mes frères, de toute ma famille.

Quelques jours avant la Saint-Louis, Julien, se promenant seul et disant son bréviaire dans un petit bois, qu'on appelle le Belvédère, et qui domine le cours de la Fidélité, avait cherché en vain à éviter ses deux frères, qu'il voyait venir de loin par un sentier solitaire. La jalousie de ces ouvriers grossiers avait été tellement provoquée par le bel habit noir, par l'air extrêmement propre de leur frère, par le mépris sincère qu'il avait pour eux, qu'ils l'avaient battu au point de le laisser évanoui et tout sanglant. Madame de Rênal, se promenant avec M. Valenod et le sous-préfet, arriva par hasard dans le petit bois; elle vit Julien étendu sur la terre et le crut mort. Son saisissement fut tel, qu'il donna de la jalousie à M. Valenod.

Il prenait l'alarme trop tôt. Julien trouvait madame de Rênal fort belle, mais il la haïssait à cause de sa beauté; c'était le premier écueil qui avait failli arrêter sa fortune. Il lui parlait le moins possible, afin de faire oublier le transport qui, le premier jour, l'avait porté à lui baiser la main.

Elisa, la femme de chambre de madame de Rênal, n'avait pas manqué de devenir amoureuse du jeune précepteur; elle en parlait souvent à sa maîtresse. L'amour de mademoiselle Elisa avait valu à Julien la haine d'un des valets.

Un jour, il entendit cet homme qui disait à Elisa : Vous ne voulez plus me parler depuis que ce précepteur crasseux est entré dans la maison. Julien ne méritait pas cette injure; mais, par instinct de joli garçon, il redoubla de soins pour sa personne. La haine de M. Valenod redoubla aussi. Il dit publiquement que tant de coquetterie ne convenait pas à un jeune abbé. A la soutane près, c'était le costume que portait Julien.

Madame de Rênal remarqua qu'il parlait plus souvent que de coutume à mademoiselle Elisa; elle apprit que ces entretiens étaient causés par la pénurie de la très petite garde-robe de Julien. Il avait si peu de linge, qu'il était obligé de le faire laver fort souvent hors de la maison, et c'est pour ces petits soins qu'Elisa lui était utile. Cette extrême pauvreté, qu'elle ne soupçonnait pas, toucha madame de Rênal; elle eut envie de lui faire des cadeaux, mais elle n'osa pas; cette résistance intérieure fut le premier sentiment pénible que lui causa Julien. Jusque-là le nom de Julien et le sentiment d'une joie pure et tout intellectuelle étaient synonymes pour elle. Tourmentée par l'idée de la pauvreté de Julien, madame de Rênal parla à son mari de lui faire un cadeau de linge :

— Quelle duperie! répondit-il. Quoi! faire des cadeaux à un homme dont nous sommes parfaitement contents, et qui nous sert bien? ce serait dans le cas où il se négligerait qu'il faudrait stimuler son zèle.

Madame de Rênal fut humiliée de cette manière de voir; elle ne l'eût pas remarquée avant l'arrivée de Julien. Elle ne voyait jamais l'extrême propreté de la mise, d'ailleurs fort simple, du jeune abbé, sans se dire : Ce pauvre garçon, comment peut-il faire?

Peu à peu, elle eut pitié de tout ce qui manquait à Julien, au lieu d'en être choquée.

Madame de Rênal était une de ces femmes de province que l'on peut très bien prendre pour des sottes pendant les quinze premiers jours qu'on les voit. Elle n'avait aucune expérience de la vie, et ne se souciait pas de parler. Douée d'une âme délicate et dédaigneuse, cet instinct de bonheur naturel à tous les êtres faisait que, la plupart du temps, elle ne donnait aucune attention aux actions des personnages grossiers au milieu desquels le hasard l'avait jetée.

On l'eût remarquée pour le naturel et la vivacité d'esprit, si elle eût reçu la moindre éducation. Mais en sa qualité d'héritière, elle avait été élevée chez des religieuses adoratrices passionnées du *Sacré-Cœur de Jésus,* et animées d'une haine violente pour les Français ennemis des jésuites. Madame de Rênal s'était trouvé assez de sens pour oublier bientôt, comme absurde, tout ce qu'elle avait appris au couvent; mais elle ne mit rien à la place, et finit par ne rien savoir. Les flatteries précoces dont elle avait été l'objet, en sa qualité d'héritière d'une grande fortune, et un penchant décidé à la dévotion passionnée lui avaient donné une manière de vivre tout intérieure. Avec l'apparence de la condescendance la plus parfaite, et d'une abnégation de volonté, que les maris de Verrières citaient en exemple à leurs femmes, et qui faisait l'orgueil de M. de Rênal, la conduite habituelle de son âme était en effet le résultat de l'humeur la plus altière. Telle princesse, citée à cause de son orgueil, prête infiniment plus d'attention à ce que ses gentilshommes font autour d'elle, que cette femme si douce, si modeste en apparence, n'en donnait à tout ce que disait ou faisait son mari. Jusqu'à l'arrivée de Julien, elle n'avait réellement eu d'attention que pour ses enfants. Leurs petites maladies, leurs douleurs, leurs petites joies occupaient toute la sensibilité de cette âme qui, de la vie, n'avait adoré que Dieu, quand elle était au *Sacré-Cœur* de Besançon.

Sans qu'elle daignât le dire à personne, un accès de fièvre d'un de ses fils la mettait presque dans le même état que si l'enfant eût été mort. Un éclat de rire grossier, un haussement d'épaules, accompagné de quelque maxime triviale sur la folie des femmes, avaient constamment accueilli les confidences de ce genre de chagrins, que le besoin d'épanchement l'avait portée à faire à son mari, dans les premières années de leur mariage. Ces sortes de plaisanteries, quand surtout elles portaient sur les maladies de ses enfants, retournaient le poignard dans le cœur de madame de Rênal. Voilà ce qu'elle trouva au lieu des flatteries empressées et mielleuses du couvent jésuitique où elle avait passé sa jeunesse. Son éducation fut faite par la douleur. Trop fière pour parler de ce genre de chagrin, même à son amie madame Derville, elle se figura que tous les hommes étaient comme son mari, M. Valenod et le sous-préfet Charcot de Maugiron. La grossièreté, et la plus brutale insensibilité à tout ce qui n'était pas intérêt d'argent, de préséance ou de croix; la haine aveugle pour tout raisonnement qui les contrariait lui parurent des choses naturelles à ce sexe, comme porter des bottes et un chapeau de feutre.

Après de longues années, madame de Rênal n'était pas encore accoutumée à ces gens à argent au milieu desquels il fallait vivre.

De là le succès du petit paysan Julien. Elle trouva des jouissances douces, et toutes brillantes du charme de la nouveauté dans la sympathie de cette âme noble et fière. Madame de Rênal lui eut bientôt pardonné son ignorance extrême qui était une grâce de plus, et la rudesse de ses façons qu'elle parvint à corriger. Elle trouva qu'il valait la peine de l'écouter, même quand on parlait des choses les plus communes, même quand il s'agissait d'un pauvre chien écrasé, comme il traversait la rue, par la charrette d'un paysan allant au trot. Le spectacle de cette douleur donnait son gros rire à son mari, tandis qu'elle voyait se contracter les beaux sourcils noirs et si bien arqués de Julien. La générosité, la noblesse d'âme, l'humanité lui semblèrent peu à peu n'exister que chez ce jeune abbé. Elle eut pour lui seul toute la sympathie et même l'admiration que ces vertus excitent chez les âmes bien nées.

A Paris, la position de Julien envers madame de Rênal eût été bien vite simplifiée; mais à Paris, l'amour est fils des romans. Le jeune précepteur et sa timide maîtresse auraient retrouvé dans trois ou quatre romans, et jusque dans les couplets du Gymnase, l'éclaircissement de leur position. Les romans leur auraient tracé le rôle à jouer, montré le modèle à imiter; et ce modèle, tôt ou tard, et quoique sans nul plaisir, et peut-être en rechignant, la vanité eût forcé Julien à le suivre.

Dans une petite ville de l'Aveyron ou des Pyrénées, le moindre incident eût été rendu décisif par le feu du climat. Sous nos cieux plus sombres, un jeune homme pauvre, et qui n'est qu'ambitieux parce que la délicatesse de son cœur lui fait un besoin de quelques-unes des jouissances que donne l'argent, voit tous les jours une femme de trente ans sincèrement sage, occupée de ses enfants, et qui ne prend nullement dans les romans des exemples de conduite. Tout va lentement, tout se fait peu à peu dans les provinces, il y a plus de naturel.

Souvent, en songeant à la pauvreté du jeune précepteur, madame de Rênal était attendrie jusqu'aux larmes. Julien la surprit, un jour pleurant tout à fait.

— Eh! madame, vous serait-il arrivé quelque malheur!

— Non, mon ami, lui répondit-elle; appelez les enfants, allons nous promener.

Elle prit son bras et s'appuya d'une façon qui parut singulière à Julien. C'était pour la première fois qu'elle l'avait appelé mon ami.

Vers la fin de la promenade, Julien remarqua qu'elle rougissait beaucoup. Elle ralentit le pas.

— On vous aura raconté, dit-elle sans le regarder, que je suis l'unique héritière d'une tante fort riche qui habite Besançon. Elle me comble de présents... Mes fils font des progrès... si étonnants... que je voudrais vous prier d'accepter un petit présent comme marque de ma reconnaissance. Il ne s'agit que de quelques louis pour vous faire du linge. Mais... ajouta-t-elle en rougissant encore plus, et elle cessa de parler.

— Quoi, madame? dit Julien.

— Il serait inutile, continua-t-elle en baissant la tête, de parler de ceci à mon mari.

— Je suis petit, madame, mais je ne suis pas bas, reprit Julien en s'arrêtant les yeux brillants de colère, et se relevant de toute sa hauteur, c'est à quoi vous n'avez pas assez réfléchi. Je serais moins qu'un valet si je me mettais dans le cas de cacher à M. de Rênal quoi que ce soit de relatif *à mon argent*.

Madame de Rênal était atterrée.

— M. le maire, continua Julien, m'a remis cinq fois trente-six francs depuis que j'habite sa maison, je suis prêt à montrer mon livre de dépenses à M. de Rênal et à qui que ce soit, même à M. Valenod qui me hait.

A la suite de cette sortie, Mme de Rênal était restée pâle et tremblante, et la promenade se termina sans que ni l'un ni l'autre pût trouver un prétexte pour renouer le dialogue. L'amour pour madame de Rênal devint de plus en plus impossible dans le cœur orgueilleux de Julien; quant à elle, elle le respecta, elle l'admira; elle en avait été grondée. Sous prétexte de réparer l'humiliation involontaire qu'elle lui avait causée, elle se permit les soins les plus tendres. La nouveauté de ces manières fit pendant huit jours le bonheur de madame de Rênal. Leur effet fut d'apaiser en partie la colère de Julien; il était loin d'y voir rien qui pût ressembler à un goût personnel.

Voilà, se disait-il, comme sont ces gens riches, ils humilient, et croient ensuite pouvoir tout réparer par quelques singeries!

Le cœur de madame de Rênal était trop plein et encore trop innocent, pour que, malgré ses résolutions à cet égard, elle ne racontât à son mari l'offre qu'elle avait faite à Julien, et la façon dont elle avait été repoussée.

— Comment, reprit M. de Rênal vivement piqué, avez-vous pu tolérer un refus de la part d'un *domestique*?

Et comme madame de Rênal se récriait sur ce mot :

— Je parle, madame, comme feu Monsieur le prince de Condé présentant ses chambellans à sa nouvelle épouse : « *Tous ces gens-là*, lui dit-il, *sont nos domestiques.* » Je vous ai lu ce passage des Mémoires de Besenval, essentiel pour les préséances. Tout ce qui n'est pas gentilhomme qui vit chez vous et reçoit un salaire est votre domestique. Je vais dire deux mots à ce M. Julien, et lui donner cent francs.

— Ah! mon ami, dit madame de Rênal tremblante, que ce ne soit pas du moins devant les domestiques!

— Oui, ils pourraient être jaloux et avec raison, dit son mari en s'éloignant et pensant à la quotité de la somme.

Madame de Rênal tomba sur une chaise, presque évanouie de douleur! Il va humilier Julien, et par ma faute!

Elle eut horreur de son mari, et se cacha la figure avec les mains. Elle se promit bien de ne jamais faire de confidences.

Lorsqu'elle revit Julien, elle était toute tremblante, sa poitrine était tellement contractée qu'elle ne put parvenir à prononcer la moindre parole. Dans son embarras elle lui prit les mains qu'elle serra.

— Eh bien! mon ami, lui dit-elle enfin, êtes-vous content de mon mari?

— Comment ne le serais-je pas? répondit Julien avec un sourire amer; il m'a donné cent francs.

Madame de Rênal le regarda comme incertaine.

— Donnez-moi le bras, dit-elle enfin avec un accent de courage que Julien ne lui avait jamais vu.

Elle osa aller jusque chez le libraire de Verrières, malgré son affreuse réputation de libéralisme. Là, elle choisit pour dix louis de livres qu'elle donna à ses fils. Mais ces livres étaient ceux qu'elle savait que Julien désirait. Elle exigea que là, dans la boutique du libraire, chacun des enfants écrivît son nom sur les livres qui lui étaient échus en partage. Pendant que madame de Rênal était heureuse de la sorte de réparation qu'elle avait l'audace de faire à Julien, celui-ci était étonné de la quantité de livres qu'il apercevait chez le libraire. Jamais il n'avait osé entrer en un lieu aussi profane; son cœur palpitait. Loin de songer à deviner ce qui se passait dans le cœur de madame de Rênal, il rêvait profondément au moyen qu'il y aurait, pour un jeune étudiant en théologie, de se procurer quelques-uns de ces livres. Enfin il eut l'idée qu'il serait possible avec de l'adresse de persuader à M. de Rênal qu'il fallait donner pour sujet de thème à ses fils l'histoire des gentilshommes célèbres nés dans la province. Après un mois de soins, Julien vit réussir cette idée, et à un tel point que, quelque temps après, il osa hasarder, en parlant à M. de Rênal, la mention d'une action bien autrement pénible pour le noble maire; il s'agissait de contribuer à la fortune d'un libéral, en prenant un abonnement chez le libraire. M. de Rênal convenait bien qu'il était sage de donner à son fils aîné l'idée *de visu* de plusieurs ouvrages qu'il entendrait mentionner dans la conversation, lorsqu'il serait à l'Ecole militaire; mais Julien voyait M. le maire s'obstiner à ne pas aller plus loin. Il soupçonnait une raison secrète, mais ne pouvait la deviner.

— Je pensais, monsieur, lui dit-il un jour, qu'il y aurait une haute inconvenance à ce que le nom d'un bon gentilhomme tel qu'un Rênal parût sur le sale registre du libraire.

Le front de M. de Rênal s'éclaircit.

— Ce serait aussi une bien mauvaise note, continua Julien, d'un ton plus humble, pour un pauvre étudiant en théologie, si l'on pouvait un jour découvrir que son nom a été sur le registre d'un libraire loueur de livres. Les libéraux pourraient m'accuser d'avoir demandé les livres les plus infâmes; qui sait même s'ils n'iraient pas jusqu'à écrire après mon nom les titres de ces livres pervers?

Mais Julien s'éloignait de la trace. Il voyait la physionomie du maire reprendre l'expression de l'embarras et de l'humeur. Julien se tut. Je tiens mon homme, se dit-il.

Quelques jours après, l'aîné des enfants interrogeant Julien sur un livre annoncé dans *la Quotidienne,* en présence de M. de Rênal :

— Pour éviter tout sujet de triomphe au parti jacobin, dit le jeune précepteur, et cependant me donner les moyens de répondre à M. Adolphe, on pourrait faire prendre un abonnement chez le libraire par le dernier de vos gens.

— Voilà une idée qui n'est pas mal, dit M. de Rênal évidemment fort joyeux.

— Toutefois il faudrait spécifier, dit Julien de cet air grave et presque malheureux qui va si bien à de certaines gens, quand ils voient le succès des affaires qu'ils ont le plus longtemps désirées, il faudrait spécifier que le domestique ne pourra prendre aucun roman. Une fois dans la maison, ces livres dangereux pourraient corrompre les filles de madame, et le domestique lui-même.

— Vous oubliez les pamphlets politiques, ajouta M. de Rênal, d'un air hautain. Il voulait cacher l'admiration que lui donnait le savant mezzo-termine inventé par le précepteur de ses enfants.

La vie de Julien se composait ainsi d'une suite de petites négociations; et leurs succès l'occupait beaucoup plus que le sentiment de préférence marquée qu'il n'eût tenu qu'à lui de lire dans le cœur de madame de Rênal.

La position morale où il avait été toute sa vie se renouvelait chez M. le maire de Verrières. Là, comme à la scierie de son père, il méprisait profondément les gens avec qui il vivait, et en était haï. Il voyait chaque jour dans les récits faits par le sous-préfet, par M. Valenod, par les autres amis de la maison, à l'occasion de choses qui venaient de se passer sous leurs yeux, combien leurs idées ressemblaient peu à la réalité. Une action lui semblait-elle admirable, c'était celle-là précisément qui attirait le blâme des gens qui l'environnaient. Sa réplique intérieure était toujours : Quels monstres ou quels sots! Le plaisant, avec tant d'orgueil, c'est que souvent il ne comprenait absolument rien à ce dont on parlait.

De la vie, il n'avait parlé avec sincérité qu'au vieux chirurgien-major; le peu d'idées qu'il avait étaient relatives aux campagnes de Bonaparte en Italie, ou à la chirurgie. Son jeune courage se plaisait au récit circonstancié des opérations les plus douloureuses; il se disait : Je n'aurais pas sourcillé.

La première fois que madame de Rênal essaya avec lui une conversation étrangère à l'éducation des enfants, il se mit à parler d'opérations chirurgicales; elle pâlit et le pria de cesser.

Julien ne savait rien au-delà. Ainsi, passant sa vie avec madame de Rênal, le silence le plus singulier s'établissait entre eux dès qu'ils étaient seuls. Dans le salon, quelle que fût l'humilité de son maintien, elle trouvait dans ses yeux un air de supériorité intellectuelle envers tout ce qui venait chez elle. Se trouvait-elle seule un instant avec lui, elle le voyait visiblement embarrassé. Elle en était inquiète, car son instinct de femme lui faisait comprendre que cet embarras n'était nullement tendre.

D'après je ne sais quelle idée prise dans quelque récit de la bonne société, telle que l'avait vue le vieux chirurgien-major, dès qu'on se taisait dans un lieu où il se trouvait avec une femme, Julien se sentait humilié, comme si ce silence eût été son tort particulier. Cette sensation était cent fois plus pénible dans le tête-à-tête. Son imagination remplie des notions les plus exagérées, les plus espagnoles, sur ce qu'un homme doit dire, quand il est seul avec une femme, ne lui offrait dans son trouble que des idées inadmissibles. Son âme était dans les nues, et cependant il ne pouvait sortir du silence le plus humiliant. Ainsi son air sévère, pendant ses longues promenades avec madame de Rênal et les enfants, était augmenté par les souffrances les plus cruelles. Il se méprisait horriblement. Si par malheur il se forçait à parler il lui arrivait de dire les choses les plus ridicules. Pour comble de misère, il voyait et s'exagérait son absurdité; mais ce qu'il ne voyait pas, c'était l'expression de ses yeux, ils étaient si beaux et annonçaient une âme si ardente, que, semblables aux bons acteurs, ils donnaient quelquefois un sens charmant à ce qui n'en avait pas. Madame de Rênal remarqua que, seul avec elle, il n'arrivait jamais à dire quelque chose de bien que lorsque, distrait par quelque événement imprévu, il ne songeait pas à bien tourner un compliment. Comme les amis de la maison ne la gâtaient pas en lui présentant des idées nouvelles et brillantes, elle jouissait avec délices des éclairs d'esprit de Julien.

Depuis la chute de Napoléon, toute apparence de galanterie est sévèrement bannie des mœurs de la province. On a peur d'être destitué. Les fripons cherchent un appui dans la congrégation; et l'hypocrisie a fait les plus beaux progrès même dans les classes libérales. L'ennui redouble. Il ne reste d'autre plaisir que la lecture et l'agriculture.

Madame de Rênal, riche héritière d'une tante dévote, mariée à seize ans à un bon gentilhomme, n'avait de sa vie éprouvé ni vu rien qui ressemblât le moins du monde à l'amour. Ce n'était guère que son confesseur, le bon curé Chélan, qui lui avait parlé de l'amour, à propos des poursuites de M. Valenod, et il lui en avait fait une image si dégoûtante, que ce mot ne lui représentait que l'idée du libertinage le plus abject. Elle regardait comme une exception, ou même comme tout à fait hors de nature, l'amour tel qu'elle l'avait trouvé dans le très petit nombre de romans que le hasard avait mis sous ses yeux. Grâce à cette ignorance, madame de Rênal, parfaitement heureuse, occupée sans cesse de Julien, était loin de se faire le plus petit reproche.

CHAPITRE VIII

PETITS ÉVÉNEMENTS

> *Then there were sighs, the deeper for suppression*
> *And stolen glances, sweeter for the theft,*
> *And burning blushes, though for no transgression.*
>
> *Don Juan, c. 1. st. 74.*

L'ANGÉLIQUE douceur que madame de Rênal devait à son caractère et à son bonheur actuel n'était un peu altérée que quand elle venait à songer à sa femme de chambre Elisa. Cette fille fit un héritage, alla se confesser au curé Chélan et lui avoua le projet d'épouser Julien. Le curé eut une véritable joie du bonheur de son ami; mais sa surprise fut extrême quand Julien lui dit d'un air résolu que l'offre de mademoiselle Elisa ne pouvait lui convenir.

— Prenez garde, mon enfant, à ce qui se passe dans votre cœur, dit le curé fronçant le sourcil; je vous félicite de votre vocation, si c'est à elle seule que vous devez le mépris d'une fortune plus que suffisante. Il y a cinquante-six ans sonnés que je suis curé de Verrières, et cependant, suivant toute apparence, je vais être destitué. Ceci m'afflige, et toutefois j'ai huit cents livres de rente. Je vous fais part de ce détail afin que vous ne vous fassiez pas d'illusion sur ce qui vous attend dans l'état de prêtre. Si vous songez à faire la cour aux hommes qui ont la puissance, votre perte éternelle est assurée. Vous pourrez faire fortune, mais il faudra nuire aux misérables, flatter le sous-préfet, le maire, l'homme considéré, et servir ses passions : cette conduite, qui dans le monde s'appelle savoir-vivre, peut, pour un laïque, n'être pas absolument

incompatible avec le salut; mais, dans notre état, il faut
opter; il s'agit de faire fortune dans ce monde ou dans
l'autre, il n'y a pas de milieu. Allez, mon cher ami, réflé-
chissez, et revenez dans trois jours me rendre une réponse
définitive. J'entrevois avec peine, au fond de votre caractère, une ardeur sombre qui ne m'annonce pas la modération et la parfaite abnégation des avantages terrestres nécessaires à un prêtre; j'augure bien de votre esprit; mais,
permettez-moi de vous le dire, ajouta le bon curé, les
larmes aux yeux, dans l'état de prêtre, je tremblerai pour
votre salut.

Julien avait honte de son émotion; pour la première
fois de sa vie, il se voyait aimé; il pleurait avec délices,
et alla cacher ses larmes dans les grands bois au-dessus
de Verrières.

Pourquoi l'état où je me trouve? se dit-il enfin; je sens
que je donnerais cent fois ma vie pour ce bon curé Chélan, et cependant il vient de me prouver que je ne suis
qu'un sot. C'est lui surtout qu'il m'importe de tromper, et il me devine. Cette ardeur secrète dont il me parle,
c'est mon projet de faire fortune. Il me croit indigne
d'être prêtre, et cela précisément quand je me figurais
que le sacrifice de cinquante louis de rente allait lui donner la plus haute idée de ma piété et de ma vocation.

A l'avenir, continua Julien, je ne compterai que sur
les parties de mon caractère que j'aurai éprouvées. Qui
m'eût dit que je trouverais du plaisir à répandre des
larmes! que j'aimerais celui qui me prouve que je ne suis
qu'un sot!

Trois jours après, Julien avait trouvé le prétexte dont
il eût dû se munir dès le premier jour; ce prétexte était
une calomnie, mais qu'importe? Il avoua au curé, avec
beaucoup d'hésitation, qu'une raison qu'il ne pouvait lui
expliquer, parce qu'elle nuirait à un tiers, l'avait détourné
tout d'abord de l'union projetée. C'était accuser la
conduite d'Elisa. M. Chélan trouva dans ses manières un
certain feu tout mondain, bien différent de celui qui eût
dû animer un jeune lévite.

— Mon ami, lui dit-il, encore, soyez un bon bourgeois

de campagne, estimable et instruit, plutôt qu'un prêtre sans vocation.

Julien répondit à ces nouvelles remontrances, fort bien, quant aux paroles : il trouvait les mots qu'eût employés un jeune séminariste fervent; mais le ton dont il les prononçait, mais le feu mal caché qui éclatait dans ses yeux alarmaient M. Chélan.

Il ne faut pas trop mal augurer de Julien; il inventait correctement les paroles d'une hypocrisie cauteleuse et prudente. Ce n'est pas mal à son âge. Quant au ton et aux gestes, il vivait avec des campagnards; il avait été privé de la vue des grands modèles. Par la suite, à peine lui eut-il été donné d'approcher de ces messieurs, qu'il fut admirable pour les gestes comme pour les paroles.

Madame de Rênal fut étonnée que la nouvelle fortune de sa femme de chambre ne rendît pas cette fille plus heureuse; elle la voyait aller sans cesse chez le curé, et en revenir les larmes aux yeux; enfin Elisa lui parla de son mariage.

Madame de Rênal se crut malade; une sorte de fièvre l'empêchait de trouver le sommeil; elle ne vivait que lorsqu'elle avait sous les yeux sa femme de chambre ou Julien. Elle ne pouvait penser qu'à eux et au bonheur qu'ils trouveraient dans leur ménage. La pauvreté de cette petite maison, où l'on devrait vivre avec cinquante louis de rente, se peignait à elle sous des couleurs ravissantes. Julien pourrait très bien se faire avocat à Bray, la sous-préfecture à deux lieues de Verrières; dans ce cas elle le verrait quelquefois.

Madame de Rênal crut sincèrement qu'elle allait devenir folle; elle le dit à son mari, et enfin tomba malade. Le soir même, comme sa femme de chambre la servait, elle remarqua que cette fille pleurait. Elle abhorrait Elisa dans ce moment, et venait de la brusquer; elle lui en demanda pardon. Les larmes d'Elisa redoublèrent; elle dit que si sa maîtresse le lui permettait, elle lui conterait tout son malheur.

— Dites, répondit madame de Rênal.

— Eh bien, Madame, il me refuse; des méchants lui auront dit du mal de moi, il les croit.

— Qui vous refuse? dit madame de Rênal respirant à peine.

— Et qui. Madame, si ce n'est M. Julien? répliqua la femme de chambre en sanglotant. M. le curé n'a pu vaincre sa résistance; car M. le curé trouve qu'il ne doit pas refuser une honnête fille, sous prétexte qu'elle a été femme de chambre. Après tout, le père de M. Julien n'est autre chose qu'un charpentier; lui-même comment gagnait-il sa vie avant d'être chez Madame?

Madame de Rênal n'écoutait plus; l'excès du bonheur lui avait presque ôté l'usage de la raison. Elle se fit répéter plusieurs fois l'assurance que Julien avait refusé d'une façon positive, et qui ne permettait plus de revenir à une résolution plus sage.

— Je veux tenter un dernier effort, dit-elle à sa femme de chambre, je parlerai à M. Julien.

Le lendemain, après le déjeuner, madame de Rênal se donna la délicieuse volupté de plaider la cause de sa rivale, et de voir la main et la fortune d'Elisa refusées constamment pendant une heure.

Peu à peu Julien sortit de ses réponses compassées, et finit par répondre avec esprit aux sages représentations de madame de Rênal. Elle ne put résister au torrent de bonheur qui inondait son âme après tant de jours de désespoir. Elle se trouva mal tout à fait. Quand elle fut remise et bien établie dans sa chambre, elle renvoya tout le monde. Elle était profondément étonnée.

Aurais-je de l'amour pour Julien? se dit-elle enfin.

Cette découverte, qui dans tout autre moment l'aurait plongée dans les remords et dans une agitation profonde, ne fut pour elle qu'un spectacle singulier, mais comme indifférent. Son âme, épuisée par tout ce qu'elle venait d'éprouver, n'avait plus de sensibilité au service des passions.

Madame de Rênal voulut travailler, et tomba dans un profond sommeil; quand elle se réveilla, elle ne s'effraya pas autant qu'elle l'aurait dû. Elle était trop heureuse pour pouvoir prendre en mal quelque chose. Naïve et innocente, jamais cette bonne provinciale n'avait torturé son âme, pour tâcher d'en arracher un peu de sensibilité à quelque nouvelle nuance de sentiment ou de malheur. Entièrement absorbée avant l'arrivée de Julien par cette masse de travail qui, loin de Paris, est le lot d'une bonne mère de famille, madame de Rênal pensait aux passions, comme nous pensons à la loterie : duperie certaine et bonheur cherché par des fous.

La cloche du dîner sonna; madame de Rênal rougit beaucoup quand elle entendit la voix de Julien, qui amenait les enfants. Un peu adroite depuis qu'elle aimait, pour expliquer sa rougeur, elle se plaignit d'un affreux mal de tête.

— Voilà comme sont toutes les femmes, lui répondit M. de Rênal, avec un gros rire. Il y a toujours quelque chose à raccommoder à ces machines-là!

Quoique accoutumée à ce genre d'esprit, ce ton de voix choqua madame de Rênal. Pour se distraire, elle regarda la physionomie de Julien; il eût été l'homme le plus laid, que dans cet instant il eût plu.

Attentif à copier les habitudes des gens de cour, dès les premiers beaux jours du printemps, M. de Rênal s'établit à Vergy; c'est le village rendu célèbre par l'aventure tragique de Gabrielle. A quelques centaines de pas des ruines si pittoresques de l'ancienne église gothique, M. de Rênal possède un vieux château avec ses quatre tours, et un jardin dessiné comme celui des Tuileries, avec force bordures de buis et allées de marronniers taillés deux fois par an. Un champ voisin planté de pommiers servait de promenade. Huit ou dix noyers magnifiques étaient au bout du verger; leur feuillage immense s'élevait peut-être à quatre-vingts pieds de hauteur.

Chacun de ces maudits noyers, disait M. de Rênal quand sa femme les admirait, me coûte la récolte d'un demi-arpent, le blé ne peut venir sous leur ombre.

La vue de la campagne sembla nouvelle à madame de Rênal; son admiration allait jusqu'aux transports. Le sentiment dont elle était animée lui donnait de l'esprit et de la résolution. Dès le surlendemain de l'arrivée à Vergy, M. de Rênal étant retourné à la ville, pour les affaires de la mairie, madame de Rênal prit des ouvriers à ses frais. Julien lui avait donné l'idée d'un petit chemin sablé, qui circulerait dans le verger et sous les grands noyers, et permettrait aux enfants de se promener dès le matin, sans que leurs souliers fussent mouillés par la rosée. Cette idée fut mise à exécution moins de vingt-quatre heures après avoir été conçue. Madame de Rênal passa toute la journée gaiement avec Julien à diriger les ouvriers.

Lorsque le maire de Verrières revint de la ville, il fut bien surpris de trouver l'allée faite. Son arrivée surprit aussi madame de Rênal; elle avait oublié son existence. Pendant deux mois, il parla avec humeur de la hardiesse qu'on avait eue de faire, sans le consulter, une *réparation* aussi importante, mais madame de Rênal l'avait exécutée à ses frais, ce qui le consolait un peu.

Elle passait ses journées à courir avec ses enfants dans le verger, et à faire la chasse aux papillons. On avait construit de grands capuchons de gaze claire, avec lesquels on prenait les pauvres *lépidoptères*. C'est le nom barbare que Julien apprenait à madame de Rênal. Car elle avait fait venir de Besançon le bel ouvrage de M. Godart; et Julien lui racontait les mœurs singulières de ces pauvres bêtes.

On les piquait sans pitié avec des épingles dans un grand cadre de carton arrangé aussi par Julien.

Il y eut enfin entre madame de Rênal et Julien un sujet de conversation, il ne fut plus exposé à l'affreux supplice que lui donnaient les moments de silence.

Ils se parlaient sans cesse, et avec un intérêt extrême, quoique toujours de choses fort innocentes. Cette vie active, occupée et gaie, était du goût de tout le monde, excepté de mademoiselle Elisa, qui se trouvait excédée de travail. Jamais dans le carnaval, disait-elle, quand il y a bal à Verrières, madame ne s'est donné tant de soins pour sa toilette; elle change de robe deux ou trois fois par jour.

Comme notre intention est de ne flatter personne, nous ne nierons point que madame de Rênal, qui avait une peau superbe, ne se fît arranger des robes qui laissaient les bras et la poitrine fort découverts. Elle était très bien faite, et cette manière de se mettre lui allait à ravir.

— Jamais vous *n'avez été si jeune, madame,* lui disaient

ses amis de Verrières qui venaient dîner à Vergy. (C'est une façon de parler du pays.)

Une chose singulière, qui trouvera peu de croyance parmi nous, c'était sans intention directe que madame de Rênal se livrait à tant de soins. Elle y trouvait du plaisir; et, sans y songer autrement, tout le temps qu'elle ne passait pas à la chasse aux papillons avec les enfants et Julien, elle travaillait avec Elisa à bâtir des robes. Sa seule course à Verrières fut causée par l'envie d'acheter de nouvelles robes d'été qu'on venait d'apporter de Mulhouse.

Elle ramena à Vergy une jeune femme de ses parentes. Depuis son mariage, madame de Rênal s'était liée insensiblement avec madame Derville, qui autrefois avait été sa compagne au *Sacré-Cœur*.

Madame Derville riait beaucoup de ce qu'elle appelait les idées folles de sa cousine : « Seule, jamais je n'y penserais », disait-elle. Ces idées imprévues qu'on eût appelées saillies à Paris, madame de Rênal en avait honte comme d'une sottise, quand elle était avec son mari; mais la présence de madame Derville lui donnait du courage. Elle lui disait d'abord ses pensées d'une voix timide; quand ces dames étaient longtemps seules, l'esprit de madame de Rênal s'animait, et une longue matinée solitaire passait comme un instant et laissait les deux amies fort gaies. A ce voyage la raisonnable madame Derville trouva sa cousine beaucoup moins gaie et beaucoup plus heureuse.

Julien, de son côté, avait vécu en véritable enfant depuis son séjour à la campagne, aussi heureux de courir à la suite des papillons que ses élèves. Après tant de contrainte et de politique habile, seul, loin des regards des hommes, et, par instinct, ne craignant point madame de Rênal, il se livrait au plaisir d'exister, si vif à cet âge, et au milieu des plus belles montagnes du monde.

Dès l'arrivée de madame Derville, il sembla à Julien qu'elle était son amie; il se hâta de lui montrer le point de vue que l'on a de l'extrémité de la nouvelle allée sous les grands noyers; dans le fait, il est égal, si ce n'est supérieur à ce que la Suisse et les lacs d'Italie peuvent offrir de plus admirable. Si l'on monte la côte rapide qui commence à

quelques pas de là, on arrive bientôt à de grands préci-
pices bordés par des bois de chênes, qui s'avancent presque
jusque sur la rivière. C'est sur les sommets de ces rochers
coupés à pic que Julien, heureux, libre, et même quelque
chose de plus, roi de la maison, conduisait les deux amies,
et jouissait de leur admiration pour ces aspects sublimes.

— C'est pour moi comme de la musique de Mozart,
disait madame Derville.

La jalousie de ses frères, la présence d'un père despote
et rempli d'humeur avaient gâté aux yeux de Julien les
campagnes des environs de Verrières. A Vergy, il ne trouvait point de ces souvenirs amers; pour la première fois
de sa vie, il ne voyait point d'ennemi. Quand M. de
Rênal était à la ville, ce qui arrivait souvent, il osait lire;
bientôt, au lieu de lire la nuit, et encore en ayant soin
de cacher sa lampe au fond d'un vase à fleurs renversé, il
put se livrer au sommeil; le jour, dans l'intervalle des
leçons des enfants, il venait dans ces rochers avec le livre,
unique règle de sa conduite et objet de ses transports. Il y
trouvait à la fois bonheur, extase et consolation dans les
moments de découragement.

Certaines choses que Napoléon dit des femmes, plusieurs discussions sur le mérite des romans à la mode
sous son règne lui donnèrent alors, pour la première fois,
quelques idées que tout autre jeune homme de son âge
aurait eues depuis longtemps.

Les grandes chaleurs arrivèrent. On prit l'habitude de
passer les soirées sous un immense tilleul à quelques pas
de la maison. L'obscurité y était profonde. Un soir, Julien parlait avec action, il jouissait avec délices du plaisir
de bien parler et à des femmes jeunes; gesticulant, il
toucha la main de madame de Rênal qui était appuyée
sur le dos d'une de ces chaises de bois peint que l'on
place dans les jardins.

Cette main se retira bien vite; mais Julien pensa qu'il
était de son *devoir* d'obtenir que l'on ne retirât pas cette
main quand il la touchait. L'idée d'un devoir à accomplir, et d'un ridicule ou plutôt d'un sentiment d'infériorité
à encourir si l'on n'y parvenait pas, éloigna sur-le-champ
tout plaisir de son cœur.

CHAPITRE IX

UNE SOIRÉE A LA CAMPAGNE

> La Didon de M. Guérin, esquiss
> charmante.
>
> STROMBECK.

SES regards, le lendemain, quand il revit madame de Rênal, étaient singuliers; il l'observait comme un ennemi avec
lequel il va falloir se battre. Ces regards, si différents de
ceux de la veille, firent perdre la tête à madame de Rênal :
elle avait été bonne pour lui et il paraissait fâché. Elle
ne pouvait détacher ses regards des siens.

La présence de madame Derville permettait à Julien de
moins parler et de s'occuper davantage de ce qu'il avait
dans la tête. Son unique affaire, toute cette journée, fut
de se fortifier par la lecture du livre inspiré qui retrem-
pait son âme.

Il abrégea beaucoup les leçons des enfants, et ensuite,
quand la présence de madame de Rênal vint le rappeler
tout à fait aux soins de sa gloire, il décida qu'il fallait
absolument qu'elle permît ce soir-là que sa main restât
dans la sienne.

Le soleil en baissant, et rapprochant le moment décisif,
fit battre le cœur de Julien d'une façon singulière. La
nuit vint. Il observa, avec une joie qui lui ôta un poids
immense de dessus la poitrine, qu'elle serait fort obscure.
Le ciel chargé de gros nuages, promenés par un vent très
chaud, semblait annoncer une tempête. Les deux amies se
promenèrent fort tard. Tout ce qu'elles faisaient ce soir-là
semblait singulier à Julien. Elles jouissaient de ce temps,
qui, pour certaines âmes délicates, semble augmenter le
plaisir d'aimer.

On s'assit enfin, madame de Rênal à côté de Julien, et
madame Derville près de son amie. Préoccupé de ce qu'il
allait tenter, Julien ne trouvait rien à dire. La conversation languissait.

Serai-je aussi tremblant, et malheureux au premier duel

qui me viendra? se dit Julien, car il avait trop de méfiance et de lui et des autres pour ne pas voir l'état de
son âme.

Dans sa mortelle angoisse, tous les dangers lui eussent
semblé préférables. Que de fois ne désira-t-il pas voir
survenir à madame de Rênal quelque affaire qui l'obligeât
de rentrer à la maison et de quitter le jardin! La violence
que Julien était obligé de se faire était trop forte pour
que sa voix ne fût pas profondément altérée; bientôt la
voix de madame de Rênal devint tremblante aussi, mais
Julien ne s'en aperçut point. L'affreux combat que le devoir livrait à la timidité était trop pénible pour qu'il fût
en état de rien observer hors de lui-même. Neuf heures
trois quarts venaient de sonner à l'horloge du château,
sans qu'il eût encore rien osé. Julien, indigné de sa lâcheté,
se dit : Au moment précis où dix heures sonneront, j'exé-
cuterai ce que, pendant toute la journée, je me suis promis de faire ce soir, ou je monterai chez moi me brûler
la cervelle.

Après un dernier moment d'attente et d'anxiété, pendant lequel l'excès de l'émotion mettait Julien comme
hors de lui, dix heures sonnèrent à l'horloge qui était
au-dessus de sa tête. Chaque coup de cloche fatale reten-
tissait dans sa poitrine, et y causait comme un mouvement physique.

Enfin, comme le dernier coup de dix heures retentis-
sait encore il étendit la main et prit celle de madame de
Rênal, qui la retira aussitôt. Julien, sans trop savoir ce
qu'il faisait, la saisit de nouveau. Quoique bien ému lui-
même, il fut frappé de la froideur glaciale de la main qu'il
prenait; il la serrait avec une force convulsive; on fit
un dernier effort pour la lui ôter, mais enfin cette main
lui resta.

Son âme fut inondée de bonheur, non qu'il aimât
madame de Rênal, mais un affreux supplice venait de cesser. Pour que madame Derville ne s'aperçût de rien, il se
crut obligé de parler; sa voix alors était éclatante et
forte. Celle de madame de Rênal, au contraire, trahissait
tant d'émotion, que son amie la crut malade et lui proposa de rentrer. Julien sentit le danger : si madame de

Rênal rentre au salon, je vais retomber dans la position affreuse où j'ai passé la journée. J'ai tenu cette main trop peu de temps pour que cela compte comme un avantage qui m'est acquis.

Au moment où madame Derville renouvelait la proposition de rentrer au salon, Julien serra fortement la main qu'on lui abandonnait.

Madame de Rênal, qui se levait déjà, se rassit, en disant d'une voix mourante :

— Je me sens, à la vérité, un peu malade, mais le grand air me fait du bien.

Ces mots confirmèrent le bonheur de Julien, qui, dans ce moment, était extrême : il parla, il oublia de feindre, il parut l'homme le plus aimable aux deux amies qui l'écoutaient. Cependant il y avait encore un peu de manque de courage dans cette éloquence qui lui arrivait tout à coup. Il craignait mortellement que madame Derville, fatiguée du vent qui commençait à s'élever et qui précédait la tempête, ne voulût rentrer seule au salon. Alors il serait resté en tête-à-tête avec madame de Rênal. Il avait eu presque par hasard le courage aveugle qui suffit pour agir; mais il sentait qu'il était hors de sa puissance de dire le mot le plus simple à madame de Rênal. Quelque légers que fussent ses reproches, il allait être battu, et l'avantage qu'il venait d'obtenir anéanti.

Heureusement pour lui, ce soir-là, ses discours touchants et emphatiques trouvèrent grâce devant madame Derville, qui très souvent le trouvait gauche comme un enfant, et peu amusant. Pour madame de Rênal, la main dans celle de Julien, elle ne pensait à rien; elle se laissait vivre. Les heures qu'on passa sous ce grand tilleul, que la tradition du pays dit planté par Charles le Téméraire, furent pour elle une époque de bonheur. Elle écoutait avec délices les gémissements du vent dans l'épais feuillage du tilleul, et le bruit de quelques gouttes rares qui commençaient à tomber sur ses feuilles les plus basses. Julien ne remarqua pas une circonstance qui l'eût bien rassuré; madame de Rênal, qui avait été obligée de lui ôter sa main, parce qu'elle se leva pour aider sa cousine à relever un vase de fleurs que le vent venait de renverser à leurs pieds, fut à peine assise de nouveau, qu'elle lui rendit sa main presque sans difficulté, et comme si déjà c'eût été entre eux une chose convenue.

Minuit était sonné depuis longtemps; il fallut enfin quitter le jardin : on se sépara. Madame de Rênal, transportée du bonheur d'aimer, était tellement ignorante, qu'elle ne se faisait presque aucun reproche. Le bonheur lui ôtait le sommeil. Un sommeil de plomb s'empara de Julien, mortellement fatigué des combats que toute la journée la timidité et l'orgueil s'étaient livrés dans son cœur.

Le lendemain on le réveilla à cinq heures; et, ce qui eût été cruel pour madame de Rênal si elle l'eût su, à peine lui donna-t-il une pensée. Il avait fait *son devoir, et un devoir héroïque.* Rempli de bonheur par ce sentiment, il s'enferma à clef dans sa chambre, et se livra avec un plaisir tout nouveau à la lecture des exploits de son héros.

Quand la cloche du déjeuner se fit entendre, il avait oublié, en lisant les bulletins de la grande armée, tous ses avantages de la veille. Il se dit, d'un ton léger, en descendant au salon : Il faut dire à cette femme que je l'aime.

Au lieu de ces regards chargés de volupté, qu'il s'attendait à rencontrer, il trouva la figure sévère de M. de Rênal qui, arrivé depuis deux heures à Verrières, ne cachait point son mécontentement de ce que Julien passait toute la matinée sans s'occuper des enfants. Rien n'était laid comme cet homme important, ayant de l'humeur et croyant pouvoir la montrer.

Chaque mot aigre de son mari perçait le cœur de madame de Rênal. Quant à Julien, il était tellement plongé dans l'extase, encore si occupé des grandes choses qui, pendant plusieurs heures, venaient de passer devant ses yeux, qu'à peine d'abord put-il rabaisser son attention jusqu'à écouter les propos durs que lui adressait M. de Rênal. Il lui dit enfin, assez brusquement :

— J'étais malade.

Le ton de cette réponse eût piqué un homme beaucoup moins susceptible que le maire de Verrières; il eut quelque idée de répondre à Julien en le chassant à l'instant. Il ne fut retenu que par la maxime qu'il s'était faite de ne jamais trop se hâter en affaires.

Ce jeune sot, se dit-il bientôt, s'est fait une sorte de réputation dans ma maison, le Valenod peut le prendre chez lui, ou bien il épousera Elisa, et dans les deux cas, au fond du cœur, il pourra se moquer de moi.

Malgré la sagesse de ses réflexions, le mécontentement de M. de Rênal, n'en éclata pas moins par une suite de mots grossiers qui peu à peu irritèrent Julien. Madame de Rênal était sur le point de fondre en larmes. A peine le déjeuner fut-il fini, qu'elle demanda à Julien de lui donner le bras pour la promenade, elle s'appuyait sur lui avec amitié. A tout ce que Madame de Rênal lui disait, Julien ne pouvait que répondre à demi-voix :

— *Voilà bien les gens riches!*

M. de Rênal marchait tout près d'eux; sa présence augmentait la colère de Julien. Il s'aperçut tout à coup que madame de Rênal s'appuyait sur son bras d'une façon marquée; ce mouvement lui fit horreur, il la repoussa avec violence et dégagea son bras.

Heureusement, M. de Rênal ne vit point cette nouvelle impertinence, elle ne fut remarquée que de madame Derville; son amie fondait en larmes. En ce moment M. de Rênal se mit à poursuivre à coups de pierres une petite paysanne qui avait pris un sentier abusif, et traversait un coin du verger.

— Monsieur Julien, de grâce, modérez-vous; songez que nous avons tous des mouvements d'humeur, dit rapidement madame Derville.

Julien la regarda froidement avec des yeux où se peignait le plus souverain mépris.

Ce regard étonna madame Derville, et l'eût surprise bien davantage si elle en eût deviné la véritable expression; elle y eût lu comme un espoir vague de la plus atroce vengeance. Ce sont sans doute de tels moments d'humiliation qui ont fait les Robespierre.

— Votre Julien est bien violent, il m'effraie, dit tout bas madame Derville à son amie.

— Il a raison d'être en colère, lui répondit celle-ci.

Après les progrès étonnants qu'il a fait faire aux enfants, qu'importe qu'il passe une matinée sans leur parler; il faut convenir que les hommes sont bien durs.

Pour la première fois de sa vie, madame de Rênal sentit une sorte de désir de vengeance contre son mari. La haine extrême qui animait Julien contre les riches allait éclater. Heureusement M. de Rênal appela son jardinier, et resta occupé avec lui à barrer, avec des fagots d'épines, le sentier abusif à travers le verger. Julien ne répondit pas un seul mot aux prévenances dont pendant tout le reste de la promenade il fut l'objet. À peine M. de Rênal s'était-il éloigné, que les deux amies, se prétendant fatiguées, lui avaient demandé chacune un bras.

Entre ces deux femmes dont un trouble extrême couvrait les joues de rougeur et d'embarras, la pâleur hautaine, l'air sombre et décidé de Julien formaient un étrange contraste. Il méprisait ces femmes, et tous les sentiments tendres.

Quoi! se disait-il, pas même cinq cents francs de rente pour terminer mes études! Ah! comme je l'enverrais promener!

Absorbé par ces idées sévères, le peu qu'il daignait comprendre des mots obligeants des deux amies lui déplaisait comme vide de sens, niais, faible, en un mot *féminin*.

A force de parler pour parler, et de chercher à maintenir la conversation vivante, il arriva à madame de Rênal de dire que son mari était venu de Verrières parce qu'il avait fait marché, pour de la paille de maïs, avec un de ses fermiers. (Dans ces pays, c'est avec de la paille de maïs que l'on remplit les paillasses des lits.)

— Mon mari ne nous rejoindra pas, ajouta Mme de Rênal; avec le jardinier et son valet de chambre, il va s'occuper d'achever le renouvellement des paillasses de la maison. Ce matin il a mis de la paille de maïs dans tous les lits du premier étage, maintenant il est au second.

Julien changea de couleur; il regarda madame de Rênal d'un air singulier, et bientôt la prit à part en quelque

sorte en doublant le pas. Madame Derville les laissa
s'éloigner.

— Sauvez-moi la vie, dit Julien à Mme de Rênal, vous
seule le pouvez; car vous savez que le valet de chambre
me hait à la mort. Je dois vous avouer, madame, que j'ai
un portrait; je l'ai caché dans la paillasse de mon lit.

A ce mot, madame de Rênal devint pâle à son tour.

— Vous seule, madame, pouvez dans ce moment entrer
dans ma chambre; fouillez, sans qu'il y paraisse, dans
l'angle de la paillasse qui est le plus rapproché de
la fenêtre, vous y trouverez une petite boîte de carton
noire et lisse.

— Elle renferme un portrait! dit madame de Rênal pouvant à peine se tenir debout.

Son air de découragement fut aperçu de Julien, qui
aussitôt en profita.

— J'ai une seconde grâce à vous demander, madame,
je vous supplie de ne pas regarder ce portrait, c'est mon
secret.

— C'est un secret, répéta madame de Rênal d'une voix
éteinte.

Mais, quoique élevée parmi des gens fiers de leur fortune, et sensibles au seul intérêt d'argent, l'amour avait
déjà mis de la générosité dans cette âme. Cruellement
blessée, ce fut avec l'air du dévouement le plus simple
que madame de Rênal fit à Julien les questions nécessaires
pour pouvoir bien s'acquitter de sa commission.

— Ainsi, lui dit-elle en s'éloignant, une petite boîte
ronde, de carton noir, bien lisse.

— Oui, madame, répondit Julien de cet air dur que
le danger donne aux hommes.

Elle monta au second étage du château, pâle comme si
elle fût allée à la mort. Pour comble de misère elle sentit
qu'elle était sur le point de se trouver mal; mais la
nécessité de rendre service à Julien lui rendit des forces.

— Il faut que j'aie cette boîte, se dit-elle en doublant
le pas.

Elle entendit son mari parler au valet de chambre,
dans la chambre même de Julien. Heureusement ils passèrent dans celle des enfants. Elle souleva le matelas et

plongea la main dans la paillasse avec une telle violence qu'elle s'écorcha les doigts. Mais quoique fort sensible aux petites douleurs de ce genre, elle n'eut pas la conscience de celle-ci, car presque en même temps elle sentit le poli de la boîte de carton. Elle la saisit et disparut.

A peine fut-elle délivrée de la crainte d'être surprise par son mari, que l'horreur que lui causait cette boîte fut sur le point de la faire décidément se trouver mal.

Julien est donc amoureux, et je tiens là le portrait de la femme qu'il aime!

Assise sur une chaise dans l'antichambre de cet appartement, madame de Rênal était en proie à toutes les horreurs de la jalousie. Son extrême ignorance lui fut encore utile en ce moment, l'étonnement tempérait la douleur. Julien parut, saisit la boîte, sans remercier, sans rien dire, et courut dans sa chambre, où il fit du feu, et la brûla à l'instant. Il était pâle, anéanti, il s'exagérait l'étendue du danger qu'il venait de courir.

Le portrait de Napoléon, se disait-il en hochant la tête, trouvé caché chez un homme qui fait profession d'une telle haine pour l'usurpateur! trouvé par M. de Rênal, tellement ultra, et tellement irrité! et pour comble d'imprudence, sur le carton blanc derrière le portrait, des lignes écrites de ma main! et qui ne peuvent laisser aucun doute sur l'excès de mon admiration! et chacun de ces transports d'amour est daté! il y en a d'avant-hier.

Toute ma réputation tombée, anéantie en un moment! se disait Julien, en voyant brûler la boîte, et ma réputation est tout mon bien, je ne vis que par elle... et encore, quelle vie, grand Dieu!

Une heure après, la fatigue et la pitié qu'il sentait pour lui-même le disposaient à l'attendrissement. Il rencontra madame de Rênal et prit sa main qu'il baisa avec plus de sincérité qu'il n'avait jamais fait. Elle rougit de bonheur, et, presque au même instant, repoussa Julien avec la colère de la jalousie. La fierté de Julien, si récemment blessée, en fit un sot dans ce moment. Il ne vit en madame de Rênal qu'une femme riche, il laissa tomber sa main avec dédain, et s'éloigna. Il alla se promener, pensif, dans le jardin; bientôt un sourire amer parut sur ses lèvres.

Je me promène là, tranquille comme un homme maître de son temps! Je ne m'occupe pas des enfants! Je m'expose aux mots humiliants de M. de Rênal, et il aura raison. Il courut à la chambre des enfants.

Les caresses du plus jeune, qu'il aimait beaucoup, calmèrent un peu sa cuisante douleur.

Celui-là ne me méprise pas encore, pensa Julien. Mais bientôt il se reprocha cette diminution de douleur comme une nouvelle faiblesse. Ces enfants me caressent comme ils caresseraient le jeune chien de chasse que l'on a acheté hier.

CHAPITRE X

UN GRAND CŒUR ET UNE PETITE FORTUNE

> *But passion most dissembles, yet betrays,*
> *Even by its darkness; as the blackest sky*
> *Foretells the heaviest tempest.*
>
> *Don Juan*, c. I., st. 73.

M. DE RÊNAL, qui suivait toutes les chambres du château, revint dans celle des enfants avec les domestiques qui rapportaient les paillasses. L'entrée soudaine de cet homme fut pour Julien la goutte d'eau qui fait déborder le vase.

Plus pâle, plus sombre qu'à l'ordinaire, il s'élança vers lui. M. de Rênal s'arrêta et regarda ses domestiques.

— Monsieur, lui dit Julien, croyez-vous qu'avec tout autre précepteur, vos enfants eussent fait les mêmes progrès qu'avec moi? Si vous répondez que non, continua Julien sans laisser à M. de Rênal le temps de parler, comment osez-vous m'adresser le reproche que je les néglige?

M. de Rênal, à peine remis de sa peur, conclut du ton étrange qu'il voyait prendre à ce petit paysan qu'il avait en poche quelque proposition avantageuse et qu'il allait le quitter. La colère de Julien, s'augmentant à mesure qu'il parlait :

— Je puis vivre sans vous, monsieur, ajouta-t-il.

— Je suis vraiment fâché de vous voir si agité, répondit M. de Rênal en balbutiant un peu. Les domestiques étaient à dix pas, occupés à arranger les lits.

— Ce n'est pas ce qu'il me faut, monsieur, reprit Julien hors de lui; songez à l'infamie des paroles que vous m'avez adressées, et devant des femmes encore!

M. de Rênal ne comprenait que trop ce que demandait Julien, et un pénible combat déchirait son âme. Il arriva que Julien, effectivement fou de colère, s'écria :

— Je sais où aller, monsieur, en sortant de chez vous.

A ce mot, M. de Rênal vit Julien installé chez M. Valenod.

— Eh bien! monsieur, lui dit-il enfin avec un soupir et de l'air dont il eût appelé le chirurgien pour l'opération la plus douloureuse, j'accède à votre demande. A compter d'après-demain, qui est le premier du mois, je vous donne cinquante francs par mois.

Julien eut envie de rire et resta stupéfait : toute sa colère avait disparu.

Je ne méprisais pas assez l'animal, se dit-il. Voilà sans doute la plus grande excuse que puisse faire une âme aussi basse.

Les enfants, qui écoutaient cette scène bouche béante, coururent au jardin dire à leur mère que M. Julien était bien en colère, mais qu'il allait avoir cinquante francs par mois.

Julien les suivit par habitude, sans même regarder M. de Rênal, qu'il laissa profondément irrité.

Voilà cent soixante-huit francs, se disait le maire, que me coûte M. Valenod. Il faut absolument que je lui dise deux mots fermes sur son entreprise des fournitures pour les enfants trouvés.

Un instant après, Julien se retrouva vis-à-vis de M. de Rênal :

— J'ai à parler de ma conscience à M. Chélan; j'ai l'honneur de vous prévenir que je serai absent quelques heures.

— Eh, mon cher Julien! dit M. de Rênal en riant de l'air le plus faux, toute la journée, si vous voulez, toute celle de demain, mon bon ami. Prenez le cheval du jardinier pour aller à Verrières.

Le voilà, se dit M. de Rênal, qui va rendre réponse à Valenod, il ne m'a rien promis, mais il faut laisser se refroidir cette tête de jeune homme.

Julien s'échappa rapidement et monta dans les grands bois par lesquels on peut aller de Vergy à Verrières. Il ne voulait point arriver si tôt chez M. Chélan. Loin de désirer s'astreindre à une nouvelle scène d'hypocrisie, il avait besoin d'y voir clair dans son âme, et de donner audience à la foule de sentiments qui l'agitaient.

J'ai gagné une bataille, se dit-il aussitôt qu'il se vit dans les bois et loin du regard des hommes, j'ai donc gagné une bataille!

Ce mot lui peignait en beau toute sa position, et rendit à son âme quelque tranquillité.

Me voilà avec cinquante francs d'appointements par mois, il faut que M. de Rênal ait eu une belle peur. Mais de quoi?

Cette méditation sur ce qui avait pu faire peur à l'homme heureux et puissant contre lequel, une heure auparavant, il était bouillant de colère acheva de rasséréner l'âme de Julien. Il fut presque sensible un moment à la beauté ravissante des bois au milieu desquels il marchait. D'énormes quartiers de roches nues étaient tombés jadis au milieu de la forêt du côté de la montagne. De grands hêtres s'élevaient presque aussi haut que ces rochers dont l'ombre donnait une fraîcheur délicieuse à trois pas des endroits où la chaleur des rayons du soleil eût rendu impossible de s'arrêter.

Julien prenait haleine un instant à l'ombre de ces grandes roches, et puis se remettait à monter. Bientôt par un étroit sentier à peine marqué et qui sert seulement aux gardiens des chèvres, il se trouva debout sur un roc immense et bien sûr d'être séparé de tous les hommes. Cette position physique le fit sourire, elle lui peignait la position qu'il brûlait d'atteindre au moral. L'air pur de ces montagnes élevées communiqua la sérénité et même la joie à son âme. Le maire de Verrières était bien toujours, à ses yeux, le représentant de tous les riches et de tous les insolents de la terre; mais Julien sentait que la haine qui venait de l'agiter, malgré la violence de ses mouvements, n'avait rien de personnel. S'il eût cessé de voir M. de Rênal, en huit jours il l'eût oublié, lui, son château, ses chiens, ses enfants et toute sa famille. Je l'ai forcé, je ne sais comment, à faire le plus grand sacrifice. Quoi! Plus de cinquante écus par an! Un instant auparavant, je m'étais tiré du plus grand danger. Voilà deux victoires en un jour; la seconde est sans mérite, il faudrait en deviner le comment. Mais à demain les pénibles recherches.

Julien, debout sur son grand rocher, regardait le ciel, embrasé par un soleil d'août. Les cigales chantaient dans le champ au-dessous du rocher, quand elles se taisaient tout était silence autour de lui. Il voyait à ses pieds vingt lieues de pays. Quelque épervier parti des grandes roches au-dessus de sa tête était aperçu par lui, de temps à autre, décrivant en silence ses cercles immenses. L'œil de Julien suivait machinalement l'oiseau de proie. Ses mouvements tranquilles et puissants le frappaient, il enviait cette force, il enviait cet isolement.

C'était la destinée de Napoléon, serait-ce un jour la sienne?

CHAPITRE XI

UNE SOIRÉE

Yet Julia's very coldness still was kind,
And tremelously gentle her small hand
Withdrew itself from his, but left behind,
A little pressure, thrilling and so bland
And slight, so very slight that so the mind
'Twas but a doubt.

Don Juan, c. i, st. 71.

I<small>L</small> fallut pourtant paraître à Verrières. En sortant du presbytère, un heureux hasard fit que Julien rencontra M. Valenod, auquel il se hâta de raconter l'augmentation de ses appointements.

De retour à Vergy, Julien ne descendit au jardin que lorsqu'il fut nuit close. Son âme était fatiguée de ce grand nombre d'émotions puissantes qui l'avaient agitée dans cette journée. Que leur dirai-je? pensait-il avec inquiétude, en songeant aux dames. Il était loin de voir que son âme était précisément au niveau des petites circonstances qui occupent ordinairement tout l'intérêt des femmes. Souvent Julien était inintelligible pour madame Derville et même pour son amie, et à son tour ne comprenait qu'à demi tout ce qu'elles lui disaient. Tel était l'effet de la force, si j'ose parler ainsi, de la grandeur des mouvements de passion qui bouleversaient l'âme de ce jeune ambitieux. Chez cet être singulier, c'était presque tous les jours tempête.

En entrant ce soir-là au jardin, Julien était disposé à s'occuper des idées des jolies cousines. Elles l'attendaient avec impatience. Il prit sa place ordinaire, à côté de madame de Rênal. L'obscurité devint bientôt profonde. Il voulut prendre une main blanche que depuis longtemps il voyait près de lui, appuyée sur le dos d'une chaise. On hésita un peu, mais on finit par la lui retirer d'une façon qui marquait de l'humeur. Julien était disposé à se le tenir pour dit, et à continuer gaiement la conversation, quand il entendit M. de Rênal qui s'approchait.

Julien avait encore dans l'oreille les paroles grossières du matin. Ne serait-ce pas, dit-il, une façon de se moquer de cet être, si comblé de tous les avantages de la fortune, que de prendre possession de la main de sa femme, précisément en sa présence? Oui, je le ferai, moi, pour qui il a témoigné tant de mépris.

De ce moment la tranquillité, si peu naturelle au caractère de Julien, s'éloigna bien vite; il désira avec anxiété, et sans pouvoir songer à rien autre chose, que madame de Rênal voulût bien lui laisser sa main.

M. de Rênal parlait politique avec colère : deux ou trois industriels de Verrières devenaient décidément plus riches que lui, et voulaient le contrarier dans les élections. Madame Derville l'écoutait. Julien, irrité de ses discours, approcha sa chaise de celle de madame de Rênal.

L'obscurité cachait tous les mouvements. Il osa placer sa main très près du joli bras que la robe laissait à découvert. Il fut troublé, sa pensée ne fut plus à lui, il approcha sa joue de ce joli bras, il osa y appliquer ses lèvres.

Madame de Rênal frémit. Son mari était à quatre pas, elle se hâta de donner sa main à Julien, et en même temps de le repousser un peu. Comme M. de Rênal continuait ses injures contre les gens de rien et les jacobins qui s'enrichissent, Julien couvrait la main qu'on lui avait laissée de baisers passionnés ou du moins qui semblaient tels à madame de Rênal. Cependant la pauvre femme avait eu la preuve, dans cette journée fatale, que l'homme qu'elle adorait sans se l'avouer aimait ailleurs! Pendant toute l'absence de Julien, elle avait été en proie à un malheur extrême qui l'avait fait réfléchir.

Quoi! j'aimerais! se disait-elle, j'aurais de l'amour! Moi, femme mariée, je serais amoureuse! mais, se disait-elle, je n'ai jamais éprouvé pour mon mari cette sombre folie, qui fait que je ne puis détacher ma pensée de Julien. Au fond ce n'est qu'un enfant plein de respect pour moi! Cette folie sera passagère. Qu'importe à mon mari les sentiments que je puis avoir pour ce jeune homme! M. de Rênal serait ennuyé des conversations que j'ai avec Julien sur des choses d'imagination. Lui, il pense à ses affaires. Je ne lui enlève rien pour le donner à Julien.

Aucune hypocrisie ne venait altérer la pureté de cette âme naïve, égarée par une passion qu'elle n'avait jamais éprouvée. Elle était trompée, mais à son insu, et cependant un instinct de vertu était effrayé. Tels étaient les combats qui l'agitaient quand Julien parut au jardin. Elle l'entendit parler, presque au même instant elle le vit s'asseoir à ses côtés. Son âme fut comme enlevée par ce bonheur charmant qui depuis quinze jours l'étonnait plus encore qu'il ne la séduisait. Tout était imprévu pour elle. Cependant, après quelques instants, il suffit donc, se dit-elle, de la présence de Julien pour effacer tous ses torts? Elle fut effrayée; ce fut alors qu'elle lui ôta sa main.

Les baisers remplis de passion, et tels que jamais elle

n'en avait reçu de pareils, lui firent tout à coup oublier
que peut-être il aimait une autre femme. Bientôt il ne
fut plus coupable à ses yeux. La cessation de la douleur
poignante, fille du soupçon, la présence d'un bonheur
que jamais elle n'avait même rêvé lui donnèrent des
transports d'amour et de folle gaieté. Cette soirée fut
charmante pour tout le monde excepté pour le maire de
Verrières, qui ne pouvait oublier ses industriels enrichis. Julien ne pensait plus à sa noire ambition, ni à
ses projets si difficiles à exécuter. Pour la première fois
de sa vie, il était entraîné par le pouvoir de la beauté.
Perdu dans une rêverie vague et douce si étrangère à
son caractère, pressant doucement cette main qui lui plaisait comme parfaitement jolie, il écoutait à demi le mouvement des feuilles du tilleul agitées par ce léger vent
de la nuit, et les chiens du moulin du Doubs qui aboyaient
dans le lointain.

Mais cette émotion était un plaisir et non une passion.
En rentrant dans sa chambre il ne songea qu'à un
bonheur, celui de reprendre son livre favori; à vingt ans,
l'idée du monde et de l'effet à y produire l'emporte sur
tout.

Bientôt cependant il posa le livre. A force de songer
aux victoires de Napoléon, il avait vu quelque chose de
nouveau dans la sienne. Oui, j'ai gagné une bataille, se
dit-il, mais il faut en profiter, il faut écraser l'orgueil
de ce fier gentilhomme pendant qu'il est en retraite.
C'est là Napoléon tout pur. Il faut que je demande un
congé de trois jours pour aller voir mon ami Fouqué.
S'il me le refuse, je lui mets encore le marché à la main,
mais il cédera.

Madame de Rênal ne put fermer l'œil. Il lui semblait
n'avoir pas vécu jusqu'à ce moment. Elle ne pouvait distraire sa pensée du bonheur de sentir Julien couvrir sa
main de baisers enflammés.

Tout à coup l'affreuse parole : adultère, lui apparut.
Tout ce que la plus vile débauche peut imaginer de
dégoûtant à l'idée de l'amour des sens se présenta en
foule à son imagination. Ces idées voulaient tâcher de
ternir l'image tendre et divine qu'elle se faisait de Julien

et du bonheur de l'aimer. L'avenir se peignait sous des couleurs terribles. Elle se voyait méprisable.

Ce moment fut affreux; son âme arrivait dans des pays inconnus. La veille elle avait goûté un bonheur inéprouvé; maintenant elle se trouvait tout à coup plongée dans un malheur atroce. Elle n'avait aucune idée de telles souffrances, elles troublèrent sa raison. Elle eut un instant la pensée d'avouer à son mari qu'elle craignait d'aimer Julien. C'eût été parler de lui. Heureusement elle rencontra dans sa mémoire un précepte donné jadis par sa tante, la veille de son mariage. Il s'agissait du danger des confidences faites à un mari, qui après tout est un maître. Dans l'excès de sa douleur, elle se tordait les mains.

Elle était entraînée au hasard par des images contradictoires et douloureuses. Tantôt elle craignait de n'être pas aimée, tantôt l'affreuse idée du crime la torturait comme si le lendemain elle eût dû être exposée au pilori sur la place publique de Verrières, avec un écriteau expliquant son adultère à la populace.

Madame de Rênal n'avait aucune expérience de la vie; même pleinement éveillée et dans l'exercice de toute sa raison, elle n'eût aperçu aucun intervalle entre être coupable aux yeux de Dieu et se trouver accablée en public des marques les plus bruyantes du mépris général.

Quand l'affreuse idée d'adultère, et de toute l'ignominie que, dans son opinion, ce crime entraîne à sa suite, lui laissait quelque repos, et qu'elle venait à songer à la douceur de vivre avec Julien innocemment, et comme par le passé, elle se trouvait jetée dans l'idée horrible que Julien aimait une autre femme. Elle voyait encore sa pâleur quand il avait craint de perdre son portrait, ou de la compromettre en le laissant voir. Pour la première fois, elle avait surpris la crainte sur cette physionomie si tranquille et si noble. Jamais il ne s'était montré ému ainsi pour elle ou pour ses enfants. Ce surcroît de douleur arriva à toute l'intensité de malheur qu'il est donné à l'âme humaine de pouvoir supporter. Sans s'en douter, madame de Rênal jeta des cris qui réveillèrent sa femme de chambre. Tout à coup elle vit paraître auprès de son lit la clarté d'une lumière, et reconnut Elisa.

— Est-ce qu'il vous aime? s'écria-t-elle dans sa folie.

La femme de chambre, étonnée du trouble affreux dans lequel elle surprenait sa maîtresse, ne fit heureusement aucune attention à ce mot singulier. Madame de Rênal sentit son imprudence : « J'ai la fièvre, lui dit-elle, et je crois, un peu de délire, restez auprès de moi. » Tout à fait réveillée par la nécessité de se contraindre, elle se trouva moins malheureuse; la raison reprit l'empire que l'état de demi-sommeil lui avait ôté. Pour se délivrer du regard fixe de sa femme de chambre, elle lui ordonna de lire le journal, et ce fut au bruit monotone de la voix de cette fille, lisant un long article de *la Quotidienne,* que madame de Rênal prit la résolution vertueuse de traiter Julien avec une froideur parfaite quand elle le reverrait.

CHAPITRE XII

UN VOYAGE

> On trouve à Paris des gens élégants, il peut y avoir en province des gens à caractère.
>
> SIEYÈS.

LE lendemain, dès cinq heures, avant que madame de Rênal fût visible, Julien avait obtenu de son mari un congé de trois jours. Contre son attente, Julien se trouva le désir de la revoir, il songeait à sa main si jolie. Il descendit au jardin, madame de Rênal se fit longtemps attendre. Mais si Julien l'eût aimée, il l'eût aperçue derrière les persiennes à demi fermées du premier étage, le front appuyé contre la vitre. Elle le regardait. Enfin, malgré ses résolutions, elle se détermina à paraître au jardin. Sa pâleur habituelle avait fait place aux plus vives couleurs. Cette femme si naïve était évidemment agitée; un sentiment de contrainte et même de colère altérait cette expression de sérénité profonde et comme au-dessus de tous les vulgaires intérêts de la vie, qui donnait tant de charmes à cette figure céleste.

Julien s'approcha d'elle avec empressement; il admirait ces bras si beaux qu'un châle jeté à la hâte laissait apercevoir. La fraîcheur de l'air du matin semblait augmenter encore l'éclat d'un teint que l'agitation de la nuit ne rendait que plus sensible à toutes les impressions. Cette beauté modeste et touchante, et cependant pleine de pensées que l'on ne trouve point dans les classes inférieures, semblait révéler à Julien une faculté de son âme qu'il n'avait jamais sentie. Tout entier à l'admiration des charmes que surprenait son regard avide, Julien ne songeait nullement à l'accueil amical qu'il s'attendait à recevoir. Il fut d'autant plus étonné de la froideur glaciale qu'on cherchait à lui montrer, et à travers laquelle il crut même distinguer l'intention de le remettre à sa place.

Le sourire du plaisir expira sur ses lèvres; il se souvint du rang qu'il occupait dans la société, et surtout aux yeux d'une noble et riche héritière. En un moment il n'y eut plus sur sa physionomie que de la hauteur et de la colère contre lui-même. Il éprouvait un violent dépit d'avoir pu retarder son départ de plus d'une heure pour recevoir un accueil aussi humiliant.

Il n'y a qu'un sot, se dit-il, qui soit en colère contre les autres : une pierre tombe parce qu'elle est pesante. Serai-je toujours un enfant? quand donc aurai-je contracté la bonne habitude de donner de mon âme à ces gens-là juste pour leur argent? Si je veux être estimé et d'eux et de moi-même, il faut leur montrer que c'est ma pauvreté qui est en commerce avec leur richesse, mais que mon cœur est à mille lieues de leur insolence, et placé dans une sphère trop haute pour être atteint par leurs petites marques de dédain ou de faveur.

Pendant que ces sentiments se pressaient en foule dans l'âme du jeune précepteur, sa physionomie mobile prenait l'expression de l'orgueil souffrant et de la férocité. Madame de Rênal en fut toute troublée. La froideur vertueuse qu'elle avait voulu donner à son accueil fit place à l'expression de l'intérêt, et d'un intérêt animé par toute la surprise du changement subit qu'elle venait de voir. Les paroles vaines que l'on s'adresse le matin sur la

santé, sur la beauté de la journée tarirent à la fois chez
tous les deux. Julien, dont le jugement n'était troublé
par aucune passion, trouva bien vite un moyen de marquer à madame de Rênal combien peu il se croyait avec
elle dans des rapports d'amitié; il ne lui dit rien du
petit voyage qu'il allait entreprendre, la salua et partit.

Comme elle le regardait aller, atterrée de la hauteur
sombre qu'elle lisait dans ce regard si aimable la veille,
son fils aîné, qui accourait du fond du jardin, lui dit en
l'embrassant :

— Nous avons congé, M. Julien s'en va pour un voyage.

A ce mot, madame de Rênal se sentit saisie d'un froid
mortel; elle était malheureuse par sa vertu, et plus
malheureuse encore par sa faiblesse.

Ce nouvel événement vint occuper toute son imagination; elle fut emportée bien au-delà des sages résolutions qu'elle devait à la nuit terrible qu'elle venait de
passer. Il n'était plus question de résister à cet amant si
aimable, mais de le perdre à jamais.

Il fallut assister au déjeuner. Pour comble de douleur,
M. de Rênal et madame Derville ne parlèrent que du
départ de Julien. Le maire de Verrières avait remarqué
quelque chose d'insolite dans le ton ferme avec lequel il
avait demandé un congé.

— Ce petit paysan a sans doute en poche des pro-
positions de quelqu'un. Mais ce quelqu'un, fût-ce M. Valenod, doit être un peu découragé par la somme de
600 francs à laquelle maintenant il faut porter le
déboursé annuel. Hier, à Verrières, on aura demandé un
délai de trois jours pour réfléchir; et ce matin, afin de
n'être pas obligé à me donner une réponse, le petit monsieur part pour la montagne. Etre obligé de compter avec
un misérable ouvrier qui fait l'insolent, voilà pourtant où
nous sommes arrivés!

Puisque mon mari, qui ignore combien profondément
il a blessé Julien, pense qu'il nous quittera, que dois-je
croire moi-même? se dit madame de Rênal. Ah! tout est
décidé!

Afin de pouvoir du moins pleurer en liberté, et ne

pas répondre aux questions de madame Derville, elle parla d'un mal de tête affreux, et se mit au lit.

— Voilà ce que c'est que les femmes, répéta M. de Rênal, il y a toujours quelque chose de dérangé à ces machines compliquées. Et il s'en alla goguenard.

Pendant que madame de Rênal était en proie à ce qu'a de plus cruel la passion terrible dans laquelle le hasard l'avait engagée, Julien poursuivait son chemin gaiement au milieu des plus beaux aspects que puissent présenter les scènes de montagnes. Il fallait traverser la grande chaîne au nord de Vergy. Le sentier qu'il suivait, s'élevant peu à peu parmi de grands bois de hêtres, forme des zigzags infinis sur la pente de la haute montagne qui dessine au nord la vallée du Doubs. Bientôt les regards du voyageur, passant par-dessus les coteaux moins élevés qui contiennent le cours du Doubs vers le midi, s'étendirent jusqu'aux plaines fertiles de la Bourgogne et du Beaujolais. Quelque insensible que l'âme de ce jeune ambitieux fût à ce genre de beauté, il ne pouvait s'empêcher de s'arrêter de temps à autre pour regarder un spectacle si vaste et si imposant.

Enfin il atteignit le sommet de la grande montagne, près duquel il fallait passer pour arriver, par cette route de traverse, à la vallée solitaire qu'habitait Fouqué, le jeune marchand de bois, son ami. Julien n'était point pressé de le voir, lui ni aucun autre être humain. Caché comme un oiseau de proie au milieu des roches nues qui couronnent la grande montagne, il pouvait apercevoir de bien loin tout homme qui se serait approché de lui. Il découvrit une petite grotte au milieu de la pente presque verticale d'un des rochers. Il prit sa course, et bientôt fut établi dans cette retraite. Ici, dit-il avec des yeux brillants de joie, les hommes ne sauraient me faire de mal. Il eut l'idée de se livrer au plaisir d'écrire ses pensées, partout ailleurs si dangereux pour lui. Une pierre carrée lui servait de pupitre. Sa plume volait : il ne voyait rien de ce qui l'entourait. Il remarqua enfin que le soleil se couchait derrière les montagnes éloignées du Beaujolais.

Pourquoi ne passerais-je pas la nuit ici? se dit-il, j'ai

du pain, et *je suis libre!* Au son de ce grand mot son
âme s'exalta, son hypocrisie faisait qu'il n'était pas libre,
même chez Fouqué. La tête appuyée sur les deux mains,
Julien resta dans cette grotte plus heureux qu'il ne l'avait
été de la vie, agité par ses rêveries et par son bonheur
de liberté. Sans y songer il vit s'éteindre, l'un après
l'autre, tous les rayons du crépuscule. Au milieu de cette
obscurité immense, son âme s'égarait dans la contem-
plation de ce qu'il s'imaginait rencontrer un jour à Paris.
C'était d'abord une femme bien plus belle et d'un génie
bien plus élevé que tout ce qu'il avait pu voir en province. Il aimait avec passion, il était aimé. S'il se séparait
d'elle pour quelques instants, c'était pour aller se couvrir
de gloire et mérité d'en être encore plus aimé.

Même en lui supposant l'imagination de Julien, un
jeune homme élevé au milieu des tristes vérités de la
société de Paris eût été réveillé à ce point de son roman
par la froide ironie; les grandes actions auraient disparu avec l'espoir d'y atteindre pour faire place à la
maxime si connue : « Quitte-t-on sa maîtresse, on risque
hélas! d'être trompé deux ou trois fois par jour. » Le
jeune paysan ne voyait rien entre lui et les actions les
plus héroïques, que le manque d'occasion.

Mais une nuit profonde avait remplacé le jour, et il
avait encore deux lieues à faire pour descendre au hameau
habité par Fouqué. Avant de quitter la petite grotte,
Julien alluma du feu et brûla avec soin tout ce qu'il avait
écrit.

Il étonna bien son ami en frappant à sa porte à une
heure du matin. Il trouva Fouqué occupé à écrire ses
comptes. C'était un jeune homme de haute taille, assez
mal fait, avec de grands traits durs, un nez infini, et
beaucoup de bonhomie cachée sous cet aspect repoussant.

— T'es-tu donc brouillé avec ton M. de Rênal, que tu
m'arrives ainsi à l'improviste?

Julien lui raconta, mais comme il le fallait, les événements de la veille.

— Reste avec moi, lui dit Fouqué, je vois que tu
connais M. de Rênal, M. Valenod, le sous-préfet Maugiron, le curé Chélan; tu as compris les finesses du carac-

tère de ces gens-là; te voilà en état de paraître aux adjudications. Tu sais l'arithmétique mieux que moi, tu tien-
dras mes comptes. Je gagne gros dans mon commerce.
L'impossibilité de tout faire par moi-même et la crainte
de rencontrer un fripon dans l'homme que je prendrais
pour associé m'empêchent tous les jours d'entreprendre
d'excellentes affaires. Il n'y a pas un mois que j'ai fait
gagner six mille francs à Michaud de Saint-Amand, que
je n'avais pas revu depuis six ans, et que j'ai trouvé par
hasard à la vente de Pontarlier. Pourquoi n'aurais-tu pas
gagné, toi, ces six mille francs, ou du moins trois mille?
car, si ce jour-là je t'avais eu avec moi, j'aurais mis
l'enchère à cette coupe de bois, et tout le monde me
l'eût bientôt laissée. Sois mon associé.

Cette offre donna de l'humeur à Julien, elle dérangeait
sa folie. Pendant tout le souper, que les deux amis pré-
parèrent eux-mêmes comme des héros d'Homère, car
Fouqué vivait seul, il montra ses comptes à Julien, et lui
prouva combien son commerce de bois présentait d'avantages. Fouqué avait la plus haute idée des lumières et
du caractère de Julien.

Quand enfin celui-ci fut seul dans sa petite chambre
de bois de sapin : Il est vrai, se dit-il, je puis gagner ici
quelques mille francs, puis reprendre avec avantage le
métier de soldat ou celui de prêtre, suivant la mode qui
alors régnera en France. Le petit pécule que j'aurai
amassé lèvera toutes les difficultés de détail. Solitaire
dans cette montagne, j'aurai dissipé un peu l'affreuse
ignorance où je suis de tant de choses qui occupent tous
ces hommes de salon. Mais Fouqué renonce à se marier,
il me répète que la solitude le rend malheureux. Il est
évident que s'il prend un associé qui n'a pas de fonds à
verser dans son commerce, c'est dans l'espoir de se faire
un compagnon qui ne le quitte jamais.

Tromperai-je mon ami? s'écria Julien avec humeur.
Cet être, dont l'hypocrisie et l'absence de toute sympathie étaient les moyens ordinaires de salut, ne put cette
fois supporter l'idée du plus petit manque de délicatesse
envers un homme qui l'aimait.

Mais tout à coup Julien fut heureux, il avait une

raison pour refuser. Quoi! je perdrais lâchement sept ou huit années! j'arriverais ainsi à vingt-huit ans; mais, à cet âge, Bonaparte avait fait ses plus grandes choses! Quand j'aurai gagné obscurément quelque argent en courant ces ventes de bois et méritant la faveur de quelques fripons subalternes, qui me dit que j'aurai encore le feu sacré avec lequel on se fait un nom?

Le lendemain matin, Julien répondit d'un grand sang-froid au bon Fouqué, qui regardait l'affaire de l'association comme terminée, que sa vocation pour le saint ministère des autels ne lui permettait pas d'accepter. Fouqué n'en revenait pas.

— Mais songes-tu, lui répétait-il, que je t'associe, ou, si tu l'aimes mieux, que je te donne quatre mille francs par an? et tu veux retourner chez ton M. de Rênal, qui te méprise comme la boue de ses souliers! Quand tu auras deux cents louis devant toi, qu'est-ce qui t'empêche d'entrer au séminaire? Je te dirai plus, je me charge de te procurer la meilleure cure du pays. Car, ajouta Fouqué en baissant la voix, je fournis de bois à brûler M. le..., M. le..., M.... Je leur livre de l'essence de chêne de première qualité qu'ils ne me payent que comme du bois blanc, mais jamais argent ne fut mieux placé.

Rien ne put vaincre la vocation de Julien. Fouqué finit par le croire un peu fou. Le troisième jour, de grand matin, Julien quitta son ami pour passer la journée au milieu des rochers de la grande montagne. Il retrouva sa petite grotte, mais il n'avait plus la paix de l'âme, les offres de son ami la lui avaient enlevée. Comme Hercule, il se trouvait non entre le vice et la vertu, mais entre la médiocrité suivie d'un bien-être assuré et tous les rêves héroïques de sa jeunesse. Je n'ai donc pas une véritable fermeté, se disait-il; et c'était là le doute qui lui faisait le plus de mal. Je ne suis pas du bois dont on fait les grands hommes, puisque je crains que huit années passées à me procurer du pain ne m'enlèvent cette énergie sublime qui fait faire les choses extraordinaires.

CHAPITRE XIII

LES BAS A JOUR

> Un roman : c'est un miroir qu'on
> promène le long du chemin.
>
> SAINT-RÉAL.

QUAND Julien aperçut les ruines pittoresques de l'ancienne église de Vergy, il remarqua que depuis l'avant-veille il n'avait pas pensé une seule fois à madame de Rênal. L'autre jour en partant, cette femme m'a rappelé la distance infinie qui nous sépare, elle m'a traité comme le fils d'un ouvrier. Sans doute elle a voulu me marquer son repentir de m'avoir laissé sa main la veille... Elle est pourtant bien jolie, cette main! quel charme! quelle noblesse dans les regards de cette femme!

La possibilité de faire fortune avec Fouqué donnait une certaine facilité aux raisonnements de Julien; ils n'étaient plus aussi souvent gâtés par l'irritation, et le sentiment vif de sa pauvreté et de sa bassesse aux yeux du monde. Placé comme sur un promontoire élevé, il pouvait juger, et dominait pour ainsi dire l'extrême pauvreté et l'aisance qu'il appelait encore richesse. Il était loin de juger sa position en philosophe, mais il eut assez de clairvoyance pour se sentir *différent* après ce petit voyage dans la montagne.

Il fut frappé du trouble extrême avec lequel madame de Rênal écouta le petit récit de son voyage, qu'elle lui avait demandé.

Fouqué avait eu des projets de mariage, des amours malheureuses; de longues confidences à ce sujet avaient rempli les conversations des deux amis. Après avoir trouvé le bonheur trop tôt, Fouqué s'était aperçu qu'il n'était pas seul aimé. Tous ces récits avaient étonné Julien; il avait appris bien des choses nouvelles. Sa vie solitaire, toute d'imagination et de méfiance, l'avait éloigné de tout ce qui pouvait l'éclairer.

Pendant son absence, la vie n'avait été pour madame de

Rênal qu'une suite de supplices différents, mais tous intolérables; elle était réellement malade.

— Surtout, lui dit madame Derville, lorsqu'elle vit arriver Julien, indisposée comme tu l'es, tu n'iras pas ce soir
au jardin, l'air humide redoublerait ton malaise.

Madame Derville voyait avec étonnement que son amie,
toujours grondée par M. de Rênal à cause de l'excessive
simplicité de sa toilette, venait de prendre des bas à jour
et de charmants petits souliers arrivés de Paris. Depuis
trois jours, la seule distraction de madame de Rênal avait
été de tailler et de faire faire en toute hâte par Elisa une
robe d'été, d'une jolie petite étoffe fort à la mode. A
peine cette robe put-elle être terminée quelques instants
après l'arrivée de Julien; madame de Rênal la mit aussitôt. Son amie n'eut plus de doute. Elle aime, l'infortunée!
se dit madame Derville. Elle comprit toutes les apparences
singulières de sa maladie.

Elle la vit parler à Julien. La pâleur succédait à la rougeur la plus vive. L'anxiété se peignait dans ses yeux attachés sur ceux du jeune précepteur. Madame de Rênal
s'attendait à chaque moment qu'il allait s'expliquer et annoncer qu'il quittait la maison ou y restait. Julien n'avait
garde de rien dire sur ce sujet, auquel il ne songeait
pas. Après des combats affreux, madame de Rênal osa enfin
lui dire, d'une voix tremblante, et où se peignait toute
sa passion :

— Quitterez-vous vos élèves pour vous placer ailleurs?

Julien fut frappé de la voix incertaine et du regard de
madame de Rênal. Cette femme-là m'aime, se dit-il; mais
après ce moment passager de faiblesse que se reproche
son orgueil, et dès qu'elle ne craindra plus mon départ,
elle reprendra sa fierté. Cette vue de la position respec-
tive fut, chez Julien, rapide comme l'éclair, il répondit en
hésitant :

— J'aurais beaucoup de peine à quitter des enfants si
aimables et *si bien nés,* mais peut-être le faudra-t-il. On
a aussi des devoirs envers soi.

En prononçant la parole *si bien nés* (c'était un de ces
mots aristocratiques que Julien avait appris depuis peu),
il s'anima d'un profond sentiment d'anti-sympathie.

Aux yeux de cette femme, moi, se disait-il, je ne suis pas bien né.

Madame de Rênal, en l'écoutant, admirait son génie, sa beauté, elle avait le cœur percé de la possibilité de départ qu'il lui faisait entrevoir. Tous ses amis de Verrières, qui, pendant l'absence de Julien, étaient venus dîner à Vergy, lui avaient fait compliment comme à l'envi sur l'homme étonnant que son mari avait eu le bonheur de déterrer. Ce n'est pas que l'on comprît rien aux progrès des enfants. L'action de savoir par cœur la Bible, et encore en latin, avait frappé les habitants de Verrières d'une admiration qui durera peut-être un siècle.

Julien, ne parlant à personne, ignorait tout cela. Si madame de Rênal avait eu le moindre sang-froid, elle lui eût fait compliment de la réputation qu'il avait conquise, et l'orgueil de Julien rassuré, il eût été pour elle doux et aimable, d'autant plus que la robe nouvelle lui semblait charmante. Madame de Rênal contente aussi de sa jolie robe, et de ce que lui en disait Julien, avait voulu faire un tour de jardin; bientôt elle avoua qu'elle était hors d'état de marcher. Elle avait pris le bras du voyageur et, bien loin d'augmenter ses forces, le contact de ce bras les lui ôtait tout à fait.

Il était nuit; à peine fut-on assis, que Julien, usant de son ancien privilège, osa approcher les lèvres du bras de sa jolie voisine, et lui prendre la main. Il pensait à la hardiesse dont Fouqué avait fait preuve avec ses maîtresses, et non à madame de Rênal; le mot *bien nés* pesait encore sur son cœur. On lui serra la main, ce qui ne lui fit aucun plaisir. Loin d'être fier, ou du moins reconnaissant du sentiment que madame de Rênal trahissait ce soir-là par des signes trop évidents, la beauté, l'élégance, la fraîcheur le trouvèrent presque insensible. La pureté de l'âme, l'absence de toute émotion haineuse prolongent sans doute la durée de la jeunesse. C'est la physionomie qui vieillit la première chez la plupart des jolies femmes.

Julien fut maussade toute la soirée; jusqu'ici il n'avait été en colère qu'avec le hasard et la société; depuis que Fouqué lui avait offert un moyen ignoble d'arriver à

l'aisance, il avait de l'humeur contre lui-même. Tout à ses
pensées, quoique de temps en temps il dît quelques mots
à ces dames, Julien finit sans s'en apercevoir par abandonner la main de madame de Rênal. Cette action boule-
versa l'âme de cette pauvre femme; elle y vit la mani-
festation de son sort.

Certaine de l'affection de Julien, peut-être sa vertu eût
trouvé des forces contre lui. Tremblante de le perdre à
jamais, sa passion l'égara jusqu'au point de reprendre
la main de Julien, que, dans sa distraction, il avait laissée
appuyée sur le dossier d'une chaise. Cette action réveilla
ce jeune ambitieux : il eût voulu qu'elle eût pour témoins
tous ces nobles si fiers qui, à table, lorsqu'il était au bas
bout avec les enfants, le regardaient avec un sourire si
protecteur. Cette femme ne peut plus me mépriser : dans
ce cas, se dit-il, je dois être sensible à sa beauté; je me
dois à moi-même d'être son amant. Une telle idée ne lui
fût pas venue avant les confidences naïves faites par son
ami.

La détermination subite qu'il venait de prendre forma
une distraction agréable. Il se disait : il faut que j'aie une
de ces deux femmes; il s'aperçut qu'il aurait beaucoup
mieux aimé faire la cour à madame Derville; ce n'est pas
qu'elle fût plus agréable, mais toujours elle l'avait vu
précepteur honoré pour sa science, et non pas ouvrier
charpentier, avec une veste de ratine pliée sous le bras,
comme il était apparu à madame de Rênal.

C'était précisément comme jeune ouvrier, rougissant
jusqu'au blanc des yeux, arrêté à la porte de la maison
et n'osant sonner, que madame de Rênal se le figurait avec
le plus de charme.

En poursuivant la revue de sa position, Julien vit qu'il
ne fallait pas songer à la conquête de madame Derville, qui
s'apercevait probablement du goût que madame de Rênal
montrait pour lui. Forcé de revenir à celle-ci : Que
connais-je du caractère de cette femme? se dit Julien.
Seulement ceci : avant mon voyage, je lui prenais la main,
elle la retirait; aujourd'hui je retire ma main, elle la saisit et la serre. Belle occasion de lui rendre tous les mépris qu'elle a eus pour moi. Dieu sait combien elle a eu

d'amants! elle ne se décide peut-être en ma faveur qu'à cause de la facilité des entrevues.

Tel est hélas! le malheur d'une excessive civilisation! A vingt ans, l'âme d'un jeune homme, s'il a quelque éducation, est à mille lieues du laisser-aller, sans lequel l'amour n'est souvent que le plus ennuyeux des devoirs.

Je me dois d'autant plus, continua la petite vanité de Julien, de réussir auprès de cette femme, que si jamais je fais fortune, et que quelqu'un me reproche le bas emploi de précepteur, je pourrai faire entendre que l'amour m'avait jeté à cette place.

Julien éloigna de nouveau sa main de celle de madame de Rênal, puis il la reprit en la serrant. Comme on rentrait au salon, vers minuit, madame de Rênal lui dit à demi-voix :

— Vous nous quitterez, vous partirez?

Julien répondit en soupirant :

— Il faut que je parte, car je vous aime avec passion, c'est une faute... et quelle faute pour un jeune prêtre!

Madame de Rênal s'appuya sur son bras, et avec tant d'abandon que sa joue sentit la chaleur de celle de Julien.

Les nuits de ces deux êtres furent bien différentes. Madame de Rênal était exaltée par les transports de la volupté morale la plus élevée. Une jeune fille coquette qui aime de bonne heure s'accoutume au trouble de l'amour; quand elle arrive à l'âge de la vraie passion, le charme de la nouveauté manque. Comme madame de Rênal n'avait jamais lu de romans, toutes les nuances de son bonheur étaient neuves pour elle. Aucune triste vérité ne venait la glacer, pas même le spectre de l'avenir. Elle se vit aussi heureuse dans dix ans qu'elle l'était en ce moment. L'idée même de la vertu et de la fidélité jurée à M. de Rênal, qui l'avait agitée quelques jours auparavant, se présenta en vain, on la renvoya comme un hôte importun. Jamais je n'accorderai rien à Julien, se dit madame de Rênal, nous vivrons à l'avenir comme nous vivons depuis un mois. Ce sera un ami.

CHAPITRE XIV

LES OISEAUX ANGLAIS

> Une jeune fille de seize ans avait
> un teint de rose, et elle mettait du
> rouge.
>
> POLIDORI.

POUR Julien, l'offre de Fouqué lui avait en effet enlevé
tout bonheur; il ne pouvait s'arrêter à aucun parti.

Hélas! peut-être manqué-je de caractère, j'eusse été un
mauvais soldat de Napoléon. Du moins, ajouta-t-il, ma
petite intrigue avec la maîtresse du logis va me distraire
un moment.

Heureusement pour lui, même dans ce petit incident
subalterne, l'intérieur de son âme répondait mal à son
langage cavalier. Il avait peur de madame de Rênal à cause
de sa robe si jolie. Cette robe était à ses yeux l'avant-
garde de Paris. Son orgueil ne voulut rien laisser au
hasard et à l'inspiration du moment. D'après les confidences de Fouqué et le peu qu'il avait lu sur l'amour
dans sa Bible, il se fit un plan de campagne fort détaillé.
Comme sans se l'avouer, il était fort troublé, il écrivit ce
plan.

Le lendemain matin, au salon, madame de Rênal fut un
instant seule avec lui :

— N'avez-vous point d'autre nom que Julien? lui
dit-elle.

A cette demande si flatteuse, notre héros ne sut que
répondre. Cette circonstance n'était pas prévue dans son
plan. Sans cette sottise de faire un plan, l'esprit vif de
Julien l'eût bien servi, la surprise n'eût fait qu'ajouter
à la vivacité de ses aperçus.

Il fut gauche et s'exagéra sa gaucherie. Madame de Rênal
la lui pardonna bien vite. Elle y vit l'effet d'une candeur charmante. Et ce qui manquait précisément à ses
yeux à cet homme, auquel on trouvait tant de génie,
c'était l'air de la candeur.

— Ton petit précepteur m'inspire beaucoup de mé-

fiance, lui disait quelquefois madame Derville. Je lui
trouve l'air de penser toujours et de n'agir qu'avec politique. C'est un sournois.

Julien resta profondément humilié du malheur de
n'avoir su que répondre à madame de Rênal.

Un homme comme moi se doit de réparer cet échec,
et, saisissant le moment où l'on passait d'une pièce à
l'autre, il crut de son devoir de donner un baiser à madame de Rênal.

Rien de moins amené, rien de moins agréable et pour
lui et pour elle, rien de plus imprudent. Ils furent sur le
point d'être aperçus. Madame de Rênal le crut fou. Elle
fut effrayée et surtout choquée. Cette sottise lui rappela
M. Valenod.

— Que m'arriverait-il, se dit-elle, si j'étais seule avec
lui? Toute sa vertu revint, parce que l'amour s'éclipsait.

Elle s'arrangea de façon à ce qu'un de ses enfants restât toujours auprès d'elle.

La journée fut ennuyeuse pour Julien, il la passa tout
entière à exécuter avec gaucherie son plan de séduction.
Il ne regarda pas une seule fois madame de Rênal, sans
que ce regard n'eût un pourquoi; cependant, il n'était pas
assez sot pour ne pas voir qu'il ne réussissait point à être
aimable, et encore moins séduisant.

Madame de Rênal ne revenait point de son étonnement
de le trouver si gauche et en même temps si hardi. C'est
la timidité de l'amour dans un homme d'esprit! se dit-elle
enfin, avec une joie inexprimable. Serait-il possible qu'il
n'eût jamais été aimé de ma rivale!

Après le déjeuner, madame de Rênal rentra dans le salon pour recevoir la visite de M. Charcot de Maugiron, le
sous-préfet de Bray. Elle travaillait à un petit métier de
tapisserie fort élevé. Madame Derville était à ses côtés. Ce
fut dans une telle position, et par le plus grand jour, que
notre héros trouva convenable d'avancer sa botte et de
presser le joli pied de madame de Rênal, dont le bas à
jour et le joli soulier de Paris attiraient évidemment les
regards du galant sous-préfet.

Madame de Rênal eut une peur extrême; elle laissa tomber ses ciseaux, son peloton de laine, ses aiguilles, et le

mouvement de Julien put passer pour une tentative gauche destinée à empêcher la chute des ciseaux, qu'il avait vus glisser. Heureusement ces petits ciseaux d'acier anglais se brisèrent, et madame de Rênal ne tarit pas en regrets de ce que Julien ne s'était pas trouvé plus près d'elle.

— Vous avez aperçu la chute avant moi, vous l'eussiez empêchée; au lieu de cela votre zèle n'a réussi qu'à me donner un fort grand coup de pied.

Tout cela trompa le sous-préfet, mais non madame Derville. Ce joli garçon a de bien sottes manières! pensa-t-elle; le savoir-vivre d'une capitale de province ne pardonne point ces sortes de fautes. Madame de Rênal trouva le moment de dire à Julien :

— Soyez prudent, je vous l'ordonne.

Julien voyait sa gaucherie, il avait de l'humeur. Il délibéra longtemps avec lui-même pour savoir s'il devait se fâcher de ce mot : *Je vous l'ordonne*. Il fut assez sot pour penser : Elle pourrait me dire *je l'ordonne*, s'il s'agissait de quelque chose de relatif à l'éducation des enfants, mais en répondant à mon amour, elle suppose l'égalité. On ne peut aimer sans *égalité*...; et tout son esprit se perdit à faire des lieux communs sur l'égalité. Il se répétait avec colère ce vers de Corneille, que madame Derville lui avait appris quelques jours auparavant :

.... L'amour
Fait les égalités et ne les cherche pas.

Julien s'obstinant à jouer le rôle d'un bon don Juan, lui qui de la vie n'avait eu de maîtresse, il fut sot à mourir toute la journée. Il n'eut qu'une idée juste; ennuyé de lui et de madame de Rênal, il voyait avec effroi s'avancer la soirée où il serait assis au jardin, à côté d'elle et dans l'obscurité. Il dit à M. de Rênal qu'il allait à Verrières voir le curé; il partit après le dîner, et ne rentra que dans la nuit.

A Verrières, Julien trouva M. Chélan occupé à déménager; il venait enfin d'être destitué, le vicaire Maslon le remplaçait. Julien aida le bon curé, et il eut l'idée d'écrire à Fouqué que la vocation irrésistible qu'il se sen-

tait pour le saint ministère l'avait empêché d'accepter
d'abord ses offres obligeantes, mais qu'il venait de voir
un tel exemple d'injustice, que peut-être il serait plus
avantageux à son salut de ne pas entrer dans les ordres
sacrés.

Julien s'applaudit de sa finesse à tirer parti de la destitution du curé de Verrières pour se laisser une porte
ouverte et revenir au commerce, si dans son esprit la
triste prudence l'emportait sur l'héroïsme.

CHAPITRE XV

LE CHANT DU COQ

> Amour en latin faict amor ;
> Or donc provient d'amour la mort,
> Et, par avant, soulcy qui mord,
> Deuil, plours, pieges, forfaitz, remords...
> *Blason d'Amour.*

Si Julien avait eu un peu de l'adresse qu'il se supposait
si gratuitement, il eût pu s'applaudir le lendemain de
l'effet produit par son voyage à Verrières. Son absence
avait fait oublier ses gaucheries. Ce jour-là encore, il fut
assez maussade; sur le soir, une idée ridicule lui vint, et
il la communiqua à madame de Rênal, avec une rare intré-
pidité.

A peine fut-on assis au jardin, que, sans attendre une
obscurité suffisante, Julien approcha sa bouche de
l'oreille de madame de Rênal, et, au risque de la compromettre horriblement, il lui dit :

— Madame, cette nuit, à deux heures, j'irai dans votre
chambre, je dois vous dire quelque chose.

Julien tremblait que sa demande ne fût accordée; son
rôle de séducteur lui pesait si horriblement, que s'il eût
pu suivre son penchant, il se fût retiré dans sa chambre
pour plusieurs jours, et n'eût plus vu ces dames. Il comprenait que, par sa conduite savante de la veille, il avait
gâté toutes les belles apparences du jour précédent, et
ne savait réellement à quel saint se vouer.

Madame de Rênal répondit avec une indignation réelle,

et nullement exagérée, à l'annonce impertinente que Julien osait lui faire. Il crut voir du mépris dans sa courte réponse. Il est sûr que dans cette réponse, prononcée fort bas, le mot *fi donc* avait paru. Sous prétexte de quelque chose à dire aux enfants, Julien alla dans leur chambre, et à son retour il se plaça à côté de madame Derville et fort loin de madame de Rênal. Il s'ôta ainsi toute possibilité de lui prendre la main. La conversation fut sérieuse, et Julien s'en tira fort bien, à quelques moments de silence près, pendant lesquels il se creusait la cervelle. Que ne puis-je inventer quelque belle manœuvre, se disait-il, pour forcer madame de Rênal à me rendre ces marques de tendresse non équivoques qui me faisaient croire, il y a trois jours, qu'elle était à moi!

Julien était extrêmement déconcerté de l'état presque désespéré où il avait mis ses affaires. Rien cependant ne l'eût plus embarrassé que le succès.

Lorsqu'on se sépara à minuit, son pessimisme lui fit croire qu'il jouissait du mépris de madame Derville, et que probablement il n'était guère mieux avec madame de Rênal.

De fort mauvaise humeur et très humilié, Julien ne dormit point. Il était à mille lieues de l'idée de renoncer à toute feinte, à tout projet, et de vivre au jour le jour avec madame de Rênal, en se contentant comme un enfant du bonheur qu'apporterait chaque journée.

Il se fatigua le cerveau à inventer des manœuvres savantes, un instant après, il les trouvait absurdes; il était en un mot fort malheureux, quand deux heures sonnèrent à l'horloge du château.

Ce bruit le réveilla comme le chant du coq réveilla saint Pierre. Il se vit au moment de l'événement le plus pénible. Il n'avait plus songé à sa proposition impertinente depuis le moment où il l'avait faite; elle avait été si mal reçue!

Je lui ai dit que j'irais chez elle à deux heures, se dit-il en se levant, je puis être inexpérimenté et grossier comme il appartient au fils d'un paysan. Madame Derville me l'a fait assez entendre, mais du moins je ne serai pas faible.

Julien avait raison de s'applaudir de son courage, jamais il ne s'était imposé une contrainte plus pénible. En ouvrant sa porte, il était tellement tremblant que ses genoux se dérobaient sous lui, et il fut forcé de s'appuyer contre le mur.

Il était sans souliers. Il alla écouter à la porte de M. de Rênal, dont il put distinguer le ronflement. Il en fut désolé. Il n'y avait donc plus de prétexte pour ne pas aller chez elle. Mais, grand Dieu! qu'y ferait-il? Il n'avait aucun projet, et quand il en aurait eu, il se sentait tellement troublé qu'il eût été hors d'état de les suivre.

Enfin, souffrant plus mille fois que s'il eût marché à la mort, il entra dans le petit corridor qui menait à la chambre de madame de Rênal. Il ouvrit la porte d'une main tremblante et en faisant un bruit effroyable.

Il y avait de la lumière, une veilleuse brûlait sous la cheminée; il ne s'attendait pas à ce nouveau malheur. En le voyant entrer, madame de Rênal se jeta vivement hors de son lit. Malheureux! s'écria-t-elle. Il y eut un peu de désordre. Julien oublia ses vains projets et revint à son rôle naturel; ne pas plaire à une femme si charmante lui parut le plus grand des malheurs. Il ne répondit à ses reproches qu'en se jetant à ses pieds, en embrassant ses genoux. Comme elle lui parlait avec une extrême dureté, il fondit en larmes.

Quelques heures après, quand Julien sortit de la chambre de madame de Rênal, on eût pu dire, en style de roman, qu'il n'avait plus rien à désirer. En effet, il devait à l'amour qu'il avait inspiré et à l'impression imprévue qu'avaient produite sur lui des charmes séduisants, une victoire à laquelle ne l'eût pas conduit toute son adresse si maladroite.

Mais, dans les moments les plus doux, victime d'un orgueil bizarre, il prétendit encore jouer le rôle d'un homme accoutumé à subjuguer des femmes : il fit des efforts d'attention incroyables pour gâter ce qu'il avait d'aimable. Au lieu d'être attentif aux transports qu'il faisait naître, et aux remords qui en relevaient la vivacité, l'idée du *devoir* ne cessa jamais d'être présente à ses yeux. Il craignait un remords affreux et un ridicule éternel, s'il s'écartait du modèle idéal qu'il se proposait de suivre.

En un mot, ce qui faisait de Julien un être supérieur fut précisément ce qui l'empêcha de goûter le bonheur qui se plaçait sous ses pas. C'est une jeune fille de seize ans, qui a des couleurs charmantes, et qui, pour aller au bal, a la folie de mettre du rouge.

Mortellement effrayée de l'apparition de Julien, madame de Rênal fut bientôt en proie aux plus cruelles alarmes. Les pleurs et le désespoir de Julien la troublaient vivement.

Même quand elle n'eut plus rien à lui refuser, elle repoussait Julien loin d'elle, avec une indignation réelle, et ensuite se jetait dans ses bras. Aucun projet ne paraissait dans toute cette conduite. Elle se croyait damnée sans rémission, et cherchait à se cacher la vue de l'enfer en accablant Julien des plus vives caresses. En un mot, rien n'eût manqué au bonheur de notre héros, pas même une sensibilité brûlante dans la femme qu'il venait d'enlever, s'il eût su en jouir. Le départ de Julien ne fit point cesser les transports qui l'agitaient malgré elle, et ses combats avec les remords qui la déchiraient.

Mon Dieu! être heureux, être aimé, n'est-ce que ça? Telle fut la première pensée de Julien, en rentrant dans sa chambre. Il était dans cet état d'étonnement et de trouble inquiet où tombe l'âme qui vient d'obtenir ce qu'elle a longtemps désiré. Elle est habituée à désirer, ne trouve plus quoi désirer, et cependant n'a pas encore de souvenirs. Comme le soldat qui revient de la parade, Julien fut attentivement occupé à repasser tous les détails de sa conduite. — N'ai-je manqué à rien de ce que je me dois à moi-même? Ai-je bien joué mon rôle?

Et quel rôle? celui d'un homme accoutumé à être brillant avec les femmes.

Jouer un rôle.

CHAPITRE XVI

LE LENDEMAIN

*He turn'd his lip to hers, and with his hand
Call'd back the tangles of her wandering hair.*
                                   Don Juan. c. i, st. 170.

HEUREUSEMENT, pour la gloire de Julien, madame de Rênal
avait été trop agitée, trop étonnée, pour apercevoir la
sottise de l'homme qui en un moment était devenu tout
au monde pour elle.

Comme elle l'engageait à se retirer, voyant poindre le
jour :

— Oh! mon Dieu, disait-elle, si mon mari a entendu
du bruit, je suis perdue.

Julien, qui avait le temps de faire des phrases, se
souvint de celle-ci :

— Regretteriez-vous la vie?

— Ah! beaucoup dans ce moment! mais je ne regretterais pas de vous avoir connu.

Julien trouva de sa dignité de rentrer exprès au grand
jour et avec imprudence.

L'attention continue avec laquelle il étudiait ses
moindres actions, dans la folle idée de paraître un homme
d'expérience, n'eut qu'un avantage : lorsqu'il revit
madame de Rênal à déjeuner, sa conduite fut un chef-
d'œuvre de prudence.

Pour elle, elle ne pouvait le regarder sans rougir jusqu'aux yeux, et ne pouvait vivre un instant sans le regarder; elle s'apercevait de son trouble, et ses efforts pour
le cacher le redoublaient. Julien ne leva qu'une seule
fois les yeux sur elle. D'abord, madame de Rênal admira sa
prudence. Bientôt, voyant que cet unique regard ne se
répétait pas, elle fut alarmée : « Est-ce qu'il ne m'aime-
rait plus, se dit-elle; hélas! je suis bien vieille pour lui;
j'ai dix ans de plus que lui. »

En passant de la salle à manger au jardin, elle serra la
main de Julien. Dans la surprise que lui causa une marque

d'amour si extraordinaire, il la regarda avec passion, car
elle lui avait semblé bien jolie au déjeuner, et, tout en
baissant les yeux, il avait passé son temps à se détailler ses
charmes. Ce regard consola madame de Rênal; il ne lui ôta
pas toutes ses inquiétudes; mais ses inquiétudes lui ôtaient
presque tout à fait ses remords envers son mari.

Au déjeuner, ce mari ne s'était aperçu de rien; il n'en
était pas de même de madame Derville : elle crut madame de Rênal sur le point de succomber. Pendant toute
la journée, son amitié hardie et incisive ne lui épargna pas
les demi-mots destinés à lui peindre, sous de hideuses
couleurs, le danger qu'elle courait.

Madame de Rênal brûlait de se trouver seule avec Julien; elle voulait lui demander s'il l'aimait encore. Malgré
la douceur inaltérable de son caractère, elle fut plusieurs
fois sur le point de faire entendre à son amie combien
elle était importune.

Le soir, au jardin, madame Derville arrangea si bien les
choses qu'elle se trouva placée entre madame de Rênal et
Julien. Madame de Rênal, qui s'était fait une image délicieuse du plaisir de serrer la main de Julien et de la
porter à ses lèvres, ne put pas même lui adresser un mot.

Ce contretemps augmenta son agitation. Elle était dé-
vorée d'un remords. Elle avait tant grondé Julien de l'imprudence qu'il avait faite en venant chez elle la nuit
précédente, qu'elle tremblait qu'il ne vînt pas celle-ci.
Elle quitta le jardin de bonne heure, et alla s'établir dans
sa chambre. Mais, ne tenant pas à son impatience, elle
vint coller son oreille contre la porte de Julien. Malgré
l'incertitude et la passion qui la dévoraient, elle n'osa
point entrer. Cette action lui semblait la dernière des
bassesses, car elle sert de texte à un dicton de province.

Les domestiques n'étaient pas tous couchés. La prudence l'obligea enfin à revenir chez elle. Deux heures d'attente furent deux siècles de tourments.

Mais Julien était trop fidèle à ce qu'il appelait le devoir
pour manquer à exécuter de point en point ce qu'il s'était
prescrit.

Comme une heure sonnait, il s'échappa doucement de
sa chambre, s'assura que le maître de la maison était pro-

fondément endormi, et parut chez madame de Rênal. Ce
jour-là, il trouva plus de bonheur auprès de son amie, car
il songea moins constamment au rôle à jouer. Il eut des
yeux pour voir et des oreilles pour entendre. Ce que
madame de Rênal lui dit de son âge contribua à lui donner quelque assurance.

— Hélas! j'ai dix ans de plus que vous! Comment pouvez-vous m'aimer! lui répétait-elle sans projet, et parce
que cette idée l'opprimait.

Julien ne concevait pas ce malheur, mais il vit qu'il
était réel, et il oublia presque toute sa peur d'être ridicule.

La sotte idée d'être regardé comme un amant subalterne, à cause de sa naissance obscure, disparut aussi. A
mesure que les transports de Julien rassuraient sa timide
maîtresse, elle reprenait un peu de bonheur et la faculté
de juger son amant. Heureusement, il n'eut presque pas,
ce jour-là, cet air emprunté qui avait fait du rendez-vous
de la veille une victoire, mais non pas un plaisir. Si elle
se fût aperçue de son attention à jouer un rôle, cette triste
découverte lui eût à jamais enlevé tout bonheur. Elle
n'y eût pu voir autre chose qu'un triste effet de la dispro-
portion des âges.

Quoique madame de Rênal n'eût jamais pensé aux théo-
ries de l'amour, la différence d'âge est, après celle de fortune, un des grands lieux communs de la plaisanterie de
province, toutes les fois qu'il est question d'amour.

En peu de jours, Julien, rendu à toute l'ardeur de son
âge, fut éperdument amoureux.

Il faut convenir, se disait-il, qu'elle a une bonté d'âme
angélique, et l'on n'est pas plus jolie.

Il avait perdu presque tout à fait l'idée du rôle à jouer.
Dans un moment d'abandon, il lui avoua même toutes
ses inquiétudes. Cette confidence porta à son comble la
passion qu'il inspirait. Je n'ai donc point eu de rivale
heureuse! se disait madame de Rênal avec délices. Elle osa
l'interroger sur le portrait auquel il mettait tant d'intérêt; Julien lui jura que c'était celui d'un homme.

Quand il restait à madame de Rênal assez de sang-froid
pour réfléchir, elle ne revenait pas de son étonnement

qu'un tel bonheur existât, et que jamais elle ne s'en fût
doutée.

Ah! se disait-elle, si j'avais connu Julien il y a dix ans,
quand je pouvais encore passer pour jolie!

Julien était fort éloigné de ces pensées. Son amour était
encore de l'ambition; c'était de la joie de posséder, lui
pauvre être malheureux et si méprisé, une femme aussi
noble et aussi belle. Ses actes d'adoration, ses transports
à la vue des charmes de son amie finirent par la rassurer
un peu sur la différence d'âge. Si elle eût possédé un peu
de ce savoir-vivre dont une femme de trente ans jouit
depuis longtemps dans les pays plus civilisés, elle eût
frémi pour la durée d'un amour qui ne semblait vivre
que de surprise et de ravissement d'amour-propre.

Dans ses moments d'oubli d'ambition, Julien admirait
avec transport jusqu'aux chapeaux, jusqu'aux robes de madame de Rênal. Il ne pouvait se rassasier du plaisir de sentir leur parfum. Il ouvrait son armoire de glace et restait
des heures entières admirant la beauté, et l'arrangement
de tout ce qu'il y trouvait. Son amie, appuyée sur lui,
le regardait; lui, regardait ces bijoux, ces chiffons qui,
la veille d'un mariage, emplissent une corbeille de noce.

J'aurais pu épouser un tel homme! pensait quelquefois
madame de Rênal: quelle âme de feu! quelle vie ravissante avec lui!

Pour Julien, jamais il ne s'était trouvé aussi près de
ces terribles instruments de l'artillerie féminine. Il est impossible, se disait-il, qu'à Paris on ait quelque chose de
plus beau! Alors il ne trouvait point d'objection à son
bonheur. Souvent la sincère admiration et les transports
de sa maîtresse lui faisaient oublier la vaine théorie qui
l'avait rendu si compassé et presque si ridicule dans les
premiers moments de cette liaison. Il eut des moments
où, malgré ses habitudes d'hypocrisie, il trouvait une douceur extrême à avouer à cette grande dame qui l'admirait
son ignorance d'une foule de petits usages. Le rang de
sa maîtresse semblait l'élever au-dessus de lui-même.
Madame de Rênal, de son côté, trouvait la plus douce des
voluptés morales à instruire ainsi, dans une foule de
petites choses, ce jeune homme rempli de génie, et qui

était regardé par tout le monde comme devant un jour
aller si loin. Même le sous-préfet et M. Valenod ne pouvaient s'empêcher de l'admirer; ils lui en semblaient
moins sots. Quant à madame Derville, elle était bien loin
d'avoir à exprimer les mêmes sentiments. Désespérée de
ce qu'elle croyait deviner, et voyant que les sages avis
devenaient odieux à une femme, qui, à la lettre, avait
perdu la tête, elle quitta Vergy sans donner une explication qu'on se garda de lui demander. Madame de Rênal en
versa quelques larmes, et bientôt il lui sembla que sa félicité redoublait. Par ce départ elle se trouvait presque
toute la journée tête à tête avec son amant.

Julien se livrait d'autant plus à la douce société de son
amie, que, toutes les fois qu'il était trop longtemps seul
avec lui-même, la fatale proposition de Fouqué venait
encore l'agiter. Dans les premiers jours de cette vie nouvelle, il y eut des moments où lui, qui n'avait jamais
aimé, qui n'avait jamais été aimé de personne, trouvait
un si délicieux plaisir à être sincère, qu'il était sur le point
d'avouer à madame de Rênal l'ambition qui jusqu'alors
avait été l'essence même de son existence. Il eût voulu
pouvoir la consulter sur l'étrange tentation que lui donnait la proposition de Fouqué, mais un petit événement
empêcha toute franchise.

CHAPITRE XVII

LE PREMIER ADJOINT

O, how this spring of love resembleth
The uncertain glory of an April day;
Which now shows hall the beauty of the sun,
And by and by a cloud takes all away!
                    Two Gentlemen of Verona.

Un soir, au coucher du soleil, assis auprès de son amie,
au fond du verger, loin des importuns, il rêvait profondément. Des moments si doux, pensait-il, dureront-ils toujours? Son âme était tout occupée de la difficulté de
prendre un état, il déplorait ce grand accès de malheur

qui termine l'enfance et gâte les premières années de la jeunesse peu riche.

— Ah! s'écria-t-il, que Napoléon était bien l'homme envoyé de Dieu pour les jeunes Français! Qui le remplacera? que feront sans lui les malheureux, même plus riches que moi, qui ont juste les quelques écus qu'il faut pour se procurer une bonne éducation, et pas assez d'argent pour acheter un homme à vingt ans et se pousser dans une carrière! Quoi qu'on fasse, ajouta-t-il avec un profond soupir, ce souvenir fatal nous empêchera à jamais d'être heureux!

Il vit tout à coup madame de Rênal froncer le sourcil, elle prit un air froid et dédaigneux; cette façon de penser lui semblait convenir à un domestique. Elevée dans l'idée qu'elle était fort riche, il lui semblait chose convenue que Julien l'était aussi. Elle l'aimait mille fois plus que la vie et ne faisait aucun cas de l'argent.

Julien était loin de deviner ces idées. Ce froncement de sourcils le rappela sur la terre. Il eut assez de présence d'esprit pour arranger sa phrase et faire entendre à la noble dame, assise si près de lui sur le banc de verdure, que les mots qu'il venait de répéter, il les avait entendus pendant son voyage chez son ami le marchand de bois. C'était le raisonnement des impies.

— Eh bien! ne vous mêlez plus à ces gens-là, dit madame de Rênal, gardant encore un peu de cet air glacial qui, tout à coup, avait succédé à l'expression de la plus vive tendresse.

Ce froncement de sourcils, ou plutôt le remords de son imprudence, fut le premier échec porté à l'illusion qui entraînait Julien. Il se dit : Elle est bonne et douce, son goût pour moi est vif, mais elle a été élevée dans le camp ennemi. Ils doivent surtout avoir peur de cette classe d'hommes de cœur qui, après une bonne éducation, n'a pas assez d'argent pour entrer dans une carrière. Que deviendraient-ils ces nobles, s'il nous était donné de les combattre à armes égales! Moi, par exemple, maire de Verrières, bien intentionné, honnête comme l'est au fond M. de Rênal! comme j'enlèverais le vicaire, M. Valenod et toutes leurs friponneries! comme la justice triompherait dans Verrières! Ce ne sont pas leurs talents qui me feraient obstacle. Ils tâtonnent sans cesse.

Le bonheur de Julien fut, ce jour-là, sur le point de devenir durable. Il manqua à notre héros d'oser être sincère. Il fallait avoir le courage de livrer bataille, mais *sur-le-champ;* madame de Rênal avait été étonnée du mot de Julien, parce que les hommes de sa société répétaient que le retour de Robespierre était surtout possible à cause de ces jeunes gens des basses classes, trop bien élevés. L'air froid de madame de Rênal dura assez longtemps, et sembla marqué à Julien. C'est que la crainte de lui avoir dit indirectement une chose désagréable succéda à sa répugnance pour le mauvais propos. Ce malheur se réfléchit vivement dans ses traits si purs et si naïfs quand elle était heureuse et loin des ennuyeux.

Julien n'osa plus rêver avec abandon. Plus calme et moins amoureux, il trouva qu'il était imprudent d'aller voir madame de Rênal dans sa chambre. Il valait mieux qu'elle vînt chez lui; si un domestique l'apercevait courant dans la maison, vingt prétextes différents pouvaient expliquer cette démarche.

Mais cet arrangement avait aussi ses inconvénients. Julien avait reçu de Fouqué des livres que lui, élève en théologie, n'eût jamais pu demander à un libraire. Il n'osait les ouvrir que de nuit. Souvent il eût été bien aise de n'être pas interrompu par une visite, dont l'attente, la veille encore de la petite scène du verger, l'eût mis hors d'état de lire.

Il devait à madame de Rênal de comprendre les livres d'une façon toute nouvelle. Il avait osé lui faire des questions sur une foule de petites choses, dont l'ignorance arrête tout court l'intelligence d'un jeune homme né hors de la société, quelque génie naturel qu'on veuille lui supposer.

Cette éducation de l'amour, donnée par une femme extrêmement ignorante, fut un bonheur. Julien arriva directement à voir la société telle qu'elle est aujourd'hui. Son esprit ne fut point offusqué par le récit de ce qu'elle a été autrefois, il y a deux mille ans, ou seulement il y a soixante ans, du temps de Voltaire et de Louis XV. A son inexprimable joie, un voile tomba de devant ses yeux, il comprit enfin les choses qui se passaient à Verrières.

Sur le premier plan parurent des intrigues très compliquées ourdies, depuis deux ans, auprès du préfet de Besançon. Elles étaient appuyées par des lettres venues de Paris, et écrites par ce qu'il y a de plus illustre. Il s'agissait de faire de M. de Moirod — c'était l'homme le plus dévot du pays — le premier et non pas le second adjoint du maire de Verrières.

Il avait pour concurrent un fabricant fort riche, qu'il fallait absolument refouler à la place de second adjoint.

Julien comprit enfin les demi-mots qu'il avait surpris, quand la haute société du pays venait dîner chez M. de Rênal. Cette société privilégiée était profondément occupée de ce choix du premier adjoint, dont le reste de la ville et surtout les libéraux ne soupçonnaient pas même la possibilité. Ce qui en faisait l'importance, c'est qu'ainsi que chacun sait, le côté oriental de la grande rue de Verrières doit reculer de plus de neuf pieds, car cette rue est devenue route royale.

Or, si M. de Moirod, qui avait trois maisons, dans le cas de reculer, parvenait à être premier adjoint, et par la suite maire dans le cas où M. de Rênal serait nommé député, il fermerait les yeux, et l'on pourrait faire aux maisons qui avancent sur la voie pulbique de petites réparations imperceptibles, au moyen desquelles elles dureraient cent ans. Malgré la haute piété et la probité reconnue de M. de Moirod, on était sûr qu'il *serait coulant*, car il avait beaucoup d'enfants. Parmi les maisons qui devaient reculer, neuf appartenaient à tout ce qu'il y a de mieux dans Verrières.

Aux yeux de Julien, cette intrigue était bien plus importante que l'histoire de la bataille de Fontenoy, dont il voyait le nom pour la première fois dans un des livres que Fouqué lui avait envoyés. Il y avait des choses qui étonnaient Julien depuis cinq ans qu'il avait commencé à aller les soirs chez le curé. Mais la discrétion et l'humilité d'esprit étant les premières qualités d'un élève en théologie, il lui avait toujours été impossible de faire des questions.

Un jour, madame de Rênal donnait un ordre au valet de chambre de son mari, l'ennemi de Julien.

— Mais, madame, c'est aujourd'hui le dernier vendredi du mois, répondit cet homme d'un air singulier.

— Allez, dit madame de Rênal.

— Eh bien! dit Julien, il va se rendre dans ce magasin à foin, église autrefois, et récemment rendu au culte; mais pour quoi faire? voilà un de ces mystères que je n'ai jamais pu pénétrer.

— C'est une institution fort salutaire, mais bien singulière, répondit madame de Rênal; les femmes n'y sont point admises : tout ce que j'en sais, c'est que tout le monde s'y tutoie. Par exemple, ce domestique va y trouver M. Valenod, et cet homme si fier et si sot ne sera point fâché de s'entendre tutoyer par Saint-Jean, et lui répondra sur le même ton. Si vous tenez à savoir ce qu'on y fait, je demanderai des détails à M. de Maugiron et à M. Valenod. Nous payons vingt francs par domestique afin qu'un jour ils ne nous égorgent pas.

Le temps volait. Le souvenir des charmes de sa maîtresse distrayait Julien de sa noire ambition. La nécessité de ne pas lui parler de choses tristes et raisonnables, puisqu'ils étaient de partis contraires, ajoutait, sans qu'il s'en doutât, au bonheur qu'il lui devait et à l'empire qu'elle acquérait sur lui.

Dans les moments où la présence d'enfants trop intelligents les réduisait à ne parler que le langage de la froide raison, c'était avec une docilité parfaite que Julien, la regardant avec des yeux étincelants d'amour, écoutait ses explications du monde comme il va. Souvent au milieu du récit de quelque friponnerie savante, à l'occasion d'un chemin ou d'une fourniture, l'esprit de madame de Rênal s'égarait tout à coup jusqu'au délire, Julien avait besoin de la gronder, elle se permettait avec lui les mêmes gestes intimes qu'avec ses enfants. C'est qu'il y avait des jours où elle avait l'illusion de l'aimer comme son enfant. Sans cesse n'avait-elle pas à répondre à ses questions naïves sur mille choses simples qu'un enfant bien né n'ignore pas à quinze ans? Un instant après, elle l'admirait comme son maître. Son génie allait jusqu'à l'effrayer; elle croyait apercevoir plus nettement chaque jour le grand homme futur dans ce jeune abbé. Elle le voyait pape, elle le voyait premier ministre comme Richelieu.

— Vivrai-je assez pour te voir dans ta gloire? disait-elle à Julien, la place est faite pour un grand homme; la monarchie, la religion en ont besoin.

CHAPITRE XVIII

UN ROI A VERRIÈRES

> N'êtes-vous bons qu'à jeter là comme un cadavre de peuple, sans âme, et dont les veines n'ont plus de sang ?
>
> DISC. DE L'EVÊQUE,
> *à la chapelle de Saint-Clément.*

LE 3 septembre, à dix heures du soir, un gendarme réveilla tout Verrières, en montant la grande rue au galop; il apportait la nouvelle que Sa Majesté le roi de *** arrivait le dimanche suivant, et l'on était au mardi. Le préfet autorisait, c'est-à-dire demandait la formation d'une garde d'honneur; il fallait déployer toute la pompe possible. Une estafette fut expédiée à Vergy. M. de Rênal arriva dans la nuit, et trouva toute la ville en émoi. Chacun avait ses prétentions; les moins affairés louaient des balcons pour voir l'entrée du roi.

Qui commandera la garde d'honneur? M. de Rênal vit tout de suite combien il importait, dans l'intérêt des maisons sujettes à reculer, que M. de Moirod eût ce commandement. Cela pouvait faire titre pour la place de premier adjoint. Il n'y avait rien à dire à la dévotion de M. de Moirod, elle était au-dessus de toute comparaison, mais jamais il n'avait monté à cheval. C'était un homme de trente-six ans, timide de toutes les façons, et qui craignait également les chutes et le ridicule.

Le maire le fit appeler dès les cinq heures du matin.

— Vous voyez, monsieur, que je réclame vos avis, comme si déjà vous occupiez le poste auquel tous les

honnêtes gens vous portent. Dans cette malheureuse
ville les manufactures prospèrent, le parti libéral devient
millionnaire, il aspire au pouvoir, il saura se faire des
armes de tout. Consultons l'intérêt du roi, celui de la
monarchie, et avant tout l'intérêt de notre sainte religion. A qui pensez-vous, monsieur, que l'on puisse
confier le commandement de la garde d'honneur?

Malgré la peur horrible que lui faisait le cheval, M. de
Moirod finit par accepter cet honneur comme un martyre. « Je saurai prendre un ton convenable », dit-il au
maire. A peine restait-il le temps de faire arranger les
uniformes qui sept ans auparavant avaient servi lors du
passage d'un prince du sang.

A sept heures, madame de Rênal arriva de Vergy avec
Julien et les enfants. Elle trouva son salon rempli de
dames libérales qui prêchaient l'union des partis, et
venaient la supplier d'engager son mari à accorder une
place aux leurs dans la garde d'honneur. L'une d'elles
prétendait que si son mari n'était pas élu, de chagrin il
ferait banqueroute. Madame de Rênal renvoya bien vite
tout ce monde. Elle paraissait fort occupée.

Julien fut étonné et encore plus fâché qu'elle lui fît
un mystère de ce qui l'agitait. Je l'avais prévu, se disait-il
avec amertume, son amour s'éclipse devant le bonheur de
recevoir un roi dans sa maison. Tout ce tapage l'éblouit.
Elle m'aimera de nouveau quand les idées de sa caste ne
lui troubleront plus la cervelle.

Chose étonnante, il l'en aima davantage.

Les tapissiers commençaient à remplir la maison, il
épia longtemps en vain l'occasion de lui dire un mot.
Enfin il la trouva qui sortait de sa chambre à lui, Julien,
emportant un de ses habits. Ils étaient seuls. Il voulut lui
parler. Elle s'enfuit en refusant de l'écouter. — Je suis
bien sot d'aimer une telle femme, l'ambition la rend aussi
folle que son mari.

Elle l'était davantage; un de ses grands désirs, qu'elle
n'avait jamais avoué à Julien de peur de le choquer,
était de le voir quitter, ne fût-ce que pour un jour, son
triste habit noir. Avec une adresse vraiment admirable
chez une femme si naturelle, elle obtint d'abord de

M. de Moirod, et ensuite de M. le sous-préfet de Maugiron, que Julien serait nommé garde d'honneur de préférence à cinq ou six jeunes gens, fils de fabricants fort
aisés, et dont deux au moins étaient d'une exemplaire
piété. M. Valenod, qui comptait prêter sa calèche aux
plus jolies femmes de la ville et faire admirer ses beaux
normands, consentit à donner un de ses chevaux à Julien,
l'être qu'il haïssait le plus. Mais tous les gardes d'honneur avaient à eux ou d'emprunt quelqu'un de ces beaux
habits bleu de ciel avec deux épaulettes de colonel en
argent, qui avaient brillé sept ans auparavant. Madame de
Rênal voulait un habit neuf, et il ne lui restait que
quatre jours pour envoyer à Besançon, et en faire revenir
l'habit d'uniforme, les armes, le chapeau, etc., tout ce qui
fait un garde d'honneur. Ce qu'il y a de plaisant, c'est
qu'elle trouvait imprudent de faire l'habit de Julien à
Verrières. Elle voulait le surprendre, lui et la ville.

Le travail des gardes d'honneur et de l'esprit public
terminé, le maire eut à s'occuper d'une grande cérémonie
religieuse, le roi de *** ne voulait pas passer à Verrières sans visiter la fameuse relique de saint Clément
que l'on conserve à Bray-le-Haut, à une petite lieue de
la ville. On désirait un clergé nombreux, ce fut l'affaire
la plus difficile à arranger; M. Maslon, le nouveau curé,
voulait à tout prix éviter la présence de M. Chélan. En
vain, M. de Rênal lui représentait qu'il y aurait imprudence. M. le marquis de La Mole, dont les ancêtres ont
été si longtemps gouverneurs de la province, avait été
désigné pour accompagner le roi de ***. Il connaissait
depuis trente ans l'abbé Chélan. Il demanderait certainement de ses nouvelles en arrivant à Verrières, et s'il
le trouvait disgracié, il était homme à aller le chercher
dans la petite maison où il s'était retiré, accompagné
de tout le cortège dont il pourrait disposer. Quel
soufflet!

— Je suis déshonoré ici et à Besançon, répondait l'abbé
Maslon, s'il paraît dans mon clergé. Un janséniste, grand
Dieu!

— Quoi que vous en puissiez dire, mon cher abbé,
répliquait M. de Rênal, je n'exposerai pas l'adminis-

tration de Verrières à recevoir un affront de M. de La Mole. Vous ne le connaissez pas, il pense bien à la cour; mais ici, en province, c'est un mauvais plaisant satirique, moqueur, ne cherchant qu'à embarrasser les gens. Il est capable, uniquement pour s'amuser, de nous couvrir de ridicule aux yeux des libéraux.

Ce ne fut que dans la nuit du samedi au dimanche, après trois jours de pourparlers, que l'orgueil de l'abbé Maslon plia devant la peur du maire qui se changeait en courage. Il fallait écrire une lettre mielleuse à l'abbé Chélan pour le prier d'assister à la cérémonie de la relique de Bray-le-Haut, si toutefois son grand âge et ses infirmités le lui permettaient. M. Chélan demanda et obtint une lettre d'invitation pour Julien qui devait l'accompagner en qualité de sous-diacre.

Dès le matin du dimanche, des milliers de paysans arrivant des montagnes voisines, inondèrent les rues de Verrières. Il faisait le plus beau soleil. Enfin, vers les trois heures, toute cette foule fut agitée, on apercevait un grand feu sur un rocher à deux lieues de Verrières. Ce signal annonçait que le roi venait d'entrer sur le territoire du département. Aussitôt le son de toutes les cloches et les décharges répétées d'un vieux canon espagnol appartenant à la ville marquèrent sa joie de ce grand événement. La moitié de la population monta sur les toits. Toutes les femmes étaient aux balcons. La garde d'honneur se mit en mouvement. On admirait les brillants uniformes, chacun reconnaissait un parent, un ami. On se moquait de la peur de M. de Moirod, dont à chaque instant la main prudente était prête à saisir l'arçon de sa selle. Mais une remarque fit oublier toutes les autres : le premier cavalier de la neuvième file était un fort joli garçon, très mince, que d'abord on ne reconnut pas. Bientôt un cri d'indignation chez les uns, chez d'autres le silence de l'étonnement annoncèrent une sensation générale. On reconnaissait dans ce jeune homme, montant un des chevaux normands de M. Valenod, le petit Sorel, fils du charpentier. Il n'y eut qu'un cri contre le maire, surtout parmi les libéraux. Quoi, parce que ce petit ouvrier déguisé en abbé était précepteur de ses marmots, il avait l'audace de le nommer garde d'honneur au préjudice de messieurs tels et tels riches fabricants! Ces messieurs, disait une dame banquière, devraient bien faire une avanie à ce petit insolent, né dans la crotte. — Il est sournois et porte un sabre, répondait le voisin, il serait assez traître pour leur couper la figure.

Les propos de la société noble étaient plus dangereux. Les dames se demandaient si c'était du maire tout seul que provenait cette haute inconvenance. En général, on rendait justice à son mépris pour le défaut de naissance.

Pendant qu'il était l'occasion de tant de propos, Julien était le plus heureux des hommes. Naturellement hardi, il se tenait mieux à cheval que la plupart des jeunes gens de cette ville de montagnes. Il voyait dans les yeux des femmes qu'il était question de lui.

Ses épaulettes étaient plus brillantes, parce qu'elles étaient neuves. Son cheval se cabrait à chaque instant, il était au comble de la joie.

Son bonheur n'eut plus de bornes, lorsque, passant près du vieux rempart, le bruit de la petite pièce de canon fit sauter son cheval hors du rang. Par un grand hasard, il ne tomba pas, de ce moment il se sentit un héros. Il était officier d'ordonnance de Napoléon et chargeait une batterie.

Une personne était plus heureuse que lui. D'abord elle l'avait vu passer d'une des croisées de l'hôtel de ville; montant ensuite en calèche, et faisant rapidement un grand détour, elle arriva à temps pour frémir quand son cheval l'emporta hors du rang. Enfin, sa calèche sortant au grand galop, par une autre porte de la ville, elle parvint à rejoindre la route par où le roi devait passer, et put suivre la garde d'honneur à vingt pas de distance, au milieu d'une noble poussière. Dix mille paysans crièrent : Vive le roi! quand le maire eut l'honneur de haranguer Sa Majesté. Une heure après, lorsque, tous les discours écoutés, le roi allait entrer dans la ville, la petite pièce de canon se remit à tirer à coups précipités. Mais un accident s'ensuivit, non pour les canonniers qui avaient fait leurs preuves à Leipsick et à Montmirail, mais pour le futur premier adjoint, M. de Moirod. Son cheval le déposa mollement dans l'unique bourbier qui fût sur la grande route, ce qui fit esclandre, parce qu'il fallut le tirer de là pour que la voiture du roi pût passer.

Sa Majesté descendit à la belle église neuve qui ce jour-là était parée de tous ses rideaux cramoisis. Le roi devait dîner, et aussitôt après remonter en voiture pour aller vénérer la célèbre relique de saint Clément. A peine le roi fut-il à l'église, que Julien galopa vers la maison de M. de Rênal. Là, il quitta en soupirant son bel habit bleu de ciel, son sabre, ses épaulettes, pour reprendre le petit habit noir râpé. Il remonta à cheval, et en quelques instants fut à Bray-le-Haut qui occupe le sommet d'une fort belle colline. L'enthousiasme multiplie ces paysans, pensa Julien. On ne peut se remuer à Ver-rières, et en voici plus de dix mille autour de cette antique abbaye. A moitié ruinée par le vandalisme révolution-naire, elle avait été magnifiquement rétablie depuis la Restauration, et l'on commençait à parler de miracles. Julien rejoignit l'abbé Chélan qui le gronda fort, et lui remit une soutane et un surplis. Il s'habilla rapidement et suivit M. Chélan qui se rendait auprès du jeune évêque d'Agde. C'était un neveu de M. de La Mole, récemment nommé, et qui avait été chargé de montrer la relique du roi. Mais l'on ne put trouver cet évêque.

Le clergé s'impatientait. Il attendait son chef dans le cloître sombre et gothique de l'ancienne abbaye. On avait réuni vingt-quatre curés pour figurer l'ancien chapitre de Bray-le-Haut, composé avant 1789 de vingt-quatre chanoines. Après avoir déploré pendant trois quarts d'heure la jeunesse de l'évêque, les curés pensèrent qu'il était convenable que M. le Doyen se retirât vers Monsei-gneur pour l'avertir que le roi allait arriver, et qu'il était instant de se rendre au chœur. Le grand âge de M. Ché-lan l'avait fait doyen; malgré l'humeur qu'il témoignait à Julien, il lui fit signe de le suivre. Julien portait fort bien son surplis. Au moyen de je ne sais quel procédé de toilette ecclésiastique, il avait rendu ses beaux che-veux bouclés très plats; mais, par un oubli qui redoubla la colère de M. Chélan, sous les longs plis de sa soutane on pouvait apercevoir les éperons du garde d'honneur.

Arrivés à l'appartement de l'évêque, de grands laquais bien chamarrés daignèrent à peine répondre au vieux curé que Monseigneur n'était pas visible. On se moqua de lui quand il voulut expliquer qu'en sa qualité de doyen du chapitre noble de Bray-le-Haut, il avait le privilège d'être admis en tout temps auprès de l'évêque officiant.

L'humeur hautaine de Julien fut choquée de l'insolence des laquais. Il se mit à parcourir les dortoirs de l'antique abbaye, secouant toutes les portes qu'il rencontrait. Une fort petite céda à ses efforts, et il se trouva dans une cellule au milieu des valets de chambre de Monseigneur, en habits noirs et la chaîne au cou. A son air pressé ces messieurs le crurent mandé par l'évêque et le laissèrent passer. Il fit quelques pas et se trouva dans une immense salle gothique extrêmement sombre, et toute lambrissée de chêne noir; à l'exception d'une seule, les fenêtres, en ogive, avaient été murées avec des briques. La grossièreté de cette maçonnerie n'était déguisée par rien, et faisait un triste contraste avec l'antique magnificence de la boiserie. Les deux grands côtés de cette salle célèbre parmi les antiquaires bourguignons, et que le duc Charles le Téméraire avait fait bâtir vers 1470 en expiation de quelque péché, étaient garnis de stalles de bois richement sculptées. On y voyait, figurés en bois de différentes couleurs, tous les mystères de l'Apocalypse.

Cette magnificence mélancolique, dégradée par la vue des briques nues et du plâtre encore tout blanc, toucha Julien. Il s'arrêta en silence. A l'autre extrémité de la salle, près de l'unique fenêtre par laquelle le jour pénétrait, il vit un miroir mobile en acajou. Un jeune homme en robe violette et en surplis de dentelle, mais la tête nue était arrêté à trois pas de la glace. Ce meuble semblait étrange en un tel lieu, et, sans doute, y avait été apporté de la ville. Julien trouva que le jeune homme avait l'air irrité; de la main droite il donnait gravement des bénédictions du côté du miroir.

Que peut signifier ceci? pensa-t-il. Est-ce une cérémonie préparatoire qu'accomplit ce jeune prêtre? C'est peut-être le secrétaire de l'évêque.... il sera insolent comme les laquais... ma foi, n'importe, essayons.

Il avança et parcourut assez lentement la longueur de la salle, toujours la vue fixée vers l'unique fenêtre, et regardant ce jeune homme qui continuait à donner des bénédictions exécutées lentement mais en nombre infini, et sans se reposer un instant.

A mesure qu'il approchait, il distinguait mieux son air fâché. La richesse du surplis garni de dentelle arrêta involontairement Julien à quelques pas du magnifique miroir.

Il est de mon devoir de parler, se dit-il enfin; mais la beauté de la salle l'avait ému, et il était froissé d'avance des mots durs qu'on allait lui adresser.

Le jeune homme le vit dans la psyché, se retourna, et quittant subitement l'air fâché, dit du ton le plus doux :

— Eh bien! monsieur, est-elle enfin arrangée?

Julien resta stupéfait. Comme ce jeune homme se tournait vers lui, Julien vit la croix pectorale sur sa poitrine : c'était l'évêque d'Agde. Si jeune, pensa Julien; tout au plus six ou huit ans de plus que moi!...

Et il eut honte de ses éperons.

— Monseigneur, répondit-il timidement, je suis envoyé par le doyen du chapitre, M. Chélan...

— Ah! il m'est fort recommandé, dit l'évêque d'un ton poli qui redoubla l'enchantement de Julien. Mais je vous demande pardon, monsieur, je vous prenais pour la personne qui doit me rapporter ma mitre. On l'a mal emballée à Paris; la toile d'argent est horriblement gâtée vers le haut. Cela fera le plus vilain effet, ajouta le jeune évêque d'un air triste, et encore on me fait attendre!

— Monseigneur, je vais chercher la mitre, si Votre Grandeur le permet.

Les beaux yeux de Julien firent leur effet.

— Allez, monsieur, répondit l'évêque avec une politesse charmante; il me la faut sur-le-champ. Je suis désolé de faire attendre messieurs du chapitre.

Quand Julien fut arrivé au milieu de la salle, il se

retourna vers l'évêque, et le vit qui s'était remis à donner des bénédictions. Qu'est-ce que cela peut être? se demanda Julien, sans doute c'est une préparation ecclésiastique nécessaire à la cérémonie qui va avoir lieu. Comme il arrivait dans la cellule où se tenaient les valets de chambre, il vit la mitre entre leurs mains. Ces messieurs, cédant malgré eux au regard impérieux de Julien, lui remirent la mitre de Monseigneur.

Il se sentit fier de la porter : en traversant la salle il marchait lentement; il la tenait avec respect. Il trouva l'évêque assis devant la glace; mais, de temps à autre, sa main droite, quoique fatiguée, donnait encore la bénédiction. Julien l'aida à placer sa mitre. L'évêque secoua la tête.

— Ah! elle tiendra, dit-il à Julien d'un air content. Voulez-vous vous éloigner un peu?

Alors l'évêque alla fort vite au milieu de la pièce, puis se rapprochant du miroir à pas lents, il reprit l'air fâché, et donnait gravement des bénédictions.

Julien était immobile d'étonnement; il était tenté de comprendre, mais n'osait pas. L'évêque s'arrêta, et le regardant avec un air qui perdait rapidement de sa gravité :

— Que dites-vous de ma mitre, monsieur, va-t-elle bien?

— Fort bien, Monseigneur.

— Elle n'est pas trop en arrière? cela aurait l'air un peu niais; mais il ne faut pas non plus la porter baissée sur les yeux comme un shako d'officier.

— Elle me semble aller fort bien.

— Le roi de *** est accoutumé à un clergé vénérable et sans doute fort grave. Je ne voudrais pas, à cause de mon âge surtout, avoir l'air trop léger.

Et l'évêque se mit de nouveau à marcher en donnant des bénédictions.

C'est clair, dit Julien, osant enfin comprendre, il s'exerce à donner la bénédiction.

Après quelques instants :

— Je suis prêt, dit l'évêque. Allez, monsieur, avertir M. le doyen et messieurs du chapitre.

Bientôt M. Chélan, suivi des deux curés les plus âgés, entra par une fort grande porte magnifiquement sculptée, et que Julien n'avait pas aperçue. Mais cette fois il resta à son rang le dernier de tous, et ne put voir l'évêque que par-dessus les épaules des ecclésiastiques qui se pressaient en foule à cette porte.

L'évêque traversait lentement la salle; lorsqu'il fut arrivé sur le seuil les curés se formèrent en procession. Après un petit moment de désordre, la procession commença à marcher en entonnant un psaume. L'évêque s'avançait le dernier entre M. Chélan et un autre curé fort vieux. Julien se glissa tout à fait près de Monseigneur, comme attaché à l'abbé Chélan. On suivit les longs corridors de l'abbaye de Bray-le-Haut; malgré le soleil éclatant, ils étaient sombres et humides. On arriva enfin au portique du cloître. Julien était stupéfait d'admiration pour une si belle cérémonie. L'ambition réveillée par le jeune âge de l'évêque, la sensibilité et la politesse exquise de ce prélat se disputaient son cœur. Cette politesse était bien autre chose que celle de M. de Rênal, même dans ses bons jours. Plus on s'élève vers le premier rang de la société, se dit Julien, plus on trouve de ces manières charmantes.

On entrait dans l'église par une porte latérale; tout à coup un bruit épouvantable fit retentir ses voûtes antiques; Julien crut qu'elles s'écroulaient. C'était encore la petite pièce de canon; traînée par huit chevaux au galop, elle venait d'arriver; et à peine arrivée, mise en batterie par les canonniers de Leipsick, elle tirait cinq coups par minute, comme si les Prussiens eussent été devant elle.

Mais ce bruit admirable ne fit plus d'effet sur Julien, il ne songeait plus à Napoléon et à la gloire militaire. Si jeune, pensait-il, être évêque d'Agde! mais où est Agde? et combien cela rapporte-t-il? deux ou trois cent mille francs peut-être.

Les laquais de Monseigneur parurent avec un dais magnifique. M. Chélan prit l'un des bâtons, mais dans le fait ce fut Julien qui le porta. L'évêque se plaça dessous. Réellement il était parvenu à se donner l'air vieux;

l'admiration de notre héros n'eut plus de bornes. Que ne fait-on pas avec de l'adresse! pensa-t-il.

Le roi entra. Julien eut le bonheur de le voir de très près. L'évêque le harangua avec onction, et sans oublier une petite nuance de trouble fort poli pour Sa Majesté.

Nous ne répéterons point la description des cérémonies de Bray-le-Haut; pendant quinze jours elles ont rempli les colonnes de tous les journaux du département. Julien apprit, par le discours de l'évêque, que le roi descendait de Charles le Téméraire.

Plus tard il entra dans les fonctions de Julien de vérifier les comptes de ce qu'avait coûté cette cérémonie. M. de La Mole, qui avait fait avoir un évêché à son neveu, avait voulu lui faire la galanterie de se charger de tous les frais. La seule cérémonie de Bray-le-Haut coûta trois mille huit cents francs.

Après le discours de l'évêque et la réponse du roi, Sa Majesté se plaça sous le dais, ensuite elle s'agenouilla fort dévotement sur un coussin près de l'autel. Le chœur était environné de stalles, et les stalles élevées de deux marches sur le pavé. C'était sur la dernière de ces marches que Julien était assis aux pieds de M. Chélan, à peu près comme un caudataire près de son cardinal, à la chapelle Sixtine, à Rome. Il y eut un *Te Deum*, des flots d'encens, des décharges infinies de mousqueterie et d'artillerie; les paysans étaient ivres de bonheur et de piété. Une telle journée défait l'ouvrage de cent numéros des journaux jacobins.

Julien était à six pas du roi, qui réellement priait avec abandon. Il remarqua, pour la première fois, un petit homme au regard spirituel et qui portait un habit presque sans broderies. Mais il avait un cordon bleu de ciel par-dessus cet habit fort simple. Il était plus près du roi que beaucoup d'autres seigneurs, dont les habits étaient tellement brodés d'or, que, suivant l'expression de Julien, on ne voyait pas le drap. Il apprit quelques moments après que c'était M. de La Mole. Il lui trouva l'air hautain et même insolent.

Ce marquis ne serait pas poli comme mon joli évêque, pensa-t-il. Ah! l'état ecclésiastique rend doux et sage.

Mais le roi est venu pour vénérer la relique, et je ne vois point de relique. Où sera saint Clément?

Un petit clerc, son voisin, lui apprit que la vénérable relique était dans le haut de l'édifice dans une *chapelle ardente*.

Qu'est-ce qu'une chapelle ardente? se dit Julien.

Mais il ne voulut pas demander l'explication de ce mot. Son attention redoubla.

En cas de visite d'un prince souverain, l'étiquette veut que les chanoines n'accompagnent pas l'évêque. Mais en se mettant en marche pour la chapelle ardente, monseigneur d'Agde appela l'abbé Chélan! Julien osa le suivre.

Après avoir monté un long escalier, on parvint à une porte extrêmement petite, mais dont le chambranle gothique était doré avec magnificence. Cet ouvrage avait l'air fait de la veille.

Devant la porte étaient réunies à genoux vingt-quatre jeunes filles, appartenant aux familles les plus distinguées de Verrières. Avant d'ouvrir la porte, l'évêque se mit à genoux au milieu de ces jeunes filles toutes jolies. Pendant qu'il priait à haute voix, elles semblaient ne pouvoir assez admirer ses belles dentelles, sa bonne grâce, sa figure si jeune et si douce. Ce spectacle fit perdre à notre héros ce qui lui restait de raison. En cet instant, il se fût battu pour l'inquisition, et de bonne foi. La porte s'ouvrit tout à coup. La petite chapelle parut comme embrasée de lumière. On apercevait sur l'autel plus de mille cierges divisés en huit rangs séparés entre eux par des bouquets de fleurs. L'odeur suave de l'encens le plus pur sortait en tourbillon de la porte du sanctuaire. La chapelle dorée à neuf était fort petite, mais très élevée. Julien remarqua qu'il y avait sur l'autel des cierges qui avaient plus de quinze pieds de haut. Les jeunes filles ne purent retenir un cri d'admiration. On n'avait admis dans le petit vestibule de la chapelle que les vingt-quatre jeunes filles, les deux curés et Julien.

Bientôt le roi arriva, suivi du seul M. de La Mole et de son grand chambellan. Les gardes eux-mêmes restèrent en dehors, à genoux, et présentaient les armes.

Sa Majesté se précipita plutôt qu'elle ne se jeta sur le

prie-Dieu. Ce fut alors seulement que Julien, collé contre
la porte dorée, aperçut, par-dessous le bras nu d'une
jeune fille, la charmante statue de saint Clément. Il était
caché sous l'autel, en costume de jeune soldat romain. Il
avait au cou une large blessure, d'où le sang semblait
couler. L'artiste s'était surpassé; ses yeux mourants, mais
pleins de grâce, étaient à demi fermés... Une moustache
naissante ornait cette bouche charmante, qui à demi
fermée avait encore l'air de prier. A cette vue, la jeune
fille voisine de Julien pleura à chaudes larmes, une de
ses larmes tomba sur la main de Julien.

Après un instant de prières dans le plus profond
silence, troublé seulement par le son lointain des cloches
de tous les villages à dix lieues à la ronde, l'évêque d'Agde
demanda au roi la permission de parler. Il fit un petit
discours fort touchant par des paroles simples, mais dont
l'effet n'en était que mieux assuré.

— N'oubliez jamais, jeunes chrétiennes, que vous avez
vu l'un des plus grands rois de la terre à genoux devant
les serviteurs de ce Dieu tout-puissant et terrible. Ces
serviteurs faibles, persécutés, assassinés sur la terre, comme
vous le voyez par la blessure encore sanglante de saint
Clément, ils triomphent au ciel. N'est-ce pas, jeunes chrétiennes, vous vous souviendrez à jamais de ce jour? vous
détesterez l'impie. A jamais vous serez fidèles à ce Dieu
si grand, si terrible, mais si bon.

A ces mots, l'évêque se leva avec autorité.

— Vous me le promettez? dit-il, en avançant le bras
d'un air inspiré.

— Nous le promettons, dirent les jeunes filles en fondant en larmes.

— Je reçois votre promesse au nom du Dieu terrible!
ajouta l'évêque d'une voix tonnante. Et la cérémonie fut
terminée.

Le roi lui-même pleurait. Ce ne fut que longtemps après
que Julien eut assez de sang-froid pour demander où
étaient les os du saint envoyés de Rome à Philippe le
Bon, duc de Bourgogne. On lui apprit qu'ils étaient
cachés dans la charmante figure de cire.

Sa Majesté daigna permettre aux demoiselles qui

l'avaient accompagnée dans la chapelle de porter un ruban
rouge sur lequel étaient brodés ces mots : HAINE A
L'IMPIE, ADORATION PERPÉTUELLE.

M. de La Mole fit distribuer aux paysans dix mille
bouteilles de vin. Le soir, à Verrières, les libéraux trouvèrent une raison pour illuminer cent fois mieux que les
royalistes. Avant de partir, le roi fit une visite à
M. de Moirod.

CHAPITRE XIX

PENSER FAIT SOUFFRIR

> Le grotesque des événements de
> tous les jours vous cache le vrai
> malheur des passions.
>
> BARNAVE.

EN replaçant les meubles ordinaires dans la chambre
qu'avait occupée M. de La Mole, Julien trouva une
feuille de papier très fort, pliée en quatre. Il lut au bas de
la première page :

A S. E. M. le marquis de La Mole, pair de France,
chevalier des ordres du roi, etc., etc.

C'était une pétition en grosse écriture de cuisinière.

« MONSIEUR LE MARQUIS,

« J'ai eu toute ma vie des principes religieux. J'étais
dans Lyon, exposé aux bombes, lors du siège, en 93,
d'exécrable mémoire. Je communie; je vais tous les
dimanches à la messe en l'église paroissiale. Je n'ai jamais
manqué au devoir pascal, même en 93, d'exécrable
mémoire. Ma cuisinière, avant la révolution j'avais des
gens, ma cuisinière fait maigre le vendredi. Je jouis dans
Verrières d'une considération générale, et j'ose dire méri-
tée. Je marche sous le dais dans les processions, à côté
de M. le curé et de M. le maire. Je porte, dans les
grandes occasions, un gros cierge acheté à mes frais. De
tout quoi les certificats sont à Paris au ministère des
finances. Je demande à M. le marquis le bureau de loterie

de Verrières, qui ne peut manquer d'être bientôt vacant
d'une manière ou d'autre, le titulaire étant fort malade,
et d'ailleurs votant mal aux élections, etc.

« DE CHOLIN. »

En marge de cette pétition était une apostille signée
De Moirod, qui commençait par cette ligne :
« J'ai eu l'honneur de parler *yert* du bon sujet qui fait
cette demande », etc.

Ainsi, même cet imbécile de Cholin me montre le
chemin qu'il faut suivre, se dit Julien.

Huit jours après le passage du roi de *** à Verrières,
ce qui surnageait des innombrables mensonges, sottes
interprétations, discussions ridicules, etc., etc., dont
avaient été l'objet, successivement, le roi, l'évêque
d'Agde, le marquis de La Mole, les dix mille bouteilles
de vin, le pauvre tombé de Moirod qui, dans l'espoir
d'une croix, ne sortit de chez lui qu'un mois après sa
chute, ce fut l'indécence extrême d'avoir *bombardé* dans
la garde d'honneur Julien Sorel, fils d'un charpentier. Il
fallait entendre, à ce sujet, les riches fabricants de toiles
peintes qui, soir et matin, s'enrouaient au café à prêcher
l'égalité. Cette femme hautaine, madame de Rênal, était
l'auteur de cette abomination. La raison? Les beaux yeux
et les joues si fraîches du petit abbé Sorel la disaient de
reste.

Peu après le retour à Vergy, Stanislas-Xavier, le plus
jeune des enfants, prit la fièvre; tout à coup Mme de
Rênal tomba dans des remords affreux. Pour la première
fois elle se reprocha son amour d'une façon suivie; elle
sembla comprendre, comme par miracle, dans quelle faute
énorme elle s'était laissé entraîner. Quoique d'un caractère profondément religieux, jusqu'à ce moment elle
n'avait pas songé à la grandeur de son crime aux yeux
de Dieu.

Jadis, au couvent du Sacré-Cœur, elle avait aimé Dieu
avec passion; elle le craignit de même en cette circonstance. Les combats qui déchiraient son âme étaient
d'autant plus affreux qu'il n'y avait rien de raisonnable

dans sa peur. Julien éprouva que le moindre raisonnement l'irritait, loin de la calmer; elle y voyait le langage
de l'enfer. Cependant, comme Julien aimait beaucoup
lui-même le petit Stanislas, il était mieux venu à lui parler
de sa maladie : elle prit bientôt un caractère grave.
Alors le remords continu ôta à madame de Rênal jusqu'à
la faculté de dormir; elle ne sortait point d'un silence
farouche : si elle eût ouvert la bouche, c'eût été pour
avouer son crime à Dieu et aux hommes.

— Je vous en conjure, lui disait Julien, dès qu'ils se
trouvaient seuls, ne parlez à personne; que je sois le seul
confident de vos peines. Si vous m'aimez encore, ne
parlez pas : vos paroles ne peuvent ôter la fièvre à notre
Stanislas.

Mais ses consolations ne produisaient aucun effet; il ne
savait pas que madame de Rênal s'était mis dans la tête
que, pour apaiser la colère du Dieu jaloux, il fallait haïr
Julien ou voir mourir son fils. C'était parce qu'elle sentait qu'elle ne pouvait haïr son amant qu'elle était si
malheureuse.

— Fuyez-moi, dit-elle un jour à Julien, au nom de
Dieu, quittez cette maison; c'est votre présence ici qui
tue mon fils.

Dieu me punit, ajouta-t-elle à voix basse, il est juste;
j'adore son équité; mon crime est affreux, et je vivais sans
remords! C'était le premier signe de l'abandon de Dieu :
je dois être punie doublement.

Julien fut profondément touché. Il ne pouvait voir là
ni hypocrisie, ni exagération. Elle croit tuer son fils en
m'aimant, et cependant la malheureuse m'aime plus que
son fils. Voilà, je n'en puis douter, le remords qui la tue;
voilà de la grandeur dans les sentiments. Mais comment
ai-je pu inspirer un tel amour, moi, si pauvre, si mal
élevé, si ignorant, quelquefois si grossier dans mes façons?

Une nuit, l'enfant fut au plus mal. Vers les deux heures
du matin, M. de Rênal vint le voir. L'enfant, dévoré par
la fièvre, était fort rouge et ne put reconnaître son père.
Tout à coup madame de Rênal se jeta aux pieds de son
mari : Julien vit qu'elle allait tout dire et se perdre à
jamais.

Par bonheur, ce mouvement singulier importuna M. de Rênal.

— Adieu! adieu! dit-il en s'en allant.

— Non, écoute-moi, s'écria sa femme à genoux devant lui, et cherchant à le retenir. Apprends toute la vérité. C'est moi qui tue mon fils. Je lui ai donné la vie et je la lui reprends. Le Ciel me punit aux yeux de Dieu, je suis coupable de meurtre. Il faut que je me perde et m'humilie moi-même; peut-être ce sacrifice apaisera le Seigneur.

Si M. de Rênal eût été un homme d'imagination, il savait tout.

— Idées romanesques, s'écria-t-il en éloignant sa femme qui cherchait à embrasser ses genoux. Idées romanesques que tout cela! Julien, faites appeler le médecin à la pointe du jour.

Et il retourna se coucher. Madame de Rênal tomba à genoux, à demi évanouie, en repoussant avec un mouvement convulsif Julien qui voulait la secourir.

Julien resta étonné.

Voilà donc l'adultère! se dit-il... Serait-il possible que ces prêtres si fourbes... eussent raison? Eux qui commettent tant de péchés auraient le privilège de connaître la vraie théorie du péché? Quelle bizarrerie!...

Depuis vingt minutes que M. de Rênal s'était retiré, Julien voyait la femme qu'il aimait, la tête appuyée sur le petit lit de l'enfant, immobile et presque sans connaissance. Voilà une femme d'un génie supérieur réduite au comble du malheur, parce qu'elle m'a connu, se dit-il.

Les heures avancent rapidement. Que puis-je pour elle? Il faut se décider. Il ne s'agit plus de moi ici. Que m'importent les hommes et leurs plates simagrées? Que puis-je pour elle?... la quitter? Mais je la laisse seule en proie à la plus affreuse douleur. Cet automate de mari lui nuit plus qu'il ne lui sert. Il lui dira quelque mot dur, à force d'être grossier; elle peut devenir folle, se jeter par la fenêtre.

Si je la laisse, si je cesse de veiller sur elle, elle lui avouera tout. Et que sait-on, peut-être, malgré l'héritage qu'elle doit lui apporter, il fera un esclandre. Elle peut tout dire, grand Dieu! à ce c... d'abbé Maslon, qui prend prétexte de la maladie d'un enfant de six ans pour ne plus bouger de cette maison, et non sans dessein. Dans sa douleur et sa crainte de Dieu, elle oublie tout ce qu'elle sait de l'homme; elle ne voit que le prêtre.

— Va-t'en, lui dit tout à coup madame de Rênal en ouvrant les yeux.

— Je donnerais mille fois ma vie pour savoir ce qui peut t'être le plus utile, répondit Julien : jamais je ne t'ai tant aimée, mon cher ange, ou plutôt, de cet instant seulement, je commence à t'adorer comme tu mérites de l'être. Que deviendrai-je loin de toi, et avec la conscience que tu es malheureuse par moi! Mais qu'il ne soit pas question de mes souffrances. Je partirai, oui, mon amour. Mais, si je te quitte, si je cesse de veiller sur toi, de me trouver sans cesse entre toi et ton mari, tu lui dis tout, tu te perds. Songe que c'est avec ignominie qu'il te chassera de sa maison; tout Verrières, tout Besançon parleront de ce scandale. On te donnera tous les torts; jamais tu ne te relèveras de cette honte...

— C'est ce que je demande, s'écria-t-elle, en se levant debout. Je souffrirai, tant mieux.

— Mais, par ce scandale abominable, tu feras aussi son malheur à lui!

— Mais je m'humilie moi-même, je me jette dans la fange; et, par là peut-être, je sauve mon fils. Cette humiliation, aux yeux de tous, c'est peut-être une pénitence publique? Autant que ma faiblesse peut en juger, n'est-ce pas le plus grand sacrifice que je puisse faire à Dieu?... Peut-être daignera-t-il prendre mon humiliation et me laisser mon fils! Indique-moi un autre sacrifice plus pénible, et j'y cours.

— Laisse-moi me punir. Moi aussi, je suis coupable. Veux-tu que je me retire à la Trappe? L'austérité de cette vie peut apaiser ton Dieu... Ah! ciel! que ne puis-je prendre pour moi la maladie de Stanislas...

— Ah! tu l'aimes, toi, dit madame de Rênal, en se relevant et se jetant dans ses bras.

Au même instant, elle le repoussa avec horreur.

— Je te crois! je te crois! continua-t-elle, après s'être remise à genoux; ô mon unique ami! ô pourquoi n'es-tu pas le père de Stanislas! Alors ce ne serait pas un horrible péché de t'aimer mieux que ton fils.

— Veux-tu me permettre de rester, et que désormais je ne t'aime que comme un frère? C'est la seule expiation raisonnable, elle peut apaiser la colère du Très-Haut.

— Et moi, s'écria-t-elle en se levant et prenant la tête de Julien entre ses deux mains, et la tenant devant ses yeux à distance, et moi, t'aimerai-je comme un frère? Est-il en mon pouvoir de t'aimer comme un frère?

Julien fondait en larmes.

— Je t'obéirai, dit-il en tombant à ses pieds, je t'obéirai, quoi que tu m'ordonnes; c'est tout ce qui me reste à faire. Mon esprit est frappé d'aveuglement; je ne vois aucun parti à prendre. Si je te quitte, tu dis tout à ton mari, tu te perds et lui avec. Jamais, après ce ridicule, il ne sera nommé député. Si je reste, tu me crois la cause de la mort de ton fils, et tu meurs de douleur. Veux-tu essayer de l'effet de mon départ? Si tu veux, je vais me punir de notre faute en te quittant pour huit jours. J'irai les passer dans la retraite où tu voudras. A l'abbaye de Bray-le-Haut, par exemple : mais jure-moi pendant mon absence de ne rien avouer à ton mari. Songe que je ne pourrais plus revenir si tu parles.

Elle promit, il partit, mais fut rappelé au bout de deux jours.

— Il m'est impossible sans toi de tenir mon serment. Je parlerai à mon mari, si tu n'es pas là constamment pour m'ordonner par tes regards de me taire. Chaque heure de cette vie abominable me semble durer une journée.

Enfin le Ciel eut pitié de cette mère malheureuse. Peu à peu Stanislas ne fut plus en danger. Mais la glace était brisée, sa raison avait connu l'étendue de son péché; elle ne put plus reprendre l'équilibre. Les remords restèrent, et ils furent ce qu'ils devaient être dans un cœur si sincère. Sa vie fut le ciel et l'enfer : l'enfer quand elle ne voyait pas Julien, le ciel quand elle était à ses pieds. Je ne me fais plus aucune illusion, lui disait-elle, même dans les moments où elle osait se livrer à tout son amour : je suis damnée, irrémissiblement damnée. Tu es jeune, tu as cédé à mes séductions, le Ciel peut te pardonner; mais moi je suis damnée. Je le connais à un signe certain. J'ai peur : qui n'aurait pas peur devant la vue de l'enfer? Mais au fond, je ne me repens point. Je commettrais de nouveau ma faute si elle était à commettre. Que le Ciel seulement ne me punisse pas dès ce monde et dans mes enfants, et j'aurai plus que je ne mérite. Mais toi, du moins, mon Julien, s'écriait-elle dans d'autres moments, es-tu heureux? Trouves-tu que je t'aime assez?

La méfiance et l'orgueil souffrant de Julien, qui avait surtout besoin d'un amour à sacrifices, ne tinrent pas devant la vue d'un sacrifice si grand, si indubitable et fait à chaque instant. Il adorait madame de Rênal. Elle a beau être noble, et moi, le fils d'un ouvrier, elle m'aime... Je ne suis pas auprès d'elle un valet de chambre chargé des fonctions d'amant. Cette crainte éloignée, Julien tomba dans toutes les folies de l'amour, dans ses incertitudes mortelles.

— Au moins, s'écria-t-elle en voyant ses doutes sur son amour, que je te rende bien heureux pendant le peu de jours que nous avons à passer ensemble! Hâtons-nous; demain peut-être je ne serai plus à toi. Si le Ciel me frappe dans mes enfants, c'est en vain que je chercherai à ne vivre que pour t'aimer à ne pas voir que c'est mon crime qui les tue. Je ne pourrai survivre à ce coup. Quand je le voudrais, je ne pourrais; je deviendrais folle.

— Ah! si je pouvais prendre sur moi ton péché, comme tu m'offrais si généreusement de prendre la fièvre ardente de Stanislas!

Cette grande crise morale changea la nature du sentiment qui unissait Julien à sa maîtresse. Son amour ne fut plus seulement de l'admiration pour la beauté, l'orgueil de la posséder.

Leur bonheur était désormais d'une nature bien supérieure, la flamme qui les dévorait fut plus intense. Ils avaient des transports pleins de folie. Leur bonheur eût paru plus grand aux yeux du monde. Mais ils ne retrouvèrent plus la sérénité délicieuse, la félicité sans nuages, le bonheur facile des premières époques de leurs amours, quand la seule crainte de madame de Rênal était de n'être pas assez aimée de Julien. Leur bonheur avait quelquefois la physionomie du crime.

Dans les moments les plus heureux et en apparence les plus tranquilles : — Ah! grand Dieu! je vois l'enfer, s'écriait tout à coup madame de Rênal, en serrant la main de Julien d'un mouvement convulsif. Quels supplices horribles! je les ai bien mérités. Elle le serrait, s'attachant à lui comme le lierre à la muraille.

Julien essayait en vain de calmer cette âme agitée. Elle lui prenait la main qu'elle couvrait de baisers. Puis, retombée dans une rêverie sombre : L'enfer, disait-elle, l'enfer serait une grâce pour moi : j'aurais encore sur la terre quelques jours à passer avec lui, mais l'enfer dès ce monde, la mort de mes enfants... Cependant, à ce prix peut-être mon crime me serait pardonné... Ah! grand Dieu! ne m'accordez point ma grâce à ce prix. Ces pauvres enfants ne vous ont point offensé; moi, moi, je suis la seule coupable : j'aime un homme qui n'est point mon mari.

Julien voyait ensuite madame de Rênal arriver à des moments tranquilles en apparence. Elle cherchait à prendre sur elle, elle voulait ne pas empoisonner la vie de ce qu'elle aimait.

Au milieu de ces alternatives d'amour, de remords et de plaisir, les journées passaient pour eux avec la rapidité de l'éclair. Julien perdit l'habitude de réfléchir.

Mademoiselle Elisa alla suivre un petit procès qu'elle avait à Verrières. Elle trouva M. Valenod fort piqué contre Julien. Elle haïssait le précepteur, et lui en parlait souvent.

— Vous me perdriez, monsieur, si je disais la vérité!... disait-elle un jour à M. Valenod. Les maîtres sont tous d'accord entre eux pour les choses importantes... On ne pardonne jamais certains aveux aux pauvres domestiques... Après ces phrases d'usage, que l'impatiente curiosité de M. Valenod trouva l'art d'abréger, il apprit les choses les plus mortifiantes pour son amour-propre.

Cette femme, la plus distinguée du pays, que pendant six ans il avait environnée de tant de soins, et malheureusement au vu et au su de tout le monde; cette femme si fière, dont les dédains l'avaient tant de fois fait rougir, elle venait de prendre pour amant un petit ouvrier déguisé en précepteur. Et afin que rien ne manquât au dépit de M. le directeur du dépôt, madame de Rênal adorait cet amant.

— Et, ajoutait la femme de chambre avec un soupir, M. Julien ne s'est point donné de peine pour faire cette conquête, il n'est point sorti pour madame de sa froideur habituelle.

Elisa n'avait eu des certitudes qu'à la campagne, mais elle croyait que cette intrigue datait de bien plus loin.

— C'est sans doute pour cela, ajouta-t-elle avec dépit, que dans le temps, il a refusé de m'épouser. Et moi, imbécile, qui allais consulter madame de Rênal, qui la priais de parler au précepteur.

Dès le même soir, M. de Rênal reçut de la ville, avec son journal, une longue lettre anonyme qui lui apprenait dans le plus grand détail ce qui se passait chez lui. Julien le vit pâlir en lisant cette lettre écrite sur du papier bleuâtre, et jeter sur lui des regards méchants. De toute la soirée le maire ne se remit point de son trouble, ce fut en vain que Julien lui fit la cour en lui demandant des explications sur la généalogie des meilleures familles de la Bourgogne.

CHAPITRE XX

LES LETTRES ANONYMES

> *Do not give dalliance*
> *Too much the rein : the strongest oaths are straw*
> *To the fire i' the blood.*
>
> *Tempest.*

COMME on quittait le salon sur le minuit, Julien eut le temps de dire à son amie :

— Ne nous voyons pas ce soir, votre mari a des soupçons; je jurerais que cette grande lettre qu'il lisait en soupirant est une lettre anonyme.

Par bonheur, Julien se fermait à clef dans sa chambre. Madame de Rênal eut la folle idée que cet avertissement n'était qu'un prétexte pour ne pas la voir. Elle perdit la tête absolument, et à l'heure ordinaire vint à sa porte. Julien qui entendit du bruit dans le corridor souffla sa lampe à l'instant. On faisait des efforts pour ouvrir sa porte; était-ce madame de Rênal, était-ce un mari jaloux?

Le lendemain de fort bonne heure, la cuisinière, qui protégeait Julien, lui apporta un livre sur la couverture duquel il lut ces mots écrits en italien : *Guardate alla pagina* 130.

Julien frémit de l'imprudence, chercha la page cent trente et y trouva attachée avec une épingle la lettre suivante écrite à la hâte, baignée de larmes et sans la moindre orthographe. Ordinairement madame de Rênal la mettait fort bien, il fut touché de ce détail et oublia un peu l'imprudence effroyable.

« Tu n'as pas voulu me recevoir cette nuit? Il est des moments où je crois n'avoir jamais lu jusqu'au fond de ton âme. Tes regards m'effrayent. J'ai peur de toi. Grand Dieu! ne m'aurais-tu jamais aimée? En ce cas, que mon mari découvre nos amours, et qu'il m'enferme dans une éternelle prison, à la campagne, loin de mes enfants. Peut-être Dieu le veut ainsi. Je mourrai bientôt. Mais tu seras un monstre.

« Ne m'aimes-tu pas? es-tu las de mes folies, de mes remords, impie? Veux-tu me perdre? je t'en donne un moyen facile. Va, montre cette lettre dans tout Verrières, ou plutôt montre-la au seul M. Valenod. Dis-lui que je t'aime, mais non, ne prononce pas un tel blasphème, dis-lui que je t'adore, que la vie n'a commencé pour moi que le jour où je t'ai vu; que dans les moments les plus fous de ma jeunesse, je n'avais jamais même rêvé le bonheur que je te dois; que je t'ai sacrifié ma vie, que je te sacrifie mon âme. Tu sais que je te sacrifie bien plus.

« Mais se connaît-il en sacrifices, cet homme? Dis-lui, dis-lui pour l'irriter que je brave tous les méchants, et qu'il n'est plus au monde qu'un malheur pour moi, celui de voir changer le seul homme qui me retienne à la vie. Quel bonheur pour moi de la perdre, de l'offrir en sacrifice, et de ne plus craindre pour mes enfants!

« N'en doute pas, cher ami, s'il y a une lettre anonyme, elle vient de cet être odieux qui, pendant six ans, m'a poursuivie de sa grosse voix, du récit de ses sauts à cheval, de sa fatuité, et de l'énumération éternelle de tous ses avantages.

« Y a-t-il une lettre anonyme? méchant, voilà ce que je voulais discuter avec toi; mais non, tu as bien fait. Te serrant dans mes bras, peut-être pour la dernière fois, jamais je n'aurais pu discuter froidement, comme je fais étant seule. De ce moment notre bonheur ne sera plus aussi facile. Sera-ce une contrariété pour vous? Oui, les jours où vous n'aurez pas reçu de M. Fouqué quelque livre amusant. Le sacrifice est fait, demain, qu'il y ait ou qu'il n'y ait pas de lettre anonyme, moi aussi je dirai à mon mari que j'ai reçu une lettre anonyme, et qu'il faut à l'instant te faire un pont d'or, trouver quelque prétexte honnête, et sans délai te renvoyer à tes parents.

« Hélas! cher ami, nous allons être séparés quinze jours, un mois peut-être! Va, je te rends justice, tu souffriras autant que moi. Mais enfin, voilà le seul moyen de parer l'effet de cette lettre anonyme; ce n'est pas la première que mon mari ait reçue, et sur mon compte encore. Hélas! combien j'en riais!

« Tout le but de ma conduite, c'est de faire penser à mon mari que la lettre vient de M. Valenod; je ne doute pas qu'il n'en soit l'auteur. Si tu quittes la maison, ne manque pas d'aller t'établir à Verrières. Je ferai en sorte que mon mari ait l'idée d'y passer quinze jours, pour prouver aux sots qu'il n'y a pas de froid entre lui et moi. Une fois à Verrières, lie-toi d'amitié avec tout le monde, même avec les libéraux. Je sais que toutes ces dames te rechercheront.

« Ne va pas te fâcher avec M. Valenod, ni lui couper les oreilles, comme tu le disais un jour; fais-lui au contraire toutes tes bonnes grâces. L'essentiel est que l'on croie à Verrières que tu vas entrer chez le Valenod, ou chez tout autre, pour l'éducation des enfants.

« Voilà ce que mon mari ne souffrira jamais. Dût-il s'y résoudre, eh bien! au moins tu habiteras Verrières, et je te verrai quelquefois. Mes enfants qui t'aiment tant iront te voir. Grand Dieu! je sens que j'aime mieux mes enfants parce qu'ils t'aiment. Quel remords! comment tout ceci finira-t-il?... Je m'égare... Enfin, tu comprends ta conduite; sois doux, poli, point méprisant avec ces grossiers personnages, je te le demande à genoux : ils vont être les arbitres de notre sort. Ne doute pas un instant que mon mari ne se conforme à ton égard à ce que lui prescrira *l'opinion publique.*

« C'est toi qui vas me fournir la lettre anonyme; arme-toi de patience et d'une paire de ciseaux. Coupe dans un livre les mots que tu vas voir; colle-les ensuite avec de la colle à bouche, sur la feuille de papier bleuâtre que je t'envoie; elle me vient de M. Valenod. Attends-toi à une perquisition chez toi; brûle les pages du livre que tu auras mutilé. Si tu ne trouves pas les mots tout faits, aie la patience de les former lettre à lettre. Pour épargner ta peine, j'ai fait la lettre anonyme trop courte. Hélas! si tu ne m'aimes plus, comme je le crains, que la mienne doit te sembler longue! »

LETTRE ANONYME

« Madame.

« Toutes vos petites menées sont connues; mais les per-
« sonnes qui ont intérêt à les réprimer sont averties. Par
« un reste d'amitié pour vous, je vous engage à vous dé-
« tacher totalement du petit paysan. Si vous êtes assez
« sage pour cela, votre mari croira que l'avis qu'il a reçu
« le trompe, et on lui laissera son erreur. Songez que j'ai
« votre secret; tremblez, malheureuse; il faut à cette heure
« *marcher droit* devant moi. »

« Dès que tu auras fini de coller les mots qui composent cette lettre (y as-tu reconnu les façons de parler du directeur?), sors dans la maison, je te rencontrerai.

« J'irai dans le village et reviendrai avec un visage troublé, je le serais en effet beaucoup. Grand Dieu! qu'est-ce que je hasarde, et tout cela parce que tu *as cru deviner* une lettre anonyme. Enfin, avec un visage renversé, je donnerai à mon mari cette lettre qu'un inconnu m'aura remise. Toi, va te promener sur le chemin des grands bois avec les enfants, et ne reviens qu'à l'heure du dîner.

« Du haut des rochers tu peux voir la tour du Colombier. Si nos affaires vont bien, j'y placerai un mouchoir blanc; dans le cas contraire, il n'y aura rien.

« Ton cœur, ingrat, ne te fera-t-il pas trouver le moyen de me dire que tu m'aimes avant de partir pour cette promenade? Quoi qu'il puisse arriver, sois sûr d'une chose : je ne survivrais pas d'un jour à notre séparation définitive. Ah! mauvaise mère! Ce sont deux mots vains que je viens d'écrire là, cher Julien. Je ne les sens pas; je ne puis songer qu'à toi en ce moment, je ne les ai écrits que pour ne pas être blâmée de toi. Maintenant que je me vois au moment de te perdre, à quoi bon dissimuler? Oui! que mon âme te semble atroce, mais que je ne mente pas devant l'homme que j'adore! Je n'ai déjà que trop trompé en ma vie. Va, je te pardonne si tu ne m'aimes plus. Je n'ai pas le temps de relire ma lettre. C'est peu de chose à mes yeux que de payer de la vie les jours heureux que je viens de passer dans tes bras. Tu sais qu'ils me coûteront davantage. »

CHAPITRE XXI

DIALOGUE AVEC UN MAITRE

> *Alas, our frailty is the cause, not we :*
> *For such as we are made of, such we be.*
>
> *Twelfth Night.*

CE fut avec un plaisir d'enfant que, pendant une heure, Julien assembla des mots. Comme il sortait de sa chambre, il rencontra ses élèves et leur mère; elle prit la lettre avec une simplicité et un courage dont le calme l'effraya.

— La colle à bouche est-elle assez séchée? lui dit-elle.

Est-ce là cette femme que le remords rendait si folle? pensa-t-il. Quels sont ses projets en ce moment? Il était trop fier pour le lui demander; mais, jamais peut-être, elle ne lui avait plu davantage.

— Si ceci tourne mal, ajouta-t-elle avec le même sang-froid, on m'ôtera tout. Enterrez ce dépôt dans quelque endroit de la montagne; ce sera peut-être un jour ma seule ressource.

Elle lui remit un étui à verre, en maroquin rouge, rempli d'or et de quelques diamants.

— Partez maintenant, lui dit-elle.

Elle embrassa les enfants, et deux fois le plus jeune. Julien restait immobile. Elle le quitta d'un pas rapide et sans le regarder.

Depuis l'instant qu'il avait ouvert la lettre anonyme, l'existence de M. de Rênal avait été affreuse. Il n'avait pas été aussi agité depuis un duel qu'il avait failli avoir en 1816, et, pour lui rendre justice, alors la perspective de recevoir une balle l'avait rendu moins malheureux. Il examinait la lettre dans tous les sens : N'est-ce pas là une écriture de femme? se disait-il. En ce cas, quelle femme l'a écrite? Il passait en revue toutes celles qu'il connaissait à Verrières, sans pouvoir fixer ses soupçons. Un homme aurait-il dicté cette lettre? quel est cet homme? Ici pareille incertitude; il était jalousé et sans doute haï de la plupart de ceux qu'il connaissait. Il faut consulter ma femme, se dit-il par habitude, en se levant du fauteuil où il était abîmé.

A peine levé, grand Dieu! dit-il en se frappant la tête, c'est d'elle surtout qu'il faut que je me méfie; elle est mon ennemie en ce moment. Et, de colère, les larmes lui vinrent aux yeux.

Par une juste compensation de la sécheresse de cœur qui fait toute la sagesse pratique de la province, les deux hommes que, dans ce moment M. de Rênal redoutait le plus, étaient ses deux amis les plus intimes.

Après ceux-là, j'ai dix amis peut-être, et il les passa en revue, estimant à mesure le degré de consolation qu'il pourrait tirer de chacun. A tous! à tous! s'écria-t-il avec rage, mon affreuse aventure fera le plus extrême plaisir. Par bonheur, il se croyait fort envié, non sans raison. Outre sa superbe maison de la ville, que le roi de*** venait d'honorer à jamais en y couchant, il avait fort bien arrangé son château de Vergy. La façade était peinte en blanc, et les fenêtres garnies de beaux volets verts. Il fut un instant consolé par l'idée de cette magnificence. Le fait est que ce château était aperçu de trois ou quatre lieues de distance, au grand détriment de toutes les maisons de campagne ou soi-disant châteaux du voisinage, auxquels on avait laissé l'humble couleur grise donnée par le temps.

M. de Rênal pouvait compter sur les larmes et la pitié d'un de ses amis, le marguillier de la paroisse; mais c'était un imbécile qui pleurait de tout. Cet homme était cependant sa seule ressource.

Quel malheur est comparable au mien! s'écria-t-il avec rage; quel isolement!

Est-il possible! se disait cet homme vraiment à plaindre, est-il possible que, dans mon infortune, je n'aie pas un ami à qui demander conseil? car ma raison s'égare, je le sens! Ah! Falcoz! ah! Ducros! s'écria-t-il avec amertume. C'étaient les noms de deux amis d'enfance qu'il avait éloignés par ses hauteurs en 1814. Ils n'étaient pas nobles, et il avait voulu changer le ton d'égalité sur lequel ils vivaient depuis l'enfance.

L'un d'eux, Falcoz, homme d'esprit et de cœur, marchand de papier à Verrières, avait acheté une imprimerie dans le chef-lieu du département et entrepris un journal. La congrégation avait résolu de le ruiner : son journal avait été condamné, son brevet d'imprimerie lui avait été retiré. Dans ces tristes circonstances, il essaya d'écrire à M. de Rênal pour la première fois depuis dix ans. Le maire de Verrières crut devoir répondre en vieux Romain : « Si le ministre du roi me faisait l'honneur de me consulter, je lui dirais : Ruinez sans pitié tous les imprimeurs de province, et mettez l'imprimerie en monopole comme le tabac. » Cette lettre à un ami intime, que tout Verrières admira dans le temps, M. de Rênal s'en rappelait les termes avec horreur. Qui m'eût dit qu'avec mon rang, ma fortune, mes croix, je le regretterais un jour? Ce fut dans ces transports de colère, tantôt contre lui-même, tantôt contre tout ce qui l'entourait, qu'il passa une nuit affreuse; mais, par bonheur, il n'eut pas l'idée d'épier sa femme.

Je suis accoutumé à Louise, se disait-il, elle sait toutes

mes affaires; je serais libre de me marier demain que je
ne trouverais pas à la remplacer. Alors, il se complaisait
dans l'idée que sa femme était innocente; cette façon de
voir ne le mettait pas dans la nécessité de montrer du
caractère et l'arrangeait bien mieux; combien de femmes
calomniées n'a-t-on pas vues!

   Mais quoi! s'écriait-il tout à coup en marchant d'un
pas convulsif, souffrirai-je comme si j'étais un homme de
rien, un va-nu-pieds, qu'elle se moque de moi avec son
amant? Faudra-t-il que tout Verrières fasse des gorges
chaudes sur ma débonnaireté? Que n'a-t-on pas dit de
Charmier (c'était un mari notoirement trompé du pays)?
Quand on le nomme, le sourire n'est-il pas sur toutes les
lèvres? Il est bon avocat, qui est-ce qui parle jamais de
son talent pour la parole? Ah! Charmier! dit-on, le Charmier de Bernard, on le désigne ainsi par le nom de
l'homme qui fait son opprobre.

   Grâce au Ciel, disait M. de Rênal dans d'autres moments, je n'ai point de fille, et la façon dont je vais punir
la mère ne nuira point à l'établissement de mes enfants;
je puis surprendre ce petit paysan avec ma femme, et les
tuer tous les deux; dans ce cas, le tragique de l'aventure
en ôtera peut-être le ridicule. Cette idée lui sourit; il
la suivit dans tous ses détails. Le code pénal est pour
moi, et, quoi qu'il arrive, notre congrégation et mes amis
du jury me sauveront. Il examina son couteau de chasse,
qui était fort tranchant; mais l'idée du sang lui fit peur.

   Je puis rouer de coups ce précepteur insolent et le
chasser; mais quel éclat dans Verrières et même dans tout
le département! Après la condamnation du journal de Falcoz, quand son rédacteur en chef sortit de prison, je
contribuai à lui faire perdre sa place de six cents francs.
On dit que cet écrivailleur ose se remontrer dans Besançon, il peut me tympaniser avec adresse, et de façon à ce
qu'il soit impossible de l'amener devant les tribunaux.
L'amener devant les tribunaux!... L'insolent insinuera de
mille façons qu'il a dit vrai. Un homme bien né, qui
tient son rang comme moi, est haï de tous les plébéiens.
Je me verrai dans ces affreux journaux de Paris; ô mon
Dieu! quel abîme! voir l'antique nom de Rênal plongé

dans la fange du ridicule... Si je voyage jamais, il faudra changer de nom; quoi! quitter ce nom qui fait ma gloire et ma force. Quel comble de misère!

Si je ne tue pas ma femme, et que je la chasse avec ignominie, elle a sa tante à Besançon, qui lui donnera de la main à la main toute sa fortune. Ma femme ira vivre à Paris avec Julien; on le saura à Verrières, et je serai encore pris pour dupe. Cet homme malheureux s'aperçut alors, à la pâleur de sa lampe, que le jour commençait à paraître. Il alla chercher un peu d'air frais au jardin. En ce moment, il était presque résolu à ne point faire d'éclat, par cette idée surtout qu'un éclat comblerait de joie ses bons amis de Verrières.

La promenade au jardin le calma un peu. Non, s'écriat-il, je ne me priverai point de ma femme, elle m'est trop utile. Il se figura avec horreur ce que serait sa maison sans sa femme; il n'avait pour toute parente que la marquise de R..., vieille, imbécile et méchante.

Une idée d'un grand sens lui apparut, mais l'exécution demandait une force de caractère bien supérieure au peu que le pauvre homme en avait. Si je garde ma femme, se dit-il, je me connais, un jour, dans un moment où elle m'impatientera, je lui reprocherai sa faute. Elle est fière, nous nous brouillerons, et tout cela arrivera avant qu'elle n'ait hérité de sa tante. Alors, comme on se moquera de moi! Ma femme aime ses enfants, tout finira par leur revenir. Mais moi, je serai la fable de Verrières. Quoi, diront-ils, il n'a pas su même se venger de sa femme! Ne vaudrait-il pas mieux m'en tenir aux soupçons et ne rien vérifier! Alors je me lie les mains, je ne puis par la suite lui rien reprocher.

Un instant après, M. de Rênal, repris par la vanité blessée, se rappelait laborieusement tous les moyens cités au billard du *Casino* ou *Cercle Noble* de Verrières, quand quelque beau parleur interrompt la poule pour s'égayer aux dépens d'un mari trompé. Combien, en cet instant, ces plaisanteries lui paraissaient cruelles!

Dieu! que ma femme n'est-elle morte! alors je serais inattaquable au ridicule. Que ne suis-je veuf! j'irais passer six mois à Paris dans les meilleures sociétés. Après ce

moment de bonheur donné par l'idée du veuvage, son
imagination en revint aux moyens de s'assurer de la vérité. Répandrait-il à minuit, après que tout le monde
serait couché, une légère couche de son devant la porte
de la chambre de Julien : le lendemain matin, au jour, il
verrait l'impression des pas.

Mais ce moyen ne vaut rien, s'écria-t-il tout à coup
avec rage, cette coquine d'Elisa s'en apercevrait, et l'on
saurait bientôt dans la maison que je suis jaloux.

Dans un autre conte fait au *Casino,* un mari s'était
assuré de sa mésaventure en attachant avec un peu de
cire un cheveu qui fermait comme un scellé la porte de
sa femme et celle du galant.

Après tant d'heures d'incertitudes, ce moyen d'éclaircir
son sort lui semblait décidément le meilleur, et il songeait à s'en servir, lorsqu'au détour d'une allée, il rencontra cette femme qu'il eût voulu voir morte.

Elle revenait du village. Elle était allée entendre la
messe dans l'église de Vergy. Une tradition fort incertaine aux yeux du froid philosophe, mais à laquelle elle
ajoutait foi, prétend que la petite église dont on se sert
aujourd'hui était la chapelle du château du sire de Vergy.
Cette idée obséda madame de Rênal tout le temps qu'elle
comptait passer à prier dans cette église. Elle se figurait
sans cesse son mari tuant Julien à la chasse, comme par
accident, et ensuite le soir lui faisant manger son cœur.

Mon sort, se dit-elle, dépend de ce qu'il va penser en
m'écoutant. Après ce quart d'heure fatal, peut-être ne
trouverai-je plus l'occasion de lui parler. Ce n'est pas un
être sage et dirigé par la raison. Je pourrais alors, à l'aide
de ma faible raison, prévoir ce qu'il fera ou dira. Lui
décidera notre sort commun, il en a le pouvoir. Mais ce
sort est dans mon habileté, dans l'art de diriger les idées
de ce fantasque, que sa colère rend aveugle, et empêche
de voir la moitié des choses. Grand Dieu! il me faut du
talent, du sang-froid, où les prendre?

Elle retrouva le calme comme par enchantement en entrant au jardin et voyant de loin son mari. Ses cheveux
et ses habits en désordre annonçaient qu'il n'avait pas
dormi.

Elle lui remit une lettre décachetée mais repliée. Lui, sans l'ouvrir, regardait sa femme avec des yeux fous.

— Voici une abomination, lui dit-elle, qu'un homme de mauvaise mine, qui prétend vous connaître et vous devoir de la reconnaissance, m'a remise comme je passais derrière le jardin du notaire. J'exige une chose de vous, c'est que vous renvoyiez à ses parents, et sans délai, ce monsieur Julien. Madame de Rênal se hâta de dire ce mot, peut-être un peu avant le moment, pour se débarrasser de l'affreuse perspective d'avoir à le dire.

Elle fut saisie de joie en voyant celle qu'elle causait à son mari. A la fixité du regard qu'il attachait sur elle, elle comprit que Julien avait deviné juste. Au lieu de s'affliger de ce malheur fort réel, quel génie, pensa-t-elle, quel tact parfait! et dans un jeune homme encore sans aucune expérience! A quoi n'arrivera-t-il pas par la suite? Hélas! alors ses succès feront qu'il m'oubliera.

Ce petit acte d'admiration pour l'homme qu'elle adorait la remit tout à fait de son trouble.

Elle s'applaudit de sa démarche. Je n'ai pas été indigne de Julien, se dit-elle, avec une douce et intime volupté.

Sans dire un mot, de peur de s'engager, M. de Rênal examinait la seconde lettre anonyme composée, si le lecteur s'en souvient, de mots imprimés collés sur un papier tirant sur le bleu. On se moque de moi de toutes les façons, se disait M. de Rênal, accablé de fatigue.

Encore de nouvelles insultes à examiner, et toujours à cause de ma femme! Il fut sur le point de l'accabler des injures les plus grossières, la perspective de l'héritage de Besançon l'arrêta à grande peine. Dévoré du besoin de s'en prendre à quelque chose, il chiffonna le papier de cette seconde lettre anonyme, et se mit à se promener à grands pas, il avait besoin de s'éloigner de sa femme. Quelques instants après, il revint auprès d'elle, et plus tranquille.

— Il s'agit de prendre un parti et de renvoyer Julien, lui dit-elle aussitôt; ce n'est après tout que le fils d'un ouvrier. Vous le dédommagerez par quelques écus, et d'ailleurs il est savant et trouvera facilement à se placer, par exemple chez M. Valenod ou chez le sous-préfet de Maugiron qui ont des enfants. Ainsi vous ne lui ferez point de tort...

— Vous parlez là comme une sotte que vous êtes, s'écria M. de Rênal d'une voix terrible. Quel bon sens peut-on espérer d'une femme? Jamais vous ne prêtez attention à ce qui est raisonnable; comment sauriez-vous quelque chose? votre nonchalance, votre paresse, ne vous donnent d'activité que pour la chasse aux papillons, êtres faibles et que nous sommes malheureux d'avoir dans nos familles!...

Madame de Rênal le laissait dire, et il dit longtemps; *il passait sa colère,* c'est le mot du pays.

— Monsieur, lui répondit-elle enfin, je parle comme une femme outragée dans son honneur, c'est-à-dire dans ce qu'elle a de plus précieux.

Madame de Rênal eut un sang-froid inaltérable pendant toute cette pénible conversation, de laquelle dépendait la possibilité de vivre encore sous le même toit avec Julien. Elle cherchait les idées qu'elle croyait les plus propres à guider la colère aveugle de son mari. Elle avait été insensible à toutes les réflexions injurieuses qu'il lui avait adressées, elle ne les écoutait pas, elle songeait alors à Julien. Sera-t-il content de moi?

— Ce petit paysan que nous avons comblé de prévenances et même des cadeaux, peut être innocent, dit-elle enfin, mais il n'en est pas moins l'occasion du premier affront que je reçois... Monsieur! quand j'ai lu ce papier abominable, je me suis promis que lui ou moi sortirions de votre maison.

— Voulez-vous faire un esclandre pour me déshonorer et vous aussi? Vous faites bouillir du lait à bien des gens dans Verrières.

— Il est vrai, on envie généralement l'état de prospérité où la sagesse de votre administration a su placer vous, votre famille et la ville... Eh bien! je vais engager Julien à vous demander un congé pour aller passer un mois chez ce marchand de bois de la montagne, digne ami de ce petit ouvrier.

— Gardez-vous d'agir, reprit M. de Rênal avec assez

de tranquillité. Ce que j'exige avant tout, c'est que vous
ne lui parliez pas. Vous y mettriez de la colère, et me
brouilleriez avec lui, vous savez combien ce petit monsieur est sur l'œil.

— Ce jeune homme n'a point de tact, reprit madame de
Rênal, il peut être savant, vous vous y connaissez mais ce
n'est au fond qu'un véritable paysan. Pour moi, je n'en
ai jamais eu bonne idée depuis qu'il a refusé d'épouser
Elisa, c'était une fortune assurée; et cela sous prétexte
que quelquefois, en secret, elle fait des visites à M. Valenod.

— Ah! dit M. de Rênal, élevant le sourcil d'une façon
démesurée, quoi, Julien vous a dit cela?

— Non, pas précisément; il m'a toujours parlé de la
vocation qui l'appelle au saint ministère; mais croyez-
moi, la première vocation pour ces petites gens, c'est
d'avoir du pain. Il me faisait assez entendre qu'il n'ignorait pas ces visites secrètes.

— Et moi, moi, je les ignorais! s'écria M. de Rênal, reprenant toute sa fureur, et pesant sur les mots. Il se passe
chez moi des choses que j'ignore... Comment! il y a eu
quelque chose entre Elisa et Valenod?

— Hé! c'est de l'histoire ancienne, mon cher ami, dit
madame de Rênal en riant, et peut-être il ne s'est point
passé de mal. C'était dans le temps que votre bon ami
Valenod n'aurait pas été fâché que l'on pensât dans Verrières qu'il s'établissait entre lui et moi un petit amour
tout platonique.

— J'ai eu cette idée une fois, s'écria M. de Rênal se
frappant la tête avec fureur et marchant de découvertes
en découvertes, et vous ne m'en avez rien dit?

— Fallait-il brouiller deux amis pour une petite bouf-
fée de vanité de notre cher directeur? Où est la femme
de la société à laquelle il n'a pas adressé quelques lettres
extrêmement spirituelles et même un peu galantes?

— Il vous aurait écrit?

— Il écrit beaucoup.

— Montrez-moi ces lettres à l'instant, je l'ordonne; et
M. de Rênal se grandit de six pieds.

— Je m'en garderai bien, lui répondit-on avec une dou-ceur qui allait presque jusqu'à la nonchalance, je vous les montrerai un jour, quand vous serez plus sage.

— A l'instant même, morbleu! s'écria M. de Rênal, ivre de colère, et cependant plus heureux qu'il ne l'avait été depuis douze heures.

— Me jurez-vous, dit madame de Rênal fort gravement, de n'avoir jamais de querelle avec le directeur du dépôt au sujet de ces lettres?

— Querelle ou non, je puis lui ôter les enfants trouvés; mais, continua-t-il avec fureur, je veux ces lettres à l'in-stant; où sont-elles?

— Dans un tiroir de mon secrétaire; mais certes, je ne vous en donnerai pas la clef.

— Je saurai le briser, s'écria-t-il en courant vers la chambre de sa femme.

Il brisa, en effet, avec un pal de fer, un précieux secré-taire d'acajou ronceux de Paris, qu'il frottait souvent avec le pan de son habit, quand il croyait y apercevoir quelque tache.

Madame de Rênal avait monté en courant les cent vingt marches du colombier; elle attachait le coin d'un mouchoir blanc à l'un des barreaux de fer de la petite fenêtre. Elle était la plus heureuse des femmes. Les larmes aux yeux, elle regardait vers les grands bois de la montagne. Sans doute, se disait-elle, de dessous un de ces hêtres touf-fus, Julien épie ce signal heureux. Longtemps elle prêta l'oreille, ensuite elle maudit le bruit monotone des cigales et le chant des oiseaux. Sans ce bruit importun, un cri de joie, parti des grandes roches, aurait pu arriver jusqu'ici. Son œil avide dévorait cette pente immense de verdure sombre et unie comme un pré, que forme le sommet des arbres. Comment n'a-t-il pas l'esprit, se dit-elle tout atten-drie, d'inventer quelque signal pour me dire que son bonheur est égal au mien? Elle ne descendit du colombier que quand elle eut peur que son mari ne vînt l'y chercher.

Elle le trouva furieux. Il parcourait les phrases ano-dines de M. Valenod, peu accoutumées à être lues avec tant d'émotion.

Saisissant un moment où les exclamations de son mari lui laissaient la possibilité de se faire entendre :

— J'en reviens toujours à mon idée, dit madame de Rênal, il convient que Julien fasse un voyage. Quelque talent qu'il ait pour le latin, ce n'est après tout qu'un paysan souvent grossier et manquant de tact; chaque jour, croyant être poli, il m'adresse des compliments exagérés et de mauvais goût, qu'il apprend par cœur dans quelque roman...

— Il n'en lit jamais, s'écria M. de Rênal; je m'en suis assuré. Croyez-vous que je sois un maître de maison aveugle et qui ignore ce qui se passe chez lui?

— Eh bien! s'il ne lit nulle part ces compliments ridicules, il les invente, et c'est encore tant pis pour lui. Il aura parlé de moi sur ce ton dans Verrières;... et, sans aller si loin, dit madame de Rênal, avec l'air de faire une découverte, il aura parlé ainsi devant Elisa, c'est à peu près comme s'il eût parlé devant M. Valenod.

— Ah! s'écria M. de Rênal en ébranlant la table de l'appartement par un des plus grands coups de poing qui aient jamais été donnés, la lettre anonyme imprimée et les lettres de Valenod sont écrites sur le même papier.

Enfin!... pensa madame de Rênal; elle se montra atterrée de cette découverte, et sans avoir le courage d'ajouter un seul mot alla s'asseoir au loin sur le divan, au fond du salon.

La bataille était désormais gagnée; elle eut beaucoup à faire pour empêcher M. de Rênal d'aller parler à l'auteur supposé de la lettre anonyme.

— Comment ne sentez-vous pas que faire une scène, sans preuves suffisantes, à M. Valenod est la plus insigne des maladresses? Vous êtes envié, monsieur, à qui la faute? à vos talents : votre sage administration, vos bâtisses pleines de goût, la dot que je vous ai apportée, et surtout l'héritage considérable que nous pouvons espérer de ma bonne tante, héritage dont on s'exagère infiniment l'importance, ont fait de vous le premier personnage de Verrières.

— Vous oubliez la naissance, dit M. de Rênal, en souriant un peu.

— Vous êtes l'un des gentilshommes les plus distingués de la province, reprit avec empressement madame de Rênal; si le roi était libre et pouvait rendre justice à la naissance, vous figureriez sans doute à la chambre des pairs, etc. Et c'est dans cette position magnifique que vous voulez donner à l'envie un fait à commenter?

Parler à M. Valenod de sa lettre anonyme, c'est proclamer dans tout Verrières, que dis-je, dans Besançon, dans toute la province, que ce petit bourgeois, admis imprudemment peut-être à l'intimité *d'un Rênal,* a trouvé le moyen de l'offenser. Quand ces lettres que vous venez de surprendre prouveraient que j'ai répondu à l'amour de M. Valenod, vous devriez me tuer, je l'aurais mérité cent fois, mais non pas lui témoigner de la colère. Songez que tous nos voisins n'attendent qu'un prétexte pour se venger de votre supériorité; songez qu'en 1816 vous avez contribué à certaines arrestations. Cet homme réfugié sur son toit...

— Je songe que vous n'avez ni égards, ni amitié pour moi, s'écria M. de Rênal avec toute l'amertume que réveillait un tel souvenir, et je n'ai pas été pair!...

— Je pense, mon ami, reprit en souriant madame de Rênal, que je serai plus riche que vous, que je suis votre compagne depuis douze ans, et qu'à tous ces titres je dois avoir voix au chapitre, et surtout dans l'affaire d'aujourd'hui. Si vous me préférez un monsieur Julien, ajouta-t-elle avec un dépit mal déguisé, je suis prête à aller passer un hiver chez ma tante.

Ce mot fut dit *avec bonheur.* Il y avait une fermeté qui cherche à s'environner de politesse; il décida M. de Rênal. Mais, suivant l'habitude de la province, il parla encore pendant longtemps, revint sur tous les arguments; sa femme le laissait dire, il y avait encore de la colère dans son accent. Enfin, deux heures de bavardage inutile épuisèrent les forces d'un homme qui avait subi un accès de colère de toute une nuit. Il fixa la ligne de conduite qu'il allait suivre envers M. Valenod, Julien et même Elisa.

Une ou deux fois, durant cette grande scène, madame de Rênal fut sur le point d'éprouver quelque sympathie pour le malheur fort réel de cet homme, qui pendant douze ans avait été son ami. Mais les vraies passions sont égoïstes. D'ailleurs elle attendait à chaque instant l'aveu de la lettre anonyme qu'il avait reçue la veille, et cet aveu ne vint point. Il manquait à la sûreté de Mme de Rênal de connaître les idées qu'on avait pu suggérer à l'homme duquel son sort dépendait. Car, en province, les maris sont maîtres de l'opinion. Un mari qui se plaint se couvre de ridicule, chose tous les jours moins dangereuse en France; mais sa femme, s'il ne lui donne pas d'argent, tombe à l'état d'ouvrière à quinze sols par journée, et encore les bonnes âmes se font-elles un scrupule de l'employer.

Une odalisque du sérail peut à toute force aimer le sultan; il est tout-puissant, elle n'a aucun espoir de lui dérober son autorité par une suite de petites finesses. La vengeance du maître est terrible, sanglante, mais militaire, généreuse : un coup de poignard finit tout. C'est à coups de mépris public qu'un mari tue sa femme au XIXe siècle, c'est en lui fermant tous les salons.

Le sentiment du danger fut vivement réveillé chez madame de Rênal, à son retour chez elle; elle fut choquée du désordre où elle trouva sa chambre. Les serrures de tous ses jolis petits coffres avaient été brisées; plusieurs feuilles du parquet étaient soulevées. Il eût été sans pitié pour moi! se dit-elle. Gâter ainsi ce parquet en bois de couleur, qu'il aime tant; quand un de ses enfants y entre avec des souliers humides, il devient rouge de colère. Le voilà gâté à jamais! La vue de cette violence éloigna rapidement les derniers reproches qu'elle se faisait pour sa trop rapide victoire.

Un peu avant la cloche du dîner, Julien rentra avec les enfants. Au dessert, quand les domestiques se furent retirés, madame de Rênal lui dit fort sèchement :

— Vous m'avez témoigné le désir d'aller passer une quinzaine de jours à Verrières, M. de Rênal veut bien vous accorder un congé. Vous pouvez partir quand bon vous semblera. Mais, pour que les enfants ne perdent pas leur temps, chaque jour on vous enverra leurs thèmes que vous corrigerez.

— Certainement, ajouta M. de Rênal d'un ton fort aigre, je ne vous accorderai pas plus d'une semaine.

Julien trouva sur sa physionomie l'inquiétude d'un homme profondément tourmenté.

— Il ne s'est pas encore arrêté à un parti, dit-il à son amie, pendant un instant de solitude qu'ils eurent au salon.

Madame de Rênal lui conta rapidement tout ce qu'elle avait fait depuis le matin.

— A cette nuit les détails, ajouta-t-elle en riant.

Perversité de femme! pensa Julien. Quel plaisir, quel instinct les porte à nous tromper?

— Je vous trouve à la fois éclairée et aveuglée par votre amour, lui dit-il, avec quelque froideur; votre conduite d'aujourd'hui est admirable; mais y a-t-il de la prudence à essayer de nous voir ce soir? Cette maison est pavée d'ennemis; songez à la haine passionnée qu'Elisa a pour moi.

— Cette haine ressemble beaucoup à de l'indifférence passionnée que vous auriez pour moi.

— Même indifférent, je dois vous sauver d'un péril où je vous ai plongée. Si le hasard veut que M. de Rênal parle à Elisa, d'un mot elle peut tout lui apprendre. Pourquoi ne se cacherait-il pas près de ma chambre, bien armé...

— Quoi! pas même du courage! dit madame de Rênal avec toute la hauteur d'une fille noble.

— Je ne m'abaisserai jamais à parler de mon courage, dit froidement Julien, c'est une bassesse. Que le monde juge sur les faits. Mais, ajouta-t-il en lui prenant la main, vous ne concevez pas combien je vous suis attaché, et quelle est ma joie de pouvoir prendre congé de vous avant cette cruelle absence.

CHAPITRE XXII

FAÇONS D'AGIR EN 1830

> La parole a été donnée à l'homme
> pour cacher sa pensée.
>
> R. P. MALAGRIDA.

A PEINE arrivé à Verrières, Julien se reprocha son injustice envers madame de Rênal. Je l'aurais méprisée comme une femmelette, si, par faiblesse, elle avait manqué sa scène avec M. de Rênal! Elle s'en tire comme un diplomate, et je sympathise avec le vaincu qui est mon ennemi. Il y a dans mon fait petitesse bourgeoise; ma vanité est choquée, parce que M. de Rênal est un homme! illustre et vaste corporation à laquelle j'ai l'honneur d'appartenir; je ne suis qu'un sot.

M. Chélan avait refusé les logements que les libéraux les plus considérés du pays lui avaient offerts à l'envi, lorsque sa destitution le chassa du presbytère. Les deux chambres qu'il avait louées étaient encombrées par ses livres. Julien, voulant montrer à Verrières ce que c'était qu'un prêtre, alla prendre chez son père une douzaine de planches de sapin, qu'il porta lui-même sur le dos tout le long de la grande rue. Il emprunta des outils à un ancien camarade, et eut bientôt bâti une sorte de bibliothèque, dans laquelle il rangea les livres de M. Chélan.

— Je te croyais corrompu par la vanité du monde, lui disait le vieillard pleurant de joie; voilà qui rachète bien l'enfantillage de ce brillant uniforme de garde d'honneur qui t'a fait tant d'ennemis.

M. de Rênal avait ordonné à Julien de loger chez lui. Personne ne soupçonna ce qui s'était passé. Le troisième jour après son arrivée, Julien vit monter jusque dans sa chambre un non moindre personnage que M. le sous-préfet de Maugiron. Ce ne fut qu'après deux grandes heures de bavardage insipide et de grandes jérémiades sur la méchanceté des hommes, sur le peu de probité des gens chargés de l'administration des deniers publics, sur

les dangers de cette pauvre France, etc., etc., que Julien
vit poindre enfin le sujet de la visite. On était déjà sur
le palier de l'escalier, et le pauvre précepteur à demi
disgracié reconduisait avec le respect convenable le futur
préfet de quelque heureux département, quand il plut
à celui-ci de s'occuper de la fortune de Julien, de louer
sa modération en affaires d'intérêts, etc., etc. Enfin
M. de Maugiron le serrant dans ses bras de l'air le plus
paterne, lui proposa de quitter M. de Rênal et d'entrer
chez un fonctionnaire qui avait des enfants à *éduquer*, et
qui, comme le roi Philippe, remerciait le Ciel, non pas
tant de les lui avoir donnés que de les avoir fait naître
dans le voisinage de M. Julien. Leur précepteur jouirait
de huit cents francs d'appointements payables non pas
de mois en mois, ce qui n'est pas noble, dit M. de Maugiron, mais par quartier, et toujours d'avance.

C'était au tour de Julien, qui depuis une heure et
demie attendait la parole avec ennui. Sa réponse fut parfaite, et surtout longue comme un mandement; elle laissait tout entendre, et cependant ne disait rien nettement. On y eût trouvé à la fois du respect pour M. de
Rênal, de la vénération pour le public de Verrières et de
la reconnaissance pour l'illustre sous-préfet. Ce sous-
préfet, étonné de trouver plus jésuite que lui, essaya
vainement d'obtenir quelque chose de précis. Julien,
enchanté, saisit l'occasion de s'exercer, et recommença sa
réponse en d'autres termes. Jamais ministre éloquent, qui
veut user la fin d'une séance où la Chambre a l'air de
vouloir se réveiller, n'a moins dit en plus de paroles. A
peine M. de Maugiron sorti, Julien se mit à rire comme
un fou. Pour profiter de sa verve jésuitique, il écrivit une
lettre de neuf pages à M. de Rênal, dans laquelle il lui
rendait compte de tout ce qu'on lui avait dit, et lui
demandait humblement conseil. Ce coquin ne m'a pourtant pas dit le nom de la personne qui fait l'offre! Ce
sera M. Valenod qui voit dans mon exil à Verrières
l'effet de sa lettre anonyme.

Sa dépêche expédiée, Julien, content comme un chasseur qui, à six heures du matin, par un beau jour d'automne, débouche dans une plaine abondante de gibier,

sortit pour aller demander conseil à M. Chélan. Mais
avant d'arriver chez le bon curé, le Ciel qui voulait lui
ménager des jouissances jeta sous ses pas M. Valenod,
auquel il ne cacha pas que son cœur était déchiré; un
pauvre garçon comme lui se devait tout entier à la vocation que le Ciel avait placé dans son cœur, mais la vocation n'était pas tout dans ce bas monde. Pour travailler
dignement à la vigne du Seigneur, et n'être pas tout à
fait indigne de tant de savants collaborateurs, il fallait
l'instruction; il fallait passer au séminaire de Besançon
deux années bien dispendieuses; il devenait donc indispensable de faire des économies, ce qui était bien plus
facile sur un traitement de huit cents francs payés par
quartier, qu'avec six cents francs qu'on mangeait de mois
en mois. D'un autre côté, le Ciel, en le plaçant auprès des
jeunes de Rênal, et surtout en lui inspirant pour eux un
attachement spécial, ne semblait-il pas lui indiquer qu'il
n'était pas à propos d'abandonner cette éducation pour
une autre?...

Julien atteignit à un tel degré de perfection dans ce
genre d'éloquence, qui a remplacé la rapidité d'action de
l'Empire, qu'il finit par s'ennuyer lui-même par le son
de ses paroles.

En rentrant, il trouva un valet de M. Valenod, en
grande livrée, qui le cherchait dans toute la ville, avec un
billet d'invitation à dîner pour le même jour.

Jamais Julien n'était allé chez cet homme; quelques
jours seulement auparavant, il ne songeait qu'aux moyens
de lui donner une volée de coups de bâton sans se faire
une affaire en police correctionnelle. Quoique le dîner
ne fût indiqué que pour une heure, Julien trouva plus
respectueux de se présenter dès midi et demi dans le
cabinet de travail de M. le directeur du dépôt. Il le
trouva étalant son importance au milieu d'une foule de
cartons. Ses gros favoris noirs, son énorme quantité de
cheveux, son bonnet grec placé de travers sur le haut de
la tête, sa pipe immense, ses pantoufles brodées, les grosses
chaînes d'or croisées en tous sens sur sa poitrine, et tout
cet appareil d'un financier de province, qui se croit
homme à bonnes fortunes, n'imposaient point à Julien:

il n'en pensait que plus aux coups de bâton qu'il lui devait.

Il demanda l'honneur d'être présenté à madame Valenod; elle était à sa toilette et ne pouvait le recevoir. Par compensation, il eut l'avantage d'assister à celle de M. le directeur du dépôt. On passa ensuite chez madame Valenod, qui lui présenta ses enfants les larmes aux yeux. Cette dame, l'une des plus considérables de Verrières, avait une grosse figure d'homme, à laquelle elle avait mis du rouge pour cette grande cérémonie. Elle y déploya tout le pathos maternel.

Julien pensait à madame de Rênal. Sa méfiance ne le laissait guère susceptible que de ce genre de souvenirs qui sont appelés par les contrastes, mais alors il en était saisi jusqu'à l'attendrissement. Cette disposition fut augmentée par l'aspect de la maison du directeur du dépôt. On la lui fit visiter. Tout y était magnifique et neuf, et on lui disait le prix de chaque meuble. Mais Julien y trouvait quelque chose d'ignoble et qui sentait l'argent volé. Jusqu'aux domestiques, tout le monde y avait l'air d'assurer sa contenance contre le mépris.

Le percepteur des contributions, l'homme des impositions indirectes, l'officier de gendarmerie et deux ou trois autres fonctionnaires publics arrivèrent avec leurs femmes. Ils furent suivis de quelques libéraux riches. On annonça le dîner. Julien, déjà fort mal disposé, vint à penser que, de l'autre côté du mur de la salle à manger, se trouvaient de pauvres détenus, sur la portion de viande desquels on avait peut-être *grivelé* pour acheter tout ce luxe de mauvais goût dont on voulait l'étourdir.

Ils ont faim peut-être en ce moment, se dit-il à lui-même; sa gorge se serra, il lui fut impossible de manger et presque de parler. Ce fut bien pis un quart d'heure après; on entendait de loin en loin quelques accents d'une chanson populaire, et, il faut l'avouer, un peu ignoble, que chantait l'un des reclus. M. Valenod regarda un de ses gens en grande livrée, qui disparut et bientôt on n'entendit plus chanter. Dans ce moment, un valet offrait à Julien du vin du Rhin, dans un verre vert, et Mme Valenod avait soin de lui faire observer que ce vin

coûtait neuf francs la bouteille pris sur place. Julien
tenant son verre vert, dit à M. Valenod :

— On ne chante plus cette vilaine chanson.

— Parbleu! je le crois bien, répondit le directeur triomphant, j'ai fait imposer silence aux gueux.

Ce mot fut trop fort pour Julien; il avait les manières
mais non pas encore le cœur de son état. Malgré toute
son hypocrisie si souvent exercée, il sentit une grosse larme
couler le long de sa joue.

Il essaya de la cacher avec le verre vert, mais il lui
fut absolument impossible de faire honneur au vin du
Rhin. *L'empêcher de chanter!* se disait-il à lui-même, ô
mon Dieu! et tu le souffres!

Par bonheur, personne ne remarqua son attendrissement de mauvais ton. Le percepteur des contributions
avait entonné une chanson royaliste. Pendant le tapage
du refrain, chanté en chœur : Voilà donc, se disait la
conscience de Julien, la sale fortune à laquelle tu par-
viendras, et tu n'en jouiras qu'à cette condition et en
pareille compagnie! Tu auras peut-être une place de vingt
mille francs, mais il faudra que, pendant que tu te gorges
de viandes, tu empêches de chanter le pauvre prisonnier; tu donneras à dîner avec l'argent que tu auras
volé sur sa misérable pitance, et pendant ton dîner il
sera encore plus malheureux! — O Napoléon! qu'il était
doux de ton temps de monter à la fortune par les dangers
d'une bataille; mais augmenter lâchement la douleur du
misérable!

J'avoue que la faiblesse dont Julien fait preuve dans ce
monologue me donne une pauvre opinion de lui. Il
serait digne d'être le collègue de ces conspirateurs en
gants jaunes, qui prétendent changer toute la manière
d'être d'un grand pays, et ne veulent pas avoir à se
reprocher la plus petite égratignure.

Julien fut violemment rappelé à son rôle. Ce n'était
pas pour rêver et ne rien dire qu'on l'avait invité à dîner
en si bonne compagnie.

Un fabricant de toiles peintes retiré, membre corres-
pondant de l'académie de Besançon et de celle d'Uzès,
lui adressa la parole d'un bout de la table à l'autre, pour

lui demander si ce que l'on disait généralement de ses progrès étonnants dans l'étude du Nouveau Testament était vrai.

Un silence profond s'établit tout à coup; un Nouveau Testament latin se rencontra comme par enchantement dans les mains du savant membre de deux académies. Sur la réponse de Julien, une demi-phrase latine fut lue au hasard. Il récita : sa mémoire se trouva fidèle, et ce prodige fut admiré avec toute la bruyante énergie de la fin d'un dîner. Julien regardait la figure enluminée des dames; plusieurs n'étaient pas mal. Il avait distingué la femme du percepteur beau chanteur.

— J'ai honte, en vérité, de parler si longtemps latin devant ces dames, dit-il en la regardant. Si M. Rubigneau, c'était le membre des deux académies, a la bonté de lire au hasard une phrase latine, au lieu de répondre en suivant le texte latin, j'essaierai de le traduire impromptu.

Cette seconde épreuve mit le comble à sa gloire.

Il y avait là plusieurs libéraux riches, mais heureux pères d'enfants susceptibles d'obtenir des bourses, et en cette qualité subitement convertis depuis la dernière mission. Malgré ce trait de fine politique, jamais M. de Rênal n'avait voulu les recevoir chez lui. Ces braves gens qui ne connaissaient Julien que de réputation et pour l'avoir vu à cheval le jour de l'entrée du roi de ***, étaient ses plus bruyants admirateurs. Quand ces sots se lasseront-ils d'écouter ce style biblique, auquel ils ne comprennent rien? pensait-il. Mais au contraire ce style les amusait par son étrangeté; ils en riaient. Mais Julien se lassa.

Il se leva gravement comme six heures sonnaient et parla d'un chapitre de la nouvelle théologie de Ligorio qu'il avait à apprendre pour le réciter le lendemain à M. Chélan. Car mon métier, ajouta-t-il agréablement, est de faire réciter des leçons et d'en réciter moi-même.

On rit beaucoup, on admira; tel est l'esprit à l'usage de Verrières. Julien était déjà debout, tout le monde se leva malgré le décorum; tel est l'empire du génie. Madame Valenod le retint encore un quart d'heure; il fallait bien qu'il entendît les enfants réciter leur catéchisme; ils firent les plus drôles de confusions, dont lui seul s'aperçut. Il n'eut garde de les relever. Quelle ignorance des premiers principes de la religion! pensait-il. Il saluait enfin et croyait pouvoir s'échapper; mais il fallut essuyer une fable de La Fontaine.

— Cet auteur est bien immoral, dit Julien à madame Valenod, certaine fable sur messire Jean Chouart ose déverser le ridicule sur ce qu'il y a de plus vénérable. Il est vivement blâmé par les meilleurs commentateurs.

Julien reçut avant de sortir quatre ou cinq invitations à dîner. Ce jeune homme fait honneur au département, s'écriaient tous à la fois les convives fort égayés. Ils allèrent jusqu'à parler d'une pension votée sur les fonds communaux pour le mettre à même de continuer ses études à Paris.

Pendant que cette idée imprudente faisait retentir la salle à manger, Julien avait gagné lestement la porte cochère. Ah! canaille! canaille! s'écria-t-il à voix basse trois ou quatre fois de suite, en se donnant le plaisir de respirer l'air frais.

Il se trouvait tout aristocrate en ce moment, lui qui pendant longtemps avait été tellement choqué du sourire dédaigneux et de la supériorité hautaine qu'il découvrait au fond de toutes les politesses qu'on lui adressait chez M. de Rênal. Il ne put s'empêcher de sentir l'extrême différence. Oublions même, se disait-il, en s'en allant, qu'il s'agit d'argent volé aux pauvres détenus, et encore qu'on empêche de chanter! Jamais M. de Rênal s'avisat-il de dire à ses hôtes le prix de chaque bouteille de vin qu'il leur présente? Et ce M. Valenod, dans l'énumération de ses propriétés, qui revient sans cesse, il ne peut parler de sa maison, de son domaine, etc., si sa femme est présente, sans dire *ta* maison, *ton* domaine.

Cette dame, apparemment si sensible au plaisir de la propriété, venait de faire une scène abominable, pendant le dîner, à un domestique qui avait cassé un verre à pied et *dépareillé une de ses douzaines;* et ce domestique avait répondu avec la dernière insolence.

Quel ensemble! se disait Julien; ils me donneraient la

moitié de tout ce qu'ils volent, que je ne voudrais pas vivre avec eux. Un beau jour, je me trahirais; je ne pourrais retenir l'expression du dédain qu'ils m'inspirent.

Il fallut cependant, d'après les ordres de madame de Rênal, assister à plusieurs dîners du même genre; Julien fut à la mode; on lui pardonnait son habit de garde d'honneur, ou plutôt cette imprudence était la cause véritable de ses succès. Bientôt, il ne fut plus question dans Verrières que de voir qui l'emporterait dans la lutte pour obtenir le savant jeune homme, de M. de Rênal, ou du directeur du dépôt. Ces messieurs formaient avec M. Maslon un triumvirat qui, depuis nombre d'années, tyrannisait la ville. On jalousait le maire, les libéraux avaient à s'en plaindre; mais après tout il était noble et fait pour la supériorité, tandis que le père de M. Valenod ne lui avait pas laissé six cents livres de rente. Il avait fallu passer pour lui de la pitié pour le mauvais habit vert pomme que tout le monde lui avait connu dans sa jeunesse, à l'envie pour ses chevaux normands, pour ses chaînes d'or, pour ses habits venus de Paris, pour toute sa prospérité actuelle.

Dans le flot de ce monde nouveau pour Julien, il crut découvrir un honnête homme; il était géomètre, s'appelait Gros et passait pour jacobin. Julien, s'étant voué à ne jamais dire que des choses qui lui semblaient fausses à lui-même, fut obligé de s'en tenir au soupçon à l'égard de M. Gros. Il recevait de Vergy de gros paquets de thèmes. On lui conseillait de voir souvent son père, il se conformait à cette triste nécessité. En un mot, il raccommodait assez bien sa réputation, lorsqu'un matin il fut bien surpris de se sentir réveiller par deux mains qui lui fermaient les yeux.

C'était madame de Rênal, qui avait fait un voyage à la ville, et qui, montant les escaliers quatre à quatre et laissant ses enfants occupés d'un lapin favori qui était du voyage, était parvenue à la chambre de Julien, un instant avant eux. Ce moment fut délicieux, mais bien court : madame de Rênal avait disparu quand les enfants arrivèrent avec le lapin, qu'ils voulaient montrer à leur ami. Julien fit bon accueil à tous, même au lapin. Il lui semblait retrouver sa famille; il sentit qu'il aimait ces enfants, qu'il se plaisait à jaser avec eux. Il était étonné de la douceur de leur voix, de la simplicité et de la noblesse de leurs petites façons; il avait besoin de laver son imagination de toutes les façons d'agir vulgaires, de toutes les pensées désagréables au milieu desquelles il respirait à Verrières. C'était toujours la crainte de manquer, c'étaient toujours le luxe et la misère se prenant aux cheveux. Les gens chez qui il dînait à propos de leur rôti, faisaient des confidences humiliantes pour eux, et nauséabondes pour qui les entendait.

— Vous autres nobles, vous avez raison d'être fiers, disait-il à madame de Rênal. Et il lui racontait tous les dîners qu'il avait subis.

— Vous êtes donc à la mode! Et elle riait de bon cœur en songeant au rouge que madame Valenod se croyait obligée de mettre toutes les fois qu'elle attendait Julien. Je crois qu'elle a des projets sur votre cœur, ajoutait-elle.

Le déjeuner fut délicieux. La présence des enfants, quoique gênante en apparence, dans le fait augmentait le bonheur commun. Ces pauvres enfants ne savaient comment témoigner leur joie de revoir Julien. Les domestiques n'avaient pas manqué de leur conter qu'on lui offrait deux cents francs de plus pour *éduquer* les petits Valenod.

Au milieu du déjeuner, Stanislas-Xavier, encore pâle de sa grande maladie, demanda tout à coup à sa mère combien valaient son couvert d'argent et le gobelet dans lequel il buvait.

— Pourquoi cela?

— Je veux les vendre pour en donner le prix à M. Julien, et qu'il ne soit pas *dupe* en restant avec nous.

Julien l'embrassa, les larmes aux yeux. Sa mère pleurait tout à fait, pendant que Julien, qui avait pris Stanislas sur ses genoux, lui expliquait qu'il ne fallait pas se servir de ce mot *dupe*, qui, employé dans ce sens, était une façon de parler de laquais. Voyant le plaisir qu'il faisait à madame de Rênal, il chercha à expliquer, par des exemples pittoresques qui amusaient les enfants, ce que c'était qu'être dupe.

— Je comprends, dit Stanislas, c'est le corbeau qui a la sottise de laisser tomber son fromage, que prend le renard, qui était un flatteur.

Madame de Rênal, folle de joie, couvrait ses enfants de baisers, ce qui ne pouvait guère se faire sans s'appuyer un peu sur Julien.

Tout à coup la porte s'ouvrit; c'était M. de Rênal. Sa figure sévère et mécontente fit un étrange contraste avec la douce joie que sa présence chassait. Madame de Rênal pâlit; elle se sentait hors d'état de rien nier. Julien saisit la parole, et, parlant très haut, se mit à raconter à M. le maire le trait du gobelet d'argent que Stanislas voulait vendre. Il était sûr que cette histoire serait mal accueillie. D'abord M. de Rênal fronçait le sourcil par bonne habitude au seul nom d'argent. La mention de ce métal, disait-il, est toujours une préface à quelque mandat tiré sur ma bourse.

Mais ici il y avait plus qu'intérêt d'argent; il y avait augmentation de soupçons. L'air de bonheur qui animait sa famille en son absence n'était pas fait pour arranger les choses auprès d'un homme dominé par une vanité aussi chatouilleuse. Comme sa femme lui vantait la manière remplie de grâce et d'esprit avec laquelle Julien donnait des idées nouvelles à ses élèves :

— Oui! oui! je le sais, il me rend odieux à mes enfants; il lui est bien aisé d'être pour eux cent fois plus aimable que moi qui, au fond, suis le maître. Tout tend dans ce siècle à jeter de l'odieux sur l'autorité *légitime*. Pauvre France!

Madame de Rênal ne s'arrêta point à examiner les nuances de l'accueil que lui faisait son mari. Elle venait d'entrevoir la possibilité de passer douze heures avec Julien. Elle avait une foule d'emplettes à faire à la ville, et déclara qu'elle voulait absolument aller dîner au cabaret! quoi que pût dire ou faire son mari, elle tint à son idée. Les enfants étaient ravis de ce seul mot *cabaret*, que prononce avec tant de plaisir la pruderie moderne.

M. de Rênal laissa sa femme dans la première boutique de nouveautés où elle entra, pour aller faire quelques visites. Il revint plus morose que le matin; il était convaincu que toute la ville s'occupait de lui et de Julien. A la vérité, personne ne lui avait encore laissé soupçonner la partie offensante des propos du public. Ceux qu'on avait redits à M. le maire avaient trait uniquement à savoir si Julien resterait chez lui avec six cents francs, ou accepterait les huit cents francs offerts par M. le directeur du dépôt.

Ce directeur, qui rencontra M. de Rênal dans le monde, lui *battit froid*. Cette conduite n'était pas sans habileté; il y a peu d'étourderie en province : les sensations y sont si rares, qu'on les coule à fond.

M. Valenod était ce qu'on appelle, à cent lieues de Paris, un *faraud;* c'est une espèce d'un naturel effronté et grossier. Son existence triomphante, depuis 1815, avait renforcé ses belles dispositions. Il régnait, pour ainsi dire, à Verrières, sous les ordres de M. de Rênal; mais beaucoup plus actif, ne rougissant de rien, se mêlant de tout, sans cesse allant, écrivant, parlant, oubliant les humiliations, n'ayant aucune prétention personnelle, il avait fini par balancer le crédit de son maire aux yeux du pouvoir ecclésiastique. M. Valenod avait dit en quelque sorte aux épiciers du pays : Donnez-moi les deux plus sots d'entre vous; aux gens de loi : Indiquez-moi les deux plus ignares; aux officiers de santé : Désignez-moi les deux plus charlatans. Quand il avait eu rassemblé les plus effrontés de chaque métier, il leur avait dit : Régnons ensemble.

Les façons de ces gens-là blessaient M. de Rênal. La grossièreté du Valenod n'était offensée de rien, pas même des démentis que le petit abbé Maslon ne lui épargnait pas en public.

Mais, au milieu de cette prospérité, M. Valenod avait besoin de se rassurer par de petites insolences de détail contre les grosses vérités qu'il sentait bien que tout le monde était en droit de lui adresser. Son activité avait redoublé depuis les craintes que lui avait laissées la visite de M. Appert, il avait fait trois voyages à Besançon; il écrivait plusieurs lettres chaque courrier; il en envoyait d'autres par des inconnus qui passaient chez lui à la tombée de la nuit. Il avait eu tort peut-être de faire

destituer le vieux curé Chélan; car cette démarche vindicative l'avait fait regarder, par plusieurs dévotes de bonne
naissance, comme un homme profondément méchant.
D'ailleurs ce service rendu l'avait mis dans la dépendance
absolue de M. le grand vicaire de Frilair, et il en recevait d'étranges commissions. Sa politique en était à ce
point, lorsqu'il céda au plaisir d'écrire une lettre anonyme. Pour surcroît d'embarras, sa femme lui déclara
qu'elle voulait avoir Julien chez elle; sa vanité s'en était
coiffée.

Dans cette position, M. Valenod prévoyait une scène
décisive avec son ancien confédéré M. de Rênal. Celui-ci
lui adressait des paroles dures, ce qui lui était assez égal;
mais il pouvait écrire à Besançon, et même à Paris.
Un cousin de quelque ministre pouvait tomber tout à
coup à Verrières, et prendre le dépôt de mendicité.
M. Valenod pensa à se rapprocher des libéraux : c'est
pour cela que plusieurs étaient invités au dîner où Julien
récita. Il aurait été puissamment soutenu contre le maire.
Mais des élections pouvaient survenir, et il était trop
évident que le dépôt et un mauvais vote étaient incom-
patibles. Le récit de cette politique, fort bien devinée par
madame de Rênal, avait été fait à Julien, pendant qu'il
lui donnait le bras pour aller d'une boutique à l'autre,
et peu à peu les avait entraînés au COURS DE LA FIDÉLITÉ
où ils passèrent plusieurs heures, presque aussi tranquilles qu'à Vergy.

Pendant ce temps, M. Valenod essayait d'éloigner une
scène décisive avec son ancien patron, en prenant lui-
même l'air audacieux envers lui. Ce jour-là, ce système
réussit, mais augmenta l'humeur du maire.

Jamais la vanité aux prises avec tout ce que le petit
amour de l'argent peut avoir de plus âpre et de plus mesquin n'ont mis un homme dans un plus piètre état que
celui où se trouvait M. de Rênal, en entrant au *cabaret*.
Jamais, au contraire, ses enfants n'avaient été plus joyeux
et plus gais. Ce contraste acheva de le piquer.

— Je suis de trop dans ma famille, à ce que je puis
voir! dit-il en entrant, d'un ton qu'il voulut rendre
imposant.

Pour toute réponse, sa femme le prit à part et lui exprima la nécessité d'éloigner Julien. Les heures de bonheur qu'elle venait de trouver lui avaient rendu l'aisance et la fermeté nécessaires pour suivre le plan de conduite qu'elle méditait depuis quinze jours. Ce qui achevait de troubler de fond en comble le pauvre maire de Verrières, c'est qu'il savait que l'on plaisantait publiquement dans la ville sur son attachement pour l'*espèce* M. Valenod était généreux comme un voleur, et, lui, il s'était conduit d'une manière plus prudente que brillante dans les cinq ou six dernières quêtes pour la confrérie de Saint-Joseph, pour la congrégation de la Vierge, pour la congrégation du Saint-Sacrement, etc., etc., etc.

Parmi les hobereaux de Verrières et des environs adroitement classés sur le registre des frères collecteurs, d'après le montant de leurs offrandes, on avait vu plus d'une fois le nom de M. de Rênal occuper la dernière ligne. En vain disait-il que lui ne *gagnait rien*. Le clergé ne badine pas sur cet article.

CHAPITRE XXIII

CHAGRINS D'UN FONCTIONNAIRE

> *Il piacere di alzar la testa tutto l'anno è ben pagato da certi quarti d'ora che bisogna passar.*
>
> CASTI.

MAIS laissons ce petit homme à ses petites craintes; pourquoi a-t-il pris dans sa maison un homme de cœur, tandis qu'il lui fallait l'âme d'un valet? Que ne sait-il choisir ses gens? La marche ordinaire du XIXe siècle est que, quand un être puissant et noble rencontre un homme de cœur, il le tue, l'exile, l'emprisonne ou l'humilie tellement, que l'autre a la sottise d'en mourir de douleur. Par hasard ici, ce n'est pas encore l'homme de cœur qui souffre. Le grand malheur des petites villes de France et des gouvernements par élections, comme celui de New York, c'est de ne pas pouvoir oublier qu'il existe au monde des êtres comme M. de Rênal. Au milieu d'une ville de vingt mille habitants, ces hommes font l'opinion publique, et l'opinion publique est terrible dans un pays qui a la charte. Un homme doué d'une âme noble, généreuse, et qui eût été votre ami, mais qui habite à cent lieues, juge de vous par l'opinion publique de votre ville, laquelle est faite par les sots que le hasard a fait naître nobles, riches et modérés. Malheur à qui se distingue!

Aussitôt après le dîner, on repartit pour Vergy; mais, dès le surlendemain, Julien vit revenir toute la famille à Verrières.

Une heure ne s'était pas écoulée, qu'à son grand étonnement, il découvrit que madame de Rênal lui faisait mystère de quelque chose. Elle interrompait ses conversations avec son mari dès qu'il paraissait, et semblait presque désirer qu'il s'éloignât. Julien ne se fit pas donner deux fois cet avis. Il devint froid et réservé; madame de Rênal s'en aperçut et ne chercha pas d'explication. Va-t-elle me donner un successeur? pensa Julien. Avant-hier encore, si intime avec moi! Mais on dit que c'est ainsi que ces grandes dames agissent. C'est comme les rois, jamais plus de prévenances qu'au ministre qui, en rentrant chez lui, va trouver sa lettre de disgrâce.

Julien remarqua que dans ces conversations, qui cessaient brusquement à son approche, il était souvent question d'une grande maison appartenant à la commune de Verrières, vieille, mais vaste et commode, et située vis-à-vis de l'église, dans l'endroit le plus marchand de la ville. Que peut-il y avoir de commun entre cette maison et un nouvel amant? se disait Julien. Dans son chagrin, il se répétait ces jolis vers de François Iᵉʳ, qui lui semblaient nouveaux, parce qu'il n'y avait pas un mois que madame de Rênal les lui avait appris. Alors, par combien de serments, par combien de caresses chacun de ces vers n'était-il pas démenti?

> Souvent femme varie,
> Bien fol qui s'y fie.

M. de Rênal partit en poste pour Besançon. Ce voyage se décida en deux heures, il paraissait fort tourmenté. Au

retour, il jeta un gros paquet couvert de papier gris
sur la table.

— Voilà cette sotte affaire, dit-il à sa femme.

Une heure après, Julien vit l'afficheur qui emportait ce
gros paquet; il le suivit avec empressement. Je vais savoir
le secret au premier coin de rue.

Il attendait, impatient, derrière l'afficheur, qui, avec
son gros pinceau, barbouillait le dos de l'affiche. A peine
fut-elle en place que la curiosité de Julien y vit l'annonce
fort détaillée de la location aux enchères publiques de
cette grande et vieille maison dont le nom revenait si
souvent dans la conversation de M. de Rênal avec sa
femme. L'adjudication du bail était annoncée pour le
lendemain à deux heures, en la salle commune, à
l'extinction du troisième feu. Julien fut fort désappointé;
il trouvait bien le délai un peu court : comment tous
les concurrents auraient-ils le temps d'être avertis? Mais
du reste, cette affiche, qui était datée de quinze jours
auparavant et qu'il relut tout entière en trois endroits
différents, ne lui apprenait rien.

Il alla visiter la maison à louer. Le portier ne le voyant
pas approcher disait mystérieusement à un voisin :

— Bah! bah! peine perdue. M. Maslon lui a promis
qu'il l'aura pour trois cents francs; et comme le maire
regimbait, il a été mandé à l'évêché, par M. le grand
vicaire de Frilair.

L'arrivée de Julien eut l'air de déranger beaucoup les
deux amis, qui n'ajoutèrent plus un mot.

Julien ne manqua pas l'adjudication du bail. Il y avait
foule dans une salle mal éclairée; mais tout le monde se
toisait d'une façon singulière. Tous les yeux étaient fixés
sur une table, où Julien aperçut, dans un plat d'étain,
trois petits bouts de bougie allumés. L'huissier criait
Trois cents francs, messieurs!

— Trois cents francs! c'est trop fort, dit un homme,
à voix basse, à son voisin. Et Julien était entre eux deux.
Elle en vaut plus de huit cents; je veux couvrir cette
enchère.

— C'est cracher en l'air. Que gagneras-tu à te mettre

à dos M. Maslon, M. Valenod, l'évêque, son terrible grand vicaire de Frilair, et toute la clique.

grand vicaire de Frilair, et toute la clique?

— Vilaine bête! répliqua son voisin. Et voilà justement un espion du maire, ajouta-t-il en montrant Julien.

Julien se retourna vivement pour punir ce propos; mais les deux Francs-Comtois ne faisaient plus aucune attention à lui. Leur sang-froid lui rendit le sien. En ce moment, le dernier bout de bougie s'éteignit, et la voix traînante de l'huissier adjugeait la maison, pour neuf ans, à M. de Saint-Giraud, chef de bureau à la préfecture de ***, et pour trois cent trente francs.

Dès que le maire fut sorti de la salle, les propos commencèrent.

— Voilà trente francs que l'imprudence de Grogeot vaut à la commune, disait l'un.

— Mais M. de Saint-Giraud, répondait-on, se vengera de Grogeot, il la sentira passer.

— Quelle infamie! disait un gros homme à la gauche de Julien; une maison dont j'aurais donné, moi, huit cents francs pour ma fabrique, et j'aurais fait un bon marché.

— Bah! lui répondait un jeune fabricant libéral, M. de Saint-Giraud n'est-il pas de la congrégation? ses quatre enfants n'ont-ils pas des bourses? Le pauvre homme! Il faut que la commune de Verrières lui fasse un supplément de traitement de cinq cents francs, voilà tout.

— Et dire que le maire n'a pas pu l'empêcher! remarquait un troisième. Car il est ultra, lui, à la bonne heure; mais il ne vole pas.

— Il ne vole pas? reprit un autre; non, c'est pigeon qui vole. Tout cela entre dans une grande bourse commune, et tout se partage au bout de l'an. Mais voilà ce petit Sorel; allons-nous-en.

Julien rentra de très mauvaise humeur; il trouva madame de Rênal fort triste.

— Vous venez de l'adjudication? lui dit-elle.

— Oui, madame, où j'ai eu l'honneur de passer pour l'espion de M. le maire.

— S'il m'avait cru, il eût fait un voyage.

A ce moment, M. de Rênal parut; il était fort sombre.

Le dîner se passa sans mot dire. M. de Rênal ordonna à Julien de suivre les enfants à Vergy, le voyage fut triste. Madame de Rênal consolait son mari :

— Vous devriez y être accoutumé, mon ami.

Le soir, on était assis en silence autour du foyer domestique; le bruit du hêtre enflammé était la seule distraction. C'était un des moments de tristesse qui se rencontrent dans les familles les plus unies. Un des enfants s'écria joyeusement :

— On sonne! on sonne!

— Morbleu! si c'est M. de Saint-Giraud qui vient me relancer sous prétexte de remerciements, s'écria le maire, je lui dirai son fait; c'est trop fort. C'est au Valenod qu'il en aura l'obligation, et c'est moi qui suis compromis. Que dire, si ces maudits journaux jacobins vont s'emparer de cette anecdote, et faire de moi un M. Nonante-cinq?

Un fort bel homme, aux gros favoris noirs, entrait en ce moment à la suite du domestique.

— M. le maire, je suis il signor Géronimo. Voici une lettre que M. le chevalier de Beauvaisis, attaché à l'ambassade de Naples, m'a remise pour vous à mon départ; il n'y a que neuf jours, ajouta le signor Géronimo, d'un air gai, en regardant madame de Rênal. Le signor de Beauvaisis, votre cousin, et mon bon ami, madame, dit que vous savez l'italien.

La bonne humeur du Napolitain changea cette triste soirée en une soirée fort gaie. Madame de Rênal voulut absolument lui donner à souper. Elle mit toute sa maison en mouvement; elle voulait à tout prix distraire Julien de la qualification d'espion, que deux fois dans cette journée, il avait entendue retentir à son oreille. Le signor Géronimo était un chanteur célèbre, homme de bonne compagnie, et cependant fort gai, qualités qui, en France, ne sont guère plus compatibles. Il chanta après souper un petit duettino avec madame de Rênal. Il fit des contes charmants. A une heure du matin les enfants se récrièrent quand Julien leur proposa d'aller se coucher.

— Encore cette histoire, dit l'aîné.

— C'est la mienne, Signorino, reprit il signor Géronimo. Il y a huit ans, j'étais comme vous un jeune élève du Conservatoire de Naples, j'entends j'avais votre âge; mais je n'avais pas l'honneur d'être le fils de l'illustre maire de la jolie ville de Verrières.

Ce mot fit soupirer M. de Rênal, il regarda sa femme.

— Le signor Zingarelli, continua le jeune chanteur outrant un peu son accent qui faisait pouffer de rire les enfants, le signor Zingarelli était un maître excessivement sévère. Il n'est pas aimé au Conservatoire; mais il veut qu'on agisse toujours comme si on l'aimait. Je sortais le plus souvent que je pouvais; j'allais au petit théâtre de San Carlino, où j'entendais une musique des dieux : mais, ô Ciel! comment faire pour réunir les huit sous que coûte l'entrée du parterre? Somme énorme, dit-il en regardant les enfants, et les enfants de rire. Le signor Giovannone, directeur de San Carlino, m'entendit chanter. J'avais seize ans : Cet enfant, il est un trésor, dit-il.

— Veux-tu que je t'engage, mon cher ami? vint-il me dire.

— Et combien me donnerez-vous?

— Quarante ducats par mois. Messieurs, c'est cent soixante francs. Je crus voir les cieux ouverts.

— Mais comment, dis-je à Giovannone, obtenir que le sévère Zingarelli me laisse sortir?

— *Lascia fare a me.*

— Laissez faire à moi! s'écria l'aîné des enfants.

— Justement, mon jeune seigneur. Le signor Giovannone il me dit : Caro, d'abord un petit bout d'engagement. Je signe : il me donne trois ducats. Jamais je n'avais vu tant d'argent. Ensuite, il me dit ce que je dois faire.

Le lendemain, je demande une audience au terrible signor Zingarelli. Son vieux valet de chambre me fait entrer.

— Que me veux-tu, mauvais sujet? dit Zingarelli.

— Maestro, lui fis-je, je me repens de mes fautes; jamais je ne sortirai du Conservatoire en passant par-dessus la grille de fer. Je vais redoubler d'application.

— Si je ne craignais pas de gâter la plus belle voix de basse que j'aie jamais entendue, je te mettrais en prison au pain et à l'eau pour quinze jours, polisson.

— Maestro, repris-je, je vais être le modèle de toute l'école, *credete a me*. Mais je vous demande une grâce, si quelqu'un vient me demander pour chanter dehors, refusez-moi. De grâce, dites que vous ne pouvez pas.

— Et qui diable veux-tu qui demande un mauvais garnement tel que toi? Est-ce que je permettrai jamais que tu quittes le Conservatoire? Est-ce que tu veux te moquer de moi? Décampe, décampe! dit-il en cherchant à me donner un coup de pied au c... ou gare le pain sec et la prison.

Une heure après, le signor Giovannone arrive chez le directeur :

— Je viens vous demander de faire ma fortune, lui dit-il, accordez-moi Géronimo. Qu'il chante à mon théâtre, et cet hiver je marie ma fille.

— Que veux-tu faire de ce mauvais sujet? lui dit Zingarelli. Je ne veux pas; tu ne l'auras pas; et d'ailleurs, quand j'y consentirais, jamais il ne voudra quitter le Conservatoire; il vient de me le jurer.

— Si ce n'est que de sa volonté qu'il s'agit, dit gravement Giovannone en tirant de sa poche mon engagement, *carta, carta!* voici sa signature.

Aussitôt Zingarelli, furieux, se pend à sa sonnette : Qu'on chasse Géronimo du Conservatoire, cria-t-il, bouillant de colère. On me chassa donc, moi riant aux éclats. Le même soir, je chantai l'air *del Moltiplico*. Polichinelle veut se marier et compte, sur ses doigts, les objets dont il aura besoin dans son ménage, et il s'embrouille à chaque instant dans ce calcul.

— Ah! veuillez, monsieur, nous chanter cet air, dit madame de Rênal.

Géronimo chanta, et tout le monde pleurait à force de rire. Il signor Géronimo n'alla se coucher qu'à deux heures du matin, laissant cette famille enchantée de ses bonnes manières, de sa complaisance et de sa gaieté.

Le lendemain, M. et madame de Rênal lui remirent les lettres dont il avait besoin à la cour de France.

Ainsi, partout de la fausseté, dit Julien. Voilà il signor Géronimo qui va à Londres avec soixante mille francs d'appointements. Sans le savoir-faire du directeur de San Carlino, sa voix divine n'eût peut-être été connue et admirée que dix ans plus tard... Ma foi, j'aimerais mieux être un Géronimo qu'un Rênal. Il n'est pas si honoré dans la société, mais il n'a pas le chagrin de faire des adjudications comme celle d'aujourd'hui, et sa vie est gaie.

Une chose étonnait Julien : les semaines solitaires passées à Verrières, dans la maison de M. de Rênal, avaient été pour lui une époque de bonheur. Il n'avait rencontré le dégoût et les tristes pensées qu'aux dîners qu'on lui avait donnés; dans cette maison solitaire, ne pouvait-il pas lire, écrire, réfléchir sans être troublé? A chaque instant, il n'était pas tiré de ses rêveries brillantes par la cruelle nécessités d'étudier les mouvements d'une âme basse, et encore afin de la tromper par des démarches ou des mots hypocrites.

Le bonheur serait-il si près de moi?... La dépense d'une telle vie est peu de chose; je puis à mon choix épouser mademoiselle Elisa, ou me faire l'associé de Fouqué... Mais le voyageur qui vient de gravir une montagne rapide s'assied au sommet, et trouve un plaisir parfait à se reposer. Serait-il heureux si on le forçait à se reposer toujours?

L'esprit de madame de Rênal était arrivé à des pensées fatales. Malgré ses résolutions, elle avait avoué à Julien toute l'affaire de l'adjudication. Il me fera donc oublier tous mes serments! pensait-elle.

Elle eût sacrifié sa vie sans hésiter pour sauver celle de son mari, si elle l'eût vu en péril. C'était une de ces âmes nobles et romanesques, pour qui apercevoir la possibilité d'une action généreuse, et ne pas la faire, est la source d'un remords presque égal à celui du crime commis. Toutefois, il y avait des jours funestes où elle ne pouvait chasser l'image de l'excès de bonheur qu'elle goûterait si, devenant veuve tout à coup, elle pouvait épouser Julien.

Il aimait ses fils beaucoup plus que leur père; malgré sa justice sévère, il en était adoré. Elle sentait bien qu'épousant Julien, il fallait quitter ce Vergy dont les ombrages lui étaient si chers. Elle se voyait vivant à Paris, continuant à donner à ses fils cette éducation qui faisait l'admiration de tout le monde. Ses enfants, elle, Julien, tous étaient parfaitement heureux.

Etrange effet du mariage, tel que l'a fait le XIXᵉ siècle! L'ennui de la vie matrimoniale fait périr l'amour sûrement, quand l'amour a précédé le mariage. Et cependant, dirait un philosophe, il amène bientôt chez les gens assez riches pour ne pas travailler, l'ennui profond de toutes les jouissances tranquilles. Et ce n'est que les âmes sèches, parmi les femmes, qu'il ne prédispose pas à l'amour.

La réflexion du philosophe me fait excuser madame de Rênal, mais on ne l'excusait pas à Verrières, et toute la ville, sans qu'elle s'en doutât, n'était occupée que du scandale de ses amours. A cause de cette grande affaire, cet automne-là on s'y ennuya moins que de coutume.

L'automne, une partie de l'hiver passèrent bien vite. Il fallut quitter les bois de Vergy. La bonne compagnie de Verrières commençait à s'indigner de ce que ses anathèmes faisaient si peu d'impressions sur M. de Rênal. En moins de huit jours, des personnes graves qui se dédommagent de leur sérieux habituel par le plaisir de remplir ces sortes de missions, lui donnèrent les soupçons les plus cruels, mais en se servant des termes les plus mesurés.

M. Valenod, qui jouait serré, avait placé Elisa dans une famille noble et fort considérée, où il y avait cinq femmes. Elisa craignant, disait-elle, de ne pas trouver de place pendant l'hiver, n'avait demandé à cette famille que les deux tiers à peu près de ce qu'elle recevait chez M. le maire. D'elle-même, cette fille avait eu l'excellente idée d'aller se confesser à l'ancien curé Chélan et en même temps au nouveau, afin de leur raconter à tous les deux le détail des amours de Julien.

Le lendemain de son arrivée, dès six heures du matin, l'abbé Chélan fit appeler Julien :

— Je ne vous demande rien, lui dit-il, je vous prie, et au besoin je vous ordonne de ne me rien dire, j'exige que sous trois jours vous partiez pour le séminaire de Besançon ou pour la demeure de votre ami Fouqué, qui est toujours disposé à vous faire un sort magnifique. J'ai tout prévu, tout arrangé, mais il faut partir, et ne pas revenir d'un an à Verrières.

Julien ne répondit point; il examinait si son honneur devait s'estimer offensé des soins que M. Chélan, qui après tout n'était pas son père, avait pris pour lui.

— Demain à pareille heure, j'aurai l'honneur de vous revoir, dit-il enfin au curé.

M. Chélan, qui comptait l'emporter de haute lutte sur un si jeune homme, parla beaucoup. Enveloppé dans l'attitude et la physionomie la plus humble, Julien n'ouvrit pas la bouche.

Il sortit enfin, et courut prévenir madame de Rênal, qu'il trouva au désespoir. Son mari venait de lui parler avec une certaine franchise. La faiblesse naturelle de son caractère s'appuyant sur la perspective de l'héritage de Besançon, l'avait décidé à la considérer comme parfaitement innocente. Il venait de lui avouer l'étrange état dans lequel il trouvait l'opinion publique de Verrières. Le public avait tort, il était égaré par des envieux, mais enfin que faire?

Madame de Rênal eut un instant l'illusion que Julien pourrait accepter les offres de M. Valenod, et rester à Verrières. Mais ce n'était plus cette femme simple et timide de l'année précédente; sa fatale passion, ses remords l'avaient éclairée. Elle eut bientôt la douleur de se prouver à elle-même, tout en écoutant son mari, qu'une séparation au moins momentanée était devenue indispensable. Loin de moi, Julien va retomber dans ses projets d'ambition, si naturels quand on n'a rien. Et moi, grand Dieu, je suis riche! et si inutilement pour mon bonheur! Il m'oubliera. Aimable comme il est, il sera aimé, il aimera. Ah! malheureuse... De quoi puis-je me plaindre? Le Ciel est juste, je n'ai pas eu le mérite de faire cesser le crime, il m'ôte le jugement. Il ne tenait qu'à moi de gagner Elisa à force d'argent, rien ne m'était plus facile. Je n'ai pas pris la peine de réfléchir un moment, les folles imaginations de l'amour absorbaient tout mon temps. Je péris.

Julien fut frappé d'une chose, en apprenant la terrible nouvelle du départ à madame de Rênal : il ne trouva aucune objection égoïste. Elle faisait évidemment des efforts pour ne pas pleurer.

— Nous avons besoin de fermeté, mon ami.

Elle coupa une mèche de ses cheveux.

— Je ne sais pas ce que je ferai, lui dit-elle, mais si je meurs, promets-moi de ne jamais oublier mes enfants. De loin ou de près, tâche d'en faire d'honnêtes gens. S'il y a une nouvelle révolution, tous les nobles seront égorgés, leur père émigrera peut-être à cause de ce paysan tué sur un toit. Veille sur la famille... Donne-moi ta main. Adieu, mon ami! Ce sont ici les derniers moments. Ce grand sacrifice fait, j'espère qu'en public, j'aurai le courage de penser à ma réputation.

Julien s'attendait à du désespoir. La simplicité de ces adieux le toucha.

— Non, je ne reçois pas ainsi vos adieux. Je partirai; ils le veulent; vous le voulez vous-même. Mais, trois jours après mon départ, je reviendrai vous voir de nuit.

L'existence de madame de Rênal fut changée. Julien l'aimait donc bien puisque de lui-même il avait trouvé l'idée de la revoir! Son affreuse douleur se changea en un des plus vifs mouvements de joie qu'elle eût éprouvés de sa vie. Tout lui devint facile. La certitude de revoir son ami ôtait à ces derniers moments tout ce qu'ils avaient de déchirant. Dès cet instant, la conduite, comme la physionomie de madame de Rênal, fut noble, ferme et parfaitement convenable.

M. de Rênal rentra bientôt; il était hors de lui. Il parla enfin à sa femme de la lettre anonyme reçue deux mois auparavant.

— Je veux la porter au Casino, montrer à tous qu'elle est de cet infâme Valenod, que j'ai pris à la besace pour en faire un des plus riches bourgeois de Verrières. Je lui en ferai honte publiquement, et puis me battrai avec lui. Ceci est trop fort.

Je pourrais être veuve, grand Dieu! pensa madame de Rênal. Mais presque au même instant, elle se dit : Si je n'empêche pas ce duel, comme certainement je le puis, je serai la meurtrière de mon mari.

Jamais elle n'avait ménagé sa vanité avec autant d'adresse. En moins de deux heures elle lui fit voir et toujours par des raisons trouvées en lui, qu'il fallait marquer plus d'amitié que jamais à M. Valenod, et même reprendre Elisa dans la maison. Madame de Rênal eut besoin de courage pour se décider à revoir cette fille cause de tous ses malheurs. Mais cette idée venait de Julien.

Enfin, après avoir été mis trois ou quatre fois sur la voie, M. de Rênal arriva, tout seul, à l'idée financièrement bien pénible, que ce qu'il y aurait de plus désagréable pour lui, ce serait que Julien, au milieu de l'effervescence et des propos de tout Verrières, y restât comme précepteur des enfants de M. Valenod. L'intérêt évident de Julien était d'accepter les offres du directeur du dépôt de mendicité. Il importait au contraire à la gloire de M. de Rênal que Julien quittât Verrières pour entrer au séminaire de Besançon ou à celui de Dijon. Mais comment l'y décider, et ensuite comment y vivrait-il?

M. de Rênal, voyant l'imminence du sacrifice d'argent, était plus au désespoir que sa femme. Pour elle, après cet entretien, elle était dans la position d'un homme de cœur, qui, las de la vie, a pris une dose de *stramonium;* il n'agit plus que par ressort, pour ainsi dire, et ne porte plus d'intérêt à rien. Ainsi il arriva à Louis XIV mourant de dire : *Quand j'étais roi.* Parole admirable!

Le lendemain, dès le grand matin, M. de Rênal reçut une lettre anonyme. Celle-ci était du style le plus insultant. Les mots les plus grossiers applicables à sa position s'y voyaient à chaque ligne. C'était l'ouvrage de quelque envieux subalterne. Cette lettre le ramena à la pensée de se battre avec M. Valenod. Bientôt son courage alla jusqu'aux idées d'exécution immédiate. Il sortit seul, et alla chez l'armurier prendre des pistolets qu'il fit charger.

Au fait, se disait-il, l'administration sévère de l'empereur Napoléon reviendrait au monde, que moi je n'ai pas un sou de friponneries à me reprocher. J'ai tout au plus fermé les yeux; mais j'ai de bonnes lettres dans mon bureau qui m'y autorisent.

Madame de Rênal fut effrayée de la colère froide de son mari, elle lui rappelait la fatale idée de veuvage qu'elle avait tant de peine à repousser. Elle s'enferma avec lui. Pendant plusieurs heures elle lui parla en vain, la nou-

velle lettre anonyme le décidait. Enfin elle parvint à trans-
former le courage de donner un soufflet à M. Valenod
en celui d'offrir six cents francs à Julien pour une année
de pension dans un séminaire. M. de Rênal, maudissant
mille fois le jour où il avait eu la fatale idée de prendre
un précepteur chez lui, oublia la lettre anonyme.

Il se consola un peu par une idée qu'il ne dit pas à sa
femme : avec de l'adresse, et en se prévalant des idées
romanesques du jeune homme, il espérait l'engager, pour
une somme moindre, à refuser les offres de M. Valenod.

Madame de Rênal eut bien plus de peine à prouver à
Julien que, faisant aux convenances de son mari le sacrifice d'une place de huit cents francs, que lui offrait publiquement le directeur du dépôt, il pouvait sans honte
accepter un dédommagement.

— Mais, disait toujours Julien, jamais je n'ai eu, même
pour un instant, le projet d'accepter ces offres. Vous
m'avez trop accoutumé à la vie élégante, la grossièreté de
ces gens-là me tuerait.

La cruelle nécessité, avec sa main de fer, plia la volonté
de Julien. Son orgueil lui offrait l'illusion de n'accepter
que comme un prêt la somme offerte par le maire de Verrières, et de lui en faire un billet portant remboursement
dans cinq ans avec intérêts.

Madame de Rênal avait toujours quelques milliers de
francs cachés dans la petite grotte de la montagne.

Elle les lui offrit en tremblant, et sentant trop qu'elle
serait refusée avec colère.

— Voulez-vous, dit Julien, rendre le souvenir de nos
amours abominable?

Enfin Julien quitta Verrières. M. de Rênal fut bien
heureux; au moment fatal d'accepter de l'argent de lui,
ce sacrifice se trouva trop fort pour Julien. Il refusa net.
M. de Rênal lui sauta au cou les larmes aux yeux. Julien
lui ayant demandé un certificat de bonne conduite, il ne
trouva pas dans son enthousiasme de termes assez magnifiques pour exalter sa conduite. Notre héros avait cinq
louis d'économies, et comptait demander une pareille
somme à Fouqué.

Il était fort ému. Mais à une lieue de Verrières, où il laissait tant d'amour, il ne songea plus qu'au bonheur de voir une capitale, une grande ville de guerre comme Besançon.

Pendant cette courte absence de trois jours, madame de Rênal fut trompée par une des plus cruelles déceptions de l'amour. Sa vie était passable, il y avait entre elle et l'extrême malheur, cette dernière entrevue qu'elle devait avoir avec Julien. Elle comptait les heures, les minutes qui l'en séparaient. Enfin, pendant la nuit du troisième jour, elle entendit de loin le signal convenu. Après avoir traversé mille dangers, Julien parut devant elle.

De ce moment, elle n'eut plus qu'une pensée : c'est pour la dernière fois que je le vois. Loin de répondre aux empressements de son ami, elle fut comme un cadavre à peine animé. Si elle se forçait à lui dire qu'elle l'aimait, c'était d'un air gauche qui prouvait presque le contraire. Rien ne put la distraire de l'idée cruelle de séparation éternelle. Le méfiant Julien crut un instant être déjà oublié. Ses mots piqués dans ce sens ne furent accueillis que par de grosses larmes coulant en silence, et des serrements de main presque convulsifs.

— Mais, grand Dieu! comment voulez-vous que je vous croie? répondait Julien aux froides protestations de son amie; vous montreriez cent fois plus d'amitié sincère à madame Derville, à une simple connaissance.

Madame de Rênal, pétrifiée, ne savait que répondre :

— Il est impossible d'être plus malheureuse... J'espère que je vais mourir... Je sens mon cœur se glacer...

Telles furent les réponses les plus longues qu'il put en obtenir.

Quand l'approche du jour vint rendre le départ nécessaire, les larmes de madame de Rênal cessèrent tout à fait. Elle le vit attacher une corde nouée à la fenêtre sans mot dire, sans lui rendre ses baisers. En vain Julien lui disait :

— Nous voici arrivés à l'état que vous avez tant souhaité. Désormais vous vivrez sans remords. A la moindre indisposition de vos enfants, vous ne les verrez plus dans la tombe.

— Je suis fâchée que vous ne puissiez pas embrasser Stanislas, lui dit-elle froidement.

Julien finit par être profondément frappé des embrassements sans chaleur de ce cadavre vivant; il ne put penser à autre chose pendant plusieurs lieues. Son âme était navrée et avant de passer la montagne, tant qu'il put voir le clocher de l'église de Verrières, souvent il se retourna.

CHAPITRE XXIV

UNE CAPITALE

> Que de bruit, que de gens affairés! que d'idées pour l'avenir dans une tête de vingt ans! quelle distraction pour l'amour!
>
> BARNAVE.

ENFIN il aperçut, sur une montagne lointaine, des murs noirs; c'était la citadelle de Besançon. Quelle différence pour moi, dit-il en soupirant, si j'arrivais dans cette noble ville de guerre pour être sous-lieutenant dans un des régiments chargés de la défendre.

Besançon n'est pas seulement une des plus jolies villes de France, elle abonde en gens de cœur et d'esprit. Mais Julien n'était qu'un petit paysan et n'eut aucun moyen d'approcher les hommes distingués.

Il avait pris chez Fouqué un habit bourgeois, et c'est dans ce costume qu'il passa les ponts-levis. Plein de l'histoire du siège de 1674, il voulut voir, avant de s'enfermer au séminaire, les remparts et la citadelle. Deux ou trois fois il fut sur le point de se faire arrêter par les sentinelles; il pénétrait dans des endroits que le génie militaire interdit au public, afin de vendre pour douze ou quinze francs de foin tous les ans.

La hauteur des murs, la profondeur des fossés, l'air terrible des canons l'avaient occupé pendant plusieurs heures, lorsqu'il passa devant le grand café, sur le boulevard. Il resta immobile d'admiration; il avait beau lire le mot: café, écrit en gros caractères au-dessus des deux immenses portes, il ne pouvait en croire ses yeux. Il fit effort sur sa timidité; il osa entrer, et se trouva dans une salle longue de trente ou quarante pas, et dont le plafond est élevé de vingt pieds au moins. Ce jour-là, tout était enchantement pour lui.

Deux parties de billard étaient en train. Les garçons criaient les points; les joueurs couraient autour des billards encombrés de spectateurs. Des flots de fumée de tabac, s'élançant de la bouche de tous, les enveloppaient d'un nuage bleu. La haute stature de ces hommes, leurs épaules arrondies, leur démarche lourde, leurs énormes favoris, les longues redingotes qui les couvraient, tout attirait l'attention de Julien. Ces nobles enfants de l'antique Bisontium ne parlaient qu'en criant; ils se donnaient les airs de guerriers terribles. Julien admirait immobile; il songeait à l'immensité et à la magnificence d'une grande capitale telle que Besançon. Il ne se sentait nullement le courage de demander une tasse de café à un de ces messieurs au regard hautain, qui criaient les points du billard.

Mais la demoiselle du comptoir avait remarqué la charmante figure de ce jeune bourgeois de campagne, qui, arrêté à trois pas du poêle, et son petit paquet sous le bras, considérait le buste du roi, en beau plâtre blanc. Cette demoiselle, grande Franc-Comtoise, fort bien faite, et mise comme il faut pour faire valoir un café, avait déjà dit deux fois, d'une petite voix qui cherchait à n'être entendue que de Julien : Monsieur! monsieur! Julien rencontra de grands yeux bleus fort tendres, et vit que c'était à lui qu'on parlait.

Il s'approcha vivement du comptoir et de la jolie fille, comme il eût marché à l'ennemi. Dans ce grand mouvement, son paquet tomba.

Quelle pitié notre provincial ne va-t-il pas inspirer aux jeunes lycéens de Paris qui, à quinze ans, savent déjà entrer dans un café d'un air si distingué? Mais ces enfants, si bien stylés à quinze ans, à dix-huit tournent *au commun*. La timidité passionnée que l'on rencontre en province se surmonte quelquefois, et alors elle enseigne à vouloir. En s'approchant de cette jeune fille si belle, qui daignait lui adresser la parole, il faut que je lui dise la vérité,

pensa Julien, qui devenait courageux à force de timidité
vaincue.

— Madame, je viens pour la première fois de ma vie à
Besançon; je voudrais bien avoir, en payant, un pain et
une tasse de café.

La demoiselle sourit un peu et puis rougit; elle craignait, pour ce joli jeune homme, l'attention ironique et
les plaisanteries des joueurs de billard. Il serait effrayé et
ne reparaîtrait plus.

— Placez-vous ici, près de moi, dit-elle en lui montrant une table de marbre, presque tout à fait cachée par
l'énorme comptoir d'acajou qui s'avance dans la salle.

La demoiselle se pencha en dehors du comptoir, ce qui
lui donna l'occasion de déployer une taille superbe. Julien
la remarqua; toutes ses idées changèrent. La belle demoiselle venait de placer devant lui une tasse, du sucre et
un petit pain. Elle hésitait à appeler un garçon pour avoir
du café, comprenant bien qu'à l'arrivée de ce garçon, son
tête-à-tête avec Julien allait finir.

Julien, pensif, comparait cette beauté blonde et gaie à
certains souvenirs qui l'agitaient souvent. L'idée de la passion dont il avait été l'objet lui ôta presque toute sa
timidité. La belle demoiselle n'avait qu'un instant; elle
lut dans les regards de Julien.

— Cette fumée de pipe vous fait tousser, venez déjeuner demain avant huit heures du matin; alors, je suis
presque seule.

— Quel est votre nom? dit Julien, avec le sourire caressant de la timidité heureuse.

— Amanda Binet.

— Permettez-vous que je vous envoie, dans une heure,
un petit paquet gros comme celui-ci?

La belle Amanda réfléchit un peu.

— Je suis surveillée : ce que vous me demandez peut
me compromettre; cependant, je m'en vais écrire mon
adresse sur une carte, que vous placerez sur votre paquet.
Envoyez-le-moi hardiment.

— Je m'appelle Julien Sorel, dit le jeune homme; je
n'ai ni parents, ni connaissance à Besançon.

— Ah! je comprends, dit-elle avec joie, vous venez pour l'école de droit?

— Hélas! non, répondit Julien; on m'envoie au séminaire.

Le découragement le plus complet éteignit les traits d'Amanda; elle appela un garçon : elle avait du courage maintenant. Le garçon versa du café à Julien, sans le regarder.

Amanda recevait de l'argent au comptoir; Julien était fier d'avoir osé parler : on se disputa à l'un des billards. Les cris et les démentis des joueurs, retentissant dans cette salle immense, faisaient un tapage qui étonnait Julien. Amanda était rêveuse et baissait les yeux.

— Si vous voulez, mademoiselle, lui dit-il tout à coup avec assurance, je dirai que je suis votre cousin.

Ce petit air d'autorité plut à Amanda. Ce n'est pas un jeune homme de rien, pensa-t-elle. Elle lui dit fort vite, sans le regarder, car son œil était occupé à voir si quelqu'un s'approchait du comptoir :

— Moi, je suis de Genlis, près de Dijon; dites que vous êtes aussi de Genlis et cousin de ma mère.

— Je n'y manquerai pas.

— Tous les jeudis à cinq heures, en été, MM. les séminaristes passent ici devant le café.

— Si vous pensez à moi, quand je passerai, ayez un bouquet de violettes à la main.

Amanda le regarda d'un air étonné; ce regard changea le courage de Julien en témérité; cependant il rougit beaucoup en lui disant :

— Je sens que je vous aime de l'amour le plus violent.

— Parlez donc plus bas, lui dit-elle d'un air effrayé.

Julien songeait à se rappeler les phrases d'un volume dépareillé de la *Nouvelle Héloïse*, qu'il avait trouvé à Vergy. Sa mémoire le servit bien; depuis dix minutes il récitait la *Nouvelle Héloïse* à mademoiselle Amanda, ravie, il était heureux de sa bravoure, quand tout à coup la belle Franc-Comtoise prit un air glacial. Un de ses amants paraissait à la porte du café.

Il s'approcha du comptoir, en sifflant et marchant des épaules; il regarda Julien. A l'instant, l'imagination de

celui-ci, toujours dans les extrêmes, ne fut remplie que
d'idées de duel. Il pâlit beaucoup, éloigna sa tasse, prit
une mine assurée, et regarda son rival fort attentivement.
Comme ce rival baissait la tête en se versant familière-
ment un verre d'eau-de-vie sur le comptoir, d'un regard
Amanda ordonna à Julien de baisser les yeux. Il obéit et
pendant deux minutes, se tint immobile à sa place, pâle,
résolu et ne songeant qu'à ce qui allait arriver; il était
vraiment bien en cet instant. Le rival avait été étonné
des yeux de Julien; son verre d'eau-de-vie avalé d'un
trait, il dit un mot à Amanda, plaça ses deux mains dans
les poches latérales de sa grosse redingote, et s'approcha
d'un billard en soufflant et regardant Julien. Celui-ci se
leva transporté de colère; mais il ne savait comment s'y
prendre pour être insolent. Il posa son petit paquet, et,
de l'air le plus dandinant qu'il put, marcha vers le billard.

En vain la prudence lui disait : Mais avec un duel dès
l'arrivée à Besançon, la carrière ecclésiastique est perdue.

— Qu'importe, il ne sera pas dit que je manque un insolent.

Amanda vit son courage; il faisait un joli contraste
avec la naïveté de ses manières; en un instant, elle le préféra au grand jeune homme en redingote. Elle se leva,
et, tout en ayant l'air de suivre de l'œil quelqu'un qui
passait dans la rue, elle vint se placer rapidement entre
lui et le billard :

— Gardez-vous de regarder de travers ce monsieur,
c'est mon beau-frère.

— Que m'importe? il m'a regardé.

— Voulez-vous me rendre malheureuse? Sans doute, il
vous a regardé, peut-être même il va venir vous parler.
Je lui ai dit que vous êtes un parent de ma mère, et que
vous arrivez de Genlis. Lui est Franc-Comtois et n'a jamais dépassé Dole, sur la route de Bourgogne; ainsi
dites ce que vous voudrez, ne craignez rien.

Julien hésitait encore; elle ajouta bien vite, son imagination de dame de comptoir lui fournissant des mensonges en abondance :

— Sans doute il vous a regardé, mais c'est au moment

où il me demandait qui vous êtes; c'est un homme qui est *manant* avec tout le monde, il n'a pas voulu vous insulter.

L'œil de Julien suivait le prétendu beau-frère; il le vit acheter un numéro à la poule que l'on jouait au plus éloigné des deux billards. Julien entendit sa grosse voix qui criait d'un ton menaçant : *Je prends à faire!* Il passa vivement derrière mademoiselle Amanda, et fit un pas vers le billard. Amanda le saisit par le bras :

— Venez me payer d'abord, lui dit-elle.

C'est juste, pensa Julien; elle a peur que je ne sorte sans payer. Amanda était aussi agitée que lui et fort rouge; elle lui rendit de la monnaie le plus lentement qu'elle put, tout en lui répétant à voix basse :

— Sortez à l'instant du café, ou je ne vous aime plus; et cependant je vous aime bien.

Julien sortit, en effet, mais lentement. N'est-il pas de mon devoir, se répétait-il, d'aller regarder à mon tour en soufflant ce grossier personnage? Cette incertitude le retint une heure, sur le boulevard, devant le café; il regardait si son homme sortait. Il ne parut pas, et Julien s'éloigna.

Il n'était à Besançon que depuis quelques heures, et déjà il avait conquis un remords. Le vieux chirurgien-major lui avait donné autrefois, malgré sa goutte, quelques leçons d'escrime; telle était toute la science que Julien trouvait au service de sa colère. Mais cet embarras n'eût rien été s'il eût su comment se fâcher autrement qu'en donnant un soufflet; et, si l'on en venait aux coups de poing, son rival, homme énorme, l'eût battu et puis planté là.

Pour un pauvre diable comme moi, se dit Julien, sans protecteurs et sans argent, il n'y aura pas grande différence entre un séminaire et une prison; il faut que je dépose mes habits bourgeois dans quelque auberge, où je reprendrai mon habit noir. Si jamais je parviens à sortir du séminaire pour quelques heures, je pourrai fort bien, avec mes habits bourgeois, revoir mademoiselle Amanda. Ce raisonnement était beau; mais Julien passant devant toutes les auberges, n'osait entrer dans aucune.

Enfin, comme il repassait devant l'hôtel des Ambassadeurs, ses yeux inquiets rencontrèrent ceux d'une grosse femme, encore assez jeune, haute en couleur, à l'air heureux et gai. Il s'approcha d'elle et lui raconta son histoire.

— Certainement, mon joli petit abbé, lui dit l'hôtesse des Ambassadeurs, je vous garderai vos habits bourgeois et même les ferai épousseter souvent. De ce temps-ci, il ne fait pas bon laisser un habit de drap sans le toucher. Elle prit une clef et le conduisit elle-même dans une chambre, en lui recommandant d'écrire la note de ce qu'il laissait.

— Bon Dieu! que vous avez bonne mine comme ça, monsieur l'abbé Sorel, lui dit la grosse femme, quand il descendit à la cuisine, je m'en vais vous faire servir un bon dîner; et, ajouta-t-elle à voix basse, il ne vous coûtera que vingt sols, au lieu de cinquante que tout le monde paye; car il faut bien ménager votre petit *boursicot*.

— J'ai dix louis, répliqua Julien avec une certaine fierté.

— Ah! bon Dieu, répondit la bonne hôtesse alarmée, ne parlez pas si haut; il y a bien des mauvais sujets dans Besançon. On vous volera cela en moins de rien. Surtout n'entrez jamais dans les cafés, ils sont remplis de mauvais sujets.

— Vraiment! dit Julien, à qui ce mot donnait à penser.

— Ne venez jamais que chez moi, je vous ferai faire du café. Rappelez-vous que vous trouverez toujours ici une amie et un bon dîner à vingt sols; c'est parler, ça, j'espère. Allez vous mettre à table, je vais vous servir moi-même.

— Je ne saurai manger, lui dit Julien, je suis trop ému, je vais entrer au séminaire en sortant de chez vous.

La bonne femme ne le laissa partir qu'après avoir rempli ses poches de provisions. Enfin Julien s'achemina vers le lieu terrible; l'hôtesse, de dessus sa porte, lui en indiquait la route.

CHAPITRE XXV

LE SÉMINAIRE

> Trois cent trente-six dîners à 83 cen-
> times, trois cent trente-six soupers à
> 38 centimes, du chocolat à qui de droit;
> combien y a-t-il à gagner sur la sou-
> mission?
>
> Le VALENOD de Besançon.

Il vit de loin la croix de fer doré sur la porte; il approcha lentement; ses jambes semblaient se dérober sous lui.
Voilà donc cet enfer sur la terre, dont je ne pourrai sortir! Enfin il se décida à sonner. Le bruit de la cloche retentit comme dans un lieu solitaire. Au bout de dix minutes, un homme pâle, vêtu de noir, vint lui ouvrir. Julien
le regarda et aussitôt baissa les yeux. Ce portier avait la
physionomie singulière. La pupille saillante et verte de ses
yeux s'arrondissait comme celle d'un chat; les contours immobiles de ses paupières annonçaient l'impossibilité de
toute sympathie; ses lèvres minces se développaient en
demi-cercle sur des dents qui avançaient. Cependant cette
physionomie ne montrait pas le crime, mais plutôt cette
insensibilité parfaite qui inspire bien plus de terreur à
la jeunesse. Le seul sentiment que le regard rapide de
Julien put deviner sur cette longue figure dévote fut un
mépris profond pour tout ce dont on voudrait lui parler,
et qui ne serait pas l'intérêt du Ciel.

Julien releva les yeux avec effort, et d'une voix que le
battement de cœur rendait tremblante, il expliqua qu'il
désirait parler à M. Pirard, le directeur du séminaire.
Sans dire une parole, l'homme noir lui fit signe de le
suivre. Ils montèrent deux étages par un large escalier à
rampe de bois, dont les marches déjetées penchaient tout
à fait du côté opposé au mur, et semblaient prêtes à
tomber. Une petite porte, surmontée d'une grande croix
de cimetière en bois blanc peint en noir, fut ouverte avec
difficulté, et le portier le fit entrer dans une chambre
sombre et basse, dont les murs blanchis à la chaux étaient

garnis de deux grands tableaux noircis par le temps. Là Julien fut laissé seul; il était atterré, son cœur battait violemment; il eût été heureux d'oser pleurer. Un silence de mort régnait dans toute la maison.

Au bout d'un quart d'heure, qui lui parut une journée, le portier à figure sinistre reparut sur le pas d'une porte à l'autre extrémité de la chambre, et, sans daigner parler, lui fit signe d'avancer. Il entra dans une pièce encore plus grande que la première et fort mal éclairée. Les murs aussi étaient blanchis; mais il n'y avait pas de meubles. Seulement dans un coin près de la porte, Julien vit en passant un lit de bois blanc, deux chaises de paille, et un petit fauteuil en planche de sapin sans coussin. A l'autre extrémité de la chambre, près d'une petite fenêtre, à vitres jaunies, garnie de vases de fleurs tenus salement, il aperçut un homme assis devant une table, et couvert d'une soutane délabrée; il avait l'air en colère, et prenait l'un après l'autre une foule de petits carrés de papier qu'il rangeait sur sa table, après y avoir écrit quelques mots. Il ne s'apercevait pas de la présence de Julien. Celui-ci était immobile, debout vers le milieu de la chambre, là où l'avait laissé le portier, qui était ressorti en fermant la porte.

Dix minutes se passèrent ainsi; l'homme mal vêtu écrivait toujours. L'émotion et la terreur de Julien étaient telles, qu'il lui semblait être sur le point de tomber. Un philosophe eût dit, peut-être en se trompant : C'est la violente impression du laid sur une âme faite pour aimer ce qui est beau.

L'homme qui écrivait leva la tête; Julien ne s'en aperçut qu'au bout d'un moment, et même, après l'avoir vu, il restait encore immobile comme frappé à mort par le regard terrible dont il était l'objet. Les yeux troublés de Julien distinguaient à peine une figure longue et toute couverte de taches rouges, excepté sur le front, qui laissait voir une pâleur mortelle. Entre ces joues rouges et ce front blanc, brillaient deux petits yeux noirs faits pour effrayer le plus brave. Les vastes contours de ce front étaient marqués par des cheveux épais, plats et d'un noir de jais.

— Voulez-vous approcher oui ou non? dit enfin cet homme avec impatience.

Julien s'avança d'un pas mal assuré, et enfin, prêt à tomber et pâle, comme de sa vie il ne l'avait été, il s'arrêta à trois pas de la petite table de bois blanc couverte de carrés de papier.

— Plus près, dit l'homme.

Julien s'avança encore en étendant la main, comme cherchant à s'appuyer sur quelque chose.

— Votre nom?

— Julien Sorel.

— Vous avez bien tardé, lui dit-on, en attachant de nouveau sur lui un œil terrible.

Julien ne put supporter ce regard; étendant la main comme pour se soutenir, il tomba tout de son long sur le plancher.

L'homme sonna. Julien n'avait perdu que l'usage des yeux et la force de se mouvoir; il entendit des pas qui s'approchaient.

On le releva, on le plaça sur le petit fauteuil de bois blanc. Il entendit l'homme terrible qui disait au portier :

— Il tombe du haut mal apparemment, il ne manquait plus que ça.

Quand Julien put ouvrir les yeux, l'homme à la figure rouge continuait à écrire; le portier avait disparu. Il faut avoir du courage, se dit notre héros, et surtout cacher ce que je sens : il éprouvait un violent mal de cœur; s'il m'arrive un accident, Dieu sait ce qu'on pensera de moi. Enfin l'homme cessa d'écrire, et regardant Julien de côté :

— Etes-vous en état de me répondre?

— Oui, monsieur, dit Julien, d'une voix affaiblie.

— Ah! c'est heureux.

L'homme noir s'était levé à demi et cherchait avec impatience une lettre dans le tiroir de sa table de sapin qui s'ouvrit en criant. Il la trouva, s'assit lentement, et regardant de nouveau Julien, d'un air à lui arracher le peu de vie qui lui restait :

— Vous m'êtes recommandé par M. Chélan, c'était le meilleur curé du diocèse, homme vertueux s'il en fut, et mon ami depuis trente ans.

— Apparemment, répliqua le directeur du séminaire en le regardant avec humeur.

Il regarda le ciel et fit un signe de croix. A la vue de ce signe sacré, Julien sentit diminuer l'horreur profonde qui, depuis son entrée dans cette maison, l'avait glacé.

— Ah! c'est à M. Pirard que j'ai l'honneur de parler, dit Julien d'une voix mourante.

Il y eut un redoublement d'éclat dans ses petits yeux, suivi d'un mouvement involontaire des muscles des coins de la bouche. C'était la physionomie du tigre goûtant par avance le plaisir de dévorer sa proie.

— La lettre de Chélan est courte, dit-il, comme se parlant à lui-même. *Intelligenti pauca :* par le temps qui court, on ne saurait écrire trop peu. Il lut haut :

« Je vous adresse Julien Sorel, de cette paroisse, que
« j'ai baptisé il y aura bientôt vingt ans; fils d'un char-
« pentier riche, mais qui ne lui donne rien. Julien sera un
« ouvrier remarquable dans la vigne du Seigneur. La mé-
« moire, l'intelligence ne manquent point, il y a de la
« réflexion. Sa vocation sera-t-elle durable? est-elle sin-
« cère? »

— *Sincère!* répéta l'abbé Pirard d'un air étonné, et en regardant Julien; mais déjà le regard de l'abbé était moins dénué de toute humanité; *sincère!* répéta-t-il en baissant la voix et reprenant sa lecture :

« Je vous demande pour Julien Sorel une bourse; il la
« méritera en subissant les examens nécessaires. Je lui ai
« montré un peu de théologie, de cette ancienne et bonne
« théologie des Bossuet, des Arnauld, des Fleury. Si ce
« sujet ne vous convient pas, renvoyez-le-moi; le direc-
« teur du dépôt de mendicité, que vous connaissez bien,
« lui offre huit cents francs pour être précepteur de ses
« enfants. — Mon intérieur est tranquille, grâce à Dieu.
« Je m'accoutume au coup terrible. *Vale et me ama.* »

L'abbé Pirard, ralentissant la voix comme il lisait la signature, prononça avec un soupir le mot *Chélan*.

— Il est tranquille, dit-il; en effet, sa vertu méritait cette récompense; Dieu puisse-t-il me l'accorder le cas échéant!

— J'ai ici trois cent vingt et un aspirants à l'état le plus saint, dit enfin l'abbé Pirard, d'un ton de voix sévère, mais non méchant; sept ou huit seulement me sont recommandés par des hommes tels que l'abbé Chélan; ainsi parmi les trois cent vingt et un, vous allez être le neuvième. Mais ma protection n'est ni faveur, ni faiblesse, elle est redoublement de soins et de sévérité contre les vices. Allez fermer cette porte à clef.

Julien fit un effort pour marcher et réussit à ne pas tomber. Il remarqua qu'une petite fenêtre, voisine de la porte d'entrée, donnait sur la campagne. Il regarda les arbres; cette vue lui fit du bien, comme s'il eût aperçu d'anciens amis.

— *Loquerisne linguam latinam?* (Parlez-vous latin?) lui dit l'abbé Pirard, comme il revenait.

— *Ita, pater optime* (oui, mon excellent père), répondit Julien, revenant un peu à lui. Certainement, jamais homme au monde ne lui avait paru moins excellent que M. Pirard, depuis une demi-heure.

L'entretien continua en latin. L'expression des yeux de l'abbé s'adoucissait; Julien reprenait quelque sang-froid. Que je suis faible, pensa-t-il, de m'en laisser imposer par ces apparences de vertu! cet homme sera tout simplement un fripon comme M. Maslon; et Julien s'applaudit d'avoir caché presque tout son argent dans ses bottes.

L'abbé Pirard examina Julien sur la théologie, il fut surpris de l'étendue de son savoir. Son étonnement augmenta quand il l'interrogea en particulier sur les saintes Écritures. Mais quand il arriva aux questions sur la doctrine des Pères, il s'aperçut que Julien ignorait presque jusqu'aux noms de saint Jérôme, de saint Augustin, de saint Bonaventure, de saint Basile, etc., etc.

Au fait, pensa l'abbé Pirard, voilà bien cette tendance fatale au protestantisme que j'ai toujours reprochée à Chélan. Une connaissance approfondie et trop approfondie des saintes Écritures.

(Julien venait de lui parler, sans être interrogé à ce sujet, du temps *véritable* où avaient été écrits la Genèse, le Pentateuque, etc.)

A quoi mène ce raisonnement infini sur les saintes Ecritures, pensa l'abbé Pirard, si ce n'est à *l'examen personnel,* c'est-à-dire au plus affreux protestantisme? Et à côté de cette science imprudente, rien sur les Pères qui puisse compenser cette tendance.

Mais l'étonnement du directeur du séminaire n'eut plus de bornes, lorsque interrogeant Julien sur l'autorité du Pape, et s'attendant aux maximes de l'ancienne Eglise gallicane, le jeune homme lui récita tout le livre de M. de Maistre.

Singulier homme que ce Chélan, pensa l'abbé Pirard; lui a-t-il montré ce livre pour lui apprendre à s'en moquer?

Ce fut en vain qu'il interrogea Julien pour tâcher de deviner s'il croyait sérieusement à la doctrine de M. de Maistre. Le jeune homme ne répondait qu'avec sa mémoire. De ce moment, Julien fut réellement très bien, il sentait qu'il était maître de soi. Après un examen fort long, il lui sembla que la sévérité de M. Pirard envers lui n'était plus affectée. En effet, sans les principes de gravité austère que, depuis quinze ans, il s'était imposés envers ses élèves en théologie, le directeur du séminaire eût embrassé Julien au nom de la logique, tant il trouvait de clarté, de précision et de netteté dans ses réponses.

Voilà un esprit hardi et sain, se disait-il, mais *corpus debile* (le corps est faible).

— Tombez-vous souvent ainsi? dit-il à Julien en français et lui montrant du doigt le plancher.

— C'est la première fois de ma vie, la figure du portier m'avait glacé, ajouta Julien en rougissant comme un enfant.

L'abbé Pirard sourit presque.

— Voilà l'effet des vaines pompes de ce monde; vous êtes accoutumé apparemment à des visages riants, véritables théâtres de mensonge. La vérité est austère, monsieur. Mais notre tâche ici-bas n'est-elle pas austère aussi? Il faudra veiller à ce que votre conscience se tienne en garde contre cette faiblesse : *Trop de sensibilité aux vaines grâces de l'extérieur.*

Si vous ne m'étiez pas recommandé, dit l'abbé Pirard en reprenant la langue latine avec un plaisir marqué, si vous ne m'étiez pas recommandé par un homme tel que l'abbé Chélan, je vous parlerais le vain langage de ce monde auquel il paraît que vous êtes trop accoutumé. La bourse entière que vous sollicitez, vous dirais-je, est la chose du monde la plus difficile à obtenir. Mais l'abbé Chélan a mérité bien peu, par cinquante-six ans de travaux apostoliques, s'il ne peut disposer d'une bourse au séminaire.

Après ces mots, l'abbé Pirard recommanda à Julien de n'entrer dans aucune société ou congrégation secrète sans son consentement.

— Je vous en donne ma parole d'honneur, dit Julien avec l'épanouissement de cœur d'un honnête homme.

Le directeur du séminaire sourit pour la première fois.

— Ce mot n'est point de mise ici, lui dit-il, il rappelle trop le vain honneur des gens du monde qui les conduit à tant de fautes, et souvent à des crimes. Vous me devez la sainte obéissance en vertu du paragraphe dix-sept de la bulle *Unam Ecclesiam* de saint Pie V. Je suis votre supérieur ecclésiastique. Dans cette maison, entendre, mon très cher fils, c'est obéir. Combien avez-vous d'argent?

Nous y voici, se dit Julien, c'était pour cela qu'était le très cher fils.

— Trente-cinq francs, mon père.

— Ecrivez soigneusement l'emploi de cet argent; vous aurez à m'en rendre compte.

Cette pénible séance avait duré trois heures; Julien appela le portier.

— Allez installer Julien Sorel dans la cellule n° 103, dit l'abbé Pirard à cet homme.

Par une grande distinction, il accordait à Julien un logement séparé.

— Portez-y sa malle, ajouta-t-il.

Julien baissa les yeux et reconnut sa malle précisément en face de lui; il la regardait depuis trois heures, et ne l'avait pas reconnue.

En arrivant au n° 103, c'était une petite chambrette

de huit pieds en carré, au dernier étage de la maison. Julien remarqua qu'elle donnait sur les remparts, et par-delà on apercevait la jolie plaine que le Doubs sépare de la ville.

Quelle vue charmante! s'écria Julien; en se parlant ainsi il ne sentait pas ce qu'exprimaient ces mots. Les sensations si violentes qu'il avait éprouvées depuis le peu de temps qu'il était à Besançon avaient entièrement épuisé ses forces. Il s'assit près de la fenêtre sur l'unique chaise de bois qui fût dans sa cellule, et tomba aussitôt dans un profond sommeil. Il n'entendit point la cloche du souper, ni celle du salut; on l'avait oublié.

Quand les premiers rayons du soleil le réveillèrent le lendemain matin, il se trouva couché sur le plancher.

CHAPITRE XXVI

LE MONDE OU CE QUI MANQUE AU RICHE

> Je suis seul sur la terre, personne ne daigne penser à moi. Tous ceux que je vois faire fortune ont une effronterie et une dureté de cœur que je ne me sens point. Ils me haïssent à cause de ma bonté facile. Ah! bientôt je mourrai, soit de faim, soit du malheur de voir les hommes si durs.
>
> YOUNG.

Il se hâta de brosser son habit et de descendre, il était en retard. Un sous-maître le gronda sévèrement; au lieu de chercher à se justifier, Julien croisa les bras sur sa poitrine :

— *Peccavi, pater optime* (j'ai péché, j'avoue ma faute, ô mon père), dit-il d'un air contrit.

Ce début eut un grand succès. Les gens adroits parmi les séminaristes virent qu'ils avaient affaire à un homme qui n'en était pas aux éléments du métier. L'heure de la récréation arriva. Julien se vit l'objet de la curiosité générale. Mais on ne trouva chez lui que réserve et silence. Suivant les maximes qu'il s'était faites, il considéra ses trois cent vingt et un camarades comme des ennemis; le plus dangereux de tous à ses yeux était l'abbé Pirard.

Peu de jours après, Julien eut à choisir un confesseur, on lui présenta une liste.

Eh! bon Dieu! pour qui me prend-on, se dit-il, croit-on que je ne comprenne pas *ce que parler veut dire?* et il choisit l'abbé Pirard.

Sans qu'il s'en doutât, cette démarche était décisive. Un petit séminariste tout jeune, natif de Verrières, et qui, dès le premier jour, s'était déclaré son ami, lui apprit que s'il eût choisi M. Castanède, le sous-directeur du séminaire, il eût peut-être agi avec plus de prudence.

— L'abbé Castanède est l'ennemi de M. Pirard qu'on soupçonne de jansénisme, ajouta le petit séminariste en se penchant vers son oreille.

Toutes les premières démarches de notre héros qui se croyait si prudent furent, comme le choix d'un confesseur, des étourderies. Egaré par toute la présomption d'un homme à imagination, il prenait ses intentions pour des faits, et se croyait un hypocrite consommé. Sa folie allait jusqu'à se reprocher ses succès dans cet art de la faiblesse.

— Hélas! c'est ma seule arme! à une autre époque, se disait-il, c'est par des actions parlantes en face de l'ennemi que j'aurais *gagné mon pain.*

Julien, satisfait de sa conduite, regardait autour de lui; il trouvait partout l'apparence de la vertu la plus pure.

Huit ou dix séminaristes vivaient en odeur de sainteté et avaient des visions comme sainte Thérèse et saint François, lorsqu'il reçut les stigmates sur le mont *Verna* dans l'Apennin. Mais c'était un grand secret, leurs amis le cachaient. Ces pauvres jeunes gens à visions étaient presque toujours à l'infirmerie. Une centaine d'autres réunissaient à une foi robuste une infatigable application. Ils travaillaient au point de se rendre malades, mais sans apprendre grand-chose. Deux ou trois se distinguaient

par un talent réel, et, entre autres, un nommé Chazel;
mais Julien se sentait de l'éloignement pour eux, et
eux pour lui.

Le reste des trois cent vingt et un séminaristes ne se
composait que d'êtres grossiers qui n'étaient pas bien
sûrs de comprendre les mots latins qu'ils répétaient tout
le long de la journée. Presque tous étaient des fils de
paysans, et ils aimaient mieux gagner leur pain en récitant quelques mots latins qu'en piochant la terre. C'est
d'après cette observation que, dès les premiers jours,
Julien se promit de rapides succès. Dans tout service, il
faut des gens intelligents, car enfin il y a un travail à
faire, se disait-il. Sous Napoléon, j'eusse été sergent; parmi
ces futurs curés, je serai grand vicaire.

Tous ces pauvres diables, ajoutait-il, manouvriers dès
l'enfance, ont vécu, jusqu'à leur arrivée ici, de lait caillé
et de pain noir. Dans leurs chaumières, ils ne mangeaient
de la viande que cinq ou six fois par an./Semblables aux
soldats romains qui trouvaient la guerre un temps de
repos, ces grossiers paysans sont enchantés des délices
du séminaire. ⸗

Julien ne lisait jamais dans leur œil morne que le
besoin physique satisfait après le dîner, et le plaisir
physique attendu avant le repas. Tels étaient les gens au
milieu desquels il fallait se distinguer; mais ce que Julien
ne savait pas, ce qu'on se gardait de lui dire, c'est que,
être le premier dans les différents cours de dogme, d'histoire ecclésiastique, etc., etc., que l'on suit au séminaire,
n'était à leurs yeux qu'un péché *splendide*. Depuis Voltaire, depuis le gouvernement des deux chambres, qui
n'est au fond que *méfiance et examen personnel*, et donne
à l'esprit des peuples cette mauvaise habitude de *se
méfier*, l'Eglise de France semble avoir compris que les
livres sont ses vrais ennemis. C'est la soumission de cœur
qui est tout à ses yeux. Réussir dans les études, même
sacrées, lui est suspect, et à bon droit. Qui empêchera
l'homme supérieur de passer de l'autre côté comme Sieyès
ou Grégoire? L'Eglise tremblante s'attache au pape comme
à la seule chance de salut. Le pape seul peut essayer de
paralyser l'examen personnel, et, par les pieuses pompes

des cérémonies de sa cour, faire impression sur l'esprit ennuyé et malade des gens du monde.

Julien, pénétrant à demi ces diverses vérités, que cependant toutes les paroles prononcées dans un séminaire tendent à démentir, tombait dans une mélancolie profonde. Il travaillait beaucoup, et réussissait rapidement à apprendre des choses très utiles à un prêtre, très fausses à ses yeux, et auxquelles il ne mettait aucun intérêt. Il croyait n'avoir rien autre chose à faire.

Suis-je donc oublié de toute la terre? pensait-il. Il ne savait pas que M. Pirard avait reçu et jeté au feu quelques lettres timbrées de Dijon, et où, malgré les formes du style le plus convenable, perçait la passion la plus vive. De grands remords semblaient combattre cet amour. Tant mieux, pensait l'abbé Pirard, ce n'est pas du moins une femme impie que ce jeune homme a aimée.

Un jour, l'abbé Pirard ouvrit une lettre qui semblait à demi effacée par les larmes, c'était un éternel adieu. Enfin, disait-on à Julien, le Ciel m'a fait la grâce de haïr, non l'auteur de ma faute, il sera toujours ce que j'aurai de plus cher au monde, mais ma faute en elle-même. Le sacrifice est fait, mon ami. Ce n'est pas sans larmes, comme vous voyez. Le salut des êtres auxquels je me dois et que vous avez tant aimés, l'emporte. Un Dieu juste mais terrible, ne pourra plus se venger sur eux des crimes de leur mère. Adieu, Julien, soyez juste envers les hommes.

Cette fin de lettre était presque absolument illisible. On donnait une adresse à Dijon, et cependant on espérait que jamais Julien ne répondrait, ou que du moins il se servirait de paroles qu'une femme revenu à la vertu pourrait entendre sans rougir.

La mélancolie de Julien, aidée par la médiocre nourriture que fournissait au séminaire l'entrepreneur des dîners à 83 centimes commençait à influer sur sa santé, lorsqu'un matin Fouqué parut tout à coup dans sa chambre.

— Enfin j'ai pu entrer. Je suis venu cinq fois à Besançon, sans reproche, pour te voir. Toujours visage de bois. J'ai aposté quelqu'un à la porte du séminaire; pourquoi diable est-ce que tu ne sors jamais?

— C'est une épreuve que je me suis imposée.

— Je te trouve bien changé. Enfin je te revois. Deux beaux écus de cinq francs viennent de m'apprendre que je n'étais qu'un sot de ne pas les avoir offerts dès le premier voyage.

La conversation fut infinie entre les deux amis. Julien changea de couleur lorsque Fouqué lui dit :

— A propos, sais-tu? la mère de tes élèves est tombée dans la plus haute dévotion.

Et il parlait de cet air dégagé qui fait une si singulière impression sur l'âme passionnée de laquelle on bouleverse, sans s'en douter, les plus chers intérêts.

— Oui, mon ami, dans la dévotion la plus exaltée. On dit qu'elle fait des pèlerinages. Mais, à la honte éternelle de l'abbé Maslon, qui a espionné si longtemps ce pauvre M. Chélan, madame de Rênal n'a pas voulu de lui. Elle va se confesser à Dijon ou à Besançon.

— Elle vient à Besançon, dit Julien le front couvert de rougeur.

— Assez souvent, répondit Fouqué d'un air interrogatif.

— As-tu des *Constitutionnels* sur toi?

— Que dis-tu? répliqua Fouqué.

— Je te demande si tu as des *Constitutionnels*? reprit Julien du ton de voix le plus tranquille. Ils se vendent trente sous le numéro ici.

— Quoi! même au séminaire, des libéraux! s'écria Fouqué. Pauvre France! ajouta-t-il en prenant la voix hypocrite et le ton doux de l'abbé Maslon.

Cette visite eût fait une profonde impression sur notre héros, si dès le lendemain, un mot que lui adressa ce petit séminariste de Verrières qui lui semblait si enfant, ne lui eût fait faire une importante découverte. Depuis qu'il était au séminaire, la conduite de Julien n'avait été qu'une suite de fausses démarches. Il se moqua de lui-même avec amertume.

A la vérité, les actions importantes de sa vie étaient savamment conduites; mais il ne soignait pas les détails,

et les habiles au séminaire ne regardent qu'aux détails.
Aussi, passait-il déjà parmi ses camarades pour un *esprit
fort*. Il avait été trahi par une foule de petites actions.

A leurs yeux, il était convaincu de ce vice énorme,
il pensait, il jugeait par lui-même, au lieu de suivre aveu-
glément *l'autorité* et l'exemple. L'abbé Pirard ne lui avait
été d'aucun secours; il ne lui avait pas adressé une seule
fois la parole hors du tribunal de la pénitence, où encore
il écoutait plus qu'il ne parlait. Il en eût été bien autrement s'il eût choisi l'abbé Castanède.

Du moment que Julien se fut aperçu de sa folie, il ne
s'ennuya plus. Il voulut connaître toute l'étendue du
mal, et, à cet effet, sortit un peu de ce silence hautain
et obstiné avec lequel il repoussait ses camarades. Ce fut
alors qu'on se vengea de lui. Ses avances furent accueillies
par un mépris qui alla jusqu'à la dérision. Il reconnut
que, depuis son entrée au séminaire, il n'y avait pas eu
une heure, surtout pendant les récréations, qui n'eût
porté conséquence pour ou contre lui, qui n'eût augmenté
le nombre de ses ennemis, ou ne lui eût concilié la bien-
veillance de quelque séminariste sincèrement vertueux ou
un peu moins grossier que les autres. Le mal à réparer
était immense, la tâche fort difficile. Désormais l'attention de Julien fut sans cesse sur ses gardes; il s'agissait
de se dessiner un caractère tout nouveau.

Les mouvements de ses yeux, par exemple, lui donnèrent beaucoup de peine. Ce n'est pas sans raison qu'en
ces lieux-là on les porte baissés. Quelle n'était pas ma
présomption à Verrières! se disait Julien, je croyais
vivre; je me préparais seulement à la vie; me voici enfin
dans le monde, tel que je le trouverai jusqu'à la fin
de mon rôle, entouré de vrais ennemis. Quelle immense
difficulté, ajoutait-il, que cette hypocrisie de chaque
minute! c'est à faire pâlir les travaux d'Hercule. L'Hercule des temps modernes, c'est Sixte Quint, trompant
quinze années de suite, par sa modestie, quarante cardinaux qui l'avaient vu vif et hautain pendant toute sa
jeunesse.

La science n'est donc rien ici! se disait-il avec dépit;
les progrès dans le dogme, dans l'histoire sacrée, etc., ne

comptent qu'en apparence. Tout ce qu'on dit à ce sujet est destiné à faire tomber dans le piège les fous tels que moi. Hélas! mon seul mérite consistait dans mes progrès rapides, dans ma façon de saisir ces balivernes. Est-ce qu'au fond ils les estimeraient à leur juste valeur? les jugent-ils comme moi? Et j'avais la sottise d'en être fier! Ces premières places que j'obtiens toujours n'ont servi qu'à me donner des ennemis acharnés. Chazel, qui a plus de science que moi, jette toujours dans ses compositions quelque balourdise qui le fait reléguer à la cinquantième place; s'il obtient la première, c'est par distraction. Ah! qu'un mot, un seul mot de M. Pirard m'eût été utile!

Du moment que Julien fut détrompé, les longs exercices de piété ascétique, tels que le chapelet cinq fois la semaine, les cantiques au Sacré-Cœur, etc., etc., qui lui semblaient si mortellement ennuyeux, devinrent ses moments d'actions les plus intéressants. En réfléchissant sévèrement sur lui-même, et cherchant surtout à ne pas s'exagérer ses moyens, Julien n'aspira pas d'emblée, comme les séminaristes qui servaient de modèles aux autres, à faire à chaque instant des actions *significatives,* c'est-à-dire prouvant un genre de perfection chrétienne. Au séminaire, il est une façon de manger un œuf à la coque qui annonce les progrès faits dans la vie dévote.

Le lecteur, qui sourit peut-être, daignerait-il se souvenir de toutes les fautes que fit, en mangeant un œuf, l'abbé Delille invité à déjeuner chez une grande dame de la cour de Louis XVI.

Julien chercha d'abord à arriver au *non culpa,* c'est l'état du jeune séminariste dont la démarche, dont la façon de mouvoir les bras, les yeux, etc., n'indiquent à la vérité rien de mondain, mais ne montrent pas encore l'être absorbé par l'idée de l'autre vie, et le *pur néant* de celle-ci.

Sans cesse Julien trouvait écrites au charbon, sur les murs des corridors, des phrases telles que celle-ci : Qu'est-ce que soixante ans d'épreuves, mis en balance avec une éternité de délices ou une éternité d'huile bouillante en enfer! Il ne les méprisa plus; il comprit qu'il fallait les avoir sans cesse devant les yeux. Que ferai-je toute ma vie? se disait-il; je vendrai aux fidèles une place dans le ciel. Comment cette place leur sera-t-elle rendue visible? par la différence de mon extérieur et de celui d'un laïc.

Après plusieurs mois d'application de tous les instants, Julien avait encore l'air de *penser*. Sa façon de remuer les yeux et de porter la bouche n'annonçait pas la foi implicite et prête à tout croire et à tout soutenir, même par le martyre. C'était avec colère que Julien se voyait primé dans ce genre par les paysans les plus grossiers. Il y avait de bonnes raisons pour qu'ils n'eussent pas l'air penseur.

Que de peine ne se donnait-il pas pour arriver à cette physionomie de foi fervente et aveugle, prête à tout croire et à tout souffrir, que l'on trouve si fréquemment dans les couvents d'Italie, et dont, à nous autres laïcs, le Guerchin a laissé de si parfaits modèles dans ses tableaux d'églises (1).

Les jours de grande fête, on donnait aux séminaristes des saucisses avec de la choucroute. Les voisins de table de Julien observèrent qu'il était insensible à ce bonheur; ce fut là un de ses premiers crimes. Ses camarades y virent un trait odieux de la plus sotte hypocrisie; rien ne lui fit plus d'ennemis. Voyez ce bourgeois, voyez ce dédaigneux, disaient-ils, qui fait semblant de mépriser la meilleure *pitance,* des saucisses avec de la choucroute! fi, le vilain! l'orgueilleux! le damné!

Hélas! l'ignorance de ces jeunes paysans, mes camarades, est pour eux un avantage immense, s'écriait Julien dans ses moments de découragement. A leur arrivée au séminaire, le professeur n'a point à les délivrer de ce nombre effroyable d'idées mondaines que j'y apporte, et qu'ils lisent sur ma figure, quoi que je fasse.

Julien étudiait, avec une attention voisine de l'envie, les plus grossiers des petits paysans qui arrivaient au séminaire. Au moment où on les dépouillait de leur veste

(1) Voir au musée du Louvre, François duc d'Aquitaine déposant la cuirasse et prenant l'habit de moine, n. 1130.

de ratine pour leur faire endosser la robe noire, leur
éducation se bornait à un respect immense et sans bornes
pour l'argent *sec et liquide,* comme on dit en Franche-
Comté.

C'est la manière sacramentelle et héroïque d'exprimer
l'idée sublime d'*argent comptant.*

Le bonheur, pour ces séminaristes, comme pour les
héros des romans de Voltaire, consiste surtout à bien
dîner. Julien découvrait chez presque tous un respect
inné pour l'homme qui porte un habit de *drap fin.* Ce
sentiment apprécie la *justice distributive,* telle que nous
la donnent nos tribunaux, à sa valeur et même au-dessous
de sa valeur. Que peut-on gagner, répétaient-ils souvent
entre eux, à plaider contre un *gros?*

C'est le mot des vallées du Jura pour exprimer un
homme riche. Qu'on juge de leur respect pour l'être le
plus riche de tous : le gouvernement!

Ne pas sourire avec respect au seul nom de M. le préfet
passe, aux yeux des paysans de la Franche-Comté, pour
une imprudence : or, l'imprudence chez le pauvre est
rapidement punie par le manque de pain.

Après avoir été comme suffoqué dans les premiers
temps par le sentiment du mépris, Julien finit par éprouver de la pitié : il était arrivé souvent aux pères de la
plupart de ses camarades de rentrer le soir dans l'hiver à
leur chaumière, et de n'y trouver ni pain, ni châtaignes,
ni pommes de terre. Qu'y a-t-il donc d'étonnant, se disait
Julien, si l'homme heureux, à leurs yeux, est d'abord
celui qui vient de bien dîner, et ensuite celui qui possède
un bon habit! Mes camarades ont une vocation ferme,
c'est-à-dire qu'ils voient dans l'état ecclésiastique une
longue continuation de ce bonheur : bien dîner et avoir
un habit chaud en hiver.

Il arriva à Julien d'entendre un jeune séminariste,
doué d'imagination, dire à son compagnon :

— Pourquoi ne deviendrais-je pas pape comme Sixte
Quint, qui gardait les pourceaux?

— On ne fait pape que des Italiens, répondit l'ami;
mais pour sûr on tirera au sort parmi nous pour des
places de grands vicaires, de chanoines, et peut-être

d'évêques. M. P..., évêque de Châlons, est le fils d'un tonnelier : c'est l'état de mon père.

Un jour, au milieu d'une leçon de dogme, l'abbé Pirard fit appeler Julien. Le pauvre jeune homme fut ravi de sortir de l'atmosphère physique et morale au milieu de laquelle il était plongé.

Julien trouva chez M. le directeur l'accueil qui l'avait tant effrayé le jour de son entrée au séminaire.

— Expliquez-moi ce qui est écrit sur cette carte à jouer, lui dit-il en le regardant de façon à le faire rentrer sous terre.

Julien lut :

« Amanda Binet, au café de la Girafe, avant huit heures. » Dire que l'on est de Genlis, et le cousin de ma mère. »

Julien vit l'immensité du danger; la police de l'abbé Castanède lui avait volé cette adresse.

— Le jour où j'entrai ici, répondit-il en regardant le front de l'abbé Pirard, car il ne pouvait supporter son œil terrible, j'étais tremblant : M. Chélan m'avait dit que c'était un lieu plein de délations et de méchancetés de tous les genres; l'espionnage et la dénonciation entre camarades y sont encouragés. Le Ciel le veut ainsi, pour montrer la vie telle qu'elle est, aux jeunes prêtres, et leur inspirer le dégoût du monde et de ses pompes.

— Et c'est à moi que vous faites des phrases, dit l'abbé Pirard furieux. Petit coquin!

— A Verrières, reprit froidement Julien, mes frères me battaient lorsqu'ils avaient sujet d'être jaloux de moi...

— Au fait! au fait! s'écria M. Pirard, presque hors de lui.

Sans être le moins du monde intimidé, Julien reprit sa narration.

— Le jour de mon arrivée à Besançon, vers midi, j'avais faim, j'entrai dans un café. Mon cœur était rempli de répugnance pour un lieu si profane; mais je pensai que mon déjeuner me coûterait moins cher là qu'à l'auberge. Une dame, qui paraissait la maîtresse de la boutique, eut pitié de mon air novice. Besançon est rempli de mauvais sujets, me dit-elle, je crains pour vous, monsieur. S'il vous arrivait quelque mauvaise affaire, ayez recours à moi, envoyez chez moi avant huit heures. Si les portiers du séminaire refusent de faire votre commission, dites que vous êtes mon cousin, et natif de Genlis...

— Tout ce bavardage va être vérifié, s'écria l'abbé Pirard, qui, ne pouvant rester en place, se promenait dans la chambre.

Qu'on se rende dans sa cellule!

L'abbé suivit Julien et l'enferma à clef. Celui-ci se mit aussitôt à visiter sa malle, au fond de laquelle la fatale carte était précieusement cachée. Rien ne manquait dans la malle, mais il y avait plusieurs dérangements; cependant la clef ne le quittait jamais. Quel bonheur, se dit Julien, que, pendant le temps de mon aveuglement, je n'aie jamais accepté la permission de sortir, que M. Castanède m'offrait si souvent avec une bonté que je comprends maintenant. Peut-être j'aurais eu la faiblesse de changer d'habits, et d'aller voir la belle Amanda, je me serais perdu. Quand on a désespéré de tirer parti du renseignement de cette manière, pour ne pas la perdre, on en a fait une dénonciation.

Deux heures après, le directeur le fit appeler.

— Vous n'avez pas menti, lui dit-il avec un regard moins sévère; mais garder une telle adresse est une imprudence dont vous ne pouvez concevoir la gravité. Malheureux enfant! dans dix ans, peut-être, elle vous portera dommage.

CHAPITRE XXVII

PREMIÈRE EXPÉRIENCE DE LA VIE

> Le temps présent, grand Dieu!
> c'est l'arche du Seigneur. Malheur à
> qui y touche.
>
> DIDEROT.

LE lecteur voudra bien nous permettre de donner très peu de faits clairs et précis sur cette époque de la vie de Julien. Ce n'est pas qu'ils nous manquent, bien au contraire; mais, peut-être ce qu'il vit au Séminaire est-il trop noir pour le coloris modéré que l'on a cherché à

conserver dans ces feuilles. Les contemporains qui
souffrent de certaines choses ne peuvent s'en souvenir
qu'avec une horreur qui paralyse tout autre plaisir, même
celui de lire un conte.

Julien réussissait peu dans ses essais d'hypocrisie de
gestes; il tomba dans des moments de dégoût et même
de découragement complet. Il n'avait pas de succès, et
encore dans une vilaine carrière. Le moindre secours
extérieur eût suffi pour lui remettre le cœur, la difficulté à vaincre n'était pas bien grande; mais il était seul
comme une barque abandonnée au milieu de l'Océan.
Et quand je réussirais, se disait-il; avoir toute une vie à
passer en si mauvaise compagnie! Des gloutons qui ne
songent qu'à l'omelette au lard qu'ils dévoreront au
dîner, ou des abbés Castanède, pour qui aucun crime
n'est trop noir! Ils parviendront au pouvoir; mais à quel
prix, grand Dieu!

La volonté de l'homme est puissante, je le lis partout; mais suffit-elle pour surmonter un tel dégoût? La
tâche des grands hommes a été facile; quelque terrible
que fût le danger, ils le trouvaient beau; et qui
peut comprendre, excepté moi, la laideur de ce qui
m'environne?

Ce moment fut le plus éprouvant de sa vie. Il lui était
si facile de s'engager dans un des beaux régiments en
garnison à Besançon! Il pouvait se faire maître de latin;
il lui fallait si peu pour sa subsistance! mais alors plus
de carrière, plus d'avenir pour son imagination : c'était
mourir. Voici le détail d'une de ses tristes journées.

Ma présomption s'est si souvent applaudie de ce que
j'étais différent des autres jeunes paysans! Eh bien, j'ai
assez vécu pour voir que *différence engendre haine,* se
disait-il un matin. Cette grande vérité venait de lui être
montrée par une de ses plus piquantes irréussites. Il avait
travaillé huit jours à plaire à un élève qui vivait en
odeur de sainteté. Il se promenait avec lui dans la cour,
écoutant avec soumission des sottises à dormir debout.
Tout à coup le temps tourna à l'orage, le tonnerre
gronda, et le saint élève s'écria, le repoussant d'une façon
grossière :

— Ecoutez; chacun pour soi dans ce monde, je ne veux pas être brûlé par le tonnerre : Dieu peut vous foudroyer comme un impie, comme un Voltaire.

Les dents serrées de rage et les yeux ouverts vers ce ciel sillonné par la foudre : Je mériterais d'être submergé, si je m'endors pendant la tempête! s'écria Julien. Essayons la conquête de quelque autre cuistre.

Le cours d'histoire sacrée de l'abbé Castanède sonna.

A ces jeunes paysans si effrayés du travail pénible et de la pauvreté de leurs pères, l'abbé Castanède enseignait ce jour-là que cet être si terrible à leurs yeux, le gouvernement, n'avait de pouvoir réel et légitime qu'en vertu de la délégation du vicaire de Dieu sur la terre.

— Rendez-vous dignes des bontés du pape par la sainteté de votre vie, par votre obéissance, soyez *comme un bâton entre ses mains*, ajoutait-il, et vous allez obtenir une place superbe où vous commanderez en chef, loin de tout contrôle; une place inamovible, dont le gouvernement paie le tiers des appointements, et les fidèles, formés par vos prédications, les deux autres tiers.

Au sortir de son cours, M. Castanède s'arrêta dans la cour.

— C'est bien d'un curé que l'on peut dire : Tant vaut l'homme, tant vaut la place, disait-il aux élèves qui faisaient cercle autour de lui. J'ai connu, moi qui vous parle, des paroisses de montagne dont le casuel valait mieux que celui de bien des curés de ville. Il y avait autant d'argent, sans compter les chapons gras, les œufs, le beurre frais et mille agréments de détail; et là le curé est le premier sans contredit : point de bon repas où il ne soit invité, fêté, etc.

A peine M. Castanède fut-il remonté chez lui que les élèves se divisèrent en groupes. Julien n'était d'aucun; on le laissait comme une brebis galeuse. Dans tous les groupes, il voyait un élève jeter un sol en l'air, et s'il devinait juste au jeu de croix ou pile, ses camarades en concluaient qu'il aurait bientôt une de ces cures à riche casuel.

Vinrent ensuite les anecdotes. Tel jeune prêtre, à peine ordonné depuis un an, ayant offert un lapin privé à la servante d'un vieux curé, il avait obtenu d'être demandé pour vicaire, et, peu de mois après, car le curé était mort bien vite, il l'avait remplacé dans la bonne cure. Tel autre avait réussi à se faire désigner pour successeur à la cure d'un gros bourg fort riche, en assistant à tous les repas du vieux curé paralytique, et lui découpant ses poulets avec grâce.

Les séminaristes, comme les jeunes gens dans toutes les carrières, s'exagèrent l'effet de ces petits moyens, qui ont de l'extraordinaire et frappent l'imagination.

Il faut, se disait Julien, que je me fasse à ces conversations. Quand on ne parlait pas de saucisses et de bonnes cures, on s'entretenait de la partie mondaine des doctrines ecclésiastiques; des différends des évêques et des préfets, des maires et des curés. Julien voyait apparaître l'idée d'un second Dieu, mais d'un Dieu bien plus à craindre et bien plus puissant que l'autre; ce second Dieu était le pape. On se disait, mais en baissant la voix, et quand on était bien sûr de n'être pas entendu par M. Pirard, que si le pape ne se donne pas la peine de nommer tous les préfets et tous les maires de France, c'est qu'il a commis à ce soin le roi de France, en le nommant fils aîné de l'Église.

Ce fut vers ce temps que Julien crut pouvoir tirer parti pour sa considération du livre *du Pape,* par M. de Maistre. A vrai dire, il étonna ses camarades; mais ce fut encore un malheur. Il leur déplut en exposant mieux qu'eux-mêmes leurs propres opinions. M. Chélan avait été imprudent pour Julien comme il l'était pour lui-même. Après lui avoir donné l'habitude de raisonner juste et de ne pas se laisser payer de vaines paroles, il avait négligé de lui dire, que chez l'être peu considéré, cette habitude est un crime; car tout bon raisonnement offense.

Le bien dire de Julien lui fut donc un nouveau crime. Ses camarades, à force de songer à lui, parvinrent à exprimer d'un seul mot toute l'horreur qu'il leur inspirait : ils le surnommèrent MARTIN LUTHER; surtout, disaient-ils, à cause de cette infernale logique qui le rend si fier.

Plusieurs jeunes séminaristes avaient des couleurs plus

fraîches et pouvaient passer pour plus jolis garçons que Julien; mais il avait les mains blanches et ne pouvait cacher certaines habitudes de propreté délicate. Cet avantage n'en était pas un dans la triste maison où le sort l'avait jeté. Les sales paysans au milieu desquels il vivait déclarèrent qu'il avait des mœurs fort relâchées. Nous craignons de fatiguer le lecteur du récit des mille infortunes de notre héros. Par exemple, les plus vigoureux de ses camarades voulurent prendre l'habitude de le battre; il fut obligé de s'armer d'un compas de fer et d'annoncer, mais par signes, qu'il en ferait usage. Les signes ne peuvent pas figurer, dans un rapport d'espion, aussi avantageusement que des paroles.

CHAPITRE XXVIII

UNE PROCESSION

> Tous les cœurs étaient émus. La présence de Dieu semblait descendue dans ces rues étroites et gothiques, tendues de toutes parts, et bien sablées par les soins des fidèles.
>
> YOUNG.

JULIEN avait beau se faire petit et sot, il ne pouvait plaire, il était trop différent. Cependant, se disait-il, tous ces professeurs sont gens très fins et choisis entre mille; comment n'aiment-ils pas mon humilité? Un seul lui semblait abuser de sa complaisance à tout croire, et à sembler dupe de tout. C'était l'abbé Chas-Bernard, directeur des cérémonies de la cathédrale, où, depuis quinze ans, on lui faisait espérer une place de chanoine; en attendant, il enseignait l'éloquence sacrée au séminaire. Dans le temps de son aveuglement, ce cours était un de ceux où Julien se trouvait le plus habituellement le premier. L'abbé Chas était parti de là pour lui témoigner de l'amitié, et, à la sortie de son cours, il le prenait volontiers sous le bras pour faire quelques tours de jardin.

Où veut-il en venir? se disait Julien. Il voyait avec étonnement que, pendant des heures entières, l'abbé Chas lui parlait des ornements possédés par la cathédrale. Elle avait dix-sept chasubles galonnées, outre les ornements de deuil. On espérait beaucoup de la vieille présidente de Rubempré; cette dame, âgée de quatre-vingt-dix ans, conservait, depuis soixante-dix ans au moins, ses robes de noce, en superbes étoffes de Lyon, brochées d'or. Figurez-vous, mon ami, disait l'abbé Chas en s'arrêtant tout court et ouvrant de grands yeux, que ces étoffes se tiennent droites, tant il y a d'or. On croit généralement dans Besançon que, par le testament de la présidente, le *trésor* de la cathédrale sera augmenté de plus de dix chasubles, sans compter quatre ou cinq chapes pour les grandes fêtes. Je vais plus loin, ajoutait l'abbé Chas en baissant la voix, j'ai des raisons pour penser que la présidente nous laissera huit magnifiques flambeaux d'argent doré, que l'on suppose avoir été achetés en Italie, par le duc de Bourgogne, Charles le Téméraire, dont un de ses ancêtres fut le ministre favori.

Mais où cet homme veut-il en venir avec toute cette friperie? pensait Julien. Cette préparation adroite dure depuis un siècle, et rien ne paraît. Il faut qu'il se méfie bien de moi! Il est plus adroit que tous les autres, dont en quinze jours on devine si bien le but secret. Je comprends, l'ambition de celui-ci souffre depuis quinze ans!

Un soir, au milieu de la leçon d'armes, Julien fut appelé chez l'abbé Pirard, qui lui dit:

— C'est demain la fête du *Corpus Domini* (la Fête-Dieu). M. l'abbé Chas-Bernard a besoin de vous pour l'aider à orner la cathédrale, allez et obéissez.

L'abbé Pirard le rappela, et de l'air de la commisération, ajouta:

— C'est à vous de voir si vous voulez profiter de l'occasion pour vous écarter dans la ville.

— *Incedo par ignes,* répondit Julien (j'ai des ennemis cachés).

Le lendemain, dès le grand matin, Julien se rendit à la cathédrale, les yeux baissés. L'aspect des rues et de l'activité qui commençait à régner dans la ville lui fit du bien. De toutes parts on tendait le devant des maisons pour la procession. Tout le temps qu'il avait passé au séminaire ne lui sembla plus qu'un instant. Sa pensée était à Vergy et à cette jolie Amanda Binet qu'il pouvait rencontrer, car son café n'était pas bien éloigné. Il aperçut de loin l'abbé Chas-Bernard sur la porte de sa chère cathédrale; c'était un gros homme à face réjouie et à l'air ouvert. Ce jour-là il était triomphant : — Je vous attendais, mon cher fils, s'écria-t-il, du plus loin qu'il vit Julien, soyez le bienvenu. La besogne de cette journée sera longue et rude, fortifions-nous par un premier déjeuner; le second viendra à dix heures pendant la grand-messe.

— Je désire, monsieur, lui dit Julien d'un air grave, n'être pas un instant seul; daignez remarquer, ajouta-t-il en lui montrant l'horloge au-dessus de leur tête, que j'arrive à cinq heures moins une minute.

— Ah! ces petits méchants du séminaire vous font peur! Vous êtes bien bon de penser à eux, dit l'abbé Chas; un chemin est-il moins beau, parce qu'il y a des épines dans les haies qui le bordent? Les voyageurs font route et laissent les épines méchantes se morfondre à leur place. Du reste, à l'ouvrage, mon cher ami, à l'ouvrage!

L'abbé Chas avait raison de dire que la besogne serait rude. Il y avait eu la veille une grande cérémonie funèbre à la cathédrale; l'on n'avait pu rien préparer; il fallait donc, en une seule matinée, revêtir tous les piliers gothiques qui forment les trois nefs d'une sorte d'habit de damas rouge qui monte à trente pieds de hauteur. M. l'évêque avait fait venir, par la malle-poste, quatre tapissiers de Paris, mais ces messieurs ne pouvaient suffire à tout, et loin d'encourager la maladresse de leurs camarades bisontins, ils la redoublaient en se moquant d'eux.

Julien vit qu'il fallait monter à l'échelle lui-même, son agilité le servit bien. Il se chargea de diriger les tapissiers de la ville. L'abbé Chas enchanté le regardait voltiger d'échelle en échelle. Quand tous les piliers furent revêtus de damas, il fut question d'aller placer cinq énormes bouquets de plumes sur le grand baldaquin, au-dessus du maître-autel. Un riche couronnement de bois doré est soutenu par huit grandes colonnes torses en marbre d'Italie. Mais, pour arriver au centre du baldaquin, au-dessus du tabernacle, il fallait marcher sur une vieille corniche en bois, peut-être vermoulue et à quarante pieds d'élévation.

L'aspect de ce chemin ardu avait éteint la gaieté si brillante jusque-là des tapissiers parisiens; ils regardaient d'en bas, discutaient beaucoup et ne montaient pas. Julien se saisit des bouquets de plumes, et monta l'échelle en courant. Il les plaça fort bien sur l'ornement en forme de couronne, au centre du baldaquin. Comme il descendait de l'échelle, l'abbé Chas-Bernard le serra dans ses bras.

— *Optime,* s'écria le bon prêtre, je conterai ça à Monseigneur.

Le déjeuner de dix heures fut très gai. Jamais l'abbé Chas n'avait vu son église si belle.

— Cher disciple, disait-il à Julien, ma mère était loueuse de chaises dans cette vénérable basilique, de sorte que j'ai été nourri dans ce grand édifice. La Terreur de Robespierre nous ruina; mais, à huit ans que j'avais alors, je servais déjà des messes en chambre, et l'on me nourrissait le jour de la messe. Personne ne savait plier une chasuble mieux que moi, jamais les galons n'étaient coupés. Depuis le rétablissement du culte par Napoléon, j'ai le bonheur de tout diriger dans cette vénérable métropole. Cinq fois par an, mes yeux la voient parée de ces ornements si beaux. Mais jamais elle n'a été si resplendissante, jamais les lés de damas n'ont été aussi bien attachés qu'aujourd'hui, aussi collants aux piliers.

— Enfin, il va me dire son secret, pensa Julien, le voilà qui me parle de lui; il y a épanchement. Mais rien d'imprudent ne fut dit par cet homme évidemment exalté. Et pourtant il a beaucoup travaillé, il est heureux, se dit Julien, le bon vin n'a pas été épargné. Quel homme! quel exemple pour moi! à lui le pompon. (C'était un mauvais mot qu'il tenait du vieux chirurgien.)

Comme le *Sanctus* de la grand-messe sonna, Julien voulut prendre un surplis pour suivre l'évêque à la superbe procession.

— Et les voleurs, mon ami, et les voleurs! s'écria l'abbé Chas, vous n'y pensez pas. La procession va sortir; l'église restera déserte; nous veillerons, vous et moi. Nous serons bien heureux s'il ne nous manque qu'une couple d'aunes de ce beau galon qui environne le bas des piliers. C'est encore un don de madame de Rubempré; il provient du fameux comte son bisaïeul; c'est de l'or pur, mon cher ami, ajouta l'abbé en lui parlant à l'oreille, et d'un air évidemment exalté, rien de faux! Je vous charge de l'inspection de l'aile du nord, n'en sortez pas. Je garde pour moi l'aile du midi et la grand-nef. Attention aux confessionnaux; c'est de là que les espionnes des voleurs épient le moment où nous avons le dos tourné.

Comme il achevait de parler, onze heures trois quarts sonnèrent, aussitôt la grosse cloche se fit entendre. Elle sonnait à pleine volée; ces sons si pleins et si solennels émurent Julien. Son imagination n'était plus sur la terre.

L'odeur de l'encens et des feuilles de roses jetées devant le Saint Sacrement par les petits enfants déguisés en saint Jean, acheva de l'exalter.

Les sons si graves de cette cloche n'auraient dû réveiller chez Julien que l'idée du travail de vingt hommes payés à cinquante centimes, et aidés peut-être par quinze ou vingt fidèles. Il eût dû penser à l'usure des cordes, à celle de la charpente, au danger de la cloche elle-même qui tombe tous les deux siècles, et réfléchir au moyen de diminuer le salaire des sonneurs, ou de les payer par quelque indulgence, ou autre grâce, tirée des trésors de l'Eglise, et qui n'aplatit pas sa bourse.

Au lieu de ces sages réflexions, l'âme de Julien, exaltée par ces sons si mâles et si pleins, errait dans les espaces imaginaires. Jamais il ne fera ni un bon prêtre, ni un grand administrateur. Les âmes qui s'émeuvent ainsi sont bonnes tout au plus à produire un artiste. Ici éclate dans tout son jour la présomption de Julien. Cinquante, peut-être, des séminaristes ses camarades, rendus attentifs au réel de la vie par la haine publique et le jacobinisme qu'on leur montre en embuscade derrière chaque haie, en entendant la grosse cloche de la cathédrale, n'auraient songé qu'au salaire des sonneurs. Ils auraient examiné avec le génie de Barême si le degré d'émotion du public valait l'argent qu'on donnait aux sonneurs. Si Julien eût voulu songer aux intérêts matériels de la cathédrale, son imagination, s'élançant au-delà du but, aurait pensé à économiser quarante francs à la fabrique, et laissé perdre l'occasion d'éviter une dépense de vingt-cinq centimes.

Tandis que, par le plus beau jour du monde, la procession parcourait lentement Besançon, et s'arrêtait aux brillants reposoirs élevés à l'envi par toutes les autorités, l'église était restée dans un profond silence. Une demi-obscurité, une agréable fraîcheur y régnaient; elle était encore embaumée par le parfum des fleurs et de l'encens.

Le silence, la solitude profonde, la fraîcheur des longues nefs rendaient plus douce la rêverie de Julien. Il ne craignait point d'être troublé par l'abbé Chas, occupé dans une autre partie de l'édifice. Son âme avait presque abandonné son enveloppe mortelle, qui se promenait à pas lents dans l'aile du nord confiée à sa surveillance. Il était d'autant plus tranquille, qu'il s'était assuré qu'il n'y avait dans les confessionnaux que quelques femmes pieuses; son œil regardait sans voir.

Cependant sa distraction fut à demi vaincue par l'aspect de deux femmes fort bien mises qui étaient à genoux, l'une dans un confessionnal, et l'autre, tout près de la première, sur une chaise. Il regardait sans voir; cependant soit sentiment vague de ses devoirs, soit admiration pour la mise noble et simple de ces dames, il remarqua qu'il n'y avait pas de prêtre, dans ce confessionnal. Il est singulier, pensa-t-il, que ces belles dames ne soient pas à genoux devant quelque reposoir, si elles sont dévotes; ou placées avantageusement au premier rang de quelque balcon, si elles sont du monde. Comme cette robe est bien prise! quelle grâce! Il ralentit le pas pour chercher à les voir.

Celle qui était à genoux dans le confessionnal détourna un peu la tête en entendant le bruit des pas de Julien au milieu de ce grand silence. Tout à coup elle jeta un petit cri, et se trouva mal.

En perdant ses forces, cette dame à genoux tomba en arrière; son amie, qui était près d'elle, s'élança pour la secourir. En même temps Julien vit les épaules de la dame qui tombait en arrière. Un collier de grosses perles fines en torsade, de lui bien connu, frappa ses regards.

Que devint-il en reconnaissant la chevelure de madame de Rênal! c'était elle. La dame qui cherchait à lui soutenir la tête et à l'empêcher de tomber tout à fait, était madame Derville. Julien, hors de lui, s'élança; la chute de madame de Rênal eût peut-être entraîné son amie, si Julien ne les eût soutenues. Il vit la tête de madame de Rênal pâle, absolument privée de sentiment, flottant sur son épaule. Il aida madame Derville à placer cette tête charmante sur l'appui d'une chaise de paille; il était à genoux.

Madame Derville se retourna et le reconnut :

— Fuyez, monsieur, fuyez! lui dit-elle avec l'accent de la plus vive colère. Que surtout elle ne vous revoie pas. Votre vue doit en effet lui faire horreur, elle était si heureuse avant vous! Votre procédé est atroce. Fuyez; éloignez-vous, s'il vous reste quelque pudeur.

Ce mot fut dit avec tant d'autorité, et Julien était si faible dans ce moment, qu'il s'éloigna. Elle m'a toujours haï, dit-il en pensant à madame Derville.

Au même instant, le chant nasillard des premiers prêtres de la procession retentit dans l'église; elle rentrait. L'abbé Chas-Bernard appela plusieurs fois Julien, qui d'abord ne l'entendit pas : il vint enfin le prendre par le bras derrière un pilier où Julien s'était réfugié à demi mort. Il voulait le présenter à l'évêque.

— Vous vous trouvez mal, mon enfant, lui dit l'abbé en le voyant si pâle et presque hors d'état de marcher; vous avez trop travaillé. L'abbé lui donna le bras. Venez, asseyez-vous sur ce petit banc du donneur d'eau bénite, derrière moi; je vous cacherai. Ils étaient alors à côté de la grande porte. Tranquillisez-vous, nous avons encore vingt bonnes minutes avant que Monseigneur ne paraisse. Tâchez de vous remettre; quand il passera, je vous soulèverai, car je suis fort et vigoureux, malgré mon âge.

Mais quand l'évêque passa, Julien était tellement tremblant, que l'abbé Chas renonça à l'idée de le présenter.

— Ne vous affligez pas trop, lui dit-il, je retrouverai une occasion.

Le soir, il fit porter à la chapelle du séminaire dix livres de cierges économisés, dit-il, par les soins de Julien, et la rapidité avec laquelle il avait fait éteindre. Rien de moins vrai. Le pauvre garçon était éteint lui-même; il n'avait pas eu une idée depuis la vue de madame de Rênal.

CHAPITRE XXIX

LE PREMIER AVANCEMENT

> Il a connu son siècle, il a connu son département, et il est riche.
> *Le Précurseur.*

JULIEN n'était pas encore revenu de la rêverie profonde où l'avait plongé l'événement de la cathédrale, lorsqu'un matin le sévère abbé Pirard le fit appeler.

— Voilà M. l'abbé Chas-Bernard qui m'écrit en votre faveur. Je suis assez content de l'ensemble de votre conduite. Vous êtes extrêmement imprudent et même étourdi, sans qu'il y paraisse; cependant, jusqu'ici le cœur est bon et même généreux; l'esprit est supérieur. Au total, je vois en vous une étincelle qu'il ne faut pas négliger.

Après quinze ans de travaux, je suis sur le point de sortir de cette maison : mon crime est d'avoir laissé les séminaristes à leur libre arbitre, et de n'avoir ni protégé, ni desservi cette société secrète dont vous m'avez parlé au tribunal de la pénitence. Avant de partir, je veux faire quelque chose pour vous; j'aurais agi deux mois plus tôt, car vous le méritez, sans la dénonciation fondée sur l'adresse d'Amanda Binet, trouvée chez vous. Je vous fais répétiteur pour le Nouveau et l'Ancien Testament.

Julien, transporté de reconnaissance, eut bien l'idée de se jeter à genoux et de remercier Dieu; mais il céda à un mouvement plus vrai. Il s'approcha de l'abbé Pirard et lui prit la main, qu'il porta à ses lèvres.

— Qu'est ceci? s'écria le directeur d'un air fâché; mais les yeux de Julien en disaient encore plus que son action.

L'abbé Pirard le regarda avec étonnement, tel qu'un homme qui, depuis longues années, a perdu l'habitude de rencontrer des émotions délicates. Cette attention trahit le directeur; sa voix s'altéra.

— Eh bien! oui, mon enfant, je te suis attaché. Le Ciel sait que c'est bien malgré moi. Je devrais être juste, et n'avoir ni haine, ni amour, pour personne. Ta carrière sera pénible. Je vois en toi quelque chose qui offense le vulgaire. La jalousie et la calomnie te poursuivront. En quelque lieu que la Providence te place, tes compagnons ne te verront jamais sans te haïr; et s'ils feignent de t'aimer, ce sera pour te trahir plus sûrement. A cela, il n'y a qu'un remède : n'aie recours qu'à Dieu, qui t'a donné, pour te punir de ta présomption, cette nécessité d'être haï; que ta conduite soit pure; c'est la seule ressource que je te voie. Si tu tiens à la vérité d'une étreinte invincible, tôt ou tard tes ennemis seront confondus.

Il y avait si longtemps que Julien n'avait entendu une voix amie, qu'il faut lui pardonner une faiblesse : il fondit en larmes. L'abbé Pirard lui ouvrit les bras; ce moment fut bien doux pour tous les deux.

Julien était fou de joie; cet avancement était le premier qu'il obtenait; les avantages étaient immenses. Pour les concevoir, il faut avoir été condamné à passer des mois entiers sans un instant de solitude, et dans un contact immédiat avec des camarades pour le moins importuns, et la plupart intolérables. Leurs cris seuls eussent suffi pour porter le désordre dans une organisation délicate. La joie bruyante de ces paysans bien nourris et bien vêtus ne savait jouir d'elle-même, ne se croyait entière que lorsqu'ils criaient de toute la force de leurs poumons.

Maintenant, Julien dînait seul, ou à peu près, une heure plus tard que les autres séminaristes. Il avait une clef du jardin et pouvait s'y promener aux heures où il est désert.

A son grand étonnement, Julien s'aperçut qu'on le haïssait moins; il s'attendait, au contraire, à un redoublement de haine. Ce désir secret qu'on ne lui adressât pas la parole, qui était trop évident et lui valait tant d'ennemis, ne fut plus une marque de hauteur ridicule. Aux yeux des êtres grossiers qui l'entouraient, ce fut un juste sentiment de sa dignité. La haine diminua sensiblement, surtout parmi les plus jeunes de ses camarades devenus ses élèves, et qu'il traitait avec beaucoup de politesse. Peu à peu il eut même des partisans; il devint de mauvais ton de l'appeler Martin Luther.

Mais à quoi bon nommer ses amis, ses ennemis? Tout cela est laid, et d'autant plus laid que le dessein est plus vrai. Ce sont cependant là les seuls professeurs de morale qu'ait le peuple, et sans eux que deviendrait-il? Le journal pourra-t-il jamais remplacer le curé?

Depuis la nouvelle dignité de Julien, le directeur du séminaire affecta de ne lui parler jamais sans témoins. Il y avait dans cette conduite prudence pour le maître, comme pour le disciple; mais il y avait surtout *épreuve*. Le principe invariable du sévère janséniste Pirard était: Un homme a-t-il du mérite à vos yeux? mettez obstacle à tout ce qu'il désire, à tout ce qu'il entreprend. Si le mérite est réel, il saura bien renverser ou tourner les obstacles.

C'était le temps de la chasse. Fouqué eut l'idée d'envoyer au séminaire un cerf et un sanglier de la part des parents de Julien. Les animaux morts furent déposés dans le passage, entre la cuisine et le réfectoire. Ce fut là que tous les séminaristes les virent en allant dîner. Ce fut un grand objet de curiosité. Le sanglier, tout mort qu'il était, faisait peur aux plus jeunes; ils touchaient ses défenses. On ne parla d'autre chose pendant huit jours.

Ce don, qui classait la famille de Julien dans la partie de la société qu'il faut respecter, porta un coup mortel à l'envie. Il fut une supériorité consacrée par la fortune. Chazel et les plus distingués des séminaristes lui firent des avances, et se seraient presque plaints à lui de ce qu'il ne les avait pas avertis de la fortune de ses parents, et les avait ainsi exposés à manquer de respect à l'argent.

Il y eut une conscription dont Julien fut exempté en sa qualité de séminariste. Cette circonstance l'émut profondément. Voilà donc passé à jamais l'instant, où vingt ans plus tôt, une vie héroïque eût commencé pour moi!

Il se promenait seul dans le jardin du séminaire, il entendit parler entre eux des maçons qui travaillaient au mur de clôture.

— Eh bien! y faut partir, v'là une nouvelle conscription.

— Dans le temps *de l'autre,* à la bonne heure! un maçon y devenait officier, y devenait général, on a vu ça.

— Va-t'en voir maintenant! il n'y a que les gueux qui partent. Celui qui a *de quoi* reste au pays.

— Qui est né misérable, reste misérable, et v'là.

— Ah çà, est-ce bien vrai, ce qu'ils disent, que l'autre est mort? reprit un troisième maçon.

— Ce sont les gros qui disent ça, vois-tu! l'autre leur faisait peur.

— Quelle différence, comme l'ouvrage allait de son temps! Et dire qu'il a été trahi par ses maréchaux! Faut-y être traître!

Cette conversation consola un peu Julien. En s'éloignant, il répétait avec un soupir :

> Le seul roi dont le peuple ait gardé la mémoire!

Le temps des examens arriva. Julien répondit d'une façon brillante; il vit que Chazel lui-même cherchait à montrer tout son savoir.

Le premier jour, les examinateurs nommés par le fameux grand vicaire de Frilair furent très contrariés de devoir toujours porter le premier, ou tout au plus le second, sur leur liste, ce Julien Sorel, qui leur était signalé comme le benjamin de l'abbé Pirard. Il y eut des paris au séminaire, que, dans la liste de l'examen général, Julien aurait le numéro premier, ce qui emportait l'honneur de dîner chez Monseigneur l'évêque. Mais à la fin d'une séance, où il avait été question des Pères de l'Eglise, un examinateur adroit, après avoir interrogé Julien sur saint Jérôme, et sa passion pour Cicéron, vint à parler d'Horace, de Virgile et des autres auteurs profanes. A l'insu de ses camarades, Julien avait appris par cœur un grand nombre de passages de ces auteurs. Entraîné par ses succès, il oublia le lieu où il était, et, sur la demande réitérée de l'examinateur, récita et paraphrasa avec feu plusieurs odes d'Horace. Après l'avoir laissé s'enferrer pendant vingt minutes, tout à coup l'examinateur changea de visage et lui reprocha avec aigreur le temps qu'il avait perdu à ces études profanes, et les idées inutiles ou criminelles qu'il s'était mises dans la tête.

— Je suis un sot, monsieur, et vous avez raison, dit Julien d'un air modeste, en reconnaissant le stratagème adroit dont il était victime.

Cette ruse de l'examinateur fut trouvée sale, même au séminaire, ce qui n'empêcha pas M. l'abbé de Frilair, cet homme adroit qui avait organisé si savamment le réseau de la congrégation bisontine, et dont les dépêches à Paris faisaient trembler juges, préfet, et jusqu'aux officiers généraux de la garnison, de placer, de sa main puissante, le numéro 198 à côté du nom de Julien. Il avait de la joie à mortifier ainsi son ennemi, le janséniste Pirard.

Depuis dix ans, sa grande affaire était de lui enlever la direction du séminaire. Cet abbé, suivant pour lui-même le plan de conduite qu'il avait indiqué à Julien, était sincère, pieux, sans intrigues, attaché à ses devoirs. Mais le Ciel, dans sa colère, lui avait donné ce tempérament bilieux, fait pour sentir profondément les injures et la haine. Aucun des ouvrages qu'on lui adressait n'était perdu pour cette âme ardente. Il eût cent fois donné sa démission, mais il se croyait utile dans le poste où la Providence l'avait placé. J'empêche les progrès du jésuitisme et de l'idolâtrie, se disait-il.

A l'époque des examens, il y avait deux mois peut-être qu'il n'avait parlé à Julien, et cependant il fut malade pendant huit jours, quand, en recevant la lettre officielle annonçant le résultat du concours, il vit le numéro 198 placé à côté du nom de cet élève qu'il regardait comme la gloire de sa maison. La seule consolation pour ce caractère sévère fut de concentrer sur Julien tous ses moyens de surveillance. Ce fut avec ravissement qu'il ne découvrit en lui ni colère, ni projet de vengeance, ni découragement.

Quelques semaines après, Julien tressaillit en recevant une lettre; elle portait le timbre de Paris. Enfin, pensa-t-il, madame de Rênal se souvient de ses promesses. Un monsieur qui signait Paul Sorel, et qui se disait son parent, lui envoyait une lettre de change de cinq cents francs. On ajoutait que si Julien continuait à étudier avec succès les bons auteurs latins, une somme pareille lui serait adressée chaque année.

C'est elle. c'est sa bonté! se dit Julien attendri, elle veut me consoler; mais pourquoi pas une seule parole d'amitié?

Il se trompait sur cette lettre, madame de Rênal, dirigée par son amie madame Derville, était tout entière à ses remords profonds. Malgré elle, elle pensait souvent à l'être singulier dont la rencontre avait bouleversé son existence, mais se fût bien gardée de lui écrire.

Si nous parlions le langage du séminaire, nous pourrions reconnaître un miracle dans cet envoi de cinq cents francs, et dire que c'était de M. de Frilair lui-même, que le Ciel se servait pour faire ce don à Julien.

Douze années auparavant, M. l'abbé de Frilair était arrivé à Besançon avec un porte-manteau des plus exigus, lequel, suivant la chronique, contenait toute sa fortune. Il se trouvait maintenant l'un des plus riches propriétaires du département. Dans le cours de ses prospérités, il avait acheté la moitié d'une terre, dont l'autre partie échut par héritage à M. de La Mole. De là un grand procès entre ces personnages.

Malgré sa brillante existence à Paris, et les emplois qu'il avait à la cour, M. le marquis de La Mole sentit qu'il était dangereux de lutter à Besançon contre un grand vicaire qui passait pour faire et défaire les préfets. Au lieu de solliciter une gratification de cinquante mille francs, déguisée sous un nom quelconque admis par le budget, et d'abandonner à l'abbé de Frilair ce chétif procès de cinquante mille francs, le marquis se piqua. Il croyait avoir raison : belle raison!

Or, s'il est permis de le dire : quel est le juge qui n'a pas un fils ou du moins un cousin à pousser dans le monde?

Pour éclairer les plus aveugles, huit jours après le premier arrêt qu'il obtint, M. l'abbé de Frilair prit le carrosse de Monseigneur l'évêque, et alla lui-même porter la croix de la Légion d'honneur à son avocat. M. de La Mole un peu étourdi de la contenance de sa partie adverse, et sentant faiblir ses avocats, demanda des conseils à l'abbé Chélan, qui le mit en relation avec M. Pirard.

Ces relations avaient duré plusieurs années à l'époque

de notre histoire. L'abbé Pirard porta son caractère passionné dans cette affaire. Voyant sans cesse les avocats
du marquis, il étudia sa cause, et la trouva juste, il devint ouvertement le solliciteur du marquis de La Mole
contre le tout-puissant grand vicaire. Celui-ci fut outré
de l'insolence, et de la part d'un petit janséniste encore!

« Voyez ce que c'est que cette noblesse de cour qui se
prétend si puissante! disait, à ses intimes, l'abbé de Frilair. M. de La Mole n'a pas seulement envoyé une misérable croix à son agent à Besançon, et va le laisser platement destituer. Cependant, m'écrit-on, ce noble pair ne
laisse pas passer de semaine sans aller étaler son cordon
bleu dans le salon du garde des sceaux, quel qu'il soit. »

Malgré toute l'activité de l'abbé Pirard, et quoique
M. de La Mole fût toujours au mieux avec le ministre de
la justice et surtout avec ses bureaux, tout ce qu'il avait
pu faire, après six années de soins, avait été de ne pas
perdre absolument son procès.

Sans cesse en correspondance avec l'abbé Pirard, pour
une affaire qu'ils suivaient tous les deux avec passion, le
marquis finit par goûter le genre d'esprit de l'abbé. Peu
à peu, malgré l'immense distance des positions sociales,
leur correspondance prit le ton de l'amitié. L'abbé Pirard
disait au marquis qu'on voulait l'obliger, à force d'ava-
nies, à donner sa démission. Dans la colère que lui inspira le stratagème infâme, suivant lui, employé contre Julien, il conta son histoire au marquis.

Quoique fort riche, ce grand seigneur n'était point
avare. De la vie, il n'avait pu faire accepter à l'abbé Pirard même le remboursement des frais de poste occasion-
nés par le procès. Il saisit l'idée d'envoyer cinq cents
francs à son élève favori.

M. de La Mole se donna la peine d'écrire lui-même
la lettre d'envoi. Cela le fit penser à l'abbé.

Un jour, celui-ci reçut un petit billet qui, pour affaire
pressante, l'engageait à passer, sans délai, dans une auberge du faubourg de Besançon. Il y trouva l'intendant
de M. de La Mole.

— M. le marquis m'a chargé de vous amener sa calèche,
lui dit cet homme. Il espère qu'après avoir lu cette lettre,

il vous conviendra de partir pour Paris, dans quatre ou cinq jours. Je vais employer le temps que vous voudrez bien m'indiquer à parcourir les terres de M. le marquis, en Franche-Comté. Après quoi, le jour qui vous conviendra, nous partirons pour Paris.

La lettre était courte :

« Débarrassez-vous, mon cher monsieur, de toutes les tracasseries de province, venez respirer un air tranquille, à Paris. Je vous envoie ma voiture, qui a l'ordre d'attendre votre détermination, pendant quatre jours. Je vous attendrai moi-même, à Paris, jusqu'à mardi. Il ne me faut qu'un oui, de votre part, monsieur, pour accepter en votre nom une des meilleures cures des environs de Paris. Le plus riche de vos futurs paroissiens ne vous a jamais vu, mais vous est dévoué plus que vous ne pouvez croire, c'est le marquis de La Mole. »

Sans s'en douter, le sévère abbé Pirard aimait ce séminaire, peuplé de ses ennemis, et auquel, depuis quinze ans il consacrait toutes ses pensées. La lettre de M. de La Mole fut pour lui comme l'apparition du chirurgien chargé de faire une opération cruelle et nécessaire. Sa destitution était certaine. Il donna rendez-vous à l'intendant, à trois jours de là.

Pendant quarante-huit heures, il eut la fièvre d'incertitude. Enfin, il écrivit à M. de La Mole, et composa, pour Monseigneur l'évêque, une lettre, chef-d'œuvre de style ecclésiastique, mais un peu longue. Il eût été difficile de trouver des phrases plus irréprochables et respirant un respect plus sincère. Et toutefois, cette lettre, destinée à donner une heure difficile à M. de Frilair, vis-à-vis de son patron, articulait tous les sujets de plaintes graves, et descendait jusqu'aux petites tracasseries sales qui, après avoir été endurées, avec résignation, pendant six ans, forçaient l'abbé Pirard à quitter le diocèse.

On lui volait son bois dans son bûcher, on empoisonnait son chien, etc, etc.

Cette lettre finie, il fit réveiller Julien qui, à huit heures du soir, dormait déjà, ainsi que tous les séminaristes.

— Vous savez où est l'évêché? lui dit-il en beau style latin; portez cette lettre à Monseigneur. Je ne vous dissi-

mulerai point que je vous envoie au milieu des loups.
Soyez tout yeux et tout oreilles. Point de mensonges dans
vos réponses; mais songez que qui vous interroge éprou-
verait peut-être une joie véritable à pouvoir vous nuire.
Je suis bien aise, mon enfant, de vous donner cette expérience avant de vous quitter, car je ne vous le cache point,
la lettre que vous portez est ma démission.

Julien resta immobile, il aimait l'abbé Pirard. La prudence avait beau lui dire :

Après le départ de cet honnête homme, le parti du
Sacré-Cœur va me dégrader et peut-être me chasser.

Il ne pouvait penser à lui. Ce qui l'embarrassait, c'était
une phrase qu'il voulait arranger d'une manière polie, et
réellement il ne s'en trouvait pas l'esprit.

— Eh bien! mon ami, ne partez-vous pas?

— C'est qu'on dit, monsieur, dit timidement Julien,
que pendant votre longue administration, vous n'avez rien
mis de côté. J'ai six cents francs.

Les larmes l'empêchèrent de continuer.

— *Cela aussi sera marqué*, dit froidement l'ex-directeur
du séminaire. Allez à l'évêché, il se fait tard.

Le hasard voulut que ce soir-là, M. l'abbé de Frilair
fût de service dans le salon de l'évêché; Monseigneur dînait
à la préfecture. Ce fut donc à M. de Frilair lui-même que
Julien remit la lettre, mais il ne le connaissait pas.

Julien vit, avec étonnement, cet abbé ouvrir hardiment
la lettre adressée à l'évêque. La belle figure du grand
vicaire exprima bientôt une surprise mêlée de vif plaisir,
et redoubla de gravité. Pendant qu'il lisait, Julien, frappé
de sa bonne mine, eut le temps de l'examiner. Cette figure
eût eu plus de gravité, sans la finesse extrême qui apparaissait dans certains traits, et qui fût allée jusqu'à dénoter
la fausseté, si le possesseur de ce beau visage eût cessé un
instant de s'en occuper. Le nez, très avancé, formait une
seule ligne parfaitement droite, et donnait, par malheur,
à un profil, fort distingué d'ailleurs, une ressemblance
irrémédiable avec la physionomie d'un renard. Du reste,
cet abbé qui paraissait si occupé de la démisssion de
M. Pirard, était mis avec une élégance qui plut beaucoup
à Julien, et qu'il n'avait jamais vue à aucun prêtre.

Julien ne sut que plus tard quel était le talent spécial de l'abbé de Frilair. Il savait amuser son évêque, vieillard aimable, fait pour le séjour de Paris, et qui regardait Besançon comme un exil. Cet évêque avait une fort mauvaise vue, et aimait passionnément le poisson. L'abbé de Frilair ôtait les arêtes du poisson qu'on servait à Monseigneur.

Julien regardait en silence l'abbé qui relisait la démission, lorsque tout à coup la porte s'ouvrit avec fracas. Un laquais, richement vêtu, passa rapidement. Julien n'eut que le temps de se retourner vers la porte; il aperçut un petit vieillard portant une croix pectorale. Il se prosterna : l'évêque lui adressa un sourire de bonté et passa. Le bel abbé le suivit, et Julien resta seul dans le salon dont il put à loisir admirer la magnificence pieuse.

L'évêque de Besançon, homme d'esprit éprouvé, mais non pas éteint par les longues misères de l'émigration, avait plus de soixante-quinze ans, et s'inquiétait infiniment peu de ce qui arriverait dans dix ans.

— Quel est ce séminariste au regard fin, que je crois avoir vu en passant? dit l'évêque. Ne doivent-ils pas, suivant mon règlement, être couchés à l'heure qu'il est?

— Celui-ci est fort éveillé, je vous jure, Monseigneur, et il apporte une grande nouvelle : c'est la démission du seul janséniste qui restât dans votre diocèse. Ce terrible abbé Pirard comprend enfin ce que parler veut dire.

— Eh bien! dit l'évêque en riant, je vous défie de le remplacer par un homme qui le vaille. Et pour vous montrer tout le prix de cet homme, je l'invite à dîner pour demain.

Le grand vicaire voulut glisser quelques mots sur le choix du successeur. Le prélat, peu disposé à parler d'affaires, lui dit :

— Avant de faire entrer cet autre, sachons un peu comment celui-ci s'en va. Faites-moi venir ce séminariste, la vérité est dans la bouche des enfants.

Julien fut appelé : Je vais me trouver au milieu de deux inquisiteurs, pensa-t-il. Jamais il ne s'était senti plus de courage.

Au moment où il entra, deux grands valets de chambre, mieux mis que M. Valenod lui-même, déshabillaient Monseigneur. Ce prélat, avant d'en venir à M. Pirard, crut devoir interroger Julien sur ses études. Il parla un peu de dogme, et fut étonné. Bientôt il en vint aux humanités, à Virgile, à Horace, à Cicéron. Ces noms-là, pensa Julien, m'ont valu mon numéro 198. Je n'ai rien à perdre, essayons de briller. Il réussit; le prélat, excellent humaniste lui-même, fut enchanté.

Au dîner de la préfecture, une jeune fille, justement célèbre, avait récité le poème de la Madeleine. Il était en train de parler littérature, et oublia bien vite l'abbé Pirard et toutes les affaires, pour discuter, avec le séminariste, la question de savoir si Horace était riche ou pauvre. Le prélat cita plusieurs odes, mais quelquefois sa mémoire était paresseuse, et sur-le-champ Julien récitait l'ode tout entière, d'un air modeste : ce qui frappa l'évêque fut que Julien ne sortait pas du ton de la conversation; il disait ses vingt ou trente vers latins, comme il eût parlé de ce qui se passait dans son séminaire. On parla longtemps de Virgile, de Cicéron. Enfin le prélat ne put s'empêcher de faire compliment au jeune séminariste.

— Il est impossible d'avoir fait de meilleures études.

— Monseigneur, dit Julien, votre séminaire peut vous offrir cent quatre-vingt-dix-sept sujets bien moins indignes de votre haute approbation.

— Comment cela? dit le prélat étonné de ce chiffre.

— Je puis appuyer d'une preuve officielle ce que j'ai l'honneur de dire devant Monseigneur.

A l'examen annuel du séminaire, répondant précisément sur les matières qui me valent, en ce moment, l'approbation de Monseigneur, j'ai obtenu le numéro 198.

— Ah! c'est le benjamin de l'abbé Pirard, s'écria l'évêque en riant et regardant M. de Frilair; nous aurions dû nous y attendre; mais c'est de bonne guerre. N'est-ce pas, mon ami, ajouta-t-il en s'adressant à Julien, qu'on vous a fait réveiller pour vous envoyer ici?

— Oui, Monseigneur. Je ne suis sorti seul du séminaire qu'une seule fois en ma vie, pour aller aider

M. l'abbé Chas-Bernard à orner la cathédrale, le jour de la Fête-Dieu.

— *Optime*, dit l'évêque; quoi, c'est vous qui avez fait preuve de tant de courage, en plaçant les bouquets de plumes sur le baldaquin? Ils me font frémir chaque année; je crains toujours qu'ils ne me coûtent la vie d'un homme. Mon ami, vous irez loin; mais je ne veux pas arrêter votre carrière, qui sera brillante, en vous faisant mourir de faim.

Et sur l'ordre de l'évêque, on apporta des biscuits et du vin de Malaga, auxquels Julien fit honneur, et encore plus l'abbé de Frilair, qui savait que son évêque aimait à voir manger gaiement et de bon appétit.

Le prélat, de plus en plus content de la fin de sa soirée, parla un instant d'histoire ecclésiastique. Il vit que Julien ne comprenait pas. Le prélat passa à l'état moral de l'empire romain, sous les empereurs du siècle de Constantin. La fin du paganisme était accompagnée de cet état d'inquiétude et de doute qui, au XIXe siècle, désole les esprits tristes et ennuyés. Monseigneur remarqua que Julien ignorait presque jusqu'au nom de Tacite.

Julien répondit avec candeur, à l'étonnement du prélat, que cet auteur ne se trouvait pas dans la bibliothèque du séminaire.

— J'en suis vraiment bien aise, dit l'évêque gaiement. Vous me tirez d'embarras; depuis dix minutes, je cherche le moyen de vous remercier de la soirée aimable que vous m'avez procurée, et certes d'une manière bien imprévue. Je ne m'attendais pas à trouver un docteur dans un élève de mon séminaire. Quoique le don ne soit pas trop canonique, je veux vous donner un Tacite.

Le prélat se fit apporter huit volumes supérieurement reliés, et voulut écrire lui-même, sur le titre du premier, un compliment latin pour Julien Sorel. L'évêque se piquait de belle latinité; il finit par lui dire, d'un ton sérieux, qui tranchait tout à fait avec celui du reste de la conversation :

— Jeune homme, *si vous êtes sage*, vous aurez un jour la meilleure cure de mon diocèse, et pas à cent lieues de mon palais épiscopal; mais il faut *être sage.*

Julien, chargé de ses volumes, sortit de l'évêché, fort étonné, comme minuit sonnait.

Monseigneur ne lui avait pas dit un mot de l'abbé Pirard. Julien était surtout étonné de l'extrême politesse de l'évêque. Il n'avait pas l'idée d'une telle urbanité de formes, réunie à un air de dignité aussi naturel. Julien fut surtout frappé du contraste en revoyant le sombre abbé Pirard qui l'attendait en s'impatientant.

— *Quid tibi dixerunt?* (Que vous ont-ils dit?) lui cria-t-il d'une voix forte, du plus loin qu'il l'aperçut.

Julien s'embrouillant un peu à traduire en latin les discours de l'évêque :

— Parlez français, et répétez les propres paroles de Monseigneur, sans y ajouter rien, ni rien retrancher, dit l'ex-directeur du séminaire, avec son ton dur et ses manières profondément inélégantes.

— Quel étrange cadeau de la part d'un évêque à un jeune séminariste! disait-il en feuilletant le superbe *Tacite* dont la tranche dorée avait l'air de lui faire horreur.

Deux heures sonnaient, lorsque après un compte rendu fort détaillé, il permit à son élève favori de regagner sa chambre.

— Laissez-moi le premier volume de votre Tacite, où est le compliment de Monseigneur l'évêque, lui dit-il. Cette ligne latine sera votre paratonnerre dans cette maison, après mon départ.

Erit tibi, fili mi, successor meus tanquam leo quærens quem devoret. (Car pour toi, mon fils, mon successeur sera comme un lion furieux, et qui cherche à dévorer.)

Le lendemain matin, Julien trouva quelque chose d'étrange dans la manière dont ses camarades lui parlaient. Il n'en fut que plus réservé. Voilà, pensa-t-il, l'effet de la démission de M. Pirard. Elle est connue de toute la maison, et je passe pour son favori. Il doit y avoir de l'insulte dans ces façons; mais il ne pouvait l'y voir. Il y avait, au contraire, absence de haine dans les yeux de tous ceux qu'il rencontrait le long des dortoirs : Que veut dire ceci? c'est un piège sans doute, jouons serré. Enfin le petit séminariste de Verrières lui dit en riant : *Cornelii Taciti opera omnia* (Œuvres complètes de Tacite).

A ce mot, qui fut entendu, tous comme à l'envi firent compliment à Julien, non seulement sur le magnifique cadeau qu'il avait reçu de Monseigneur, mais aussi de la conversation de deux heures dont il avait été honoré. On savait jusqu'aux plus petits détails. De ce moment, il n'y eut plus d'envie; on lui fit la cour bassement : l'abbé Castanède, qui, la veille encore, était de la dernière insolence envers lui, vint le prendre par le bras et l'invita à déjeuner.

Par une fatalité du caractère de Julien, l'insolence de ces êtres grossiers lui avait fait beaucoup de peine; leur bassesse lui causa du dégoût et aucun plaisir.

Vers midi, l'abbé Pirard quitta ses élèves non sans leur adresser une allocution sévère. « Voulez-vous les » honneurs du monde, leur dit-il, tous les avantages » sociaux, le plaisir de commander, celui de se moquer » des lois et d'être insolent impunément envers tous? ou » bien voulez-vous votre salut éternel? les moins avancés » d'entre vous n'ont qu'à ouvrir les yeux pour distinguer » les deux routes. »

A peine fut-il sorti que les dévots du *Sacré-Cœur de Jésus* allèrent entonner un *Te Deum* dans la chapelle. Personne au séminaire ne prit au sérieux l'allocution de l'ex-directeur. Il a beaucoup d'humeur de sa destitution, disait-on de toutes parts; pas un seul séminariste n'eut la simplicité de croire à la démission volontaire d'une place qui donnait tant de relations avec de gros fournisseurs.

L'abbé Pirard alla s'établir dans la plus belle auberge de Besançon; et, sous prétexte d'affaires qu'il n'avait pas, voulut y passer deux jours.

L'évêque l'avait invité à dîner; et pour plaisanter son grand vicaire de Frilair, cherchait à le faire briller. On était au dessert, lorsque arriva de Paris l'étrange nouvelle que l'abbé Pirard était nommé à la magnifique cure de N..., à quatre lieues de la capitale. Le bon prélat l'en félicita sincèrement. Il vit dans toute cette affaire un *bien joué* qui le mit de bonne humeur et lui donna la plus haute opinion des talents de l'abbé. Il lui donna un certificat latin magnifique, et imposa silence à l'abbé de Frilair, qui se permettait des remontrances.

Le soir, Monseigneur porta son admiration chez la marquise de Rubempré. Ce fut une grande nouvelle pour la haute société de Besançon; on se perdait en conjectures sur cette faveur extraordinaire. On voyait déjà l'abbé Pirard évêque. Les plus fins crurent M. de La Mole ministre, et se permirent ce jour-là de sourire des airs impérieux que M. l'abbé de Frilair portait dans le monde.

Le lendemain matin, on suivait presque l'abbé Pirard dans les rues, et les marchands venaient sur la porte de leurs boutiques, lorsqu'il alla solliciter les juges du marquis. Pour la première fois, il en fut reçu avec politesse. Le sévère janséniste, indigné de tout ce qu'il voyait, fit un long travail avec les avocats qu'il avait choisis pour le marquis de La Mole, et partit pour Paris. Il eut la faiblesse de dire à deux ou trois amis de collège, qui l'accompagnaient jusqu'à la calèche dont ils admirèrent les armoiries, qu'après avoir administré le séminaire pendant quinze ans, il quittait Besançon avec cinq cent vingt francs d'économies. Ces amis l'embrassèrent en pleurant, et se dirent entre eux : Le bon abbé eût pu s'épargner ce mensonge, il est aussi par trop ridicule.

Le vulgaire, aveuglé par l'amour de l'argent, n'était pas fait pour comprendre que c'était dans sa sincérité que l'abbé Pirard avait trouvé la force nécessaire pour lutter seul pendant six ans contre Marie Alacoque, le Sacré-Cœur de Jésus, les jésuites et son évêque.

CHAPITRE XXX

UN AMBITIEUX

> Il n'y a plus qu'une seule noblesse, c'est le titre de *duc;* marquis est ridicule, au mot *duc* on tourne la tête.
> *Edinburgh Review.*

LE marquis de La Mole reçut l'abbé Pirard sans aucune de ces petites façons de grand seigneur, si polies, mais si impertinentes pour qui les comprend. C'eût été du temps perdu, et le marquis était assez avant dans les grandes affaires pour n'avoir point de temps à perdre.

Depuis six mois, il intriguait pour faire accepter à la fois au roi et à la nation un certain ministère, qui, par reconnaissance, le ferait duc.

Le marquis demandait en vain, depuis longues années, à son avocat de Besançon, un travail clair et précis sur ses procès de Franche-Comté. Comment l'avocat célèbre les lui eût-il expliqués, s'il ne les comprenait pas lui-même?

Le petit carré de papier, que lui remit l'abbé, expliquait tout.

— Mon cher abbé, lui dit le marquis, après avoir expédié en moins de cinq minutes toutes les formules de politesse et d'interrogation sur les choses personnelles, mon cher abbé, au milieu de ma prétendue prospérité, il me manque du temps pour m'occuper sérieusement de deux petites choses assez importantes pourtant : ma famille et mes affaires. Je soigne en grand la fortune de ma maison, je puis la porter loin; je soigne mes plaisirs, et c'est ce qui doit passer avant tout, du moins à mes yeux, ajouta-t-il en surprenant de l'étonnement dans ceux de l'abbé Pirard. Quoique homme de sens, l'abbé était émerveillé de voir un vieillard parler si franchement de ses plaisirs.

Le travail existe sans doute à Paris, continua le grand seigneur, mais perché au cinquième étage, et dès que je me rapproche d'un homme, il prend un appartement au second, et sa femme prend un jour; par conséquent plus de travail, plus d'efforts que pour être ou paraître un homme du monde. C'est là leur unique affaire dès qu'ils ont du pain.

Pour mes procès, exactement parlant, et encore pour chaque procès pris à part, j'ai des avocats qui se tuent; il m'en est mort un de la poitrine, avant-hier. Mais, pour mes affaires en général, croiriez-vous, monsieur, que, depuis trois ans, j'ai renoncé à trouver un homme qui, pendant qu'il écrit pour moi, daigne songer un peu sérieusement à ce qu'il fait? Au reste, tout ceci n'est qu'une préface.

Je vous estime, et j'oserais ajouter, quoique vous voyant pour la première fois, je vous aime. Voulez-vous être mon secrétaire, avec huit mille francs d'appointements ou bien avec le double? J'y gagnerai encore, je vous jure; et je fais mon affaire de vous conserver votre belle cure, pour le jour où nous ne nous conviendrons plus.

L'abbé refusa; mais vers la fin de la conversation, le véritable embarras où il voyait le marquis lui suggéra une idée.

— J'ai laissé au fond de mon séminaire un pauvre jeune homme, qui, si je ne me trompe, va y être rudement persécuté. S'il n'était qu'un simple religieux, il serait déjà *in pace*.

Jusqu'ici ce jeune homme ne sait que le latin et l'Écriture sainte; mais il n'est pas impossible qu'un jour il déploie de grands talents soit pour la prédication, soit pour la direction des âmes. J'ignore ce qu'il fera; mais il a le feu sacré, il peut aller loin. Je comptais le donner à notre évêque, si jamais il nous en était venu un qui eût un peu de votre manière de voir les hommes et les affaires.

— D'où sort votre jeune homme? dit le marquis.

— On le dit fils d'un charpentier de nos montagnes, mais je le croirais plutôt fils naturel de quelque homme riche. Je l'ai vu recevoir une lettre anonyme ou pseudonyme avec une lettre de change de cinq cents francs.

— Ah! c'est Julien Sorel, dit le marquis.

— D'où savez-vous son nom? dit l'abbé étonné; et comme s'il rougissait de sa question :

— C'est ce que je ne vous dirai pas, répondit le marquis.

— Eh bien! reprit l'abbé, vous pourriez essayer d'en faire votre secrétaire, il a de l'énergie, de la raison; en un mot, c'est un essai à tenter.

— Pourquoi pas? dit le marquis; mais serait-ce un homme à se laisser graisser la patte par le préfet de police

ou par tout autre pour faire l'espion chez moi? Voilà
toute mon objection.

D'après les assurances favorables de l'abbé Pirard, le
marquis prit un billet de mille francs :

— Envoyez ce viatique à Julien Sorel; faites-le-moi
venir.

— On voit bien, dit l'abbé Pirard, que vous habitez
Paris. Vous ne connaissez pas la tyrannie qui pèse sur
nous autres pauvres provinciaux, et en particulier sur
les prêtres non amis des jésuites. On ne voudra pas laisser
partir Julien Sorel, on saura se couvrir des prétextes les
plus habiles, on me répondra qu'il est malade, la poste
aura perdu les lettres, etc., etc.

— Je prendrai un de ces jours une lettre du ministre
à l'évêque, dit le marquis.

— J'oubliais une précaution, dit l'abbé : ce jeune
homme quoique né bien bas a le cœur haut, il ne sera
d'aucune utilité si l'on effarouche son orgueil; vous le
rendriez stupide.

— Ceci me plaît, dit le marquis, j'en ferai le camarade
de mon fils, cela suffira-t-il?

Quelque temps après, Julien reçut une lettre d'une
écriture inconnue et portant le timbre de Chalon, il y
trouva un mandat sur un marchand de Besançon, et
l'avis de se rendre à Paris sans délai. La lettre était signée
d'un nom supposé, mais en l'ouvrant Julien avait tres-
sailli : une feuille d'arbre était tombée à ses pieds; c'était
le signe dont il était convenu avec l'abbé Pirard.

Moins d'une heure après, Julien fut appelé à l'évêché
où il se vit accueillir avec une bonté toute paternelle.
Tout en citant Horace, Monseigneur lui fit, sur les hautes
destinées qui l'attendaient à Paris, des compliments
fort adroits et qui, pour remerciements, attendaient des
explications. Julien ne put rien dire, d'abord parce
qu'il ne savait rien, et Monseigneur prit beaucoup de
considération pour lui. Un des petits prêtres de l'évêché
écrivit au maire qui se hâta d'apporter lui-même un
passeport signé, mais où l'on avait laissé en blanc le
nom du voyageur.

Le soir avant minuit, Julien était chez Fouqué, dont

l'esprit sage fut étonné plus que charmé de l'avenir qui semblait attendre son ami.

— Cela finira pour toi, dit cet électeur libéral, par une place du gouvernement, qui t'obligera à quelque démarche qui sera vilipendée dans les journaux. C'est par ta honte que j'aurai de tes nouvelles. Rappelle-toi, que, même financièrement parlant, il vaut mieux gagner cent louis dans un bon commerce de bois, dont on est le maître, que de recevoir quatre mille francs d'un gouvernement, fût-il celui du roi Salomon.

Julien ne vit dans tout cela que la petitesse d'esprit d'un bourgeois de campagne. Il allait enfin paraître sur le théâtre des grandes choses. Le bonheur d'aller à Paris, qu'il se figurait peuplé de gens d'esprit fort intrigants, fort hypocrites, mais aussi polis que l'évêque de Besançon et que l'évêque d'Agde, éclipsait tout à ses yeux. Il se représenta à son ami, comme privé de son libre arbitre par la lettre de l'abbé Pirard.

Le lendemain vers midi, il arriva dans Verrières le plus heureux des hommes; il comptait revoir madame de Rênal. Il alla d'abord chez son premier protecteur, le bon abbé Chélan. Il trouva une réception sévère.

— Croyez-vous m'avoir quelque obligation? lui dit M. Chélan, sans répondre à son salut. Vous allez déjeuner avec moi, pendant ce temps on ira vous louer un autre cheval, et vous quitterez Verrières, *sans y voir personne*.

— Entendre c'est obéir, répondit Julien avec une mine de séminariste; et il ne fut plus question que de théologie et de belle latinité.

Il monta à cheval, fit une lieue, après quoi apercevant un bois, et personne pour l'y voir entrer, il s'y enfonça. Au coucher du soleil il renvoya le cheval. Plus tard, il entra chez un paysan, qui consentit à lui vendre une échelle et à le suivre en la portant jusqu'au petit bois qui domine le Cours de la Fidélité, à Verrières.

— Je suis un pauvre conscrit réfractaire... ou un contrebandier, dit le paysan, en prenant congé de lui. mais qu'importe! mon échelle est bien payée, et moi-même je ne suis pas sans avoir passé quelques *mouvements* de montre en ma vie.

La nuit était fort noire. Vers une heure du matin, Julien, chargé de son échelle, entra dans Verrières. Il descendit le plus tôt qu'il put dans le lit du torrent, qui traverse les magnifiques jardins de M. de Rênal à une profondeur de dix pieds, et contenu entre deux murs. Julien monta facilement avec l'échelle. Quel accueil me feront les chiens de garde? pensait-il. Toute la question est là. Les chiens aboyèrent, et s'avancèrent au galop sur lui; mais il siffla doucement, et ils vinrent le caresser.

Remontant alors de terrasse en terrasse, quoique toutes les grilles fussent fermées, il lui fut facile d'arriver jusque sous la fenêtre de la chambre à coucher de madame de Rênal, qui, du côté du jardin, n'est élevée que de huit ou dix pieds au-dessus du sol.

Il y avait aux volets une petite ouverture en forme de cœur, que Julien connaissait bien. A son grand chagrin, cette petite ouverture n'était pas éclairée par la lumière intérieure d'une veilleuse.

Grand Dieu! se dit-il; cette nuit, cette chambre n'est pas occupée par madame de Rênal! Où sera-t-elle couchée? La famille est à Verrières, puisque j'ai trouvé les chiens; mais je puis rencontrer dans cette chambre, sans veilleuse, M. de Rênal lui-même ou un étranger, et alors quel esclandre!

Le plus prudent était de se retirer; mais ce parti fit horreur à Julien. Si c'est un étranger, je me sauverai à toutes jambes, abandonnant mon échelle; mais si c'est elle, quelle réception m'attend? Elle est tombée dans le repentir et dans la plus haute piété, je n'en puis douter; mais enfin, elle a encore quelque souvenir de moi, puisqu'elle vient de m'écrire. Cette raison le décida.

Le cœur tremblant, mais cependant résolu à périr ou à la voir, il jeta de petits cailloux contre le volet; point de réponse. Il appuya son échelle à côté de la fenêtre, et frappa lui-même contre le volet, d'abord doucement, puis plus fort. Quelque obscurité qu'il fasse, on peut me tirer un coup de fusil, pensa Julien. Cette idée réduisit l'entreprise folle à une question de bravoure.

Cette chambre est inhabitée cette nuit, pensa-t-il, ou quelle que soit la personne qui y couche, elle est éveillée maintenant. Ainsi plus rien à ménager envers elle; il faut seulement tâcher de n'être pas entendu par les personnes qui couchent dans les autres chambres.

Il descendit, plaça son échelle contre un des volets, remonta, et passant la main dans l'ouverture en forme de cœur, il eut le bonheur de trouver assez vite le fil de fer attaché au crochet qui fermait le volet. Il tira ce fil de fer; ce fut avec une joie inexprimable qu'il sentit que ce volet n'était plus retenu et cédait à son effort. Il faut l'ouvrir petit à petit, et faire reconnaître ma voix. Il ouvrit le volet assez pour passer la tête, et en répétant à voix basse : *C'est un ami.*

Il s'assura, en prêtant l'oreille, que rien ne troublait le silence profond de la chambre. Mais décidément, il n'y avait point de veilleuse, même à demi éteinte, dans la cheminée : c'était un bien mauvais signe.

Gare le coup de fusil! Il réfléchit un peu; puis, avec le doigt, il osa frapper contre la vitre : pas de réponse; il frappa plus fort. Quand je devrais casser la vitre, il faut en finir. Comme il frappait très fort, il crut entrevoir, au milieu de l'extrême obscurité, comme une ombre blanche qui traversait la chambre. Enfin, il n'y eut plus de doute, il vit une ombre qui semblait s'avancer avec une extrême lenteur. Tout à coup il vit une joue qui s'appuyait à la vitre contre laquelle était son œil.

Il tressaillit et s'éloigna un peu. Mais la nuit était tellement noire, que, même à cette distance, il ne put distinguer si c'était madame de Rênal. Il craignait un premier cri d'alarme; il entendait les chiens rôder et gronder à demi autour du pied de son échelle. C'est moi, répétait-il assez haut, un ami. Pas de réponse : le fantôme blanc avait disparu. Daignez m'ouvrir, il faut que je vous parle, je suis trop malheureux! et il frappait de façon à briser la vitre.

Un petit bruit sec se fit entendre; l'espagnolette de la fenêtre cédait; il poussa la croisée et sauta légèrement dans la chambre.

Le fantôme blanc s'éloignait; il lui prit les bras; c'était une femme. Toutes ses idées de courage s'évanouirent.

Si c'est elle, que va-t-elle dire? Que devint-il, quand il comprit à un petit cri que c'était madame de Rênal?

Il la serra dans ses bras; elle tremblait, et avait à peine la force de le repousser.

— Malheureux! que faites-vous?

A peine si sa voix convulsive pouvait articuler ces mots. Julien y vit l'indignation la plus vraie.

— Je viens vous voir après quatorze mois d'une cruelle séparation.

— Sortez, quittez-moi à l'instant. Ah! M. Chélan, pourquoi m'avoir empêchée de lui écrire? j'aurais prévenu cette horreur. Elle le repoussa avec une force vraiment extraordinaire. Je me repens de mon crime; le Ciel a daigné m'éclairer, répétait-elle d'une voix entrecoupée. Sortez! fuyez!

— Après quatorze mois de malheur, je ne vous quitterai certainement pas sans vous avoir parlé. Je veux savoir tout ce que vous avez fait. Ah! je vous ai assez aimée pour mériter cette confidence... je veux tout savoir.

Malgré madame de Rênal, ce ton d'autorité avait de l'empire sur son cœur.

Julien, qui la tenait serrée avec passion, et résistait à ses efforts pour se dégager, cessa de la presser dans ses bras. Ce mouvement rassura un peu madame de Rênal.

— Je vais retirer l'échelle, dit-il, pour qu'elle ne nous compromette pas si quelque domestique, éveillé par le bruit, fait une ronde.

— Ah! sortez, sortez au contraire, lui dit-on avec une véritable colère. Que m'importent les hommes? c'est Dieu qui voit l'affreuse scène que vous me faites et qui m'en punira. Vous abusez lâchement des sentiments que j'eus pour vous, mais que je n'ai plus. Entendez-vous, monsieur Julien?

Il retirait l'échelle fort lentement pour ne pas faire de bruit.

— Ton mari est-il à la ville? lui dit-il, non pour la braver, mais emporté par l'ancienne habitude.

— Ne me parlez pas ainsi, de grâce, ou j'appelle mon mari. Je ne suis déjà que trop coupable de ne vous avoir pas chassé quoi qu'il pût en arriver. J'ai pitié de vous, lui dit-elle, cherchant à blesser son orgueil qu'elle connaissait si irritable.

Ce refus de tutoiement, cette façon brusque de briser un lien si tendre, et sur lequel il comptait encore, portèrent jusqu'au délire le transport d'amour de Julien.

— Quoi! est-il possible que vous ne m'aimiez plus! lui dit-il avec un de ces accents du cœur, si difficiles à écouter de sang-froid.

Elle ne répondit pas; pour lui, il pleurait amèrement.

Réellement, il n'avait plus la force de parler.

— Ainsi je suis complètement oublié du seul être qui m'ait jamais aimé! A quoi bon vivre désormais? Tout son courage l'avait quitté dès qu'il n'avait plus eu à craindre le danger de rencontrer un homme; tout avait disparu de son cœur, hors l'amour.

Il pleura longtemps en silence. Il prit sa main, elle voulut la retirer; et cependant, après quelques mouvements presque convulsifs, elle la lui laissa. L'obscurité était extrême; ils se trouvaient l'un et l'autre assis sur le lit de madame de Rênal.

Quelle différence avec ce qui était il y a quatorze mois! pensa Julien; et ses larmes redoublèrent. Ainsi l'absence détruit sûrement tous les sentiments de l'homme!

— Daignez me dire ce qui vous est arrivé, dit enfin Julien embarrassé de son silence et d'une voix coupée par les larmes.

— Sans doute, répondit madame de Rênal d'une voix dure, et dont l'accent avait quelque chose de sec et de reprochant pour Julien, mes égarements étaient connus dans la ville, lors de votre départ. Il y avait eu tant d'imprudence dans vos démarches! Quelque temps après, alors j'étais au désespoir, le respectable M. Chélan vint me voir. Ce fut en vain que, pendant longtemps, il voulut obtenir un aveu. Un jour, il eut l'idée de me conduire dans cette église de Dijon où j'ai fait ma première communion. Là, il osa parler le premier... Madame de Rênal fut interrompue par ses larmes. Quel moment de honte! J'avouai tout! Cet homme si bon daigna ne point m'accabler du poids de son indignation : il s'affligea avec moi. Dans ce temps-là, je vous écrivais tous les jours des lettres que je n'osais vous envoyer; je les cachais soigneusement, et quand j'étais trop malheureuse, je m'enfermais dans ma chambre et relisais mes lettres.

Enfin, M. Chélan obtint que je les lui remettrais... Quelques-unes, écrites avec un peu plus de prudence, vous avaient été envoyées; vous ne me répondiez point.

— Jamais, je te jure, je n'ai reçu aucune lettre de toi au séminaire.

— Grand Dieu, qui les aura interceptées?

— Juge de ma douleur, avant le jour où je te vis à la cathédrale, je ne savais pas si tu vivais encore.

— Dieu me fit la grâce de comprendre combien je péchais envers lui, envers mes enfants, envers mon mari, reprit madame de Rênal. Il ne m'a jamais aimée comme je croyais alors que vous m'aimiez.

Julien se précipita dans ses bras, réellement sans projet et hors de lui. Mais madame de Rênal le repoussa, et continuant avec assez de fermeté :

— Mon respectable ami, M. Chélan, me fit comprendre qu'en épousant M. de Rênal, je lui avais engagé toutes mes affections, même celles que je ne connaissais pas, et que je n'avais jamais éprouvées avant une liaison fatale... Depuis le grand sacrifice de ces lettres, qui m'étaient si chères, ma vie s'est écoulée, sinon heureusement, du moins avec assez de tranquillité. Ne la troublez point; soyez un ami pour moi... le meilleur de mes amis. Julien couvrit ses mains de baisers; elle sentit qu'il pleurait encore. Ne pleurez point, vous me faites tant de peine... Dites-moi à votre tour ce que vous avez fait. Julien ne pouvait parler. Je veux savoir votre genre de vie au séminaire, répéta-t-elle, puis vous vous en irez.

Sans penser à ce qu'il racontait, Julien parla des intrigues et des jalousies sans nombre qu'il avait d'abord rencontrées, puis de sa vie plus tranquille depuis qu'il avait été nommé répétiteur.

— Ce fut alors, ajouta-t-il, qu'après un long silence, qui sans doute était destiné à me faire comprendre ce que je vois trop aujourd'hui, que vous ne m'aimiez plus et que j'étais devenu indifférent pour vous... Madame de

Rênal serra ses mains. Ce fut alors que vous m'envoyâtes une somme de cinq cents francs.

— Jamais, dit madame de Rênal.

— C'était une lettre timbrée de Paris et signée Paul Sorel, afin de déjouer tous les soupçons.

Il s'éleva une petite discussion sur l'origine possible de cette lettre. La position morale changea. Sans le savoir madame de Rênal et Julien avaient quitté le ton solennel; ils étaient revenus à celui d'une tendre amitié. Ils ne se voyaient point, tant l'obscurité était profonde, mais le son de la voix disait tout. Julien passa le bras autour de la taille de son amie; ce mouvement avait bien des dangers. Elle essaya d'éloigner le bras de Julien, qui, avec assez d'habileté, attira son attention dans ce moment par une circonstance intéressante de son récit. Ce bras fut comme oublié et resta dans la position qu'il occupait.

Après bien des conjectures sur l'origine de la lettre aux cinq cents francs, Julien avait repris son récit; il devenait un peu plus maître de lui en parlant de sa vie passée, qui, auprès de ce qui lui arrivait en cet instant, l'intéressait si peu. Son attention se fixa tout entière sur la manière dont allait finir sa visite. Vous allez sortir, lui disait-on toujours, de temps en temps, et avec un accent bref.

Quelle honte pour moi si je suis éconduit! ce sera un remords à empoisonner toute ma vie, se disait-il, jamais elle ne m'écrira. Dieu sait quand je reviendrai en ce pays! De ce moment, tout ce qu'il y avait de céleste dans la position de Julien disparut rapidement de son cœur. Assis à côté d'une femme qu'il adorait, la serrant presque dans ses bras, dans cette chambre où il avait été si heureux, au milieu d'une obscurité profonde, distinguant fort bien que depuis un moment elle pleurait, sentant, au mouvement de sa poitrine. qu'elle avait des sanglots, il eut le malheur de devenir un froid politique, presque aussi calculant et aussi froid que lorsque, dans la cour du séminaire, il se voyait en butte à quelque mauvaise plaisanterie de la part d'un de ses camarades plus fort que lui. Julien faisait durer son récit, et parlait de la vie malheureuse qu'il avait menée depuis son départ de Verrières. Ainsi, se disait madame de Rênal, après un an d'absence, privé presque entièrement de marques de souvenir, tandis que moi je l'oubliais, il n'était occupé que des jours heureux qu'il avait trouvés à Vergy. Ses sanglots redoublaient. Julien vit le succès de son récit. Il comprit qu'il fallait tenter la dernière ressource : il arriva brusquement à la lettre qu'il venait de recevoir de Paris.

— J'ai pris congé de Monseigneur l'évêque.

— Quoi, vous ne retournez pas à Besançon! vous nous quittez pour toujours?

— Oui, répondit Julien d'un ton résolu; oui, j'abandonne un pays où je suis oublié même de ceux que j'ai le plus aimé en ma vie, et je le quitte pour ne jamais le revoir. Je vais à Paris...

— Tu vas à Paris! s'écria assez haut madame de Rênal.

Sa voix était presque étouffée par les larmes, et montrait tout l'excès de son trouble. Julien avait besoin de cet encouragement : il allait tenter une démarche qui pouvait tout décider contre lui; et avant cette exclamation, n'y voyant point, il ignorait absolument l'effet qu'il parvenait à produire. Il n'hésita plus; la crainte du remords lui donnait tout empire sur lui-même; il ajouta froidement en se levant :

— Oui, madame, je vous quitte pour toujours, soyez heureuse; adieu.

Il fit quelques pas vers la fenêtre; déjà il l'ouvrait. Madame de Rênal s'élança vers lui et se précipita dans ses bras.

Ainsi, après trois heures de dialogue, Julien obtint ce qu'il avait désiré avec tant de passion pendant les deux premières. Un peu plus tôt arrivés, le retour aux sentiments tendres, l'éclipse des remords chez madame de Rênal eussent été un bonheur divin; ainsi obtenus avec art, ce ne fut plus qu'un plaisir. Julien voulut absolument, contre les instances de son amie, allumer la veilleuse.

— Veux-tu donc, lui disait-il, qu'il ne me reste aucun souvenir de l'avoir vue? L'amour qui est sans doute dans ces yeux charmants sera donc perdu pour moi? la blan-

cheur de cette jolie main me sera donc invisible? Songe
que je te quitte pour bien longtemps peut-être!

Madame de Rênal n'avait rien à refuser à cette idée
qui la faisait fondre en larmes. Mais l'aube commençait
à dessiner vivement les contours des sapins sur la montagne à l'orient de Verrières. Au lieu de s'en aller, Julien
ivre de volupté demanda à madame de Rênal de passer
toute la journée caché dans sa chambre, et de ne partir
que la nuit suivante.

— Et pourquoi pas? répondit-elle. Cette fatale rechute
m'ôte toute estime pour moi, et fait à jamais mon
malheur, et elle le pressait sur son cœur. Mon mari n'est
plus le même, il a des soupçons; il croit que je l'ai
mené dans toute cette affaire, et se montre fort piqué
contre moi. S'il entend le moindre bruit, je suis perdue,
il me chassera comme une malheureuse que je suis.

— Ah! voilà une phrase de M. Chélan, dit Julien; tu
ne m'aurais pas parlé ainsi avant ce cruel départ pour le
séminaire; tu m'aimais alors!

Julien fut récompensé du sang-froid, qu'il avait mis
dans ce mot : il vit son amie oublier rapidement le danger
que la présence de son mari lui faisait courir, pour
songer au danger bien plus grand de voir Julien douter
de son amour. Le jour croissait rapidement et éclairait
vivement la chambre; Julien retrouva toutes les voluptés
de l'orgueil, lorsqu'il put revoir dans ses bras et presque
à ses pieds, cette femme charmante, la seule qu'il eût
aimée et qui, peu d'heures auparavant, était tout entière
à la crainte d'un Dieu terrible et à l'amour de ses devoirs.
Des résolutions fortifiées par un an de constance n'avaient
pu tenir devant son courage.

Bientôt on entendit du bruit dans la maison; une chose
à laquelle elle n'avait pas songé vint troubler madame de
Rênal.

— Cette méchante Élisa va entrer dans la chambre,
que faire de cette énorme échelle? dit-elle à son ami; où
la cacher? Je vais la porter au grenier, s'écria-t-elle tout à
coup, avec une sorte d'enjouement.

— Mais il faut passer dans la chambre du domestique,
dit Julien étonné.

— Je laisserai l'échelle dans le corridor, j'appellerai le domestique et lui donnerai une commission.

— Songe à préparer un mot pour le cas où le domestique passant devant l'échelle, dans le corridor, la remarquera.

— Oui, mon ange, dit madame de Rênal en lui donnant un baiser. Toi, songe à te cacher bien vite sous le lit, si, pendant mon absence, Elisa entre ici.

Julien fut étonné de cette gaieté soudaine. Ainsi, pensa-t-il, l'approche d'un danger matériel, loin de la troubler, lui rend sa gaieté, parce qu'elle oublie ses remords! Femme vraiment supérieure! ah! voilà un cœur dans lequel il est glorieux de régner! Julien était ravi.

Madame de Rênal prit l'échelle; elle était évidemment trop pesante pour elle. Julien allait à son secours; il admirait cette taille élégante et qui était si loin d'annoncer de la force, lorsque tout à coup, sans aide, elle saisit l'échelle, et l'enleva comme comme elle eût fait une chaise. Elle la porta rapidement dans le corridor du troisième étage où elle la coucha le long du mur. Elle appela le domestique, et pour lui laisser le temps de s'habiller, monta au colombier. Cinq minutes après, à son retour dans le corridor, elle ne trouva plus l'échelle. Qu'était-elle devenue? Si Julien eût été hors de la maison, ce danger ne l'eût guère touchée. Mais, dans ce moment, si son mari voyait cette échelle! cet incident pouvait être abominable. Madame de Rênal courait partout. Enfin elle découvrit cette échelle sous le toit où le domestique l'avait portée et même cachée. Cette circonstance était singulière, autrefois elle l'eût alarmée.

Que m'importe, pensa-t-elle, ce qui peut arriver dans vingt-quatre heures, quand Julien sera parti? tout ne sera-t-il pas alors pour moi horreur et remords?

Elle avait comme une idée vague de devoir quitter la vie, mais qu'importe! Après une séparation qu'elle avait crue éternelle, il lui était rendu, elle le revoyait, et ce qu'il avait fait pour parvenir jusqu'à elle montrait tant d'amour!

En racontant l'événement de l'échelle à Julien :

— Que répondrai-je à mon mari, lui dit-elle, si le

domestique lui conte qu'il a trouvé cette échelle? Elle
rêva un instant; il leur faudra vingt-quatre heures pour
découvrir le paysan qui te l'a vendue; et se jetant dans
les bras de Julien, en le serrant d'un mouvement convulsif : Ah! mourir, mourir ainsi! s'écriait-elle en le couvrant
de baisers; mais il ne faut pas que tu meures de faim.
dit-elle en riant.

Viens; d'abord je vais te cacher dans la chambre de
madame Derville, qui reste toujours fermée à clef. Elle
alla veiller à l'extrémité du corridor, et Julien passa en
courant. Garde-toi d'ouvrir, si l'on frappe, lui dit-elle
en l'enfermant à clef; dans tous les cas, ce ne serait qu'une
plaisanterie des enfants en jouant entre eux.

— Fais-les venir dans le jardin, sous la fenêtre, dit
Julien, que j'ai le plaisir de les voir, fais-les parler.

— Oui, oui, lui cria madame de Rênal en s'éloignant.

Elle revint bientôt avec des oranges, des biscuits, une
bouteille de vin de Malaga; il lui avait été impossible
de voler du pain.

— Que fait ton mari? dit Julien.

— Il écrit des projets de marchés avec des paysans.

Mais huit heures avaient sonné, on faisait beaucoup
de bruit dans la maison. Si l'on n'eût pas vu madame de
Rênal, on l'eût cherchée partout; elle fut obligée de le
quitter. Bientôt elle revint, contre toute prudence, lui
apportant une tasse de café; elle tremblait qu'il ne mourût
de faim. Après le déjeuner, elle réussit à amener les
enfants sous la fenêtre de la chambre de madame Derville. Il les trouva fort grandis, mais ils avaient pris
l'air commun, ou bien ses idées avaient changé.

Madame de Rênal leur parla de Julien. L'aîné répondit
avec amitié et regrets pour l'ancien précepteur; mais il
se trouva que les cadets l'avaient presque oublié.

M. de Rênal ne sortit pas ce matin-là; il montait et
descendait sans cesse dans la maison, occupé à faire des
marchés avec des paysans, auxquels il vendait sa récolte
de pommes de terre. Jusqu'au dîner, madame de Rênal
n'eut pas un instant à donner à son prisonnier. Le dîner
sonné et servi, elle eut l'idée de voler pour lui une
assiette de soupe chaude. Comme elle approchait sans

bruit de la porte de la chambre qu'il occupait, portant cette assiette avec précaution, elle se trouva face à face avec le domestique qui avait caché l'échelle le matin. Dans ce moment, il s'avançait aussi sans bruit dans le corridor et comme écoutant. Probablement Julien avait marché avec imprudence. Le domestique s'éloigna un peu confus. Madame de Rênal entra hardiment chez Julien; cette rencontre le fit frémir.

— Tu as peur, lui dit-elle; moi, je braverais tous les dangers du monde et sans sourciller. Je ne crains qu'une chose, c'est le moment où je serai seule après ton départ; et elle le quitta en courant.

— Ah! se dit Julien exalté, le remords est le seul danger que redoute cette âme sublime!

Enfin le soir vint. M. de Rênal alla au Casino.

Sa femme avait annoncé une migraine affreuse, elle se retira chez elle, se hâta de renvoyer Elisa, et se releva bien vite pour aller ouvrir à Julien.

Il se trouva que réellement il mourait de faim. Madame de Rênal alla à l'office chercher du pain. Julien entendit un grand cri. Madame de Rênal revint, et lui raconta qu'entrant dans l'office sans lumière, s'approchant d'un buffet où l'on serrait le pain, et étendant la main, elle avait touché un bras de femme. C'était Elisa qui avait jeté le cri entendu par Julien.

— Que faisait-elle là?

— Elle volait quelques sucreries, ou bien elle nous épiait, dit madame de Rênal avec une indifférence complète. Mais heureusement j'ai trouvé un pâté et un gros pain.

— Qu'y a-t-il donc là? dit Julien, en lui montrant les poches de son tablier.

Madame de Rênal avait oublié que, depuis le dîner, elles étaient remplies de pain.

Julien la serra dans ses bras avec la plus vive passion; jamais elle ne lui avait semblé si belle. Même à Paris, se disait-il confusément, je ne pourrai rencontrer un plus grand caractère. Elle avait toute la gaucherie d'une femme peu accoutumée à ces sortes de soins, et même temps le vrai courage d'un être qui ne craint que des dangers d'un autre ordre et bien autrement terribles.

Pendant que Julien soupait de grand appétit, et que son amie le plaisantait sur la simplicité de ce repas, car elle avait horreur de parler sérieusement, la porte de la chambre fut tout à coup secouée avec force. C'était M. de Rênal.

— Pourquoi t'es-tu enfermée? lui criait-il.

Julien n'eut que le temps de se glisser sous le canapé.

— Quoi! vous êtes tout habillée, dit M. de Rênal en entrant; vous soupez et vous avez fermé votre porte à clef!

Les jours ordinaires, cette question, faite avec toute la sécheresse conjugale, eût troublé madame de Rênal, mais elle sentait que son mari n'avait qu'à se baisser un peu pour apercevoir Julien; car M. de Rênal s'était jeté sur la chaise que Julien occupait un moment auparavant vis-à-vis le canapé.

La migraine servit d'excuse à tout. Pendant qu'à son tour son mari lui contait longuement les incidents de la poule qu'il avait gagnée au billard du Casino, une poule de dix-neuf francs ma foi! ajoutait-il, elle aperçut sur une chaise, à trois pas devant eux, le chapeau de Julien. Son sang-froid redoubla, elle se mit à se déshabiller, et, dans un certain moment, passant rapidement derrière son mari, jeta une robe sur la chaise au chapeau.

M. de Rênal partit enfin. Elle pria Julien de recommencer le récit de sa vie au séminaire; hier je ne t'écoutais pas, je ne songeais, pendant que tu parlais, qu'à obtenir de moi de te renvoyer.

Elle était l'imprudence même. Ils parlaient très haut; et il pouvait être deux heures du matin, quand ils furent interrompus par un coup violent à la porte. C'était encore M. de Rênal.

— Ouvrez-moi bien vite, il y a des voleurs dans la maison! disait-il, Saint-Jean a trouvé leur échelle ce matin.

— Voici la fin de tout, s'écria madame de Rênal, en se jetant dans les bras de Julien. Il va nous tuer tous les deux, il ne croit pas aux voleurs; je vais mourir dans tes bras, plus heureuse à ma mort que je ne le fus de la vie. Elle ne répondait nullement à son mari qui se fâchait, elle embrassait Julien avec passion.

— Sauve la mère de Stanislas, lui dit-il avec le regard du commandement. Je vais sauter dans la cour par la fenêtre du cabinet, et me sauver dans le jardin, les chiens m'ont reconnu. Fais un paquet de mes habits, et jette-le dans le jardin aussitôt que tu le pourras. En attendant, laisse enfoncer la porte. Surtout, point d'aveux, je le défends, il vaut mieux qu'il ait des soupçons que des certitudes.

— Tu vas te tuer en sautant! fut sa seule réponse et sa seule inquiétude.

Elle alla avec lui à la fenêtre du cabinet; elle prit ensuite le temps de cacher ses habits. Elle ouvrit enfin à son mari bouillant de colère. Il regarda dans la chambre, dans le cabinet, sans mot dire, et disparut. Les habits de Julien lui furent jetés, il les saisit, et courut rapidement vers le bas du jardin du côté du Doubs.

Comme il courait, il entendit siffler une balle, et aussitôt le bruit d'un coup de fusil.

Ce n'est pas M. de Rênal, pensa-t-il, il tire trop mal pour cela. Les chiens couraient en silence à ses côtés, un second coup cassa apparemment la patte à un chien, car il se mit à pousser des cris lamentables. Julien sauta le mur d'une terrasse, fit à couvert une cinquantaine de pas, et se remit à fuir dans une autre direction. Il entendit des voix qui s'appelaient, et vit distinctement le domestique, son ennemi, tirer un coup de fusil; un fermier vint aussi tirailler de l'autre côté du jardin, mais déjà Julien avait gagné la rive du Doubs où il s'habillait.

Une heure après, il était à une lieue de Verrières sur la route de Genève; si l'on a des soupçons, pensa Julien, c'est sur la route de Paris qu'on me cherchera.

II

Elle n'est pas jolie,
elle n'a point de rouge.
SAINTE-BEUVE.

CHAPITRE PREMIER

LES PLAISIRS DE LA CAMPAGNE

O rus quando ego te aspiciam!
VIRGILE.

MONSIEUR vient sans doute attendre la malle-poste de Paris? lui dit le maître d'une auberge où il s'arrêta pour déjeuner.

— Celle d'aujourd'hui ou celle de demain, peu m'importe, dit Julien.

La malle-poste arriva comme il faisait l'indifférent. Il y avait deux places libres.

— Quoi! c'est toi, mon pauvre Falcoz, dit le voyageur qui arrivait du côté de Genève à celui qui montait en voiture en même temps que Julien.

— Je te croyais établi aux environs de Lyon, dit Falcoz, dans une délicieuse vallée près du Rhône?

— Joliment établi. Je fuis.

— Comment! tu fuis? toi, Saint-Giraud, avec cette mine sage, tu as commis quelque crime? dit Falcoz en riant.

— Ma foi, autant vaudrait. Je fuis l'abominable vie que l'on mène en province. J'aime la fraîcheur des bois et la tranquillité champêtre, comme tu sais; tu m'as souvent accusé d'être romanesque. Je ne voulais de la vie entendre parler politique, et la politique me chasse.

— Mais de quel parti es-tu?

— D'aucun, et c'est ce qui me perd. Voici toute ma politique : j'aime la musique, la peinture; un bon livre est un événement pour moi; je vais avoir quarante-quatre ans. Que me reste-t-il à vivre? Quinze, vingt, trente ans tout au plus? Eh bien! je tiens que dans trente ans, les ministres seront un peu plus adroits; mais tout aussi honnêtes gens que ceux d'aujourd'hui. L'histoire d'Angleterre me sert de miroir pour notre avenir. Toujours il se trouvera un roi qui voudra augmenter sa prérogative; toujours l'ambition de devenir député, la gloire et les centaines de mille de francs gagnés par Mirabeau empêcheront de dormir les gens riches de la province : ils appelleront cela être libéral et aimer le peuple. Toujours l'envie de devenir pair ou gentilhomme de la chambre galopera les ultras. Sur le vaisseau de l'Etat, tout le monde voudra s'occuper de la manœuvre, car elle est bien payée. N'y aura-t-il donc jamais une pauvre petite place pour le simple passager?

— Au fait, au fait, qui doit être fort plaisant avec ton caractère tranquille. Sont-ce les dernières élections qui te chassent de ta province?

— Mon mal vient de plus loin. J'avais, il y a quatre ans, quarante ans et cinq cent mille francs, j'ai quatre ans de plus aujourd'hui, et probablement cinquante mille francs de moins, que je vais perdre sur la vente de mon château de Monfleury, près du Rhône, position superbe.

A Paris, j'étais las de cette comédie perpétuelle, à laquelle oblige ce que vous appelez la civilisation du XIXe siècle. J'avais soif de bonhomie et de simplicité. J'achète une terre dans les montagnes près du Rhône, rien d'aussi beau sous le ciel.

Le vicaire du village et les hobereaux du voisinage me font la cour pendant six mois; je leur donne à dîner; j'ai quitté Paris, leur dis-je, pour de ma vie ne parler ni n'entendre parler politique. Comme vous le voyez, je ne suis abonné à aucun journal. Moins le facteur de la poste m'apporte de lettres, plus je suis content.

Ce n'était pas le compte du vicaire; bientôt je suis en butte à mille demandes indiscrètes, tracasseries, etc. Je

voulais donner deux ou trois cents francs par an aux
pauvres, on me les demande pour des associations pieuses :
celle de Saint-Joseph, celle de la Vierge, etc., je refuse :
alors on me fait cent insultes. J'ai la bêtise d'en être
piqué. Je ne puis plus sortir le matin pour aller jouir
de la beauté de nos montagnes, sans trouver quelque
ennui qui me tire de mes rêveries, et me rappelle désa-
gréablement les hommes et leur méchanceté. Aux processions des Rogations, par exemple, dont le chant me plaît
(c'est probablement une mélodie grecque), on ne bénit
plus mes champs, parce que, dit le vicaire, ils appar-
tiennent à un impie. La vache d'une vieille paysanne
dévote meurt, elle dit que c'est à cause du voisinage d'un
étang qui appartient à moi impie, philosophe venant de
Paris, et huit jours après je trouve tous mes poissons le
ventre en l'air empoisonnés avec de la chaux. La tracas-
serie m'environne sous toutes les formes. Le juge de paix,
honnête homme, mais qui craint pour sa place, me donne
toujours tort. La paix des champs est pour moi un enfer.
Une fois que l'on m'a vu abandonné par le vicaire, chef
de la congrégation du village, et non soutenu par le capitaine en retraite, chef des libéraux, tous me sont tombés
dessus, jusqu'au maçon que je faisais vivre depuis un an,
jusqu'au charron qui voulait me friponner impunément en
raccommodant mes charrues.

Afin d'avoir un appui et de gagner pourtant quelques
uns de mes procès, je me fais libéral; mais, comme tu dis
ces diables d'élections arrivent, on me demande ma voix.

— Pour un inconnu?

— Pas du tout, pour un homme que je ne connais que
trop. Je refuse, imprudence affreuse! Dès ce moment,
me voilà aussi les libéraux sur les bras, ma position devint intolérable. Je crois que s'il fût venu dans la tête
au vicaire de m'accuser d'avoir assassiné ma servante, il y
aurait eu vingt témoins des deux partis qui auraient juré
avoir vu commettre le crime.

— Tu veux vivre à la campagne sans servir les passions de tes voisins, sans même écouter leurs bavardages.
Quelle faute!...

— Enfin elle est réparée. Monfleury est en vente, je

perds cinquante mille francs, s'il le faut, mais je suis tout joyeux, je quitte cet enfer d'hypocrisie et de tracasseries. Je vais chercher la solitude et la paix champêtre au seul lieu où elles existent en France, dans un quatrième étage donnant sur les Champs-Elysées. Et encore j'en suis à délibérer si je ne commencerai pas ma carrière politique dans le quartier du Roule par rendre le pain bénit à la paroisse.

— Tout cela ne te fût pas arrivé sous Bonaparte, dit Falcoz avec des yeux brillants de courroux et de regret.

— A la bonne heure, mais pourquoi n'a-t-il pas su se tenir en place, ton Bonaparte? Tout ce dont je souffre aujourd'hui c'est lui qui l'a fait.

Ici l'attention de Julien redoubla. Il avait compris du premier mot que le bonapartiste Falcoz était l'ancien ami d'enfance de M. de Rênal, par lui répudié en 1816, et le philosophe Saint-Giraud devait être frère de ce chef de bureau à la préfecture de..., qui savait se faire adjuger à bon compte les maisons des communes.

— Et tout cela c'est ton Bonaparte qui l'a fait, continuait Saint-Giraud. Un honnête homme, inoffensif s'il en fut, avec quarante ans et cinq cent mille francs, ne peut pas s'établir en province et y trouver la paix; ses prêtres et ses nobles l'en chassent.

— Ah! ne dis pas de mal de lui, s'écria Falcoz. Jamais la France n'a été si haut dans l'estime des peuples que pendant les treize ans qu'il a régné. Alors, il y avait de la grandeur dans tout ce qu'on faisait.

— Ton empereur, que le diable emporte, reprit l'homme de quarante-quatre ans, n'a été grand que sur ses champs de bataille, et lorsqu'il a rétabli les finances vers 1802. Que veut dire toute sa conduite depuis? Avec ses chambellans, sa pompe et ses réceptions aux Tuileries, il a donné une nouvelle édition de toutes les niaiseries monarchiques. Elle était corrigée, elle eût pu passer encore un siècle ou deux. Les nobles et les prêtres ont voulu revenir à l'ancienne, mais ils n'ont pas la main de fer qu'il faut pour la débiter au public.

— Voilà bien le langage d'un ancien imprimeur!

— Qui me chasse de ma terre? continua l'imprimeur

en colère. Les prêtres, que Napoléon a rappelés par son concordat, au lieu de les traiter comme l'Etat traite les médecins, les avocats, les astronomes; de ne voir en eux que des citoyens, sans s'inquiéter de l'industrie par laquelle ils cherchent à gagner leur vie. Y aurait-il aujourd'hui des gentilshommes insolents, si ton Bonaparte n'eût fait des barons et des comtes? Non, la mode en était passée. Après les prêtres, ce sont les petits nobles campagnards qui m'ont donné le plus d'humeur et m'ont forcé à me faire libéral.

La conversation fut infinie, ce texte va occuper la France encore un demi-siècle. Comme Saint-Giraud répétait toujours qu'il était impossible de vivre en province, Julien proposa timidement l'exemple de M. de Rênal.

— Parbleu, jeune homme, vous êtes bon! s'écria Falcoz; il s'est fait marteau pour n'être pas enclume, et un terrible marteau encore. Mais je le vois débordé par le Valenod. Connaissez-vous ce coquin-là? Voilà le véritable. Que dira votre M. de Rênal lorsqu'il se verra destitué un de ces quatre matins, et le Valenod mis à sa place?

— Il restera tête à tête avec ses crimes, dit Saint-Giraud. Vous connaissez donc Verrières, jeune homme? Eh bien! Bonaparte, que le Ciel confonde, lui et ses friperies monarchiques, a rendu possible le règne des Rênal et des Chélan, qui a amené le règne des Valenod et des Maslon.

Cette conversation d'une sombre politique étonnait Julien et le distrayait de ses rêveries voluptueuses.

Il fut peu sensible au premier aspect de Paris, aperçu dans le lointain. Les châteaux en Espagne sur son sort à venir avaient à lutter avec le souvenir encore présent des vingt-quatre heures qu'il venait de passer à Verrières. Il se jurait de ne jamais abandonner les enfants de son amie, et de tout quitter pour les protéger, si les impertinences des prêtres nous donnent la république et les persécutions contre les nobles.

Que serait-il arrivé la nuit de son arrivée à Verrières, si, au moment où il appuyait son échelle contre la croisée de la chambre à coucher de madame de Rênal, il avait trouvé cette chambre occupée par un étranger, ou par M. de Rênal?

Mais aussi quelles délices les deux premières heures, quand son amie voulait sincèrement le renvoyer et qu'il plaidait sa cause, assis près d'elle dans l'obscurité!

Une âme comme celle de Julien est suivie par de tels souvenirs durant toute une vie. Le reste de l'entrevue se confondait déjà avec les premières époques de leurs amours, quatorze mois auparavant.

Julien fut réveillé de sa rêverie profonde, parce que la voiture s'arrêta. On venait d'entrer dans la cour des postes, rue J.-J.-Rousseau. — Je veux aller à la Malmaison, dit-il à un cabriolet qui s'approcha.

— A cette heure, monsieur, et pourquoi faire?

— Que vous importe! marchez!

Toute vraie passion ne songe qu'à elle. C'est pourquoi, ce me semble, les passions sont si ridicules à Paris, où le voisin prétend toujours qu'on pense beaucoup à lui. Je me garderai de raconter les transports de Julien à la Malmaison. Il pleura. Quoi! malgré les vilains murs blancs construits cette année, et qui coupent ce parc en morceaux? — Oui, monsieur : pour Julien, comme pour la postérité, il n'y avait rien entre Arcole, Sainte-Hélène et la Malmaison.

Le soir, Julien hésita beaucoup avant d'entrer au spectacle, il avait des idées étranges sur ce lieu de perdition.

Une profonde méfiance l'empêcha d'admirer le Paris vivant, il n'était touché que des monuments laissés par son héros.

Me voici donc dans le centre de l'intrigue et de l'hypocrisie! Ici règnent les protecteurs de l'abbé de Frilair.

Le soir du troisième jour, la curiosité l'emporta sur le projet de tout voir avant de se présenter à l'abbé Pirard. Cet abbé lui expliqua, d'un ton froid, le genre de vie qui l'attendait chez M. de La Mole.

Si au bout de quelques mois vous n'êtes pas utile, vous rentrerez au séminaire, mais par la bonne porte. Vous allez loger chez le marquis, l'un des plus grands

seigneurs de France. Vous porterez l'habit noir, mais
comme un homme qui est en deuil, et non pas comme un
ecclésiastique. J'exige que, trois fois la semaine, vous
suiviez vos études en théologie dans un séminaire, où je
vous ferai présenter. Chaque jour, à midi, vous vous éta-
blirez dans la bibliothèque du marquis, qui compte vous
employer à faire des lettres pour des procès et d'autres
affaires. Le marquis écrit, en deux mots, en marge de
chaque lettre qu'il reçoit, le genre de réponse qu'il faut
y faire. J'ai prétendu qu'au bout de trois mois vous
seriez en état de faire ces réponses, de façon que, sur
douze que vous présenterez à la signature du marquis,
il puisse en signer huit ou neuf. Le soir, à huit heures,
vous mettrez son bureau en ordre, et à dix vous serez
libre.

Il se peut, continua l'abbé Pirard, que quelque
vieille dame ou quelque homme au ton doux vous fasse
entrevoir des avantages immenses, ou tout grossièrement
vous offre de l'or pour lui montrer les lettres reçues par
le marquis...

— Ah! monsieur! s'écria Julien rougissant.

— Il est singulier, dit l'abbé avec un sourire amer,
que, pauvre comme vous l'êtes, et après une année de
séminaire, il vous reste encore de ces indignations ver-
tueuses. Il faut que vous ayez été bien aveugle!

Serait-ce la force du sang? se dit l'abbé à demi-voix
et comme se parlant à lui-même. — Ce qu'il y a de singulier, ajouta-t-il en regardant Julien, c'est que le marquis vous connaît... Je ne sais comment. Il vous donne,
pour commencer, cent louis d'appointements. C'est un
homme qui n'agit que par caprices, c'est là son défaut;
il luttera d'enfantillages avec vous. S'il est content, vos
appointements pourront s'élever par la suite jusqu'à huit
mille francs.

Mais vous sentez bien, reprit l'abbé d'un ton aigre,
qu'il ne vous donne pas tout cet argent pour vos beaux
yeux. Il s'agit d'être utile. A votre place, moi, je parlerais très peu, et surtout je ne parlerais jamais de ce que
j'ignore.

Ah! dit l'abbé, j'ai pris des informations pour vous;

j'oubliais la famille de M. de La Mole. Il a deux enfants, une fille et un fils de dix-neuf ans, élégant par excellence, espèce de fou, qui ne sait jamais à midi ce qu'il fera à deux heures. Il a de l'esprit, de la bravoure; il a fait la guerre d'Espagne. Le marquis espère, je ne sais pourquoi, que vous deviendrez l'ami du jeune comte Norbert. J'ai dit que vous étiez un grand latiniste, peut-être compte-t-il que vous apprendrez à son fils quelques phrases toutes faites sur Cicéron et Virgile.

A votre place, je ne me laisserais jamais plaisanter par ce beau jeune homme; et, avant de céder à ses avances parfaitement polies, mais un peu gâtées par l'ironie, je me les ferais répéter plus d'une fois.

Je ne vous cacherai pas que le jeune comte de La Mole doit vous mépriser d'abord, parce que vous n'êtes qu'un petit bourgeois. Son aïeul à lui était de la cour, et eut l'honneur d'avoir la tête tranchée en place de Grève, le 26 avril 1574, pour une intrigue politique. Vous, vous êtes le fils d'un charpentier de Verrières et, de plus, aux gages de son père. Pesez bien ces différences, et étudiez l'histoire de cette famille dans Moreri; tous les flatteurs qui dînent chez eux y font de temps en temps ce qu'ils appellent des allusions délicates.

Prenez garde à la façon dont vous répondrez aux plaisanteries de M. le comte Norbert de La Mole, chef d'escadron de hussards et futur pair de France, et ne venez pas me faire des doléances par la suite.

— Il me semble, dit Julien en rougissant beaucoup, que je ne devrais pas même répondre à un homme qui me méprise.

— Vous n'avez pas d'idée de ce mépris-là; il ne se montrera que par des compliments exagérés. Si vous étiez un sot, vous pourriez vous y laisser prendre; si vous vouliez faire fortune, vous devriez vous y laisser prendre.

— Le jour où tout cela ne me conviendra plus, dit Julien, passerai-je pour un ingrat si je retourne à ma petite cellule, n° 103?

— Sans doute, répondit l'abbé, tous les complaisants de la maison vous calomnieront, mais je paraîtrai, moi.

Adsum qui feci. Je dirai que c'est de moi que vient cette résolution.

Julien était navré du ton amer et presque méchant qu'il remarquait chez M. Pirard; ce ton gâtait tout à fait sa dernière réponse.

Le fait est que l'abbé se faisait un scrupule de conscience d'aimer Julien, et c'est avec une sorte de terreur religieuse qu'il se mêlait aussi directement du sort d'un autre.

— Vous verrez encore, ajouta-t-il avec la même mauvaise grâce, et comme accomplissant un devoir pénible, vous verrez madame la marquise de La Mole. C'est une grande femme blonde, dévote, hautaine, parfaitement polie, et encore plus insignifiante. Elle est fille du vieux duc de Chaulnes, si connu par ses préjugés nobiliaires. Cette grande dame est une sorte d'abrégé, en haut relief, de ce qui fait au fond le caractère des femmes de son rang. Elle ne cache pas, elle, qu'avoir eu des ancêtres qui soient allés aux croisades est le seul avantage qu'elle estime. L'argent ne vient que longtemps après : cela vous étonne? Nous ne sommes plus en province, mon ami.

Vous verrez dans son salon plusieurs grands seigneurs parler de nos princes avec un ton de légèreté singulier. Pour madame de La Mole, elle baisse la voix par respect toutes les fois qu'elle nomme un prince et surtout une princesse. Je ne vous conseillerais pas de dire devant elle que Philippe II ou Henri VIII furent des monstres. Ils ont été ROIS, ce qui leur donne des droits imprescriptibles aux respects de tous et surtout aux respects d'êtres sans naissance, tels que vous et moi. Cependant, ajouta M. Pirard, nous sommes prêtres, car elle vous prendra pour tel; à ce titre, elle nous considère comme des valets de chambre nécessaires à son salut.

— Monsieur, dit Julien, il me semble que je ne serai pas longtemps à Paris.

— A la bonne heure; mais remarquez qu'il n'y a de fortune, pour un homme de notre robe, que par les grands seigneurs. Avec ce je ne sais quoi d'indéfinissable, du moins pour moi, qu'il y a dans votre caractère, si vous ne faites pas fortune vous serez persécuté; il n'y a pas de moyen terme pour vous. Ne vous abusez pas. Les hommes voient qu'ils ne vous font pas plaisir en vous adressant la parole; dans un pays social comme celui-ci, vous êtes voué au malheur si vous n'arrivez pas aux respects.

Que seriez-vous devenu à Besançon, sans ce caprice du marquis de La Mole? Un jour, vous comprendrez toute la singularité de ce qu'il fait pour vous, et, si vous n'êtes pas un monstre, vous aurez pour lui et sa famille une éternelle reconnaissance. Que de pauvres abbés, plus savants que vous, ont vécu des années à Paris avec les quinze sous de leur messe et les dix sous de leurs arguments en Sorbonne!... Rappelez-vous ce que je vous contais, l'hiver dernier, des premières années de ce mauvais sujet de cardinal Dubois. Votre orgueil se croirait-il, par hasard, plus de talent que lui?

Moi, par exemple, homme tranquille et médiocre, je comptais mourir dans mon séminaire; j'ai eu l'enfantillage de m'y attacher. Eh bien! j'allais être destitué quand j'ai donné ma démission. Savez-vous quelle était ma fortune? J'avais cinq cent vingt francs de capital, ni plus ni moins; pas un ami, à peine deux ou trois connaissances. M. de La Mole, que je n'avais jamais vu, m'a tiré de ce mauvais pas; il n'a eu qu'un mot à dire, et l'on m'a donné une cure dont tous les paroissiens sont des gens aisés, au-dessus des vices grossiers, et le revenu me fait honte, tant il est peu proportionné à mon travail. Je ne vous ai parlé aussi longtemps que pour mettre un peu de plomb dans cette tête.

Encore un mot : j'ai le malheur d'être irascible; il est possible que vous et moi nous cessions de nous parler.

Si les hauteurs de la marquise ou les mauvaises plaisanteries de son fils, vous rendent cette maison décidément insupportable, je vous conseille de finir vos études dans quelque séminaire à trente lieues de Paris, et plutôt au nord qu'au midi. Il y a au nord plus de civilisation et moins d'injustices; et, ajouta-t-il en baissant la voix, il faut que je l'avoue, le voisinage des journaux de Paris fait peur aux petits tyrans.

Si nous continuons à trouver du plaisir à nous voir,

et que la maison du marquis ne vous convienne pas, je
vous offre la place de mon vicaire, et je partagerai par
moitié avec vous ce que me rend cette cure. Je vous dois
cela et plus encore, ajouta-t-il en interrompant les remerciements de Julien, pour l'offre singulière que vous m'avez
faite à Besançon. Si au lieu de cinq cent vingt francs, je
n'avais rien eu, vous m'eussiez sauvé.

L'abbé avait perdu son ton de voix cruel. A sa grande
honte, Julien se sentit les larmes aux yeux; il mourait
d'envie de se jeter dans les bras de son ami : il ne put
s'empêcher de lui dire, de l'air le plus mâle qu'il put
affecter :

— J'ai été haï de mon père depuis le berceau; c'était
un de mes grands malheurs; mais je ne me plaindrai plus
du hasard, j'ai retrouvé un père en vous, monsieur.

— C'est bon! c'est bon! dit l'abbé embarrassé; puis
rencontrant fort à propos un mot de directeur de séminaire : Il ne faut jamais dire le hasard, mon enfant, dites
toujours la Providence.

Le fiacre s'arrêta; le cocher souleva le marteau de
bronze d'une porte immense : c'était l'HOTEL DE LA MOLE,
et, pour que les passants ne pussent en douter, ces
mots se lisaient sur un marbre noir au-dessus de la
porte.

Cette affectation déplut à Julien. Ils ont tant de peur
des jacobins! Ils voient un Robespierre et sa charrette
derrière chaque haie; ils en sont souvent à mourir de
rire, et ils affichent ainsi leur maison pour que la canaille
la reconnaisse en cas d'émeute et la pille. Il communiqua sa pensée à l'abbé Pirard.

— Ah! pauvre enfant, vous serez bientôt mon vicaire.
Quelle épouvantable idée vous est venue là!

— Je ne trouve rien de si simple, dit Julien.

La gravité du portier et surtout la propreté de la cour
l'avaient frappé d'admiration. Il faisait un beau soleil.

— Quelle architecture magnifique! dit-il à son ami.

Il s'agissait d'un de ces hôtels à façade si plate du
faubourg Saint-Germain, bâtis vers le temps de la mort
de Voltaire. Jamais la mode et le beau n'ont été si loin
l'un de l'autre.

CHAPITRE II

ENTRÉE DANS LE MONDE

> Souvenir ridicule et touchant : le premier salon où à dix-huit ans l'on a paru seul et sans appui ! Le regard d'une femme suffisait pour m'intimider. Plus je voulais plaire, plus je devenais gauche. Je me faisais de tout les idées les plus fausses; ou je me livrais sans motifs, ou je voyais dans un homme un ennemi parce qu'il m'avait regardé d'un air grave. Mais alors, au milieu des affreux malheurs de ma timidité, qu'un beau jour était beau !
>
> KANT.

JULIEN s'arrêtait, ébahi, au milieu de la cour.

— Ayez donc l'air raisonnable, dit l'abbé Pirard; il vous vient des idées horribles, et puis vous n'êtes qu'un enfant! Où est le *nil mirari* d'Horace? (Jamais d'enthousiasme.) Songez que ce peuple de laquais, vous voyant établi ici, va chercher à se moquer de vous; ils verront en vous un égal, mis injustement au-dessus d'eux. Sous les dehors de la bonhomie, des bons conseils, du désir de vous guider, ils vont essayer de vous faire tomber dans quelque grosse balourdise.

— Je les en défie, dit Julien en se mordant la lèvre, et il reprit toute sa méfiance.

Les salons que ces messieurs traversèrent au premier étage, avant d'arriver au cabinet du marquis, vous eussent semblé, ô mon lecteur, aussi tristes que magnifiques. On vous les donnerait tels qu'ils sont, que vous refuseriez de les habiter; c'est la patrie du bâillement et du raisonnement triste. Ils redoublèrent l'enchantement de Julien. Comment peut-on être malheureux, pensait-il, quand on habite un séjour aussi splendide!

Enfin, ces messieurs arrivèrent à la plus laide des pièces de ce superbe appartement : à peine s'il y faisait jour; là se trouva un petit homme maigre, à l'œil vif et en perruque blonde. L'abbé se retourna vers Julien et le présenta. C'était le marquis. Julien eut beaucoup de peine à le reconnaître, tant il lui trouva l'air poli. Ce n'était plus le grand seigneur, à mine si altière, de l'abbaye de Bray-le-Haut. Il sembla à Julien que sa perruque avait beaucoup trop de cheveux. A l'aide de cette sensation, il ne fut point du tout intimidé. Le descendant de l'ami de Henri III lui parut d'abord avoir une tournure assez mesquine. Il était fort maigre et s'agitait beaucoup. Mais il remarqua bientôt que le marquis avait une politesse encore plus agréable à l'interlocuteur que celle de l'évêque de Besançon lui-même. L'audience ne dura pas trois minutes. En sortant, l'abbé dit à Julien :

— Vous avez regardé le marquis, comme vous eussiez fait un tableau. Je ne suis pas un grand grec dans ce que ces gens-ci appellent la politesse, bientôt vous en saurez plus que moi, mais enfin la hardiesse de votre regard m'a semblé peu polie.

On était remonté en fiacre; le cocher arrêta près du boulevard; l'abbé introduisit Julien dans une suite de grands salons. Julien remarqua qu'il n'y avait pas de meubles. Il regardait une magnifique pendule dorée, représentant un sujet très indécent selon lui, lorsqu'un monsieur fort élégant s'approcha d'un air riant. Julien fit un demi-salut.

Le monsieur sourit et lui mit la main sur l'épaule. Julien tressaillit et fit un saut en arrière. Il rougit de colère. L'abbé Pirard, malgré sa gravité, rit aux larmes. Le monsieur était un tailleur.

Je vous rends votre liberté pour deux jours, lui dit l'abbé en sortant; c'est alors seulement que vous pourrez être présenté à madame de La Mole. Un autre vous garderait comme une jeune fille, en ces premiers moments de votre séjour dans cette nouvelle Babylone. Perdez-vous tout de suite, si vous avez à vous perdre et je serai délivré de la faiblesse que j'ai de penser à vous. Après-demain matin, ce tailleur vous portera deux habits; vous donnerez cinq francs au garçon qui vous les essaiera. Du reste, ne faites pas connaître le son de votre voix à ces Parisiens-là. Si vous dites un mot, ils trouveront le secret de se moquer de vous. C'est leur talent. Après-demain soyez chez moi à midi... Allez, perdez-vous... J'oubliais : allez commander des bottes, des chemises, un chapeau aux adresses que voici.

Julien regardait l'écriture de ces adresses.

— C'est la main du marquis, dit l'abbé; c'est un homme actif qui prévoit tout, et qui aime mieux faire que commander. Il vous prend auprès de lui pour que vous lui épargniez ce genre de peines. Aurez-vous assez d'esprit pour bien exécuter toutes les choses que cet homme vif vous indiquera à demi-mot? C'est ce que montrera l'avenir : gare à vous!

Julien entra sans dire un seul mot chez les ouvriers indiqués par les adresses; il remarqua qu'il en était reçu avec respect, et le bottier, en écrivant son nom sur son registre, mit M. Julien de Sorel.

Au cimetière du Père-Lachaise, un monsieur fort obligeant, et encore plus libéral dans ses propos, s'offrit pour indiquer à Julien le tombeau du maréchal Ney, qu'une politique savante prive de l'honneur d'une épitaphe. Mais en se séparant de ce libéral, qui, les larmes aux yeux, le serrait presque dans ses bras, Julien n'avait plus de montre. Ce fut riche de cette expérience que le surlendemain, à midi, il se présenta à l'abbé Pirard, qui le regarda beaucoup.

— Vous allez peut-être devenir un fat, lui dit l'abbé, d'un air sévère. Julien avait l'air d'un fort jeune homme, en grand deuil; il était à la vérité très bien, mais le bon abbé était trop provincial lui-même pour voir que Julien avait encore cette démarche des épaules qui en province est à la fois élégance et importance. En voyant Julien, le marquis jugea ses grâces d'une manière si différente de celle de son abbé, qu'il lui dit :

— Auriez-vous quelque objection à ce que M. Sorel prît des leçons de danse?

L'abbé resta pétrifié.

— Non, répondit-il enfin, Julien n'est pas prêtre.

Le marquis montant deux à deux les marches d'un petit escalier dérobé, alla lui-même installer notre héros dans une jolie mansarde qui donnait sur l'immense jardin

de l'hôtel. Il lui demanda combien il avait pris de chemises chez la lingère.

— Deux, répondit Julien, intimidé de voir un si grand
seigneur descendre à ces détails.

— Fort bien, reprit le marquis d'un air sérieux et avec
un certain ton impératif et bref, qui donna à penser à
Julien, fort bien! prenez encore vingt-deux chemises. Voici
le premier quartier de vos appointements.

En descendant de la mansarde, le marquis appela un
homme âgé : « Arsène, lui dit-il, vous servirez M. Sorel. »
Peu de minutes après, Julien se trouva seul dans une
bibliothèque magnifique; ce moment fut délicieux. Pour
n'être pas surpris dans son émotion, il alla se cacher dans
un petit coin sombre; de là il contemplait avec ravissement le dos brillant des livres : Je pourrai lire tout cela,
se disait-il. Et comment me déplairais-je ici? M. de Rênal
se serait cru déshonoré à jamais de la centième partie de
ce que le marquis de La Mole vient de faire pour moi.

Mais, voyons les copies à faire. Cet ouvrage terminé,
Julien osa s'approcher des livres. Il faillit devenir fou
de joie en trouvant une édition de Voltaire. Il courut
ouvrir la porte de la bibliothèque pour n'être pas surpris. Il se donna ensuite le plaisir d'ouvrir chacun des
quatre-vingts volumes. Ils étaient reliés magnifiquement,
c'était le chef-d'œuvre du meilleur ouvrier de Londres.
Il n'en fallait pas tant pour porter au comble l'admiration
de Julien.

Une heure après, le marquis entra, regarda les copies,
et remarqua avec étonnement que Julien écrivait *cela*
avec deux ll, *cella*. Tout ce que l'abbé m'a dit de sa
science serait-il tout simplement un conte! Le marquis
fort découragé, lui dit avec douceur :

— Vous n'êtes pas sûr de votre orthographe?

— Il est vrai, dit Julien, sans songer le moins du monde
au tort qu'il se faisait; il était attendri des bontés du
marquis, qui lui rappelait le ton rogue de M. de Rênal.

C'est du temps perdu que toute cette expérience de
petit abbé franc-comtois, pensa le marquis; mais j'avais
un si grand besoin d'un homme sûr!

— *Cela* ne s'écrit qu'avec une *l*, lui dit le marquis;

quand vos copies seront terminées, cherchez dans le dictionnaire les mots de l'orthographe desquels vous ne serez pas sûr.

A six heures, le marquis le fit demander, il regarda avec une peine évidente les bottes de Julien : J'ai un tort à me reprocher, je ne vous ai pas dit que tous les jours, à cinq heures et demie, il faut vous habiller.

Julien le regardait sans comprendre.

— Je veux dire mettre des bas. Arsène vous en fera souvenir; aujourd'hui je ferai vos excuses.

En achevant ces mots, M. de La Mole faisait passer Julien dans un salon resplendissant de dorures. Dans les occasions semblables, M. de Rênal ne manquait jamais de doubler le pas pour avoir l'avantage de passer le premier à la porte. La petite vanité de son ancien patron fit que Julien marcha sur les pieds du marquis, et lui fit beaucoup de mal, à cause de sa goutte. — « Ah! il est balourd par-dessus le marché », se dit celui-ci. Il le présenta à une femme de haute taille et d'un aspect imposant. C'était la marquise. Julien lui trouva l'air impertinent, un peu comme madame de Maugiron, la sous-préfète de l'arrondissement de Verrières, quand elle assistait au dîner de la Saint-Charles. Un peu troublé de l'extrême magnificence du salon, Julien n'entendit pas ce que disait M. de La Mole. La marquise daigna à peine le regarder. Il y avait quelques hommes, parmi lesquels Julien reconnut avec un plaisir indicible le jeune évêque d'Agde, qui avait daigné lui parler quelques mois auparavant à la cérémonie de Bray-le-Haut. Ce jeune prélat fut effrayé sans doute des yeux tendres que fixait sur lui la timidité de Julien, et ne se soucia point de reconnaître ce provincial.

Les hommes réunis dans ce salon semblèrent à Julien avoir quelque chose de triste et de contraint; on parle bas à Paris, et l'on n'exagère pas les petites choses.

Un joli jeune homme, avec des moustaches, très pâle et très élancé, entra vers les six heures et demie; il avait une tête fort petite.

— Vous vous ferez toujours attendre, dit la marquise, à laquelle il baisait la main.

Julien comprit que c'était le comte de La Mole. Il le trouva charmant dès le premier abord.

Est-il possible, se dit-il, que ce soit là l'homme dont les plaisanteries offensantes doivent me chasser de cette maison!

A force d'examiner le comte Norbert, Julien remarqua qu'il était en bottes et en éperons; et moi je dois être en souliers, apparemment comme inférieur. On se mit à table. Julien entendit la marquise qui disait un mot sévère, en élevant un peu la voix. Presque en même temps il aperçut une jeune personne, extrêmement blonde et fort bien faite, qui vint s'asseoir vis-à-vis de lui. Elle ne lui plut point; cependant, en la regardant attentivement, il pensa qu'il n'avait jamais vu des yeux aussi beaux; mais ils annonçaient une grande froideur d'âme. Par la suite, Julien trouva qu'ils avaient l'expression de l'ennui qui examine, mais qui se souvient de l'obligation d'être imposant. Madame de Rênal avait cependant de bien beaux yeux, se disait-il, le monde lui en faisait compliment; mais ils n'avaient rien de commun avec ceux-ci. Julien n'avait pas assez d'usage pour distinguer que c'était du feu de la saillie que brillaient de temps en temps les yeux de mademoiselle Mathilde, c'est ainsi qu'il l'entendit nommer. Quand les yeux de madame de Rênal s'animaient, c'était du feu des passions, ou par l'effet d'une indignation généreuse au récit de quelque action méchante. Vers la fin du repas, Julien trouva un mot pour exprimer le genre de beauté des yeux de mademoiselle de La Mole : Ils sont scintillants, se dit-il. Du reste, elle ressemblait cruellement à sa mère, qui lui déplaisait de plus en plus, et il cessa de la regarder. En revanche, le comte Norbert lui semblait admirable de tous points. Julien était tellement séduit, qu'il n'eut pas l'idée d'en être jaloux et de le haïr parce qu'il était plus riche et plus noble que lui.

Julien trouva que le marquis avait l'air de s'ennuyer.

Vers le second service, il dit à son fils :

— Norbert, je te demande tes bontés pour M. Julien Sorel que je viens de prendre à mon état-major, et dont je prétends faire un homme, si *cella* se peut.

— C'est mon secrétaire, dit le marquis à son voisin, et il écrit *cela* avec deux *ll*.

Tout le monde regarda Julien, qui fit une inclination de tête un peu trop marquée à Norbert; mais en général on fut content de son regard.

Il fallait que le marquis eût parlé du genre d'éducation que Julien avait reçue, car un des convives l'attaqua sur Horace : C'est précisément en parlant d'Horace que j'ai réussi auprès de l'évêque de Besançon, se dit Julien, apparemment qu'ils ne connaissent que cet auteur. A partir de cet instant, il fut maître de lui. Ce mouvement fut rendu facile, parce qu'il venait de décider que mademoiselle de La Mole ne serait jamais une femme à ses yeux. Depuis le séminaire, il mettait les hommes au pis, et se laissait difficilement intimider par eux. Il eût joui de tout son sang-froid, si la salle à manger eût été meublée avec moins de magnificence. C'était, dans le fait, deux glaces de huit pieds de haut chacune, et dans lesquelles il regardait quelquefois son interlocuteur en parlant d'Horace, qui lui imposaient encore. Ses phrases n'étaient pas trop longues pour un provincial. Il avait de beaux yeux, dont la timidité tremblante ou heureuse, quand il avait bien répondu, redoublait l'éclat. Il fut trouvé agréable. Cette sorte d'examen jetait un peu d'intérêt dans un dîner grave. Le marquis engagea par un signe l'interlocuteur de Julien à le pousser vivement. Serait-il possible qu'il sût quelque chose, pensait-il!

Julien répondit en inventant ses idées, et perdit assez de sa timidité pour montrer, non pas de l'esprit, chose impossible à qui ne sait pas la langue dont on se sert à Paris, mais il eut des idées nouvelles quoique présentées sans grâce ni à-propos, et l'on vit qu'il savait parfaitement le latin.

L'adversaire de Julien était un académicien des Inscriptions, qui, par hasard, savait le latin: il trouva en Julien un très bon humaniste, n'eut plus la crainte de le faire rougir, et chercha réellement à l'embarrasser. Dans la chaleur du combat, Julien oublia enfin l'ameublement magnifique de la salle à manger, il en vint à exposer sur les poètes latins des idées que l'interlocuteur n'avait lues nulle part. En honnête homme, il en fit honneur au jeune secrétaire. Par bonheur, on entama une discussion sur la question de savoir si Horace a été pauvre ou riche : un homme aimable, voluptueux et insouciant, faisant des vers pour s'amuser, comme Chapelle, l'ami de Molière et de La Fontaine; ou un pauvre diable de poète lauréat suivant la cour et faisant des odes pour le jour de naissance du roi, comme Southey, l'accusateur de lord Byron. On parla de l'état de la société sous Auguste et sous George IV; Aux deux époques l'aristocratie était toute-puissante; mais à Rome, elle se voyait arracher le pouvoir par Mécène, qui n'était que simple chevalier; et en Angleterre elle avait réduit George IV à peu près à l'état d'un doge de Venise. Cette discussion sembla tirer le marquis de l'état de torpeur où l'ennui le plongeait au commencement du dîner.

Julien ne comprenait rien à tous les noms modernes, comme Southey, lord Byron, George IV, qu'il entendait prononcer pour la première fois. Mais il n'échappa à personne que toutes les fois qu'il était question de faits passés à Rome, et dont la connaissance pouvait se déduire des œuvres d'Horace, de Martial, de Tacite, etc., il avait une incontestable supériorité. Julien s'empara sans façon de plusieurs idées qu'il avait apprises de l'évêque de Besançon, dans la fameuse discussion qu'il avait eue avec ce prélat; ce ne furent pas les moins goûtées.

Lorsque l'on fut las de parler de poètes, la marquise, qui se faisait une loi d'admirer tout ce qui amusait son mari, daigna regarder Julien. Les manières gauches de ce jeune abbé cachent peut-être un homme instruit, dit à la marquise l'académicien qui se trouvait près d'elle; et Julien en entendit quelque chose. Les phrases toutes faites convenaient assez à l'esprit de la maîtresse de la maison; elle adopta celle-ci sur Julien, et se sut bon gré d'avoir engagé l'académicien à dîner. Il amuse M. de La Mole, pensait-elle.

CHAPITRE III

LES PREMIERS PAS

> Cette immense vallée remplie de
> lumières éclatantes et de tant de
> milliers d'hommes éblouit ma vue.
> Pas un ne me connaît, tous me sont
> supérieurs. Ma tête se perd.
>
> *Poemi dell' av.* Reina.

Le lendemain, de fort bonne heure, Julien faisait des
copies de lettres dans la bibliothèque, lorsque mademoiselle Mathilde y entra par une petite porte de déga-
gement, fort bien cachée avec des dos de livres. Pendant
que Julien admirait cette invention, mademoiselle Mathilde paraissait fort étonnée et assez contrariée de le
rencontrer là. Julien lui trouva en papillotes l'air dur,
hautain et presque masculin. Mademoiselle de La Mole
avait le secret de voler des livres dans la bibliothèque de
son père, sans qu'il y parût. La présence de Julien rendait inutile sa course de ce matin, ce qui la contraria
d'autant plus qu'elle venait chercher le second volume
de *la Princesse de Babylone* de Voltaire, digne complé-
ment d'une éducation éminemment monarchique et religieuse, chef-d'œuvre du Sacré-Cœur! Cette pauvre fille, à
dix-neuf ans, avait déjà besoin du piquant de l'esprit pour
s'intéresser à un roman.

Le comte Norbert parut dans la bibliothèque vers les
trois heures; il venait étudier un journal, pour pouvoir
parler politique le soir, et fut bien aise de rencontrer
Julien, dont il avait oublié l'existence. Il fut parfait pour
lui; il lui offrit de monter à cheval .

— Mon père nous donne congé jusqu'au dîner.

Julien comprit ce *nous* et le trouva charmant.

— Mon Dieu, monsieur le comte, dit Julien, s'il s'agissait d'abattre un arbre de quatre-vingts pieds de haut, de
l'équarrir et d'en faire des planches, je m'en tirerais
bien, j'ose le dire; mais monter à cheval, cela ne m'est
pas arrivé six fois en ma vie.

— Eh bien, ce sera la septième, dit Norbert.

Au fond, Julien se rappelait l'entrée du roi de ***, à Verrières, et croyait monter à cheval supérieurement. Mais, en revenant du bois de Boulogne, au beau milieu de la rue du Bac, il tomba, en voulant éviter brusquement un cabriolet, et se couvrit de boue. Bien lui prit d'avoir deux habits. Au dîner, le marquis voulant lui adresser la parole lui demanda des nouvelles de sa promenade; Norbert se hâta de répondre en termes généraux.

— Monsieur le comte est plein de bontés pour moi, reprit Julien, je l'en remercie, et j'en sens tout le prix. Il a daigné me faire donner le cheval le plus doux et le plus joli; mais enfin il ne pouvait pas m'y attacher, et, faute de cette précaution, je suis tombé au beau milieu de cette rue si longue, près du pont.

Mademoiselle Mathilde essaya en vain de dissimuler un éclat de rire; ensuite son indiscrétion demanda des détails. Julien s'en tira avec beaucoup de simplicité; il eut de la grâce sans le savoir.

— J'augure bien de ce petit prêtre, dit le marquis à l'académicien; un provincial simple en pareille occurrence! c'est ce qui ne s'est jamais vu et ne se verra plus; et encore il raconte son malheur devant des *dames!*

Julien mit tellement les auditeurs à leur aise sur son infortune, qu'à la fin du dîner, lorsque la conversation générale eut pris un autre cours, mademoiselle Mathilde faisait des questions à son frère sur les détails de l'événement malheureux. Ses questions se prolongeant, et Julien rencontrant ses yeux plusieurs fois, il osa répondre directement, quoiqu'il ne fût pas interrogé, et tous trois finirent par rire, comme auraient pu faire trois jeunes habitants d'un village au fond d'un bois.

Le lendemain, Julien assista à deux cours de théologie, et revint ensuite transcrire une vingtaine de lettres. Il trouva établi près de lui, dans la bibliothèque, un jeune homme mis avec beaucoup de soin, mais la tournure était mesquine et la physionomie celle de l'envie.

Le marquis entra.

— Que faites-vous ici, monsieur Tanbeau? dit-il au nouveau venu d'un ton sévère.

— Je croyais..., reprit le jeune homme en souriant bassement.

— Non, monsieur, vous *ne croyiez pas*. Ceci est un essai, mais il est malheureux.

Le jeune Tanbeau se leva furieux et disparut. C'était un neveu de l'académicien, ami de madame de La Mole, il se destinait aux lettres. L'académicien avait obtenu que le marquis le prendrait pour secrétaire. Tanbeau, qui travaillait dans une chambre écartée, ayant su la faveur dont Julien était l'objet, voulut la partager, et le matin il était venu établir son écritoire dans la bibliothèque.

A quatre heures, Julien osa, après un peu d'hésitation, paraître chez le comte Norbert. Celui-ci allait monter à cheval, et fut embarrassé, car il était parfaitement poli.

— Je pense, dit-il à Julien, que bientôt vous irez au manège; et après quelques semaines, je serai ravi de monter à cheval avec vous.

— Je voulais avoir l'honneur de vous remercier des bontés que vous avez eues pour moi; croyez, monsieur, ajouta Julien d'un air fort sérieux, que je sens tout ce que je vous dois. Si votre cheval n'est pas blessé par suite de ma maladresse d'hier, et s'il est libre, je désirerais le monter ce matin.

— Ma foi, mon cher Sorel, à vos risques et périls. Supposez que je vous ai fait toutes les objections que réclame la prudence; le fait est qu'il est quatre heures, nous n'avons pas de temps à perdre.

Une fois qu'il fut à cheval :

— Que faut-il faire pour ne pas tomber? dit Julien au jeune comte.

— Bien des choses, répondit Norbert en riant aux éclats : par exemple, tenir le corps en arrière.

Julien prit le grand trot. On était sur la place Louis XVI.

— Ah! jeune téméraire, dit Norbert, il y a trop de voitures, et encore menées par des imprudents! Une fois par terre, les tilburys vont vous passer sur le corps; ils n'iront pas risquer de gâter la bouche de leur cheval en l'arrêtant tout court.

Vingt fois, Norbert vit Julien sur le point de tomber;

mais enfin la promenade finit sans accident. En rentrant,
le jeune comte dit à sa sœur :

— Je vous présente un hardi casse-cou.

A dîner, parlant à son père, d'un bout de la table à
l'autre, il rendit justice à la hardiesse de Julien; c'était
tout ce qu'on pouvait louer dans sa façon de monter à
cheval. Le jeune comte avait entendu le matin les gens
qui pansaient les chevaux dans la cour prendre texte de
la chute de Lucien pour se moquer de lui outrageusement.

Malgré tant de bonté, Julien se sentit bientôt parfaitement isolé au milieu de cette famille. Tous les usages
lui semblaient singuliers, et il manquait à tous. Ses bévues
faisaient la joie des valets de chambre.

L'abbé Pirard était parti pour sa cure. Si Julien est un
faible roseau, qu'il périsse; si c'est un homme de cœur,
qu'il se tire d'affaire tout seul, pensait-il.

CHAPITRE IV

L'HOTEL DE LA MOLE

> Que fait-il ici? s'y plairait-il? pen-
> serait-il y plaire?
>
> RONSARD.

Si tout semblait étrange à Julien, dans le noble salon
de l'hôtel de La Mole, ce jeune homme, pâle et vêtu
de noir, semblait à son tour fort singulier aux personnes
qui daignaient le remarquer. Madame de La Mole proposa à son mari de l'envoyer en mission les jours où l'on
avait à dîner certains personnages.

— J'ai envie de pousser l'expérience jusqu'au bout,
répondit le marquis. L'abbé Pirard prétend que nous
avons tort de briser l'amour-propre des gens que nous
admettons auprès de nous. *On ne s'appuie que sur ce qui
résiste*, etc. Celui-ci n'est inconvenant que par sa figure
inconnue, c'est du reste un sourd-muet.

Pour que je puisse m'y reconnaître, il faut, se dit
Julien, que j'écrive les noms et un mot sur le caractère
des personnages que je vois arriver dans ce salon.

Il plaça en première ligne cinq ou six amis de la maison qui lui faisaient la cour à tout hasard, le croyant protégé par un caprice du marquis. C'étaient de pauvres hères, plus ou moins plats; mais, il faut dire à la louange de cette classe d'hommes telle qu'on la trouve aujourd'hui dans les salons de l'aristocratie, ils n'étaient pas plats également pour tous. Tel d'entre eux se fût laissé malmener par le marquis, qui se fût révolté contre un mot dur à lui adressé par madame de La Mole.

Il y avait trop de fierté et trop d'ennui au fond du caractère des maîtres de la maison; ils étaient trop accoutumés à outrager pour se désennuyer, pour qu'ils pussent espérer de vrais amis. Mais, excepté les jours de pluie, et dans les moments d'ennui féroce, qui étaient rares, on les trouvait toujours d'une politesse parfaite.

Si les cinq ou six complaisants qui témoignaient une amitié si paternelle à Julien eussent déserté l'hôtel de La Mole, la marquise eût été exposée à de grands moments de solitude; et, aux yeux des femmes de ce rang, la solitude est affreuse : c'est l'emblème de la *disgrâce*.

Le marquis était parfait pour sa femme; il veillait à ce que son salon fût suffisamment garni; non pas de pairs, il trouvait ses nouveaux collègues pas assez nobles pour venir chez lui comme amis, pas assez amusants pour y être admis comme subalternes.

Ce ne fut que bien plus tard que Julien pénétra ces secrets. La politique dirigeante qui fait l'entretien des maisons bourgeoises n'est abordée dans celles de la classe du marquis que dans les instants de détresse.

Tel est encore, même dans ce siècle ennuyé, l'empire de la nécessité de s'amuser que même les jours de dîners, à peine le marquis avait-il quitté le salon, que tout le monde s'enfuyait. Pourvu qu'on ne plaisantât ni de Dieu, ni des prêtres, ni du roi, ni des gens en place, ni des artistes protégés par la cour, ni de tout ce qui est établi; pourvu qu'on ne dît du bien ni de Béranger, ni des journaux de l'opposition, ni de Voltaire, ni de Rousseau ni de tout ce qui se permet un peu de franc-parler;

pourvu surtout qu'on ne parlât jamais politique, on pouvait librement raisonner de tout.

Il n'y a pas de cent mille écus de rente ni de cordon bleu qui puissent lutter contre une telle charte de salon. La moindre idée vive semblait une grossièreté. Malgré le bon ton, la politesse parfaite, l'envie d'être agréable, l'ennui se lisait sur tous les fronts. Les jeunes gens qui venaient rendre des devoirs, ayant peur de parler de quelque chose qui fît soupçonner une pensée, ou de trahir quelque lecture prohibée, se taisaient après quelques mots bien élégants sur Rossini et le temps qu'il faisait.

Julien observa que la conversation était ordinairement maintenue vivante par deux vicomtes et cinq barons que M. de La Mole avait connus dans l'émigration. Ces messieurs jouissaient de six à huit mille livres de rente, quatre tenaient pour *la Quotidienne,* et trois pour *la Gazette de France.* L'un d'eux avait tous les jours à raconter quelque anecdote du Château où le mot *admirable* n'était pas épargné. Julien remarqua qu'il avait cinq croix, les autres n'en avaient en général que trois.

En revanche, on voyait dans l'antichambre dix laquais en livrée, et toute la soirée on avait des glaces ou du thé tous les quarts d'heure; et, sur le minuit, une espèce de souper avec du vin de Champagne.

C'était la raison qui quelquefois faisait rester Julien jusqu'à la fin; du reste, il ne comprenait presque pas que l'on pût écouter sérieusement la conversation ordinaire de ce salon, si magnifiquement doré. Quelquefois, il regardait les interlocuteurs, pour voir si eux-mêmes ne se moquaient pas de ce qu'ils disaient. Mon M. de Maistre, que je sais par cœur, a dit cent fois mieux, pensait-il, et *encore* est-il bien ennuyeux.

Julien n'était pas le seul à s'apercevoir de l'asphyxie morale. Les uns se consolaient en prenant force glaces; les autres par le plaisir de dire tout le reste de la soirée : Je sors de l'hôtel de La Mole, où j'ai su que la Russie, etc.

Julien apprit, d'un des complaisants, qu'il n'y avait pas encore six mois que madame de La Mole avait récompensé une assiduité de plus de vingt années en faisant préfet le pauvre baron Le Bourguignon, sous-préfet depuis la Restauration.

Ce grand événement avait retrempé le zèle de tous ces messieurs; ils se seraient fâchés de bien peu de chose auparavant, ils ne se fâchèrent plus de rien. Rarement, le manque d'égards était direct, mais Julien avait déjà surpris à table deux ou trois petits dialogues brefs entre le marquis et sa femme, cruels pour ceux qui étaient placés auprès d'eux. Ces nobles personnages ne dissimulaient pas le mépris sincère pour tout ce qui n'était pas issu de gens *montant dans les carrosses du roi.* Julien observa que le mot *croisade* était le seul qui donnât à leur figure l'expression du sérieux profond, mêlé de respect. Le respect ordinaire avait toujours une nuance de complaisance.

Au milieu de cette magnificence et de cet ennui, Julien ne s'intéressait à rien qu'à M. de La Mole; il l'entendit avec plaisir protester un jour qu'il n'était pour rien dans l'avancement de ce pauvre Le Bourguignon. C'était une attention pour la marquise : Julien savait la vérité par l'abbé Pirard.

Un matin que l'abbé travaillait avec Julien, dans la bibliothèque du marquis, à l'éternel procès de Frilair :

— Monsieur, dit Julien tout à coup, dîner tous les jours avec madame la marquise est-ce un de mes devoirs, ou est-ce une bonté que l'on a pour moi?

— C'est un honneur insigne! reprit l'abbé, scandalisé. Jamais M. N... l'académicien, qui, depuis quinze ans, fait une cour assidue, n'a pu l'obtenir pour son neveu M. Tanbeau.

— C'est pour moi, monsieur, la partie la plus pénible de mon emploi. Je m'ennuyais moins au séminaire. Je vois bâiller quelquefois jusqu'à mademoiselle de La Mole qui pourtant doit être accoutumée à l'amabilité des amis de la maison. J'ai peur de m'endormir. De grâce, obtenez-moi la permission d'aller dîner à quarante sous dans quelque auberge obscure.

L'abbé, véritable parvenu, était fort sensible à l'honneur de dîner avec un grand seigneur. Pendant qu'il s'efforçait de faire comprendre ce sentiment par Julien, un bruit léger leur fit tourner la tête. Julien vit mademoiselle de La Mole qui écoutait. Il rougit. Elle était venue chercher un livre et avait tout entendu; elle prit quelque considération pour Julien. Celui-là n'est pas né à genoux, pensa-t-elle, comme ce vieil abbé. Dieu! qu'il est laid.

A dîner, Julien n'osait pas regarder mademoiselle de La Mole, mais elle eut la bonté de lui adresser la parole. Ce jour-là, on attendait beaucoup de monde, elle l'engagea à rester. Les jeunes filles de Paris n'aiment guère les gens d'un certain âge, surtout quand ils sont mis sans soin. Julien n'avait pas eu besoin de beaucoup de sagacité pour s'apercevoir que les collègues de M. Le Bourguignon, restés dans le salon, avaient l'honneur d'être l'objet ordinaire des plaisanteries de mademoiselle de La Mole. Ce jour-là, qu'il y eût ou non de l'affectation de sa part, elle fut cruelle pour les ennuyeux.

Mademoiselle de La Mole était le centre d'un petit groupe qui se formait presque tous les soirs derrière l'immense bergère de la marquise. Là se trouvaient le marquis de Croisenois, le comte de Caylus, le vicomte de Luz et deux ou trois autres jeunes officiers, amis de Norbert ou de sa sœur. Ces messieurs s'asseyaient sur un grand canapé bleu. A l'extrémité du canapé, opposée à celle qu'occupait la brillante Mathilde, Julien était placé silencieusement sur une petite chaise de paille assez basse. Ce poste modeste était envié par tous les complaisants; Norbert y maintenait décemment le jeune secrétaire de son père, en lui adressant la parole ou en le nommant une ou deux fois par soirée. Ce jour-là, mademoiselle de La Mole lui demanda quelle pouvait être la hauteur de la montagne sur laquelle est placée la citadelle de Besançon. Jamais Julien ne put dire si cette montagne était plus ou moins haute que Montmartre. Souvent il riait de grand cœur de ce qu'on disait dans ce petit groupe; mais il se sentait incapable de rien inventer de semblable. C'était comme une langue étrangère qu'il eût comprise, mais qu'il n'eût pu parler.

Les amis de Mathilde étaient ce jour-là en hostilité continue avec les gens qui arrivaient dans ce vaste salon. Les amis de la maison eurent d'abord la préférence, comme étant mieux connus. On peut juger si Julien était attentif; tout l'intéressait, et le fond des choses et la manière d'en plaisanter.

— Ah! voici M. Descoulis, dit Mathilde, il n'a plus de perruque; est-ce qu'il voudrait arriver à la préfecture par le génie? Il étale ce front chauve qu'il dit rempli de hautes pensées.

— C'est un homme qui connaît toute la terre, dit le marquis de Croisenois; il vient aussi chez mon oncle le cardinal. Il est capable de cultiver un mensonge auprès de chacun de ses amis pendant des années de suite, et il a deux ou trois cents amis. Il sait alimenter l'amitié, c'est son talent. Tel que vous le voyez, il est déjà crotté, à la porte d'un de ses amis, dès les sept heures du matin, en hiver.

Il se brouille de temps en temps, et il écrit sept ou huit lettres pour la brouillerie. Puis il se réconcilie, et il a sept ou huit lettres pour les transports d'amitié. Mais c'est dans l'épanchement franc et sincère de l'honnête homme qui ne garde rien sur le cœur qu'il brille le plus. Cette manœuvre paraît quand il a quelque service à demander. Un des grands vicaires de mon oncle est admirable quand il raconte la vie de M. Descoulis depuis la Restauration. Je vous l'amènerai.

— Bah! je ne croirais pas à ces propos; c'est jalousie de métier entre petites gens, dit le comte de Caylus.

— M. Descoulis aura un nom dans l'histoire, reprit le marquis; il a fait la Restauration avec l'abbé de Pradt et MM. de Talleyrand et Pozzo di Borgo.

— Cet homme a manié des millions, dit Norbert, et je ne conçois pas qu'il vienne ici embourser les épigrammes de mon père, souvent abominables. Combien avez-vous trahi de fois vos amis, mon cher Descoulis? lui criait-il l'autre jour, d'un bout de la table à l'autre.

— Mais est-il vrai qu'il ait trahi? dit mademoiselle de La Mole. Qui n'a pas trahi?

— Quoi! dit le comte de Caylus à Norbert, vous avez chez vous M. Sainclair, ce fameux libéral; et que diable vient-il y faire? Il faut que je l'approche, que je lui parle, que je le fasse parler; on dit qu'il a tant d'esprit.

— Mais comment ta mère va-t-elle le recevoir? dit M. de

Croisenois. Il a des idées si extravagantes, si généreuses, si indépendantes...

— Voyez, dit mademoiselle de La Mole, voilà l'homme indépendant qui salue jusqu'à terre M. Descoulis et qui saisit sa main. J'ai presque cru qu'il allait la porter à ses lèvres.

— Il faut que Descoulis soit mieux avec le pouvoir que nous ne le croyons, reprit M. de Croisenois.

— Sainclair vient ici pour être de l'Académie, dit Norbert; voyez comme il salue le baron L..., Croisenois.

— Il serait moins bas de se mettre à genoux, reprit M. de Luz.

— Mon cher Sorel, dit Norbert, vous qui avez de l'esprit, mais qui arrivez de vos montagnes, tâchez de ne jamais saluer comme fait ce grand poète, fût-ce Dieu le père.

— Ah! voici l'homme d'esprit par excellence, M. le baron Bâton, dit mademoiselle de La Mole, imitant un peu la voix du laquais qui venait de l'annoncer.

— Je crois que même vos gens se moquent de lui. Quel nom, baron Bâton! dit M. de Caylus.

— Que fait le nom! nous disait-il l'autre jour, reprit Mathilde. Figurez-vous le duc de Bouillon annoncé pour la première fois; il ne manque au public, à mon égard, qu'un peu d'habitude...

Julien quitta le voisinage du canapé. Peu sensible encore aux charmantes finesses d'une moquerie légère, pour rire d'une plaisanterie, il prétendait qu'elle fût fondée en raison. Il ne voyait dans les propos de ces jeunes gens que le ton de dénigrement général et en était choqué. Sa pruderie provinciale ou anglaise allait jusqu'à y voir de l'envie, en quoi assurément il se trompait.

Le comte Norbert, se disait-il, à qui j'ai vu faire trois brouillons pour une lettre de vingt lignes à son colonel, serait bien heureux s'il avait écrit de sa vie une page comme celles de M. Sainclair.

Passant inaperçu à cause de son peu d'importance, Julien s'approcha successivement de plusieurs groupes; il suivait de loin le baron Bâton et voulait l'entendre. Cet homme de tant d'esprit avait l'air inquiet, et Julien ne le vit se remettre un peu que lorsqu'il eût trouvé trois ou quatre phrases piquantes. Il sembla à Julien que ce genre d'esprit avait besoin d'espace.

Le baron ne pouvait pas dire des mots; il lui fallait au moins quatre phrases de six lignes chacune pour être brillant.

— *Cet homme disserte, il ne cause pas,* disait quelqu'un derrière Julien. Il se retourna et rougit de plaisir quand il entendit nommer le comte Chalvet. C'est l'homme le plus fin du siècle. Julien avait souvent trouvé son nom dans le *Mémorial de Sainte-Hélène* et dans les morceaux d'histoire dictés par Napoléon. Le comte Chalvet était bref dans sa parole; ses traits étaient des éclairs, justes, vifs, profonds. S'il parlait d'une affaire, sur-le-champ on voyait la discussion faire un pas. Il y portait des faits, c'était plaisir de l'entendre. Du reste, en politique, il était cynique, effronté.

— Je suis indépendant, moi, disait-il à un monsieur portant trois plaques, et dont apparemment il se moquait. Pourquoi veut-on que je sois aujourd'hui de la même opinion qu'il y a six semaines? En ce cas, mon opinion serait mon tyran.

Quatre jeunes gens graves, qui l'entouraient, firent la mine; ces messieurs n'aiment pas le genre plaisant. Le comte vit qu'il était allé trop loin. Heureusement il aperçut l'honnête M. Balland, tartufe d'honnêteté. Le comte se mit à lui parler : on se rapprocha, on comprit que le pauvre Balland allait être immolé. A force de morale et de moralité, quoique horriblement laid, et après des premiers pas dans le monde difficiles à raconter, M. Balland a épousé une femme fort riche, qui est morte; ensuite une seconde femme fort riche que l'on ne voit point dans le monde. Il jouit en toute humilité de soixante mille livres de rente, et a lui-même des flatteurs. Le comte Chalvet lui parla de tout cela et sans pitié. Il y eut bientôt autour d'eux un cercle de trente personnes. Tout le monde souriait, même les jeunes gens graves, l'espoir du siècle.

Pourquoi vient-il chez M. de La Mole, où il est le plastron évidemment? pensa Julien. Il se rapprocha de l'abbé Pirard pour le lui demander.

M. Balland s'esquiva.

— Bon! dit Norbert, voilà un des espions de mon père parti; il ne reste plus que le petit boiteux Napier.

Serait-ce là le mot de l'énigme? pensa Julien. Mais, en ce cas, pourquoi le marquis reçoit-il M. Balland?

Le sévère abbé Pirard faisait la mine dans un coin du salon, en entendant les laquais annoncer.

— C'est donc une caverne, disait-il comme Basile, je ne vois arriver que des gens tarés.

C'est que le sévère abbé ne connaissait pas ce qui tient à la haute société. Mais, par ses amis les jansénistes, il avait des notions fort exactes sur ces hommes qui n'arrivent dans les salons que par leur extrême finesse au service de tous les partis, ou leur fortune scandaleuse. Pendant quelques minutes, ce soir-là, il répondit d'abondance de cœur aux questions empressées de Julien, puis s'arrêta tout court, désolé d'avoir toujours du mal à dire de tout le monde, et se l'imputant à péché. Bilieux, janséniste, et croyant au devoir de la charité chrétienne, sa vie dans le monde était un combat.

— Quelle figure a cet abbé Pirard! disait mademoiselle de La Mole, comme Julien se rapprochait du canapé.

Julien se sentit irrité, mais pourtant elle avait raison. M. Pirard était sans contredit le plus honnête homme du salon, mais sa figure couperosée, qui s'agitait des bourrèlements de sa conscience, le rendait hideux en ce moment. Croyez après cela aux physionomies, pensa Julien; c'est dans le moment où la délicatesse de l'abbé Pirard se reproche quelque peccadille, qu'il a l'air atroce; tandis que sur la figure de ce Napier, espion connu de tous, on lit un bonheur pur et tranquille. L'abbé Pirard avait fait cependant de grandes concessions à son parti, il avait pris un domestique, il était fort bien vêtu.

Julien remarqua quelque chose de singulier dans le salon : c'était un mouvement de tous les yeux vers la porte, et un demi-silence subit. Le laquais annonçait le fameux baron de Tolly, sur lequel les élections venaient de fixer tous les regards. Julien s'avança et le vit fort bien. Le baron présidait un collège : il eut l'idée lumineuse d'escamoter les petits carrés de papier portant les votes d'un des partis. Mais, pour qu'il y eût compensation, il les remplaçait à mesure par d'autres petits morceaux de papier portant un nom qui lui était agréable. Cette manœuvre décisive fut aperçue par quelques électeurs qui s'empressèrent de faire compliment au baron de Tolly. Le bonhomme était encore pâle de cette grande affaire. Des esprits mal faits avaient prononcé le mot de galères. M. de La Mole le reçut froidement. Le pauvre baron s'échappa.

— S'il nous quitte si vite, c'est pour aller chez M. Comte, le prestidigitateur, dit le comte Chalvet; et l'on rit.

Au milieu de quelques grands seigneurs muets et des intrigants, la plupart tarés, mais tous gens d'esprit, qui, ce soir-là, abordaient successivement dans le salon de M. de La Mole (on parlait de lui pour un ministère), le petit Tanbeau faisait ses premières armes. S'il n'avait pas encore la finesse des aperçus, il s'en dédommageait, comme on va voir, par l'énergie des paroles.

— Pourquoi ne pas condamner cet homme à dix ans de prison? disait-il au moment où Julien approcha de son groupe; c'est dans un fond de basse-fosse qu'il faut confiner les reptiles; on doit les faire mourir à l'ombre, autrement leur venin s'exalte et devient plus dangereux. A quoi bon le condamner à mille écus d'amende? Il est pauvre, soit, tant mieux; mais son parti payera pour lui. Il fallait cinq cents francs d'amende et dix ans de basse-fosse.

Eh bon Dieu! quel est donc le monstre dont on parle? pensa Julien, qui admirait le ton véhément et les gestes saccadés de son collègue. La petite figure maigre et tirée du neveu favori de l'académicien était hideuse en ce moment. Julien apprit bientôt qu'il s'agissait du plus grand poète de l'époque.

— Ah, monstre! s'écria Julien à demi haut, et des larmes généreuses vinrent mouiller ses yeux. Ah, petit gueux! pensa-t-il, je te revaudrai ce propos.

Voilà pourtant, pensa-t-il, les enfants perdus du parti dont le marquis est un des chefs! Et cet homme illustre qu'il calomnie, que de croix, que de sinécures n'eût-il pas accumulées, s'il se fût vendu, je ne dis pas au plat ministère de M. de Nerval, mais à quelqu'un de ces ministres passablement honnêtes que nous avons vus se succéder?

L'abbé Pirard fit signe de loin à Julien; M. de La Mole venait de lui dire un mot. Mais quand Julien, qui dans ce moment écoutait, les yeux baissés, les gémissements d'un évêque, fut libre enfin, et put approcher de son ami, il le trouva accaparé par cet abominable petit Tanbeau. Ce petit monstre l'exécrait comme la source de la faveur de Julien, et venait lui faire la cour.

Quand la mort nous délivrera-t-elle de cette vieille pourriture? C'était dans ces termes, d'une énergie biblique, que le petit homme de lettres parlait en ce moment du respectable lord Holland. Son mérite était de savoir très bien la biographie des hommes vivants, et il venait de faire une revue rapide de tous les hommes qui pouvaient aspirer à quelque influence sous le règne du nouveau roi d'Angleterre.

L'abbé Pirard passa dans un salon voisin; Julien le suivit :

— Le marquis n'aime pas les écrivailleurs, je vous en avertis; c'est sa seule antipathie. Sachez le latin, le grec si vous pouvez, l'histoire des Egyptiens, des Perses, etc., il vous honorera et vous protégera comme un savant. Mais n'allez pas écrire une page en français, et surtout sur des matières graves et au-dessus de votre position dans le monde, il vous appellerait écrivailleur, et vous prendrait en guignon. Comment, habitant l'hôtel d'un grand seigneur, ne savez-vous pas le mot du duc de Castries sur d'Alembert et Rousseau : « Cela veut raisonner de tout, et n'a pas mille écus de rente? »

Tout se sait, pensa Julien, ici comme au séminaire! Il avait écrit huit ou dix pages assez emphatiques : c'était une sorte d'éloge historique du vieux chirurgien-major qui, disait-il, l'avait fait homme. Et ce petit cahier, se dit Julien, a toujours été fermé à clef! Il monta chez lui, brûla son manuscrit et revint au salon. Les coquins brillants l'avaient quitté, il ne restait que les hommes à plaques.

Autour de la table, que les gens venaient d'apporter toute servie, se trouvaient sept à huit femmes fort nobles, fort dévotes, fort affectées, âgées de trente à trente-cinq ans. La brillante maréchale de Fervaques entra en faisant des excuses sur l'heure tardive. Il était plus de minuit; elle alla prendre place auprès de la marquise. Julien fut profondément ému; elle avait les yeux et le regard de madame de Rênal.

Le groupe de mademoiselle de La Mole était encore peuplé. Elle était occupée avec ses amis à se moquer du malheureux comte de Thaler. C'était le fils unique de ce fameux Juif, célèbre par les richesses qu'il avait acquises en prêtant de l'argent aux rois pour faire la guerre aux peuples. Le juif venait de mourir, laissant à son fils cent mille écus de rente par mois, et un nom, hélas, trop connu! Cette position singulière eût exigé de la simplicité dans le caractère, ou beaucoup de force de volonté.

Malheureusement, le comte n'était qu'un bon homme garni de toutes sortes de prétentions qui lui étaient inspirées par ses flatteurs.

M. de Caylus prétendait qu'on lui avait donné la volonté de demander en mariage mademoiselle de La Mole (à laquelle le marquis de Croisenois, qui devait être duc avec cent mille livres de rente, faisait la cour).

— Ah! ne l'accusez pas d'avoir une volonté, disait piteusement Norbert.

Ce qui manquait peut-être le plus à ce pauvre comte de Thaler, c'était la faculté de vouloir. Par ce côté de son caractère il eût été digne d'être roi. Prenant sans cesse conseil de tout le monde, il n'avait le courage de suivre aucun avis jusqu'au bout.

Sa physionomie eût suffi à elle seule, disait mademoiselle de La Mole, pour lui inspirer une joie éternelle. C'était un mélange singulier d'inquiétude et de désappointement; mais de temps à autre on y distinguait fort bien des bouffées d'importance et de ce ton tranchant que doit avoir l'homme le plus riche de France, quand surtout il est assez bien fait de sa personne et n'a pas encore trente-six ans. Il est timidement insolent, disait M. de Croisenois. Le comte de Caylus, Norbert et deux ou trois jeunes gens à moustaches le persiflèrent tant qu'ils voulurent, sans qu'il s'en doutât, et enfin, le renvoyèrent comme une heure sonnait :

— Sont-ce vos fameux chevaux arabes qui vous attendent à la porte par le temps qu'il fait? lui dit Norbert.

— Non; c'est un nouvel attelage bien moins cher, répondit M. de Thaler. Le cheval de gauche me coûte cinq mille francs, et celui de droite ne vaut que cent louis; mais je vous prie de croire qu'on ne l'attelle que de nuit. C'est que son trot est parfaitement semblable à celui de l'autre.

La réflexion de Norbert fit penser au comte qu'il était décent pour un homme comme lui d'avoir la passion des chevaux, et qu'il ne fallait pas laisser mouiller les siens. Il partit, et ces messieurs sortirent un instant après en se moquant de lui.

Ainsi, pensait Julien en les entendant rire dans l'escalier, il m'a été donné de voir l'autre extrême de ma situation! Je n'ai pas vingt louis de rente, et je me suis trouvé côte à côte avec un homme qui a vingt louis de rente par heure, et l'on se moquait de lui... Une telle vue guérit de l'envie.

CHAPITRE V

LA SENSIBILITÉ ET UNE GRANDE DAME DÉVOTE

> Une idée un peu vive y a l'air d'une grossièreté, tant on y est accoutumé aux mots sans relief. Malheur à qui invente en parlant!
>
> FAUBLAS.

APRÈS plusieurs mois d'épreuves, voici où en était Julien le jour où l'intendant de la maison lui remit le troisième quartier de ses appointements. M. de La Mole l'avait chargé de suivre l'administration de ses terres en Bretagne et en Normandie. Julien y faisait de fréquents voyages. Il était chargé, en chef, de la correspondance relative au fameux procès avec l'abbé de Frilair. M. Pirard l'avait instruit.

Sur les courtes notes que le marquis griffonnait en marge des papiers de tout genre qui lui étaient adressés,

Julien composait des lettres qui presque toutes étaient signées.

A l'école de théologie, ses professeurs se plaignaient de son peu d'assiduité, mais ne l'en regardaient pas moins comme un de leurs élèves les plus distingués. Ces différents travaux, saisis avec toute l'ardeur de l'ambition souffrante, avaient bien vite enlevé à Julien les fraîches couleurs qu'il avait apportées de la province. Sa pâleur était un mérite aux yeux des jeunes séminaristes ses camarades; il les trouvait beaucoup moins méchants, beaucoup moins à genoux devant un écu que ceux de Besançon; eux le croyaient attaqué de la poitrine. Le marquis lui avait donné un cheval.

Craignant d'être rencontré dans ses courses à cheval, Julien leur avait dit que cet exercice lui était prescrit par les médecins. L'abbé Pirard l'avait mené dans plusieurs sociétés de jansénistes. Julien fut étonné; l'idée de la religion était invinciblement liée dans son esprit à celle d'hypocrisie et d'espoir de gagner de l'argent. Il admira ces hommes pieux et sévères qui ne songent pas au budget. Plusieurs jansénistes l'avaient pris en amitié et lui donnaient des conseils. Un monde nouveau s'ouvrait devant lui. Il connut chez les jansénistes un comte Altamira qui avait près de six pieds de haut, libéral condamné à mort dans son pays, et dévot. Cet étrange contraste, la dévotion et l'amour de la liberté, le frappa.

Julien était en froid avec le jeune comte. Norbert avait trouvé qu'il répondait trop vivement aux plaisanteries de quelques-uns de ses amis. Julien, ayant manqué une ou deux fois aux convenances, s'était prescrit de ne jamais adresser la parole à mademoiselle Mathilde. On était toujours parfaitement poli à son égard à l'hôtel de La Mole; mais il se sentait déchu. Son bon sens de province expliquait cet effet par le proverbe vulgaire, *tout beau tout nouveau*.

Peut-être était-il un peu plus clairvoyant que les premiers jours, ou bien le premier enchantement produit par l'urbanité parisienne était passé.

Dès qu'il cessait de travailler, il était en proie à un ennui mortel; c'est l'effet desséchant de la politesse admirable, mais si mesurée, si parfaitement graduée suivant les positions, qui distingue la haute société. Un cœur un peu sensible voit l'artifice.

Sans doute, on peut reprocher à la province un ton commun ou peu poli; mais on se passionne un peu en vous répondant. Jamais à l'hôtel de La Mole l'amour-propre de Julien n'était blessé; mais souvent, à la fin de la journée, il se sentait l'envie de pleurer. En province, un garçon de café prend intérêt à vous, s'il vous arrive un accident en entrant dans son café; mais si cet accident offre quelque chose de désagréable pour l'amour-propre, en vous plaignant, il répétera dix fois le mot qui vous torture. A Paris, on a l'attention de se cacher pour rire, mais vous êtes toujours un étranger.

Nous passons sous silence une foule de petites aventures qui eussent donné des ridicules à Julien, s'il n'eût pas été en quelque sorte au-dessous du ridicule. Une sensibilité folle lui faisait commettre des milliers de gaucheries. Tous ses plaisirs étaient de précaution : il tirait le pistolet tous les jours, il était un des bons élèves des plus fameux maître d'armes. Dès qu'il pouvait disposer d'un instant, au lieu de l'employer à lire comme autrefois, il courait au manège et demandait les chevaux les plus vicieux. Dans les promenades avec le maître du manège, il était presque régulièrement jeté par terre.

Le marquis le trouvait commode à cause de son travail obstiné, de son silence, de son intelligence et, peu à peu, lui confia la suite de toutes les affaires un peu difficiles à débrouiller. Dans les moments où sa haute ambition lui laissait quelque relâche, le marquis faisait des affaires avec sagacité; à portée de savoir des nouvelles, il jouait à la rente avec bonheur. Il achetait des maisons, des bois; mais il prenait facilement de l'humeur. Il donnait des centaines de louis et plaidait pour des centaines de francs. Les hommes riches qui ont le cœur haut cherchent dans les affaires de l'amusement et non des résultats. Le marquis avait besoin d'un chef d'état-major qui mît un ordre clair et facile à saisir dans toutes ses affaires d'argent.

Madame de La Mole, quoique d'un caractère si mesuré, se moquait quelquefois de Julien. *L'imprévu*, produit par la sensibilité, est l'horreur des grandes dames; c'est l'antipode des convenances. Deux ou trois fois le marquis prit son parti : S'il est ridicule dans votre salon, il triomphe dans son bureau. Julien, de son côté, crut saisir le secret de la marquise. Elle daignait s'intéresser à tout dès qu'on annonçait le baron de La Joumate. C'était un être froid, à physionomie impassible. Il était petit, mince, laid, fort bien mis, passait sa vie au Château, et, en général, ne disait rien sur rien. Telle était sa façon de penser. Madame de La Mole eût été passionnément heureuse, pour la première fois de sa vie, si elle eût pu en faire le mari de sa fille.

CHAPITRE VI

MANIÈRE DE PRONONCER

> Leur haute mission est de juger avec calme les petits événements de la vie journalière des peuples. Leur sagesse doit prévenir les grandes colères pour les petites causes, ou pour des événements que la voix de la renommée transfigure en les portant au loin.
>
> GROTIUS.

POUR un nouveau débarqué, qui, par hauteur, ne faisait jamais de questions, Julien ne tomba pas dans de trop grandes sottises. Un jour, poussé dans un café de la rue Saint-Honoré par une averse soudaine, un grand homme en redingote de castorine, étonné de son regard sombre, le regarda à son tour, absolument comme jadis à Besançon l'amant de mademoiselle Amanda.

Julien s'était reproché trop souvent d'avoir laissé passer cette première insulte, pour souffrir ce regard. Il en demanda l'explication. L'homme en redingote lui adressa aussitôt les plus sales injures : tout ce qui était dans le café les entoura; les passants s'arrêtaient devant la porte. Par une précaution de provincial, Julien portait toujours des petits pistolets; sa main les serrait dans sa poche d'un mouvement convulsif. Cependant il fut sage, et se borna à répéter à son homme de minute en minute : *Monsieur, votre adresse? je vous méprise.*

La constance avec laquelle il s'attachait à ces six mots finit par frapper la foule.

Dame! il faut que l'autre qui parle tout seul lui donne son adresse. L'homme à la redingote, entendant cette décision souvent répétée, jeta au nez de Julien cinq ou six cartes. Aucune heureusement ne l'atteignit au visage, il s'était promis de ne faire usage de ses pistolets que dans le cas où il serait touché. L'homme s'en alla, non sans se retourner de temps en temps pour le menacer du poing et lui adresser des injures.

Julien se trouva baigné de sueur. Ainsi il est au pouvoir du dernier des hommes de m'émouvoir à ce point! se disait-il avec rage. Comment tuer cette sensibilité si humiliante?

Où prendre un témoin? Il n'avait pas un ami. Il avait eu plusieurs connaissances; mais toutes, régulièrement, au bout de six semaines de relations, s'éloignaient de lui. Je suis insociable, et m'en voilà cruellement puni, pensa-t-il. Enfin, il eut l'idée de chercher un ancien lieutenant du 96e nommé Liéven, pauvre diable avec qui il faisait souvent des armes. Julien fut sincère avec lui.

— Je veux bien être votre témoin, dit Liéven, mais à une condition : si vous ne blessez pas votre homme, vous vous battrez avec moi, séance tenante.

— Convenu, dit Julien enchanté; et ils allèrent chercher M. C. de Beauvoisis à l'adresse indiquée par ses billets, au fond du faubourg Saint-Germain.

Il était sept heures du matin. Ce ne fut qu'en se faisant annoncer chez lui que Julien pensa que ce pouvait bien être le jeune parent de madame de Rênal, employé jadis à l'ambassade de Rome ou de Naples, et qui avait donné une lettre de recommandation au chanteur Géronimo.

Julien avait remis à un grand valet de chambre une des cartes jetées la veille, et une des siennes.

On le fit attendre, lui et son témoin, trois grands quarts d'heure; enfin ils furent introduits dans un appartement admirable d'élégance. Ils trouvèrent un grand jeune homme, mis comme une poupée; ses traits offraient la perfection et l'insignifiance de la beauté grecque. Sa tête, remarquablement étroite, portait une pyramide de cheveux du plus beau blond. Ils étaient frisés avec beaucoup de soin, pas un cheveu ne dépassait l'autre. C'est pour se faire friser, pensa le lieutenant du 96e, que ce maudit fat nous a fait attendre. La robe de chambre bariolée, le pantalon du matin, tout, jusqu'aux pantoufles brodées, était correct, et merveilleusement soigné. Sa physionomie, noble et vide, annonçait des idées convenables et rares : l'idéal de l'homme aimable, l'horreur de l'imprévu et de la plaisanterie, beaucoup de gravité.

Julien, auquel son lieutenant du 96e avait expliqué que se faire attendre si longtemps, après lui avoir jeté grossièrement sa carte à la figure, était une offense de plus, entra brusquement chez M. de Beauvoisis. Il avait l'intention d'être insolent, mais il aurait bien voulu en même temps être de bon ton.

Il fut si frappé de la douceur des manières de M. de Beauvoisis, de son air à la fois compassé, important et content de soi; de l'élégance admirable de ce qui l'entourait, qu'il perdit en un clin d'œil toute idée d'être insolent. Ce n'était pas son homme de la veille. Son étonnement fut tel de rencontrer un être aussi distingué au lieu du grossier personnage rencontré au café, qu'il ne put trouver une seule parole. Il présenta une des cartes qu'on lui avait jetées.

— C'est mon nom, dit l'homme à la mode, auquel l'habit noir de Julien, dès sept heures du matin, inspirait assez peu de considération; mais je ne comprends pas, d'honneur...

La manière de prononcer ces derniers mots rendit à Julien une partie de son humeur.

— Je viens pour me battre avec vous, monsieur, et il expliqua d'un trait toute l'affaire.

M. Charles de Beauvoisis, après y avoir mûrement pensé, était assez content de la coupe de l'habit noir de Julien. Il est de Staub, c'est clair, se disait-il en l'écoutant parler; ce gilet est de bon goût, ces bottes sont bien; mais, d'un autre côté, cet habit noir dès le grand matin!... Ce sera pour mieux échapper à la balle, se dit le chevalier de Beauvoisis.

Dès qu'il se fut donné cette explication, il revint à une politesse parfaite, et presque d'égal à égal envers Julien. Le collogue fut assez long, l'affaire était délicate; mais enfin Julien ne put se refuser à l'évidence. Le jeune homme si bien né qu'il avait devant lui n'offrait aucun point de ressemblance avec le grossier personnage qui, la veille, l'avait insulté.

Julien éprouvait une invincible répugnance à s'en aller. Il faisait durer l'explication. Il observait la suffisance du chevalier de Beauvoisis, c'est ainsi qu'il s'était nommé en parlant de lui, choqué de ce que Julien l'appelait tout tout simplement monsieur.

Il admirait sa gravité, mêlée d'une certaine fatuité modeste, mais qui ne l'abandonnait pas un seul instant. Il était étonné de sa manière singulière de remuer la langue en prononçant les mots... Mais enfin, dans tout cela, il n'y avait pas la plus petite raison de lui chercher querelle.

Le jeune diplomate offrait de se battre avec beaucoup de grâce, mais l'ex-lieutenant du 96ᵉ, assis depuis une heure, les jambes écartées, les mains sur les cuisses et les coudes en dehors, décida que son ami M. Sorel n'était point fait pour chercher une querelle d'Allemand à un homme, parce qu'on avait volé à cet homme ses billets de visite.

Julien sortait de fort mauvaise humeur. La voiture du chevalier de Beauvoisis l'attendait dans la cour, devant le perron; par hasard, Julien leva les yeux et reconnut son homme de la veille dans le cocher.

Le voir, le tirer par sa grande jaquette, le faire tomber de son siège et l'accabler de coups de cravache ne fut que l'affaire d'un instant. Deux laquais voulurent défendre leur camarade; Julien reçut des coups de poing : au même instant il arma un de ses petits pistolets et le tira sur eux; ils prirent la fuite. Tout cela fut l'affaire d'une minute.

Le chevalier de Beauvoisis descendait l'escalier avec la gravité la plus plaisante, répétant avec sa prononciation de grand seigneur : Qu'est ça? qu'est ça? Il était évidemment fort curieux, mais l'importance diplomatique ne lui permettait pas de marquer plus d'intérêt. Quand il sut de quoi il s'agissait, la hauteur le disputa encore dans ses traits au sang-froid légèrement badin qui ne doit jamais quitter une figure de diplomate.

Le lieutenant du 96e comprit que M. de Beauvoisis avait envie de se battre : il voulut diplomatiquement aussi conserver à son ami les avantages de l'initiative.

— Pour le coup, s'écria-t-il, il y a là matière à duel! — Je le croirais assez, reprit le diplomate.

— Je chasse ce coquin, dit-il à ses laquais; qu'un autre monte. On ouvrit la portière de la voiture : le chevalier voulut absolument en faire les honneurs à Julien et à son témoin. On alla chercher un ami de M. de Beauvoisis, qui indiqua une place tranquille. La conversation en allant fut vraiment bien. Il n'y avait de singulier que le diplomate en robe de chambre.

Ces messieurs, quoique très nobles, pensa Julien, ne sont point ennuyeux comme les personnes qui viennent dîner chez M. de La Mole; et je vois pourquoi, ajouta-t-il un instant après, ils se permettent d'être indécents. On parlait des danseuses que le public avait distinguées dans un ballet donné la veille. Ces messieurs faisaient allusion à des anecdotes piquantes que Julien et son témoin, le lieutenant du 96e, ignoraient absolument. Julien n'eut point la sottise de prétendre les savoir; il avoua de bonne grâce son ignorance. Cette franchise plut à l'ami du chevalier; il lui raconta ces anecdotes dans les plus grands détails, et fort bien.

Une chose étonna infiniment Julien. Un reposoir que l'on construisait au milieu de la rue, pour la procession de la Fête-Dieu, arrêta un instant la voiture. Ces messieurs se permirent plusieurs plaisanteries; le curé, suivant eux, était fils d'un archevêque. Jamais chez le marquis de La Mole, qui voulait être duc, on n'eût osé prononcer un tel mot.

Le duel fut fini en un instant : Julien eut une balle dans le bras; on le lui serra avec des mouchoirs; on les mouilla avec de l'eau-de-vie, et le chevalier de Beauvoisis pria Julien très poliment de lui permettre de le recon-

duire chez lui, dans la même voiture qui l'avait amené.
Quand Julien indiqua l'hôtel de La Mole, il y eut
échange de regards entre le jeune diplomate et son ami.
Le fiacre de Julien était là, mais il trouvait la conversation de ces messieurs infiniment plus amusante que celle
du bon lieutenant du 96e.

Mon Dieu! un duel, n'est-ce que ça! pensait Julien.
Que je suis heureux d'avoir retrouvé ce cocher! Quel
serait mon malheur, si j'avais dû supporter encore cette
injure dans un café! La conversation amusante n'avait
presque pas été interrompue. Julien comprit alors que
l'affectation diplomatique est bonne à quelque chose.

L'ennui n'est donc point inhérent, se disait-il, à une
conversation entre gens de haute naissance! Ceux-ci plai-
santent de la procession de la Fête-Dieu, ils osent raconter avec détails pittoresques des anecdotes fort scabreuses.
Il ne leur manque absolument que le raisonnement sur
la chose politique, et ce manque-là est plus que compensé
par la grâce de leur ton et la parfaite justesse de leurs
expressions. Julien se sentait une vive inclination pour
eux. Que je serais heureux de les voir souvent!

A peine se fut-on quitté, que le chevalier de Beauvoisis courut aux informations : elles ne furent pas brillantes.

Il était fort curieux de connaître son homme; pouvait-il
décemment lui faire une visite? Le peu de renseignements
qu'il put obtenir n'étaient pas d'une nature encourageante.

— Tout cela est affreux! dit-il à son témoin. Il est
impossible que j'avoue m'être battu avec un simple secrétaire de M. de La Mole, et encore parce que mon cocher
m'a volé mes cartes de visite.

— Il est sûr qu'il y aurait dans tout cela possibilité de
ridicule.

Le soir même, le chevalier de Beauvoisis et son ami
dirent partout que ce M. Sorel, d'ailleurs un jeune homme
parfait, était fils naturel d'un ami intime du marquis de La Mole. Ce fait passa sans difficulté. Une fois
qu'il fut établi, le jeune diplomate et son ami daignèrent
faire quelques visites à Julien, pendant les quinze jours

qu'il passa dans sa chambre. Julien leur avoua qu'il n'était allé qu'une fois en sa vie à l'Opéra.

— Cela est épouvantable, lui dit-on, on ne va que là; il faut que votre première sortie soit pour le *Comte Ory*.

A l'Opéra, le chevalier de Beauvoisis le présenta au fameux chanteur Géronimo, qui avait alors un immense succès.

Julien faisait presque la cour au chevalier; ce mélange de respect pour soi-même, d'importance mystérieuse et de fatuité de jeune homme l'enchantait. Par exemple le chevalier bégayait un peu parce qu'il avait l'honneur de voir souvent un grand seigneur qui avait ce défaut. Jamais Julien n'avait trouvé réunis dans un seul être le ridicule qui amuse et la perfection des manières qu'un pauvre provincial doit chercher à imiter.

On le voyait à l'Opéra avec le chevalier de Beauvoisis; cette liaison fit prononcer son nom.

— Eh bien! lui dit un jour M. de La Mole, vous voilà donc le fils naturel d'un riche gentilhomme de Franche-Comté, mon ami intime?

Le marquis coupa la parole à Julien, qui voulait protester qu'il n'avait contribué en aucune façon à accréditer ce bruit.

— M. de Beauvoisis n'a pas voulu s'être battu contre le fils d'un charpentier.

— Je le sais, je le sais, dit M. de La Mole; c'est à moi maintenant de donner de la consistance à ce récit, qui me convient. Mais j'ai une grâce à vous demander, et qui ne vous coûtera qu'une petite demi-heure de votre temps : tous les jours d'Opéra, à onze heures et demie, allez assister dans le vestibule à la sortie du beau monde. Je vous vois encore quelquefois des façons de province, il faudrait vous en défaire; d'ailleurs il n'est pas mal de connaître, au moins de vue, de grands personnages auprès desquels je puis un jour vous donner quelque mission. Passez au bureau de location pour vous faire reconnaître; on vous a donné les entrées.

CHAPITRE VII

UNE ATTAQUE DE GOUTTE

> Et j'eus de l'avancement, non pour
> mon mérite, mais parce que mon
> maître avait la goutte.
>
> BERTOLOTTI.

LE lecteur est peut-être surpris de ce ton libre et presque amical; nous avons oublié de dire que depuis six semaines le marquis était retenu chez lui par une attaque de goutte.

Mademoiselle de La Mole et sa mère étaient à Hyères, auprès de la mère de la marquise. Le comte Norbert ne voyait son père que des instants; ils étaient fort bien l'un pour l'autre, mais n'avaient rien à se dire. M. de La Mole, réduit à Julien, fut étonné de lui trouver des idées. Il se faisait lire les journaux. Bientôt le jeune secrétaire fut en état de choisir les passages intéressants. Il y avait un journal nouveau que le marquis abhorrait; il avait juré de ne le jamais lire, et chaque jour en parlait. Julien riait. Le marquis, irrité contre le temps présent, se fit lire Tite-Live; la traduction improvisée sur le texte latin l'amusait.

Un jour le marquis dit avec ce ton de politesse excessive qui souvent impatientait Julien :

— Permettez, mon cher Sorel, que je vous fasse cadeau d'un habit bleu : quand il vous conviendra de le prendre et de venir chez moi, vous serez, à mes yeux, le frère cadet du comte de Chaulnes, c'est-à-dire le fils de mon ami le vieux duc.

Julien ne comprenait pas trop de quoi il s'agissait; le soir même il essaya une visite en habit bleu. Le marquis le traita comme un égal. Julien avait un cœur digne de sentir la vraie politesse, mais il n'avait pas d'idées des nuances. Il eût juré, avant cette fantaisie du marquis, qu'il était impossible d'être reçu par lui avec plus d'égards. Quel admirable talent! se dit Julien; quand il se leva pour sortir, le marquis lui fit des excuses de ne pouvoir l'accompagner à cause de sa goutte.

Cette idée singulière occupa Julien : se moquerait-il de moi? pensa-t-il. Il alla demander conseil à l'abbé Pirard, qui, moins poli que le marquis, ne lui répondit qu'en sifflant et parlant d'autre chose. Le lendemain matin Julien se présenta au marquis, en habit noir, avec son portefeuille et ses lettres à signer. Il en fut reçu à l'ancienne manière. Le soir, en habit bleu, ce fut un ton tout différent et absolument aussi poli que la veille.

— Puisque vous ne vous ennuyez pas trop dans les visites que vous avez la bonté de faire à un pauvre vieillard malade, lui dit le marquis, il faudrait lui parler de tous les petits incidents de votre vie, mais franchement et sans songer à autre chose qu'à raconter clairement et d'une façon amusante. Car il faut s'amuser, continua le marquis; il n'y a que cela de réel dans la vie. Un homme ne peut pas me sauver la vie à la guerre tous les jours, ou me faire tous les jours cadeau d'un million; mais si j'avais Rivarol, ici, auprès de ma chaise longue, tous les jours il m'ôterait une heure de souffrance et d'ennui. Je l'ai beaucoup connu à Hambourg, pendant l'émigration.

Et le marquis conta à Julien les anecdotes de Rivarol avec les Hambourgeois qui s'associaient quatre pour comprendre un bon mot.

M. de La Mole, réduit à la société de ce petit abbé, voulut l'émoustiller. Il piqua d'honneur l'orgueil de Julien. Puisqu'on lui demandait la vérité, Julien résolut de tout dire; mais en taisant deux choses : son admiration fanatique pour un nom qui donnait de l'humeur au marquis, et la parfaite incrédulité qui n'allait pas trop bien à un futur curé. Sa petite affaire avec le chevalier de Beauvoisis arriva fort à propos. Le marquis rit aux larmes de la scène dans le café de la rue Saint-Honoré, avec le cocher, qui l'accablait d'injures sales. Ce fut l'époque d'une franchise parfaite dans les relations entre le maître et le protégé.

M. de La Mole s'intéressa à ce caractère singulier. Dans les commencements, il caressait les ridicules de Julien, afin d'en jouir; bientôt il trouva plus d'intérêt à corriger tout doucement les fausses manières de voir de ce jeune homme. Les autres provinciaux qui arrivent à Paris admirent tout, pensait le marquis; celui-ci hait tout. Ils ont trop d'affectation, lui n'en a pas assez, et les sots le prennent pour un sot.

L'attaque de goutte fut prolongée par les grands froids de l'hiver et dura plusieurs mois.

On s'attache bien à un bel épagneul, se disait le marquis, pourquoi ai-je tant de honte de m'attacher à ce petit abbé? il est original. Je le traite comme un fils; eh bien! où est l'inconvénient? Cette fantaisie, si elle dure, me coûtera un diamant de cinq cents louis dans mon testament.

Une fois que le marquis eut compris le caractère ferme de son protégé, chaque jour il le chargeait de quelque nouvelle affaire.

Julien remarqua avec effroi qu'il arrivait à ce grand seigneur de lui donner des décisions contradictoires sur le même objet.

Ceci pouvait le compromettre gravement. Julien ne travailla plus avec lui sans apporter un registre sur lequel il écrivait les décisions, et le marquis les paraphait. Julien avait pris un commis qui transcrivait les décisions relatives à chaque affaire sur un registre particulier. Ce registre recevait aussi copie de toutes les lettres.

Cette idée sembla d'abord le comble du ridicule et de l'ennui. Mais, en moins de deux mois, le marquis en sentit les avantages. Julien lui proposa de prendre un commis sortant de chez un banquier et qui tiendrait en partie double le compte de toutes les recettes et de toutes les dépenses des terres que Julien était chargé d'administrer.

Ces mesures éclaircirent tellement aux yeux du marquis ses propres affaires, qu'il put se donner le plaisir d'entreprendre deux ou trois nouvelles spéculations sans le secours de son prête-nom qui le volait.

— Prenez trois mille francs pour vous, dit-il un jour à son jeune ministre.

— Monsieur, ma conduite peut être calomniée.

— Que vous faut-il donc? reprit le marquis avec
humeur.

— Que vous veuillez bien prendre un arrêté et
l'écrire de votre main sur le registre; cet arrêté me donnera une somme de trois mille francs. Au reste, c'est
M. l'abbé Pirard qui a eu l'idée de toute cette compta-
bilité. Le marquis, avec la mine ennuyée du marquis de
Moncade écoutant les comptes de M. Poisson, son intendant, écrivit la décision.

Le soir, lorsque Julien paraissait en habit bleu, il
n'était jamais question d'affaires. Les bontés du marquis
étaient si flatteuses pour l'amour-propre toujours souffrant de notre héros, que bientôt, malgré lui, il éprouva
une sorte d'attachement pour ce vieillard aimable. Ce
n'est pas que Julien fût sensible, comme on l'entend à
Paris; mais ce n'était pas un monstre, et personne, depuis
la mort du vieux chirurgien-major, ne lui avait parlé
avec tant de bonté. Il remarquait avec étonnement que
le marquis avait pour son amour-propre des ménagements de politesse qu'il n'avait jamais trouvés chez le
vieux chirurgien. Il comprit enfin que le chirurgien était
plus fier de sa croix que le marquis de son cordon bleu.
Le père du marquis était un grand seigneur.

Un jour, à la fin d'une audience du matin, en habit
noir et pour les affaires, Julien amusa le marquis, qui le
retint deux heures, et voulut absolument lui donner
quelques billets de banque que son prête-nom venait de
lui apporter de la Bourse.

— J'espère, monsieur le marquis, ne pas m'écarter du
profond respect que je vous dois en vous suppliant de
me permettre un mot.

— Parlez, mon ami.

— Que monsieur le marquis daigne souffrir que je
refuse ce don. Ce n'est pas à l'homme en habit noir qu'il
est adressé et il gâterait tout à fait les façons que l'on
a la bonté de tolérer chez l'homme en habit bleu. Il salua
avec beaucoup de respect, et sortit sans regarder.

Ce trait amusa le marquis. Il le conta le soir à l'abbé
Pirard.

— Il faut que je vous avoue enfin une chose, mon

cher abbé. Je connais la naissance de Julien, et je vous autorise à ne pas me garder le secret sur cette confidence.

Son procédé de ce matin est noble, pensa le marquis, et moi je l'anoblis.

Quelque temps après le marquis put enfin sortir.

— Allez passer deux mois à Londres, dit-il à Julien. Les courriers extraordinaires et autres vous porteront les lettres reçues par moi avec mes notes. Vous ferez les réponses et me les renverrez en mettant chaque lettre dans sa réponse. J'ai calculé que le retard ne sera que de cinq jours.

En courant la poste sur la route de Calais, Julien s'étonnait de la futilité des prétendues affaires pour lesquelles on l'envoyait.

Nous ne dirons point avec quel sentiment de haine et presque d'horreur il toucha le sol anglais. On connaît sa folle passion pour Bonaparte. Il voyait dans chaque officier un sir Hudson Lowe, dans chaque grand seigneur un lord Bathurst, ordonnant les infamies de Sainte-Hélène et en recevant la récompense par dix années de ministère.

A Londres, il connut enfin la grande fatuité. Il s'était lié avec de jeunes seigneurs russes qui l'initièrent.

— Vous êtes prédestiné, mon cher Sorel, lui disaient-ils. vous avez naturellement cette mine froide et à *mille lieues de la sensation présente,* que nous cherchons tant à nous donner.

— Vous n'avez pas compris votre siècle, lui disait le prince Korasoff : *faites toujours le contraire de ce qu'on attend de vous.* Voilà, d'honneur, la seule religion de l'époque. Ne soyez ni fou, ni affecté, car alors on attendrait de vous des folies et des affectations, et le précepte ne serait plus accompli.

Julien se couvrit de gloire un jour dans le salon du duc de Fitz-Folke, qui l'avait engagé à dîner, ainsi que le prince Korasoff. On attendit pendant une heure. La façon dont Julien se conduisit au milieu des vingt personnes qui attendaient est encore citée parmi les jeunes secrétaires d'ambassade à Londres. Sa mine fut impayable.

Il voulut voir, malgré les dandys ses amis, le célèbre Philippe Vane, le seul philosophe que l'Angleterre ait eu depuis Locke. Il le trouva achevant sa septième année de prison. L'aristocratie ne badine pas en ce pays-ci, pensa Julien; de plus, Vane est déshonoré, vilipendé, etc.

Julien le trouva gaillard; la rage de l'aristocratie le désennuyait. Voilà, se dit Julien en sortant de prison, le seul homme gai que j'aie vu en Angleterre.

L'idée la plus utile aux tyrans est celle de Dieu, lui avait dit Vane...

Nous supprimons le reste du système comme *cynique*.

A son retour : — Quelle idée amusante m'apportez-vous d'Angleterre? lui dit M. de La Mole... Il se taisait.

— Quelle idée apportez-vous, amusante ou non? reprit le marquis vivement.

— Primo, dit Julien, l'Anglais le plus sage est fou une heure par jour; il est visité par le démon du suicide, qui est le dieu du pays.

2° L'esprit et le génie perdent vingt-cinq pour cent de leur valeur en débarquant en Angleterre.

3° Rien au monde n'est beau, admirable, attendrissant comme les paysages anglais.

— A mon tour, dit le marquis :

Primo, pourquoi allez-vous dire, au bal chez l'ambassadeur de Russie, qu'il y a en France trois cent mille jeunes gens de vingt-cinq ans qui désirent passionnément la guerre? Croyez-vous que cela soit obligeant pour les rois?

— On ne sait comment faire en parlant à nos grands diplomates, dit Julien. Ils ont la manie d'ouvrir des discussions sérieuses. Si l'on s'en tient aux lieux communs des journaux, on passe pour un sot. Si l'on se permet quelque chose de vrai et de neuf, ils sont étonnés, ne savent que répondre, et le lendemain, à sept heures, ils vous font dire par le premier secrétaire d'ambassade qu'on a été inconvenant.

— Pas mal, dit le marquis en riant. Au reste, je parie, monsieur l'homme profond, que vous n'avez pas deviné ce que vous êtes allé faire en Angleterre.

— Pardonnez-moi, reprit Julien; j'y ai été pour dîner une fois la semaine chez l'ambassadeur du roi, qui est le plus poli des hommes.

— Vous êtes allé chercher la croix que voilà, lui dit le marquis. Je ne veux pas vous faire quitter votre habit noir, et je suis accoutumé au ton plus amusant que j'ai pris avec l'homme portant l'habit bleu. Jusqu'à nouvel ordre, entendez bien ceci : quand je verrai cette croix, vous serez le fils cadet de mon ami le duc de Chaulnes, qui, sans s'en douter, est depuis six mois employé dans la diplomatie. Remarquez, ajouta le marquis, d'un air fort sérieux et coupant court aux actions de grâces, que je ne veux point vous sortir de votre état. C'est toujours une faute et un malheur pour le protecteur comme pour le protégé. Quand mes procès vous ennuieront, ou que vous ne me conviendrez plus, je demanderai pour vous une bonne cure, comme celle de mon ami l'abbé Pirard, et *rien de plus*, ajouta le marquis d'un ton fort sec.

Cette croix mit à l'aise l'orgueil de Julien; il parla beaucoup plus. Il se crut moins souvent offensé et pris de mire par ces propos, susceptible de quelque explication peu polie, et qui, dans une conversation animée, peuvent échapper à tout le monde.

Cette croix lui valut une singulière visite; ce fut celle de M. le baron de Valenod, qui venait à Paris remercier le ministère de sa baronnie et s'entendre avec lui. Il allait être nommé maire de Verrières en remplacement de M. de Rênal.

Julien rit bien, intérieurement, quand M. de Valenod lui fit entendre qu'on venait de découvrir que M. de Rênal était un jacobin. Le fait est que, dans une réélection qui se préparait, le nouveau baron était le candidat du ministère, et au grand collège du département, à la vérité fort ultra, c'était M. de Rênal qui était porté par les libéraux.

Ce fut en vain que Julien essaya de savoir quelque chose de madame de Rênal; le baron parut se souvenir de leur ancienne rivalité et fut impénétrable. Il finit par demander à Julien la voix de son père dans les élections qui allaient avoir lieu. Julien promit d'écrire.

— Vous devriez, monsieur le chevalier, me présenter à M. le marquis de La Mole.

En effet, *je le devrais,* pensa Julien; mais un tel coquin!...

— En vérité, répondit-il, je suis un trop petit garçon à l'hôtel de La Mole pour prendre sur moi de présenter.

Julien disait tout au marquis : le soir il lui conta la prétention du Valenod, ainsi que ses faits et gestes depuis 1814.

— Non seulement, reprit M. de La Mole, d'un air fort sérieux, vous me présenterez demain le nouveau baron, mais je l'invite à dîner pour après-demain. Ce sera un de nos nouveaux préfets.

— En ce cas, reprit Julien froidement, je demande la place de directeur du dépôt de mendicité pour mon père.

— A la bonne heure, dit le marquis en reprenant l'air gai; accordé; je m'attendais à des moralités. Vous vous formez.

M. de Valenod apprit à Julien que le titulaire du bureau de loterie de Verrières venait de mourir; Julien trouva plaisant de donner cette place à M. de Cholin, ce vieil imbécile dont jadis il avait ramassé la pétition dans la chambre de M. de La Mole. Le marquis rit de bien bon cœur de la pétition que Julien récita en lui faisant signer la lettre qui demandait cette place au ministre des finances.

A peine M. de Cholin nommé, Julien apprit que cette place avait été demandée par la députation du département pour M. Gros, le célèbre géomètre : cet homme généreux n'avait que quatorze cents francs de rente, et chaque année prêtait six cents francs au titulaire qui venait de mourir pour l'aider à élever sa famille.

Julien fut étonné de ce qu'il avait fait. Ce n'est rien, se dit-il; il faudra en venir à bien d'autres injustices, si je veux parvenir et encore savoir les cacher sous de belles paroles sentimentales : pauvre M. Gros! c'est lui qui méritait la croix, c'est moi qui l'ai. et je dois agir dans le sens du gouvernement qui me la donne.

CHAPITRE VIII

QUELLE EST LA DÉCORATION QUI DISTINGUE?

> Ton eau ne me rafraîchit pas, dit le génie altéré. — C'est pourtant le puits le plus frais de tout le Diar-Békir.
>
> PELLICO.

Un jour Julien revenait de la charmante terre de Ville-quier, sur les bords de la Seine, que M. de La Mole voyait avec intérêt, parce que, de toutes les siennes, c'était la seule qui eût appartenu au célèbre Boniface de La Mole. Il trouva à l'hôtel la marquise et sa fille, qui arrivaient d'Hyères.

Julien était un dandy maintenant, et comprenait l'art de vivre à Paris. Il fut d'une froideur parfaite envers mademoiselle de La Mole. Il parut n'avoir gardé aucun souvenir des temps où elle lui demandait si gaiement des détails sur sa manière de tomber de cheval.

Mademoiselle de La Mole le trouva grandi et pâli. Sa taille, sa tournure n'avaient plus rien de provincial; il n'en était pas ainsi de sa conversation : on y remarquait encore trop de sérieux, trop de positif. Malgré ces qualités raisonnables, grâce à son orgueil, elle n'avait rien de subalterne; on sentait seulement qu'il regardait encore trop de choses comme importantes. Mais on voyait qu'il était homme à soutenir son dire.

— Il manque de légèreté, mais non pas d'esprit, dit mademoiselle de La Mole à son père, en plaisantant avec lui sur la croix qu'il avait donnée à Julien. Mon frère vous l'a demandée pendant dix-huit mois, et c'est un La Mole!...

— Oui; mais Julien a de l'imprévu, c'est ce qui n'est jamais arrivé au La Mole dont vous me parlez.

On annonça M. le duc de Retz.

Mathilde se sentit saisie d'un bâillement irrésistible; elle reconnaissait les antiques dorures et les anciens habitués du salon paternel. Elle se faisait une image parfaitement ennuyeuse de la vie qu'elle allait reprendre à Paris. Et cependant à Hyères elle regrettait Paris.

Et pourtant j'ai dix-neuf ans! pensait-elle : c'est l'âge du bonheur, disent tous ces nigauds à tranches dorées. Elle regardait huit ou dix volumes de poésies nouvelles, accumulés, pendant le voyage de Provence, sur la console du salon. Elle avait le malheur d'avoir plus d'esprit que MM. de Croisenois, de Caylus, de Luz, et ses autres amis. Elle se figurait tout ce qu'ils allaient lui dire sur le beau ciel de la Provence, la poésie, le midi, etc., etc.

Ces yeux si beaux, où respirait l'ennui le plus profond, et, pis encore, le désespoir de trouver le plaisir, s'arrêtèrent sur Julien. Du moins, il n'était pas exactement comme un autre.

— Monsieur Sorel, dit-elle avec cette voix vive, brève, et qui n'a rien de féminin, qu'emploient les jeunes femmes de la haute classe, monsieur Sorel, venez-vous ce soir au bal de M. de Retz?

— Mademoiselle, je n'ai pas eu l'honneur d'être présenté à M. le duc. (On eût dit que ces mots et ce titre écorchaient la bouche du provincial orgueilleux.)

— Il a chargé mon frère de vous amener chez lui; et, si vous y étiez venu, vous m'auriez donné des détails sur la terre de Villequier; il est question d'y aller au printemps. Je voudrais savoir si le château est logeable, et si les environs sont aussi jolis qu'on le dit. Il y a tant de réputations usurpées!

Julien ne répondait pas.

— Venez au bal avec mon frère, ajouta-t-elle d'un ton fort sec.

Julien salua avec respect. Ainsi, même au milieu du bal, je dois des comptes à tous les membres de la famille. Ne suis-je pas payé comme homme d'affaires? Sa mauvaise humeur ajouta : Dieu sait encore si ce que je dirai à la fille ne contrariera pas les projets du père, du frère, de la mère! C'est une véritable cour de prince souverain.

Il faudrait y être d'une nullité parfaite, et cependant ne donner à personne le droit de se plaindre.

Que cette grande fille me déplaît! pensa-t-il en regardant marcher mademoiselle de La Mole, que sa mère avait appelée pour la présenter à plusieurs femmes de ses amies. Elle outre toutes les modes, sa robe lui tombe des épaules... elle est encore plus pâle qu'avant son voyage... Quels cheveux sans couleur, à force d'être blonds! on dirait que le jour passe à travers!... Que de hauteur dans cette façon de saluer, dans ce regard! quels gestes de reine!

Mademoiselle de La Mole venait d'appeler son frère, au moment où il quittait le salon.

Le comte Norbert s'approcha de Julien.

— Mon cher Sorel, lui dit-il, où voulez-vous que je vous prenne à minuit pour le bal de M. de Retz? il m'a chargé expressément de vous amener.

— Je sais bien à qui je dois tant de bontés, répondit Julien, en saluant jusqu'à terre.

Sa mauvaise humeur, ne pouvant rien trouver à reprendre au ton de politesse et même d'intérêt avec lequel Norbert lui avait parlé, se mit à s'exercer sur la réponse que lui, Julien, avait faite à ce mot obligeant. Il y trouvait une nuance de bassesse.

Le soir, en arrivant au bal, il fut frappé de la magnificence de l'hôtel de Retz. La cour d'entrée était couverte d'une immense tente de coutil cramoisi avec des étoiles en or : rien de plus élégant. Au-dessous de cette tente, la cour était transformée en un bois d'orangers et de lauriers-roses en fleurs. Comme on avait eu soin d'enterrer suffisamment les vases, les lauriers et les orangers avaient l'air de sortir de terre. Le chemin que parcouraient les voitures était sablé.

Cet ensemble parut extraordinaire à notre provincial. Il n'avait pas l'idée d'une telle magnificence; en un instant son imagination émue fut à mille lieues de la mauvaise humeur. Dans la voiture, en venant au bal, Norbert était heureux, et lui voyait tout en noir; à peine entrés dans la cour, les rôles changèrent.

Norbert n'était sensible qu'à quelques détails, qui, au

milieu de tant de magnificence, n'avaient pu être soignés. Il évaluait la dépense de chaque chose, et, à mesure qu'il arrivait à un total élevé, Julien remarqua qu'il s'en montrait presque jaloux et prenait de l'humeur.

Pour lui, il arriva séduit, admirant, et presque timide à force d'émotion, dans le premier des salons où l'on dansait. On se pressait à la porte du second, et la foule était si grande, qu'il lui fut impossible d'avancer. La décoration de ce second salon représentait l'Alhambra de Grenade.

— C'est la reine du bal, il faut en convenir, disait un jeune homme à moustaches, dont l'épaule entrait dans la poitrine de Julien.

— Mademoiselle Fourmont, qui tout l'hiver a été la plus jolie, lui répondait son voisin, s'aperçoit qu'elle descend à la seconde place; vois son air singulier.

— Vraiment elle met toutes voiles dehors pour plaire. Vois, vois ce sourire gracieux au moment où elle figure seule dans cette contredanse. C'est, d'honneur, impayable.

— Mademoiselle de La Mole a l'air d'être maîtresse du plaisir que lui fait son triomphe, dont elle s'aperçoit fort bien. On dirait qu'elle craint de plaire à qui lui parle.

— Très bien! voilà l'art de séduire.

Julien faisait de vains efforts pour apercevoir cette femme séduisante; sept ou huit hommes plus grands que lui empêchaient de la voir.

— Il y a bien de la coquetterie dans cette retenue si noble, disait le jeune homme à moustaches.

— Et ces grands yeux bleus qui s'abaissent si lentement au moment où l'on dirait qu'ils sont sur le point de se trahir, reprit le voisin. Ma foi, rien de plus habile.

— Vois comme auprès d'elle la belle Fourmont a l'air commun, dit un troisième.

— Cet air de retenue veut dire : « Que d'amabilité je déploierais pour vous, si vous étiez l'homme digne de moi! »

— Et qui peut être digne de la sublime Mathilde? dit le premier : quelque prince souverain, beau, spirituel,

bien fait, un héros à la guerre, et âgé de vingt ans tout
au plus.

— Le fils naturel de l'empereur de Russie... auquel,
en faveur de ce mariage, on ferait une souveraineté... ou
tout simplement le comte de Thaler, avec son air de
paysan habillé...

La porte fut dégagée. Julien put entrer.

Puisqu'elle passe pour si remarquable aux yeux de ces
poupées, elle vaut la peine que je l'étudie, pensa-t-il. Je
comprendrai quelle est la perfection pour ces gens-là.

Comme il la cherchait des yeux, Mathilde le regarda.
Mon devoir m'appelle, se dit Julien; mais il n'y avait
plus d'humeur que dans son expression. La curiosité le
faisait avancer avec un plaisir que la robe fort basse des
épaules de Mathilde augmenta bien vite, à la vérité d'une
manière peu flatteuse pour son amour-propre. Sa beauté
a de la jeunesse, pensa-t-il. Cinq ou six jeunes gens, parmi
lesquels Julien reconnut ceux qu'il avait entendus
à la porte, étaient entre elle et lui.

— Vous, monsieur, qui avez été ici tout l'hiver, lui
dit-elle, n'est-il pas vrai que ce bal est le plus joli de la
saison? Il ne répondait pas.

— Ce quadrille de Coulon me semble admirable et
ces dames le dansent d'une façon parfaite. Les jeunes
gens se retournèrent pour voir quel était l'homme heureux dont on voulait absolument avoir une réponse. Elle
ne fut pas encourageante.

— Je ne saurais être un bon juge, mademoiselle; je
passe ma vie à écrire : c'est le premier bal de cette magnificence que j'aie vu.

Les jeunes gens à moustaches furent scandalisés.

— Vous êtes un sage, monsieur Sorel, reprit-on avec
un intérêt plus marqué; vous voyez tous ces bals, toutes
ces fêtes comme un philosophe, comme J.-J. Rousseau.
Ces folies vous étonnent sans vous séduire.

Un mot venait d'éteindre l'imagination de Julien et
de chasser de son cœur toute illusion. Sa bouche prit
l'expression d'un dédain un peu exagéré peut-être.

— J.-J. Rousseau, répondit-il, n'est à mes yeux qu'un
sot lorsqu'il s'avise de juger le grand monde; il ne le

comprenait pas, et y portait le cœur d'un laquais parvenu.

— Il a fait le *Contrat Social,* dit Mathilde du ton de la vénération.

— Tout en prêchant la république et le renversement des dignités monarchiques, ce parvenu est ivre de bonheur, si un duc change la direction de sa promenade après dîner pour accompagner un de ses amis.

— Ah! oui, le duc de Luxembourg à Montmorency accompagne un M. Coidet du côté de Paris..., reprit mademoiselle de La Mole avec le plaisir et l'abandon de la première jouissance de pédanterie. Elle était ivre de son savoir, à peu près comme l'académicien qui découvrit l'existence du roi Feretrius. L'œil de Julien resta pénétrant et sévère. Mathilde avait eu un moment d'enthousiasme; la froideur de son partner la déconcerta profondément. Elle fut d'autant plus étonnée, que c'était elle qui avait coutume de produire cet effet-là sur les autres.

Dans ce moment, le marquis de Croisenois s'avançait avec empressement vers mademoiselle de La Mole. Il fut un instant à trois pas d'elle, sans pouvoir pénétrer à cause de la foule. Il la regardait en souriant de l'obstacle. La jeune marquise de Rouvray était près de lui, c'était une cousine de Mathilde. Elle donnait le bras à son mari, qui ne l'était que depuis quinze jours. Le marquis de Rouvray, fort jeune aussi, avait tout l'amour niais qui prend un homme qui, faisant un mariage de convenance uniquement arrangé par les notaires, trouve une personne parfaitement belle. M. de Rouvray allait être duc à la mort d'un oncle fort âgé.

Pendant que le marquis de Croisenois, ne pouvant percer la foule, regardait Mathilde d'un air riant, elle arrêtait ses grands yeux, d'un bleu céleste, sur lui et ses voisins. Quoi de plus plat, se dit-elle, que tout ce groupe! Voilà Croisenois qui prétend m'épouser; il est doux, poli, il a des manières parfaites comme M. de Rouvray. Sans l'ennui qu'ils donnent, ces messieurs seraient fort aimables. Lui aussi me suivra au bal avec cet air borné et content. Un an après le mariage, ma voiture, mes

chevaux, mes robes, mon château à vingt lieues de Paris,
tout cela sera aussi bien que possible, tout à fait ce
qu'il faut pour faire périr d'envie une parvenue, une
comtesse de Roiville par exemple; et après?...

Mathilde s'ennuyait en espoir. Le marquis de Croisenois parvint à l'approcher, et lui parlait, mais elle rêvait
sans l'écouter. Le bruit de ses paroles se confondait pour
elle avec le bourdonnement du bal. Elle suivait machinalement de l'œil Julien, qui s'était éloigné d'un air
respectueux, mais fier et mécontent. Elle aperçut dans
un coin, loin de la foule circulante, le comte Altamira,
condamné à mort dans son pays, que le lecteur connaît
déjà. Sous Louis XIV, une de ses parentes avait épousé
un prince de Conti; ce souvenir le protégeait un peu
contre la police de la congrégation.

Je ne vois que la condamnation à mort qui distingue
un homme, pensa Mathilde : c'est la seule chose qui ne
s'achète pas.

Ah! c'est un bon mot que je viens de me dire! quel
dommage qu'il ne soit pas venu de façon à m'en faire
honneur! Mathilde avait trop de goût pour amener
dans la conversation un bon mot fait d'avance; mais elle
avait aussi trop de vanité pour ne pas être enchantée
d'elle-même. Un air de bonheur remplaça dans ses traits
l'apparence de l'ennui. Le marquis de Croisenois, qui lui
parlait toujours, crut entrevoir le succès, et redoubla de
faconde.

Qu'est-ce qu'un méchant pourrait objecter à mon
bon mot? se dit Mathilde. Je répondrais au critique :
Un titre de baron, de vicomte, cela s'achète; une croix
cela se donne; mon frère vient de l'avoir, qu'a-t-il fait?
un grade cela s'obtient. Dix ans de garnison, ou un
parent ministre de la guerre, et l'on est chef d'escadron
comme Norbert. Une grande fortune!... c'est encore ce
qu'il y a de plus difficile et par conséquent de plus
méritoire. Voilà qui est drôle! c'est le contraire de tout
ce que disent les livres... Eh bien! pour la fortune, on
épouse la fille de M. Rothschild.

Réellement mon mot a de la profondeur. La condamnation à mort est encore la seule chose que l'on ne soit pas avisé de solliciter.

— Connaissez-vous le comte Altamira? dit-elle à M. de Croisenois.

Elle avait l'air de revenir de si loin, et cette question avait si peu de rapport avec tout ce que le pauvre marquis lui disait depuis cinq minutes, que son amabilité en fut déconcertée. C'était pourtant un homme d'esprit et fort renommé comme tel.

Mathilde a de la singularité! pensa-t-il, c'est un inconvénient, mais elle donne une si belle position sociale à son mari! Je ne sais comment fait ce marquis de La Mole; il est lié avec ce qu'il y a de mieux dans tous les partis; c'est un homme qui ne peut guère sombrer. Et d'ailleurs, cette singularité de Mathilde peut passer pour du génie. Avec une haute naissance et beaucoup de fortune, le génie n'est point un ridicule, et alors quelle distinction! Elle a si bien d'ailleurs, quand elle veut, ce mélange d'esprit, de caractère et d'à-propos, qui fait l'amabilité parfaite... Comme il est difficile de faire bien deux choses à la fois, le marquis répondait à Mathilde d'un air vide, et comme récitant une leçon :

— Qui ne connaît ce pauvre Altamira? Et il lui faisait l'histoire de sa conspiration manquée, ridicule, absurde.

— Très absurde! dit Mathilde, comme se parlant à elle-même, mais il a agi. Je veux voir un homme; amenez-le-moi, dit-elle au marquis très choqué.

Le comte Altamira était un des admirateurs les plus déclarés de l'air hautain et presque impertinent de mademoiselle de La Mole; elle était suivant lui l'une des plus belles personnes de Paris.

— Comme elle serait belle sur un trône! dit-il à M. de Croisenois; et il se laissa amener sans difficulté.

Il ne manque pas de gens dans le monde qui veulent établir que rien n'est de mauvais ton comme une conspiration; cela sent le jacobin. Et quoi de plus laid que le jacobin sans succès?

Le regard de Mathilde se moquait du libéralisme d'Altamira avec M. de Croisenois, mais elle l'écoutait avec plaisir.

Un conspirateur au bal, c'est un joli contraste, pensait-elle. Elle trouvait à celui-ci, avec ses moustaches noires, la figure du lion quand il se repose; mais elle s'aperçut bientôt que son esprit n'avait qu'une attitude : *l'utilité, l'admiration pour l'utilité.*

Excepté ce qui pouvait donner à son pays le gouvernement des deux Chambres, le jeune comte trouvait que rien n'était digne de son attention. Il quitta avec plaisir Mathilde, la plus séduisante personne du bal, parce qu'il vit entrer un général péruvien.

Désespérant de l'Europe, le pauvre Altamira en était réduit à penser que, quand les Etats de l'Amérique méridionale seront forts et puissants, ils pourront rendre à l'Europe la liberté que Mirabeau leur a envoyée (1).

Un tourbillon de jeunes gens à moustaches s'était approché de Mathilde. Elle avait bien vu qu'Altamira n'était pas séduit, et se trouvait piquée de son départ; elle voyait son œil noir briller en parlant au général péruvien. Mademoiselle de La Mole regardait les jeunes Français avec ce sérieux profond qu'aucune de ses rivales ne pouvait imiter. Lequel d'entre eux, pensait-elle, pourrait se faire condamner à mort, en lui supposant même toutes les chances favorables?

Ce regard singulier flattait ceux qui avaient peu d'esprit, mais inquiétait les autres. Ils redoutaient l'explosion de quelque mot piquant et de réponse difficile.

Une haute naissance donne cent qualités dont l'absence m'offenserait : je le vois par l'exemple de Julien, pensait Mathilde; mais elle étiole ces qualités de l'âme qui font condamner à mort.

En ce moment quelqu'un disait près d'elle : Ce comte Altamira est le second fils du prince de San Nazaro-Pimentel, c'est un Pimentel qui tenta de sauver Conradin, décapité en 1268. C'est l'une des plus nobles familles de Naples.

Voilà, se dit Mathilde, qui prouve joliment ma maxime : La haute naissance ôte la force de caractère

(1) Cette feuille, composée le 25 juillet 1830, a été imprimée le 4 août. (*Note de l'éditeur.*)

sans laquelle on ne se fait point condamner à mort! Je suis donc prédestinée à déraisonner ce soir. Puisque je ne suis qu'une femme comme une autre, eh bien! il faut danser. Elle céda aux instances du marquis de Croisenois, qui depuis une heure sollicitait une galope. Pour se distraire de son malheur en philosophie, Mathilde voulut être parfaitement séduisante, M. de Croisenois fut ravi.

Mais ni la danse, ni le désir de plaire à l'un des plus jolis hommes de la cour, rien ne put distraire Mathilde. Il était impossible d'avoir plus de succès. Elle était la reine du bal, elle le voyait, mais avec froideur.

Quelle vie effacée je vais passer avec un être tel que Croisenois! se disait-elle, comme il la ramenait à sa place une heure après... Où est le plaisir pour moi, ajouta-t-elle tristement, si, après six mois d'absence, je ne le trouve pas au milieu d'un bal qui fait l'envie de toutes les femmes de Paris? Et encore, j'y suis environnée des hommages d'une société que je ne puis imaginer mieux composée. Il n'y a ici de bourgeois que quelques pairs et un ou deux Julien peut-être. Et cependant, ajoutait-elle avec une tristesse croissante, quels avantages le sort ne m'a-t-il pas donnés : illustration, fortune, jeunesse! hélas! tout, excepté le bonheur.

Les plus douteux de mes avantages sont encore ceux dont ils m'ont parlé toute la soirée. L'esprit, j'y crois, car je leur fais peur évidemment à tous. S'ils osent aborder un sujet sérieux, au bout de cinq minutes de conversation ils arrivent tous hors d'haleine, et comme faisant une grande découverte à une chose que je leur répète depuis une heure. Je suis belle, j'ai cet avantage pour lequel Mme de Staël eût tout sacrifié, et pourtant il est de fait que je meurs d'ennui. Y a-t-il une raison pour que je m'ennuie moins quand j'aurai changé mon nom pour celui du marquis de Croisenois?

Mais, mon Dieu! ajouta-t-elle presque avec l'envie de pleurer, n'est-ce pas un homme parfait? C'est le chef-d'œuvre de l'éducation de ce siècle; on ne peut le regarder sans qu'il trouve une chose aimable, et même spirituelle, à vous dire; il est brave... Mais ce Sorel est singulier,

se dit-elle, et son œil quittait l'air morne pour l'air fâché.
Je l'ai averti que j'avais à lui parler, et il ne daigne pas
reparaître!

CHAPITRE IX

LE BAL

> Le luxe des toilettes, l'éclat des
> bougies, les parfums : tant de jolis
> bras, de belles épaules ; des bouquets,
> des airs de Rossini qui enlèvent, des
> peintures de Ciceri! Je suis hors de
> moi!
>
> *Voyages d'Uzeri.*

Vous avez de l'humeur, lui dit la marquise de La Mole ;
je vous en avertis, c'est de mauvaise grâce au bal.

— Je ne me sens que mal à la tête, répondit Mathilde
d'un air dédaigneux, il fait trop chaud ici.

A ce moment, comme pour justifier mademoiselle de
La Mole, le vieux baron de Tolly se trouva mal et tomba ;
on fut obligé de l'emporter. On parla d'apoplexie, ce fut
un événement désagréable.

Mathilde ne s'en occupa point. C'était un parti pris,
chez elle, de ne regarder jamais les vieillards et tous les
être reconnus pour dire des choses tristes.

Elle dansa pour échapper à la conversation sur l'apoplexie, qui n'en était pas une, car le surlendemain le
baron reparut.

Mais M. Sorel ne vient point, se dit-elle encore après
qu'elle eut dansé. Elle le cherchait presque des yeux
lorsqu'elle l'aperçut dans un autre salon. Chose étonnante, il semblait avoir perdu ce ton de froideur impassible qui lui était si naturel ; il n'avait plus l'air anglais.

Il cause avec le comte Altamira, mon condamné à
mort! se dit Mathilde. Son œil est plein d'un feu sombre ;
il a l'air d'un prince déguisé ; son regard a redoublé
d'orgueil.

Julien se rapprochait de la place où elle était, toujours
causant avec Altamira ; elle le regardait fixement, étudiant ses traits pour y chercher ces hautes qualités qui

peuvent valoir à un homme l'honneur d'être condamné à mort.

Comme il passait près d'elle :

— Oui, disait-il au comte Altamira, Danton était un homme!

O Ciel! serait-ce un Danton, se dit Mathilde; mais il a une figure si noble, et ce Danton était si horriblement laid, un boucher, je crois. Julien était encore assez près d'elle, elle n'hésita pas à l'appeler; elle avait la conscience et l'orgueil de faire une question extraordinaire pour une jeune fille.

— Danton n'était-il pas un boucher? lui dit-elle.

— Oui, aux yeux de certaines personnes, lui répondit Julien avec l'expression du mépris le plus mal déguisé et l'œil encore enflammé de sa conversation avec Altamira, mais malheureusement pour les gens bien nés, il était avocat à Méry-sur-Seine; c'est-à-dire, mademoiselle, ajouta-t-il d'un air méchant, qu'il a commencé comme plusieurs pairs que je vois ici. Il est vrai que Danton avait un désavantage énorme aux yeux de la beauté, il était fort laid.

Ces derniers mots furent dits rapidement, d'un air extraordinaire et assurément fort peu poli.

Julien attendit un instant, le haut du corps légèrement penché et avec un air orgueilleusement humble. Il semblait dire : Je suis payé pour vous répondre, et je vis de ma paye. Il ne daignait pas lever l'œil sur Mathilde. Elle, avec ses beaux yeux ouverts extraordinairement et fixés sur lui, avait l'air de son esclave. Enfin, comme le silence continuait, il la regarda ainsi qu'un valet regarde son maître, afin de prendre des ordres. Quoique ses yeux rencontrassent en plein ceux de Mathilde, toujours fixés sur lui avec un regard étrange, il s'éloigna avec un empressement marqué.

Lui, qui est réellement si beau, se dit enfin Mathilde sortant de sa rêverie, faire un tel éloge de la laideur! Jamais de retour sur lui-même! Il n'est pas comme Caylus ou Croisenois. Ce Sorel a queque chose de l'air que mon père prend quand il fait si bien Napoléon au bal. Elle avait tout à fait oublié Danton. Décidément, ce soir, je

m'ennuie. Elle saisit le bras de son frère, et, à son grand
chagrin, le força de faire un tour dans le bal. L'idée lui
vint de suivre la conversation du condamné à mort avec
Julien.

La foule était énorme. Elle parvint cependant à les
rejoindre au moment où, à deux pas devant elle, Altamira s'approchait d'un plateau pour prendre une glace.
Il parlait à Julien, le corps à demi tourné. Il vit un bras
d'habit brodé qui prenait une glace à côté de la sienne. La
broderie sembla exciter son attention; il se retourna tout
à fait pour voir le personnage à qui appartenait ce bras.
A l'instant, ces yeux si nobles et si naïfs prirent une légère
expression de dédain.

— Vous voyez cet homme, dit-il assez bas à Julien;
c'est le prince d'Araceli, ambassadeur de ***. Ce matin il
a demandé mon extradition à votre ministre des affaires
étrangères de France, M. de Nerval. Tenez, le voilà là-
bas, qui joue au whist. M. de Nerval est assez disposé à
me livrer, car nous vous avons donné deux ou trois conspirateurs en 1816. Si l'on me rend à mon roi, je suis pendu
dans les vingt-quatre heures. Et ce sera quelqu'un de ces
jolis messieurs à moustaches qui *m'empoignera*.

— Les infâmes! s'écria Julien à demi haut.

Mathilde ne perdait pas une syllabe de leur conversation. L'ennui avait disparu.

— Pas si infâmes, reprit le comte Altamira. Je vous ai
parlé de moi pour vous frapper d'une image vive. Regar-
dez le prince d'Araceli; toutes les cinq minutes, il jette
les yeux sur sa Toison d'or; il ne revient pas du plaisir
de voir ce colifichet sur sa poitrine. Ce pauvre homme n'est
au fond qu'un anachronisme. Il y a cent ans la Toison
était un honneur insigne, mais alors elle eût passé bien au-
dessus de sa tête. Aujourd'hui, parmi les gens bien nés, il
faut être un Araceli pour en être enchanté. Il eût fait
pendre toute une ville pour l'obtenir.

— Est-ce à ce prix qu'il l'a eue? dit Julien avec anxiété.

— Non, pas précisément, répondit Altamira froidement;
il a peut-être fait jeter à la rivière une trentaine de
riches propriétaires de son pays, qui passaient pour libéraux.

— Quel monstre! dit encore Julien.

Mademoiselle de La Mole, penchant la tête avec le plus vif intérêt, était si près de lui, que ses beaux cheveux touchaient presque son épaule.

— Vous êtes bien jeune! répondait Altamira. Je vous disais que j'ai une sœur mariée en Provence; elle est encore jolie, bonne, douce; c'est une excellente mère de famille, fidèle à tous ses devoirs, pieuse et non dévote.

Où veut-il en venir? pensait mademoiselle de La Mole.

— Elle est heureuse, continua le comte Altamira; elle l'était en 1815. Alors j'étais caché chez elle, dans sa terre près d'Antibes; eh bien, au moment où elle apprit l'exécution du maréchal Ney, elle se mit à danser!

— Est-ce possible? dit Julien atterré.

— C'est l'esprit de parti, reprit Altamira. Il n'y a plus de passions véritables au XIXe siècle : c'est pour cela que l'on s'ennuie tant en France. On fait les plus grandes cruautés, mais sans cruauté.

— Tant pis! dit Julien; du moins, quand on fait des crimes, faut-il les faire avec plaisir : ils n'ont que cela de bon, et l'on ne peut même les justifier un peu que par cette raison.

Mademoiselle de la Mole oubliant tout à fait ce qu'elle se devait à elle-même, s'était placée presque entièrement entre Altamira et Julien. Son frère, qui lui donnait le bras, accoutumé à lui obéir, regardait ailleurs dans la salle, et, pour se donner une contenance, avait l'air d'être arrêté par la foule.

— Vous avez raison, disait Altamira; on fait tout sans plaisir et sans s'en souvenir, même les crimes. Je puis vous montrer dans ce bal dix hommes peut-être qui seront damnés comme assassins. Ils l'ont oublié, et le monde aussi (1).

Plusieurs sont émus jusqu'aux larmes si leur chien se casse la patte. Au Père-Lachaise, quand on jette des fleurs sur leur tombe, comme vous dites si plaisamment à Paris, on nous apprend qu'ils réunissaient toutes les vertus des preux chevaliers, et l'on parle des grandes actions de leur

(1) C'est un mécontent qui parle. (*Note de Molière au « Tartufe ».*)

bisaïeul qui vivait sous Henri IV. Si, malgré les bons offices du prince d'Araceli, je ne suis pas pendu, et que je jouisse jamais de ma fortune à Paris, je veux vous faire dîner avec huit ou dix assassins honorés et sans remords.

Vous et moi, à ce dîner, nous serons les seuls purs de sang, mais je serai méprisé et presque haï, comme un monstre sanguinaire et jacobin, et vous méprisé simplement comme homme du peuple intrus dans la bonne compagnie.

— Rien de plus vrai, dit mademoiselle de La Mole.

Altamira la regarda étonné; Julien ne daigna pas la regarder.

— Notez que la révolution à la tête de laquelle je me suis trouvé, continua le comte Altamira, n'a pas réussi uniquement parce que je n'ai pas voulu faire tomber trois têtes et distribuer à nos partisans sept à huit millions qui se trouvaient dans une caisse dont j'avais la clef. Mon roi, qui aujourd'hui brûle de me faire pendre, et qui avant la révolte me tutoyait, m'eût donné le grand cordon de son ordre si j'avais fait tomber ces trois têtes et distribuer l'argent de ces caisses, car j'aurais obtenu au moins un demi-succès, et mon pays eût eu une charte telle quelle... Ainsi va le monde, c'est une partie d'échecs.

— Alors, reprit Julien l'œil en feu, vous ne saviez pas le jeu, maintenant...

— Je ferais tomber des têtes, voulez-vous dire, et je ne serais pas un Girondin comme vous me le faisiez entendre l'autre jour?... Je vous répondrai, dit Altamira d'un air triste, quand vous aurez tué un homme en duel, ce qui encore est bien moins laid que de le faire exécuter par un bourreau.

— Ma foi! dit Julien, qui veut la fin veut les moyens; si, au lieu d'être un atome, j'avais quelque pouvoir, je ferais pendre trois hommes pour sauver la vie à quatre.

Ses yeux exprimaient le feu de la conscience et le mépris des vains jugements des hommes; ils rencontrèrent ceux de mademoiselle de La Mole tout près de lui, et ce mépris, loin de se changer en air gracieux et civil, sembla redoubler.

Elle en fut profondément choquée, mais il ne fut plus en son pouvoir d'oublier Julien; elle s'éloigna avec dépit, entraînant son frère.

Il faut que je prenne du punch, et que je danse beaucoup, se dit-elle; je veux choisir ce qu'il y a de mieux, et faire effet à tout prix. Bon, voici ce fameux impertinent, le comte de Fervaques. Elle accepta son invitation; ils dansèrent. Il s'agit de voir, pensa-t-elle, qui des deux sera le plus impertinent, mais, pour me moquer pleinement de lui, il faut que je le fasse parler. Bientôt tout le reste de la contredanse ne dansa que par contenance. On ne voulait pas perdre une des reparties piquantes de Mathilde. M. de Fervaques se troublait, et, ne trouvant que des paroles élégantes, au lieu d'idées, faisait des mines; Mathilde, qui avait de l'humeur, fut cruelle pour lui et s'en fit un ennemi. Elle dansa jusqu'au jour, et enfin se retira horriblement fatiguée. Mais, en voiture, le peu de force qui lui restait était encore employé à la rendre triste et malheureuse. Elle avait été méprisée par Julien, et ne pouvait le mépriser.

Julien était au comble du bonheur, ravi à son insu par la musique, les fleurs, les belles femmes, l'élégance générale, et, plus que tout, par son imagination qui rêvait des distinctions pour lui et la liberté pour tous.

— Quel beau bal! dit-il au comte, rien n'y manque.

— Il y manque la pensée, répondit Altamira.

Et sa physionomie trahissait ce mépris, qui n'en est que plus piquant, parce qu'on voit que la politesse s'impose le devoir de le cacher.

— Vous y êtes, monsieur le comte. N'est-ce pas, la pensée est conspirante encore?

— Je suis ici à cause de mon nom. Mais on hait la pensée dans vos salons. Il faut qu'elle ne s'élève pas au-dessus de la pointe d'un couplet de vaudeville : alors on la récompense. Mais l'homme qui pense, s'il a de l'énergie et de la nouveauté dans ses saillies, vous l'appelez *cynique*. N'est-ce pas ce nom-là, qu'un de vos juges a donné à Courier? Vous l'avez mis en prison, ainsi que Béranger. Tout ce qui vaut quelque chose, chez vous, par l'esprit, la congrégation le jette à la police correctionnelle, et la bonne compagnie applaudit.

C'est que votre société vieillie prise avant tout les convenances... Vous ne vous élèverez jamais au-dessus de la bravoure militaire; vous aurez des Murat, et jamais de Washington. Je ne vois en France que de la vanité. Un homme qui invente en parlant arrive facilement à une saillie imprudente, et le maître de la maison se croit déshonoré.

A ces mots, la voiture du comte, qui ramenait Julien, s'arrêta devant l'hôtel de La Mole. Julien était amoureux de son conspirateur. Altamira lui avait fait ce beau compliment, évidemment échappé à une profonde conviction : Vous n'avez pas la légèreté française, et comprenez le principe de l'*utilité*. Il se trouvait que, justement l'avant-veille, Julien avait vu *Marino Faliero*, tragédie de M. Casimir Delavigne.

Israël Bertuccio n'a-t-il pas plus de caractère que tous ces nobles Vénitiens? se disait notre plébéien révolté; et cependant ce sont des gens dont la noblesse prouvée remonte à l'an 700, un siècle avant Charlemagne, tandis que tout ce qu'il y avait de plus noble ce soir au bal de M. de Retz ne remonte, et encore clopin-clopant, que jusqu'au XIII° siècle. Eh bien! au milieu de ces nobles de Venise, si grands par la naissance, c'est d'Israël Bertuccio qu'on se souvient.

Une conspiration anéantit tous les titres donnés par les caprices sociaux. Là, un homme prend d'emblée le rang que lui assigne sa manière d'envisager la mort. L'esprit lui-même perd de son empire...

Que serait Danton aujourd'hui, dans ce siècle des Valenod et des Rênal? pas même substitut du procureur du roi...

Que dis-je? il se serait vendu à la congrégation; il serait ministre, car enfin ce grand Danton a volé. Mirabeau aussi s'est vendu. Napoléon avait volé des millions en Italie, sans quoi il eût été arrêté tout court par la pauvreté, comme Pichegru. La Fayette seul n'a jamais volé. Faut-il voler, faut-il se vendre? pensa Julien. Cette ques-

tion l'arrêta tout court. Il passa le reste de la nuit à lire
l'histoire de la Révolution.

Le lendemain, en faisant ses lettres dans la bibliothèque,
il ne songeait encore qu'à la conversation du comte Altamira.

Dans le fait, se disait-il, après une longue rêverie, si ces
Espagnols libéraux avaient compromis le peuple par des
crimes, on ne les eût pas balayés avec cette facilité. Ce
furent des enfants orgueilleux et bavards... comme moi!
s'écria tout à coup Julien comme se réveillant en sursaut.

Qu'ai-je fait de difficile qui me donne le droit de juger
de pauvres diables, qui enfin, une fois en la vie, ont osé,
ont commencé à agir? Je suis comme un homme qui, au
sortir de table, s'écrie : Demain je ne dînerai pas; ce qui
ne m'empêchera point d'être fort et allègre comme je le
suis aujourd'hui. Qui sait ce qu'on éprouve à moitié chemin d'une grande action?... Ces hautes pensées furent
troublées par l'arrivée imprévue de mademoiselle de La
Mole, qui entrait dans la bibliothèque. Il était tellement
animé par son admiration pour les grandes qualités de
Danton, de Mirabeau, de Carnot, qui ont su n'être pas
vaincus, que ses yeux s'arrêtèrent sur mademoiselle de La
Mole, mais sans songer à elle, sans la saluer, sans presque
la voir. Quand enfin ses grands yeux si ouverts s'aperçurent de sa présence, son regard s'éteignit. Mademoiselle
de La Mole le remarqua avec amertume.

En vain elle lui demanda un volume de l'*Histoire de
France* de Vély, placé au rayon le plus élevé, ce qui obligeait Julien à aller chercher la plus grande des deux
échelles. Julien avait approché l'échelle, il avait cherché
le volume, il le lui avait remis, sans encore pouvoir songer à elle. En remportant l'échelle, dans sa préoccupa-
tion il donna un coup de coude dans une des glaces de
la bibliothèque; les éclats, en tombant sur le parquet,
le réveillèrent enfin. Il se hâta de faire des excuses à mademoiselle de La Mole; il voulut être poli, mais il ne fut
que poli. Mathilde vit avec évidence qu'elle l'avait troublé,
et qu'il eût mieux aimé songer à ce qui l'occupait avant
son arrivée, que lui parler. Après l'avoir beaucoup regardé,
elle s'en alla lentement. Julien la regardait marcher. Il

jouissait du contraste de la simplicité de sa toilette
actuelle avec l'élégance magnifique de celle de la veille.
La différence entre les deux physionomies était presque
aussi frappante. Cette jeune fille, si altière au bal du duc
de Retz, avait presque en ce moment un regard suppliant.
Réellement, se dit Julien, cette robe noire fait briller encore mieux la beauté de sa taille. Elle a un port de reine;
mais pourquoi est-elle en deuil?

Si je demande à quelqu'un la cause de ce deuil, il se
trouvera que je commets encore une gaucherie. Julien
était tout à fait sorti des profondeurs de son enthousiasme.
Il faut que je relise toutes les lettres que j'ai faites ce
matin; Dieu sait les mots sautés et les balourdises que j'y
trouverai. Comme il lisait avec une attention forcée la
première de ces lettres, il entendit tout près de lui le bruis-
sement d'une robe de soie; il se retourna rapidement;
mademoiselle de La Mole était à deux pas de sa table, elle
riait. Cette seconde interruption donna de l'humeur à
Julien.

Pour Mathilde, elle venait de sentir vivement qu'elle
n'était rien pour ce jeune homme; ce rire était fait pour
cacher son embarras, elle y réussit.

— Evidemment, vous songez à quelque chose de bien
intéressant, monsieur Sorel. N'est-ce point quelque anecdote curieuse sur la conspiration qui nous a envoyé à
Paris M. le comte Altamira? Dites-moi ce dont il s'agit;
je brûle de le savoir; je serai discrète, je vous le jure!
Elle fut étonnée de ce mot en se l'entendant prononcer.
Quoi donc, elle suppliait un subalterne! Son embarras
augmentant, elle ajouta d'un petit air léger:

— Qu'est-ce qui a pu faire de vous, ordinairement si
froid, un être inspiré, une espèce de prophète de Michel-
Ange?

Cette vive et indiscrète interrogation, blessant Julien
profondément, lui rendit toute sa folie.

— Danton a-t-il bien fait de voler? lui dit-il brusquement et d'un air qui devenait de plus en plus farouche.
Les révolutionnaires du Piémont, de l'Espagne, devaient-ils
compromettre le peuple par des crimes? donner à des gens
même sans mérite toutes les places de l'armée, toutes les

croix? les gens qui auraient porté ces croix n'eussent-ils pas redouté le retour du roi? fallait-il mettre le trésor de Turin au pillage? En un mot, mademoiselle, dit-il en s'approchant d'elle d'un air terrible. l'homme qui veut chasser l'ignorance et le crime de la terre doit-il passer comme la tempête et faire le mal comme au hasard?

Mathilde eut peur, ne put soutenir son regard, et recula deux pas. Elle le regarda un instant; puis, honteuse de sa peur, d'un pas léger elle sortit de la bibliothèque.

CHAPITRE X

LA REINE MARGUERITE

> Amour ! dans quelle folie ne parviens-tu pas à nous faire trouver du plaisir ?
>
> *Lettres d'une Religieuse portugaise.*

JULIEN relut ses lettres. Quand la cloche du dîner se fit entendre : Combien je dois avoir été ridicule aux yeux de cette poupée parisienne! se dit-il; quelle folie de lui dire réellement ce à quoi je pensais! mais peut-être folie pas si grande. La vérité dans cette occasion était digne de moi.

Pourquoi aussi venir m'interroger sur des choses intimes! Cette question est indiscrète de sa part. Elle a manqué d'usage. Mes pensées sur Danton ne font point partie du service pour lequel son père me paye.

En arrivant dans la salle à manger, Julien fut distrait de son humeur par le grand deuil de mademoiselle de La Mole, qui le frappa d'autant plus qu'aucune autre personne de la famille n'était en noir.

Après dîner, il se trouva tout à fait débarrassé de l'accès d'enthousiasme qui l'avait obsédé toute la journée. Par bonheur, l'académicien qui savait le latin était de ce dîner. Voilà l'homme qui se moquera le moins de moi, se dit Julien, si, comme je le présume, ma question sur le deuil de mademoiselle de La Mole est une gaucherie.

Mathilde le regardait avec une expression singulière.

Voilà bien la coquetterie des femmes de ce pays telle que
madame de Rênal me l'avait peinte, se dit Julien. Je n'ai
pas été aimable pour elle ce matin, je n'ai pas cédé à la
fantaisie qu'elle avait de causer. J'en augmente de prix
à ses yeux. Sans doute le diable n'y perd rien. Plus tard,
sa hauteur dédaigneuse saura bien se venger. Je la mets
à pis faire. Quelle différence avec ce que j'ai perdu! quel
naturel charmant! quelle naïveté! Je savais ses pensées
avant elle, je les voyais naître, je n'avais pour antagoniste,
dans son cœur, que la peur de la mort de ses enfants;
c'était une affection raisonnable et naturelle, aimable
même pour moi qui en souffrais. J'ai été un sot. Les idées
que je me faisais de Paris m'ont empêché d'apprécier cette
femme sublime.

Quelle différence, grand Dieu! et qu'est-ce que je trouve
ici? de la vanité sèche et hautaine, toutes les nuances de
l'amour-propre et rien de plus.

On se levait de table. Ne laissons pas engager mon
académicien, se dit Julien. Il s'approcha de lui comme on
passait au jardin, prit un air doux et soumis, et partagea
sa fureur contre le succès d'*Hernani*.

— Si nous étions encore au temps des lettres de cachet!... dit-il.

— Alors il n'eût pas osé, s'écria l'académicien avec un
geste à la Talma.

A propos d'une fleur, Julien cita quelques mots des
Géorgiques de Virgile, et trouva que rien n'était égal aux
vers de l'abbé Delille. En un mot, il flatta l'académicien
de toutes les façons. Après quoi, de l'air le plus indifférent : — Je suppose, lui dit-il, que mademoiselle de La
Mole a hérité de quelque oncle dont elle porte le deuil.

— Quoi! vous êtes de la maison, dit l'académicien en
s'arrêtant tout court, et vous ne savez pas sa folie? Au
fait, il est étrange que sa mère lui permette de telles
choses; mais, entre nous, ce n'est pas précisément par la
force du caractère qu'on brille dans cette maison. Mademoiselle Mathilde en a pour eux tous, et les mène. C'est
aujourd'hui le 30 avril! et l'académicien s'arrêta en regardant Julien d'un air fin. Julien sourit de l'air le plus spirituel qu'il put.

Quel rapport peut-il y avoir entre mener toute une maison, porter une robe noire, et le 30 avril? se disait-il. Il faut que je sois encore plus gauche que je ne le pensais.

— Je vous avouerai..., dit-il à l'académicien, et son œil continuait à interroger.

— Faisons un tour de jardin, dit l'académicien, entrevoyant avec ravissement l'occasion de faire une longue narration élégante. Quoi! est-il bien possible que vous ne sachiez pas ce qui s'est passé le 30 avril 1574.

— Et où? dit Julien étonné.

— En place de Grève.

Julien était si étonné, que ce mot ne le mit pas au fait. La curiosité, l'attente d'un intérêt tragique, si en rapport avec son caractère, lui donnaient ces yeux brillants qu'un narrateur aime tant à voir chez la personne qui écoute. L'académicien, ravi de trouver une oreille vierge, raconta longuement à Julien comme quoi, le 30 avril 1574, le plus joli garçon de son siècle, Boniface de La Mole, et Annibal de Coconasso, gentilhomme piémontais, son ami, avaient eu la tête tranchée en place de Grève. La Mole était l'amant adoré de la reine Marguerite de Navarre; et remarquez, ajouta l'académicien, que mademoiselle de La Mole s'appelle *Mathilde-Marguerite*. La Mole était en même temps le favori du duc d'Alençon, et l'intime ami du roi de Navarre, depuis Henri IV, mari de sa maîtresse. Le jour du mardi gras de cette année 1574, la cour se trouvait à Saint-Germain avec le pauvre roi Charles IX, qui s'en allait mourant. La Mole voulut enlever les princes ses amis, que la reine Catherine de Médicis retenait comme prisonniers à la cour. Il fit avancer deux cents chevaux sous les murs de Saint-Germain, le duc d'Alençon eut peur, et La Mole fut jeté au bourreau.

Mais ce qui touche mademoiselle Mathilde, ce qu'elle m'a avoué elle-même, il y a sept à huit ans, quand elle en avait douze, car c'est une tête, une tête!... et l'académicien leva les yeux au ciel. Ce qui l'a frappée dans cette catastrophe politique, c'est que la reine Marguerite de Navarre, cachée dans une maison de la place de Grève, osa faire demander au bourreau la tête de son amant. Et la nuit suivante, à minuit, elle prit cette tête dans sa voiture, et alla l'enterrer elle-même dans une chapelle située au pied de la colline de Montmartre.

— Est-il possible? s'écria Julien touché.

— Mademoiselle Mathilde méprise son frère, parce que, comme vous le voyez, il ne songe nullement à toute cette histoire ancienne, et ne prend point le deuil le 30 avril. C'est depuis ce fameux supplice, et pour rappeler l'amitié intime de La Mole pour Coconasso, lequel Coconasso, comme un Italien qu'il était, s'appelait Annibal, que tous les hommes de cette famille portent ce nom. Et, ajouta l'académicien en baissant la voix, ce Coconasso fut, au dire de Charles IX lui-même, l'un des plus cruels assassins du 24 août 1572... Mais comment est-il possible, mon cher Sorel, que vous ignoriez ces choses, vous le commensal de cette maison?

— Voilà donc pourquoi, deux fois à dîner, mademoiselle de La Mole a appelé son frère Annibal. Je croyais avoir mal entendu.

— C'était un reproche. Il est étrange que la marquise souffre de telles folies... Le mari de cette grande fille en verra de belles!

Ce mot fut suivi de cinq ou six phrases satiriques. La joie et l'intimité qui brillaient dans les yeux de l'académicien choquèrent Julien. Nous voici deux domestiques occupés à médire de leurs maîtres, pensa-t-il. Mais rien ne doit étonner de la part de cet homme d'académie.

Un jour, Julien l'avait surpris aux genoux de la marquise de La Mole; il lui demandait une recette de tabac pour un neveu de province. Le soir, une petite femme de chambre de mademoiselle de La Mole, qui faisait la cour à Julien, comme jadis Elisa, lui donna cette idée, que le deuil de sa maîtresse n'était point pris pour attirer les regards. Cette bizarrerie tenait au fond de son caractère. Elle aimait réellement ce La Mole, amant aimé de la reine la plus spirituelle de son siècle, et qui mourut pour avoir voulu rendre la liberté à ses amis. Et quels amis! le premier prince du sang et Henri IV.

Accoutumé au naturel parfait qui brillait dans toute la conduite de madame de Rênal, Julien ne voyait qu'affectation dans toutes les femmes de Paris; et, pour peu qu'il fût disposé à la tristesse, ne trouvait rien à leur dire. Mademoiselle de La Mole fit exception.

Il commençait à ne plus prendre pour de la sécheresse de cœur le genre de beauté qui tient à la noblesse du maintien. Il eut de longues conversations avec mademoiselle de La Mole, qui, quelquefois après dîner, se promenait avec lui dans le jardin, le long des fenêtres ouvertes du salon. Elle dit un jour qu'elle lisait l'histoire de d'Aubigné, de Brantôme. Singulière lecture, pensa Julien; et la marquise ne lui permet pas de lire les romans de Walter Scott!

Un jour, elle lui raconta, avec ces yeux brillants de plaisir, qui prouvent la sincérité de l'admiration, ce trait d'une jeune femme du règne de Henri III, qu'elle venait de lire dans les *Mémoires* de l'Etoile : Trouvant son mari infidèle, elle le poignarda.

L'amour-propre de Julien était flatté. Une personne environnée de tant de respects, et qui, au dire de l'académicien, menait toute la maison, daignait lui parler d'un air qui pouvait presque ressembler à de l'amitié.

Je m'étais trompé, pensa bientôt Julien; ce n'est pas de la familiarité, je ne suis qu'un confident de tragédie, c'est le besoin de parler. Je passe pour savant dans cette famille. Je m'en vais lire Brantôme, d'Aubigné, l'Etoile. Je pourrai contester quelques-unes des anecdotes dont me parle mademoiselle de La Mole. Je veux sortir de ce rôle de confident passif.

Peu à peu ses conversations avec cette jeune fille, d'un maintien si imposant et en même temps si aisé, devinrent plus intéressantes. Il oubliait son triste rôle de plébéien révolté. Il la trouvait savante, et même raisonnable. Ses opinion dans le jardin étaient bien différentes de celles qu'elle avouait au salon. Quelquefois elle avait avec lui un enthousiasme et une franchise qui formaient un contraste parfait avec sa manière d'être ordinaire, si altière et si froide.

Les guerres de la Ligue sont les temps héroïques de la France, lui disait-elle un jour, avec des yeux étincelants de génie et d'enthousiasme. Alors chacun se battait pour obtenir une certaine chose qu'il désirait, pour faire triompher son parti, et non pas pour gagner platement une croix comme du temps de votre empereur. Convenez qu'il y avait moins d'égoïsme et de petitesse. J'aime ce siècle.

— Et Boniface de La Mole en fut le héros, lui dit-il.

— Du moins il fut aimé comme peut-être il est doux de l'être. Quelle femme actuellement vivante n'aurait horreur de toucher à la tête de son amant décapité?

Madame de La Mole appela sa fille. L'hypocrisie, pour être utile, doit se cacher; et Julien, comme on voit, avait fait à mademoiselle de La Mole une demi-confidence sur son admiration pour Napoléon.

Voilà l'immense avantage qu'ils ont sur nous, se dit Julien, resté seul au jardin. L'histoire de leurs aïeux les élève au-dessus des sentiments vulgaires, et ils n'ont pas toujours à songer à leur subsistance! Quelle misère! ajoutait-il avec amertume, je suis indigne de raisonner sur ces grands intérêts. Ma vie n'est qu'une suite d'hypocrisies, parce que je n'ai pas mille francs de rente pour acheter du pain.

— A quoi rêvez-vous là, monsieur? lui dit Mathilde, qui revenait en courant.

Julien était las de se mépriser. Par orgueil, il dit franchement sa pensée. Il rougit beaucoup en parlant de sa pauvreté à une personne aussi riche. Il chercha à bien exprimer par son ton fier qu'il ne demandait rien. Jamais il n'avait semblé aussi joli à Mathilde; elle lui trouva une expression de sensibilité et de franchise qui souvent lui manquait.

A moins d'un mois de là, Julien se promenait pensif dans le jardin de l'hôtel de La Mole, mais sa figure n'avait plus la dureté et la roguerie philosophique qu'y imprimait le sentiment continu de son infériorité. Il venait de reconduire jusqu'à la porte du salon mademoiselle de La Mole, qui prétendait s'être fait mal au pied en courant avec son frère.

Elle s'est appuyée sur mon bras d'une façon bien singulière! se disait Julien. Suis-je un fat, ou serait-il vrai qu'elle a du goût pour moi? Elle m'écoute d'un air si doux, même quand je lui avoue toutes les souffrances de mon orgueil! Elle qui a tant de fierté avec tout le monde! On serait bien étonné au salon si on lui voyait cette physionomie. Très certainement cet air doux et bon, elle ne l'a avec personne.

Julien cherchait à ne pas s'exagérer cette singulière amitié. Il la comparait lui-même à un commerce armé. Chaque jour en se retrouvant, avant de reprendre le ton presque intime de la veille, on se demandait presque : Serons-nous aujourd'hui amis ou ennemis? Julien avait compris que se laisser offenser impunément une seule fois par cette fille si hautaine, c'était tout perdre. Si je dois me brouiller, ne vaut-il pas mieux que ce soit de prime abord, en défendant les justes droits de mon orgueil, qu'en repoussant les marques de mépris dont serait bientôt suivi le moindre abandon de ce que je dois à ma dignité personnelle?

Plusieurs fois, en des jours de mauvaise humeur, Mathilde essaya de prendre avec lui le ton d'une grande dame; elle mettait une rare finesse à ces tentatives, mais Julien les repoussait rudement.

Un jour il l'interrompit brusquement : Mademoiselle de La Mole a-t-elle quelque ordre à donner au secrétaire de son père? lui dit-il; il doit écouter ses ordres, et les exécuter avec respect; mais du reste, il n'a pas un mot à lui adresser. Il n'est point payé pour lui communiquer ses pensées.

Cette manière d'être et les singuliers doutes qu'avait Julien, firent disparaître l'ennui qu'il trouvait régulièrement dans ce salon si magnifique, mais où l'on avait peur de tout, et où il n'était convenable de plaisanter de rien.

Il serait plaisant qu'elle m'aimât! Qu'elle m'aime ou non, continuait Julien, j'ai pour confidente intime une fille d'esprit, devant laquelle je vois trembler toute la maison, et, plus que tous les autres, le marquis de Croisenois. Ce jeune homme si poli, si doux, si brave, et qui réunit tous les avantages de naissance et de fortune dont un seul me mettrait le cœur si à l'aise! Il en est amoureux fou, il doit l'épouser. Que de lettres M. de La Mole m'a fait écrire aux deux notaires pour arranger le contrat! Et moi qui me vois si subalterne la plume à la main,

deux heures après, ici dans le jardin, je triomphe de ce
jeune homme si aimable : car enfin, les préférences sont
frappantes, directes. Peut-être aussi elle hait en lui un
mari futur. Elle a assez de hauteur pour cela. Et les bontés
qu'elle a pour moi, je les obtiens à titre de confident
subalterne!

Mais non, ou je suis fou, ou elle me fait la cour; plus
je me montre froid et respectueux avec elle, plus elle me
recherche. Ceci pourrait être un parti pris, une affectation; mais je vois ses yeux s'animer quand je parais à
l'improviste. Les femmes de Paris savent-elles feindre à
ce point? Que m'importe! j'ai l'apparence pour moi, jouis-
sons des apparences. Mon Dieu, qu'elle est belle! Que ses
grands yeux bleus me plaisent, vus de près, et me regardant comme ils le font souvent! Quelle différence de ce
printemps-ci à celui de l'année passée, quand je vivais
malheureux et me soutenant à force de caractère, au milieu de ces trois cents hypocrites méchants et sales! J'étais
presque aussi méchant qu'eux.

Dans les jours de méfiance, cette jeune fille se moque
de moi, pensait Julien. Elle est d'accord avec son frère
pour me mystifier. Mais elle a l'air de tellement mépriser
le manque d'énergie de ce frère! Il est brave, et puis c'est
tout, me dit-elle. Il n'a pas une pensée qui ose s'écarter
de la mode. C'est toujours moi qui suis obligé de prendre
sa défense. Une jeune fille de dix-neuf ans! A cet âge
peut-on être fidèle à chaque instant de la journée à l'hypocrisie qu'on s'est prescrite?

D'un autre côté, quand mademoiselle de La Mole fixe
sur moi ses grands yeux bleus avec une certaine expression singulière, toujours le comte Norbert s'éloigne. Ceci
m'est suspect; ne devrait-il pas s'indigner de ce que sa
sœur distingue un domestique de leur maison? car j'ai
entendu le duc de Chaulnes parler ainsi de moi. A ce
souvenir la colère remplaçait tout autre sentiment. Est-ce
amour du vieux langage chez ce duc maniaque?

Eh bien, elle est jolie! continuait Julien avec des regards de tigre. Je l'aurai, je m'en irai ensuite, et malheur
à qui me troublera dans ma fuite!

Cette idée devint l'unique affaire de Julien; il ne pouvait plus penser à rien autre chose. Ses journées passaient comme des heures.

A chaque instant, cherchant à s'occuper de quelque affaire sérieuse, sa pensée abandonnait tout, et il se réveillait un quart d'heure après, le cœur palpitant, la tête troublée, et rêvant à cette idée : M'aime-t-elle?

CHAPITRE XI

L'EMPIRE D'UNE JEUNE FILLE

> J'admire sa beauté, mais je crains
> on esprit.
>
> MÉRIMÉE.

Si Julien eût employé à examiner ce qui se passait dans le salon le temps qu'il mettait à s'exagérer la beauté de Mathilde, ou à se passionner contre la hauteur naturelle à sa famille, qu'elle oubliait pour lui, il eût compris en quoi consistait son empire sur tout ce qui l'entourait. Dès qu'on déplaisait à mademoiselle de La Mole, elle savait punir par une plaisanterie si mesurée, si bien choisie, si convenable en apparence, lancée si à propos, que la blessure croissait à chaque instant, plus on y réfléchissait. Peu à peu elle devenait atroce pour l'amour-propre offensé. Comme elle n'attachait aucun prix à bien des choses qui étaient des objets de désirs sérieux pour le reste de la famille, elle paraissait toujours de sang-froid à leurs yeux. Les salons de l'aristocratie sont agréables à citer quand on en sort, mais voilà tout; la politesse toute seule n'est quelque chose par elle-même que les premiers jours. Julien l'éprouvait; après le premier enchantement, le premier étonnement. La politesse, se disait-il, n'est que l'absence de la colère que donneraient les mauvaises manières. Mathilde s'ennuyait souvent, peut-être se fût-elle ennuyée partout. Alors aiguiser une épigramme était pour elle une distraction et un vrai plaisir.

C'était peut-être pour avoir des victimes un peu plus amusantes que ses grands-parents, que l'académicien et les cinq ou six autres subalternes qui leur faisaient la cour, qu'elle avait donné des espérances au marquis de Croisenois, au comte de Caylus et deux ou trois autres jeunes gens de la première distinction. Ils n'étaient pour elle que de nouveaux objets d'épigramme.

Nous avouerons avec peine, car nous aimons Mathilde, qu'elle avait reçu des lettres de plusieurs d'entre eux, et leur avait quelquefois répondu. Nous nous hâtons d'ajouter que ce personnage fait exception aux mœurs du siècle. Ce n'est pas en général le manque de prudence que l'on peut reprocher aux élèves du noble couvent du Sacré-Cœur.

Un jour le marquis de Croisenois rendit à Mathilde un lettre assez compromettante qu'elle lui avait écrite la veille. Il croyait par cette marque de haute prudence avancer beaucoup ses affaires. Mais c'était l'imprudence que Mathilde aimait dans ses correspondances. Son plaisir était de jouer son sort. Elle ne lui adressa pas la parole de six semaines.

Elle s'amusait des lettres de ces jeunes gens; mais suivant elle, toutes se ressemblaient. C'était toujours la passion la plus profonde, la plus mélancolique.

— Ils sont tous le même homme parfait, prêt à partir pour la Palestine, disait-elle à sa cousine. Connaissez-vous quelque chose de plus insipide? Voilà donc les lettres que je vais recevoir toute la vie! Ces lettres-là ne doivent changer que tous les vingt ans, suivant le genre d'occupation qui est à la mode. Elles devaient être moins décolorées du temps de l'Empire. Alors tous ces jeunes gens du grand monde avaient vu ou fait des actions qui *réellement* avaient de la grandeur. Le duc de N***, mon oncle, a été à Wagram.

— Quel esprit faut-il pour donner un coup de sabre? Et quand cela leur est arrivé, ils en parlent si souvent! dit mademoiselle de Sainte-Hérédité, la cousine de Mathilde.

— Eh bien! ces récits me font plaisir. Être dans une *véritable* bataille, une bataille de Napoléon, où l'on tuait dix mille soldats, cela prouve du courage. S'exposer au danger élève l'âme et la sauve de l'ennui où mes pauvres adorateurs semblent plongés; et il est contagieux, cet ennui. Lequel d'entre eux a l'idée de faire quelque chose d'extraordinaire? Ils cherchent à obtenir ma main, la belle affaire! Je suis riche, et mon père avancera son gendre. Ah! pût-il en trouver un qui fût un peu amusant!

La manière de voir vive, nette, pittoresque de Mathilde gâtait son langage comme on voit. Souvent un mot d'elle faisait tache aux yeux de ses amis si polis. Ils se seraient presque avoué, si elle eût été moins à la mode, que son parler avait quelque chose d'un peu coloré pour la délicatesse féminine.

Elle, de son côté, était bien injuste envers les jolis cavaliers qui peuplent le bois de Boulogne. Elle voyait l'avenir non pas avec terreur, c'eût été un sentiment vif, mais avec un dégoût bien rare à son âge.

Que pouvait-elle désirer? la fortune, la haute naissance, l'esprit, la beauté à ce qu'on disait, et à ce qu'elle croyait, tout avait été accumulé sur elle par les mains du hasard.

Voilà quelles étaient les pensées de l'héritière la plus enviée du faubourg Saint-Germain, quand elle commença à trouver du plaisir à se promener avec Julien. Elle fut étonnée de son orgueil; elle admira l'adresse de ce petit bourgeois. Il saura se faire évêque comme l'abbé Maury, se dit-elle.

Bientôt cette résistance sincère et non jouée, avec laquelle notre héros accueillait plusieurs de ses idées, l'occupa; elle y pensait; elle racontait à son amie les moindres détails des conversations, et trouvait que jamais elle ne parvenait à en bien rendre toute la physionomie.

Une idée l'illumina tout à coup : J'ai le bonheur d'aimer, se dit-elle un jour, avec un transport de joie incroyable. J'aime, j'aime, c'est clair! A mon âge, une fille jeune, belle, spirituelle, où peut-elle trouver des sensations, si ce n'est dans l'amour? J'ai beau faire, je n'aurai jamais d'amour pour Croisenois, Caylus, et *tutti quanti* Ils sont parfaits, trop parfaits peut-être; enfin, ils m'ennuient.

Elle repassa dans sa tête toutes les descriptions de passion qu'elle avait lues dans *Manon Lescaut,* la *Nouvelle Héloïse,* les *Lettres d'une Religieuse portugaise,* etc, etc. Il n'était question, bien entendu, que de la grande passion;

l'amour léger était indigne d'une fille de son âge et de sa naissance. Elle ne donnait le nom d'amour qu'à ce sentiment héroïque que l'on rencontrait en France du temps de Henri III et de Bassompierre. Cet amour-là ne cédait point bassement aux obstacles; mais, bien loin de là, faisait faire de grandes choses. Quel malheur pour moi qu'il n'y ait pas une cour véritable comme celle de Catherine de Médicis ou de Louis XIII! Je me sens au niveau de tout ce qu'il y a de plus hardi et de plus grand. Que ne ferais-je pas d'un roi homme de cœur, comme Louis XIII, soupirant à mes pieds! Je le mènerais en Vendée, comme dit si souvent le baron de Tolly, et de là il reconquerrait son royaume; alors plus de charte... et Julien me seconderait. Que lui manque-t-il? un nom et de la fortune. Il se ferait un nom, il acquerrait de la fortune.

Rien ne manque à Croisenois, et il ne sera toute sa vie qu'un duc à demi ultra, à demi libéral, un être indécis, toujours éloigné des extrêmes, et *par conséquent se trouvant le second partout.*

Quelle est la grande action qui ne soit pas *un extrême* au moment où on l'entreprend? C'est quand elle est accomplie qu'elle semble possible aux êtres du commun. Oui, c'est l'amour avec tous ses miracles qui va régner dans mon cœur; je le sens au feu qui m'anime. Le Ciel me devait cette faveur. Il n'aura pas en vain accumulé sur un seul être tous les avantages. Mon bonheur sera digne de moi. Chacune de mes journées ne ressemblera pas froidement à celle de la veille. Il y a déjà de la grandeur et de l'audace à oser aimer un homme placé si loin de moi par sa position sociale. Voyons : continuera-t-il à me mériter? A la première faiblesse que je vois en lui, je l'abandonne. Une fille de ma naissance, et avec le caractère chevaleresque que l'on veut bien m'accorder (c'était un mot de son père), ne doit pas se conduire comme une sotte.

N'est-ce pas là le rôle que je jouerais si j'aimais le marquis de Croisenois? J'aurais une nouvelle édition du bonheur de mes cousines, que je méprise si complètement. Je sais d'avance tout ce que me dirait le pauvre marquis, tout ce que j'aurais à lui répondre. Qu'est-ce qu'un amour qui fait bâiller? autant vaudrait être dévote. J'aurais une

signature de contrat comme celle de la cadette de mes
cousines, où les grands-parents s'attendriraient. si pourtant ils n'avaient pas d'humeur à cause d'une dernière
condition introduite la veille dans le contrat par le
notaire de la partie adverse.

CHAPITRE XII

SERAIT-CE UN DANTON?

> *Le besoin d'anxiété*, tel était le
> caractère de la belle Marguerite de
> Valois, ma tante, qui bientôt épousa
> le roi de Navarre, que nous voyons
> de présent régner en France sous le
> nom de Henry IVme. Le besoin de
> jouer formait tout le secret du carac-
> tère de cette princesse aimable; de là
> ses brouilles et ses raccommode-
> ments avec ses frères dès l'âge de
> seize ans. Or, que peut jouer une
> jeune fille? Ce qu'elle a de plus pré-
> cieux : sa réputation, la considéra-
> tion de toute sa vie.
>
> *Mémoires du duc d'*ANGOULÊME,
> *fils naturel de Charles IX.*

ENTRE Julien et moi il n'y a point de signature de contrat,
point de notaire; tout est héroïque, tout sera fils du hasard. A la noblesse près, qui lui manque, c'est l'amour
de Marguerite de Valois pour le jeune La Mole, l'homme
le plus distingué de son temps. Est-ce ma faute à moi
si les jeunes gens de la cour sont de si grands partisans
du *convenable,* et pâlissent à la seule idée de la moindre
aventure un peu singulière? Un petit voyage en Grèce
ou en Afrique est pour eux le comble de l'audace, et
encore ne savent-ils marcher qu'en troupe. Dès qu'ils se
voient seuls, ils ont peur, non de la lance du Bédouin,
mais du ridicule, et cette peur les rend fous.

Mon petit Julien, au contraire, n'aime à agir que seul.
Jamais, dans cet être privilégié, la moindre idée de chercher de l'appui et du secours dans les autres! Il méprise
les autres, c'est pour cela que je ne le méprise pas.

Si, avec sa pauvreté, Julien était noble, mon amour ne serait qu'une sottise vulgaire, une mésalliance plate; je n'en voudrais pas; il n'aurait point ce qui caractérise les grandes passions : l'immensité de la difficulté à vaincre et la noire incertitude de l'événement.

Mademoiselle de La Mole était si préoccupée de ces beaux raisonnements, que le lendemain, sans s'en douter, elle vantait Julien au marquis de Croisenois, et à son frère. Son éloquence alla si loin, qu'elle les piqua.

— Prenez bien garde à ce jeune homme, qui a tant d'énergie, s'écria son frère; si la révolution recommence, il nous fera tous guillotiner.

Elle se garda de répondre et se hâta de plaisanter son frère et le marquis de Croisenois sur la peur que leur faisait l'énergie. Ce n'est au fond que la peur de rencontrer l'imprévu, que la crainte de rester court en présence de l'imprévu...

— Toujours, toujours, messieurs la peur du ridicule, monstre qui, par malheur, est mort en 1816.

Il n'y a plus de ridicule, disait M. de La Mole, dans un pays où il y a deux partis.

Sa fille avait compris cette idée.

— Ainsi, messieurs, disait-elle aux ennemis de Julien, vous aurez eu bien peur toute votre vie, et après on vous dira :

Ce n'était pas un loup, ce n'en était que l'ombre.

Mathilde les quitta bientôt. Le mot de son frère lui faisait horreur; il l'inquiéta beaucoup; mais, dès le lendemain, elle y voyait la plus belle des louanges.

Dans ce siècle, où toute énergie est morte, son énergie leur fait peur. Je lui dirai le mot de mon frère. Je veux voir la réponse qu'il y fera. Mais je choisirai un des moments où ses yeux brillent. Alors il ne peut me mentir.

— Ce serait un Danton! ajouta-t-elle après une longue et indistincte rêverie. Eh bien! la révolution aurait recommencé. Quels rôles joueraient alors Croisenois et mon frère? Il est écrit d'avance : La résignation sublime. Ce seraient des moutons héroïques, se laissant égorger *hypocrisy.*

sans mot dire. Leur seule peur en mourant serait encore d'être de mauvais goût. Mon petit Julien brûlerait la cervelle au jacobin qui viendrait l'arrêter, pour peu qu'il eût l'espérance de se sauver. Il n'a pas peur d'être de mauvais goût, lui.

Ce dernier mot la rendit pensive; il réveillait de pénibles souvenirs, et lui ôta toute sa hardiesse. Ce mot lui rappelait les plaisanteries de MM. de Caylus, de Croisenois, de Luz et de son frère. Ces messieurs reprochaient unanimement à Julien l'air *prêtre :* humble et hypocrite.

— Mais, reprit-elle tout à coup, l'œil brillant de joie, l'amertume et la fréquence de leurs plaisanteries prouvent en dépit d'eux, que c'est l'homme le plus distingué que nous ayons vu cet hiver. Qu'importent ses défauts, ses ridicules? Il a de la grandeur, et ils en sont choqués, eux d'ailleurs si bons et si indulgents. Il est sûr qu'il est pauvre, et qu'il a étudié pour être prêtre; eux sont chefs d'escadron, et n'ont pas eu besoin d'étude; c'est plus commode.

Malgré tous les désavantages de son éternel habit noir et de cette physionomie de prêtre, qu'il lui faut bien avoir, le pauvre garçon, sous peine de mourir de faim, son mérite leur fait peur, rien de plus clair. Et cette physionomie de prêtre, il ne l'a plus dès que nous sommes quelques instants seuls ensemble. Et quand ces messieurs disent un mot qu'ils croient fin et imprévu, leur premier regard n'est-il pas pour Julien? Je l'ai fort bien remarqué. Et pourtant ils savent bien que jamais il ne leur parle, à moins d'être interrogé. Ce n'est qu'à moi qu'il adresse la parole, il me croit l'âme haute. Il ne répond à leurs objections que juste autant qu'il faut pour être poli. Il tourne au respect tout de suite. Avec moi, il discute des heures entières, il n'est pas sûr de ses idées tant que j'y trouve la moindre objection. Enfin tout cet hiver nous n'avons pas eu de coups de fusil; il ne s'est agi que d'attirer l'attention par des paroles. Eh bien, mon père, homme supérieur, et qui portera loin la fortune de notre maison, respecte Julien. Tout le reste le hait, personne ne le méprise, que les dévotes amies de ma mère.

Le comte de Caylus avait ou feignait une grande passion pour les chevaux; il passait sa vie dans son écurie, et souvent y déjeunait. Cette grande passion, jointe à l'habitude de ne jamais rire, lui donnait beaucoup de considération parmi ses amis : c'était l'aigle de ce petit cercle.

Dès qu'il fut réuni le lendemain derrière la bergère de madame de La Mole, Julien n'étant point présent, M. de Caylus, soutenu par Croisenois et par Norbert, attaqua vivement la bonne opinion que Mathilde avait de Julien, et cela sans à-propos, et presque au premier moment où il vit mademoiselle de La Mole. Elle comprit cette finesse d'une lieue, et en fut charmée.

Les voilà tous ligués, se dit-elle, contre un homme de génie qui n'a pas dix louis de rente, et qui ne peut leur répondre qu'autant qu'il est interrogé. Ils en ont peur sous son habit noir. Que serait-ce avec des épaulettes?

Jamais elle n'avait été plus brillante. Dès les premières attaques, elle couvrit de sarcasmes plaisants Caylus et ses alliés. Quand le feu des plaisanteries de ces brillants officiers fut éteint :

— Que demain quelque hobereau des montagnes de la Franche-Comté, dit-elle à M. de Caylus, s'aperçoive que Julien est son fils naturel, et lui donne un nom et quelques milliers de francs, dans six semaines il a des moustaches comme vous, messieurs; dans six mois il est officier de housards comme vous, messieurs. Et alors la grandeur de son caractère n'est plus un ridicule. Je vous vois réduit, monsieur le duc futur, à cette ancienne mauvaise raison : la supériorité de la noblesse de cour sur la noblesse de province. Mais que vous restera-t-il si je veux vous pousser à bout, si j'ai la malice de donner pour père à Julien un duc espagnol, prisonnier de guerre à Besançon du temps de Napoléon, et qui, par scrupule de conscience, le reconnaît à son lit de mort?

Toutes ces suppositions de naissance non légitime furent trouvées d'assez mauvais goût par MM. de Caylus et de Croisenois. Voilà tout ce qu'ils virent dans le raisonnement de Mathilde.

Quelque dominé que fût Norbert, les paroles de sa
sœur étaient si claires, qu'il prit un air grave qui allait
assez mal, il faut l'avouer, à sa physionomie souriante et
bonne. Il osa dire quelques mots.

— Etes-vous malade, mon ami? lui répondit Mathilde
d'un petit air sérieux. Il faut que vous soyez bien mal
pour répondre à des plaisanteries par de la morale.

De la morale, vous! est-ce que vous sollicitez une place
de préfet!

Mathilde oublia bien vite l'air piqué du comte de Caylus, l'humeur de Norbert et le désespoir silencieux de
M. de Croisenois. Elle avait à prendre un parti sur une
idée fatale qui venait de saisir son âme.

Julien est assez sincère avec moi, se dit-elle; à son âge,
dans une fortune inférieure, malheureux comme il l'est
par une ambition étonnante, on a besoin d'une amie. Je
suis peut-être cette amie; mais je ne lui vois point d'amour.
Avec l'audace de son caractère, il m'eût parlé de cet
amour.

Cette incertitude, cette discussion avec soi-même, qui
dès cet instant occupa chacun des instants de Mathilde, et
pour laquelle, à chaque fois que Julien lui parlait, elle
se trouvait de nouveaux arguments, chassa tout à fait ces
moments d'ennui auxquels elle était tellement sujette.

Fille d'un homme d'esprit qui pouvait devenir ministre,
et rendre ses bois au clergé, mademoiselle de La Mole
avait été, au couvent du Sacré-Cœur, l'objet des flatteries
les plus excessives. Ce malheur jamais ne se compense.
On lui avait persuadé qu'à cause de tous ses avantages de
naissance, de fortune, etc., elle devait être plus heureuse
qu'une autre. C'est la source de l'ennui des princes et de
toutes leurs folies.

Mathilde n'avait point échappé à la funeste influence
de cette idée. Quelque esprit qu'on ait, l'on n'est pas en
garde à dix ans contre les flatteries de tout un couvent,
et aussi bien fondées en apparence.

Du moment qu'elle eut décidé qu'elle aimait Julien,
elle ne s'ennuya plus. Tous les jours elle se félicitait du
parti qu'elle avait pris de se donner une grande passion.

Cet amusement a bien des dangers, pensait-elle. Tant
mieux! mille fois tant mieux!

Sans grande passion, j'étais languissante d'ennui au plus
beau moment de la vie, de seize ans jusqu'à vingt. J'ai
déjà perdu mes plus belles années; obligée pour tout plaisir à entendre déraisonner les amies de ma mère, qui, à
Coblentz, en 1792, n'étaient pas tout à fait, dit-on, aussi
sévères que leurs paroles d'aujourd'hui.

C'était pendant que ces grandes incertitudes agitaient
Mathilde que Julien ne comprenait pas ses longs regards
qui s'arrêtaient sur lui. Il trouvait bien un redoublement
de froideur dans les manières du comte Norbert, et un
nouvel accès de hauteur dans celles de MM. de Caylus,
de Luz et de Croisenois. Il y était accoutumé. Ce malheur
lui arrivait quelquefois à la suite d'une soirée où il avait
brillé plus qu'il ne convenait à sa position. Sans l'accueil
particulier que lui faisait Mathilde et la curiosité que
tout cet ensemble lui inspirait, il eût évité de suivre au
jardin ces brillants jeunes gens à moustaches, lorsque les
après-dînées ils y accompagnaient mademoiselle de
La Mole.

Oui, il est impossible que je me le dissimule, se disait
Julien, mademoiselle de La Mole me regarde d'une façon
singulière. Mais, même quand ses beaux yeux bleus fixés
sur moi sont ouverts avec le plus d'abandon, j'y lis toujours un fond d'examen, de sang-froid et de méchanceté.
Est-il possible que ce soit là de l'amour? Quelle différence
avec les regards de madame de Rênal!

Une après-dînée, Julien, qui avait suivi M. de La Mole
dans son cabinet, revenait rapidement au jardin. Comme
il approchait sans précaution du groupe de Mathilde, il
surprit quelques mots prononcés très haut. Elle tourmentait son frère. Julien entendit son nom prononcé distinctement deux fois. Il parut; un silence profond s'établit
tout à coup, et l'on fit de vains efforts pour le faire cesser.
Mademoiselle de La Mole et son frère étaient trop animés pour trouver un autre sujet de conversation. MM. de
Caylus, de Croisenois, de Luz et un de leurs amis parurent
à Julien d'un froid de glace. Il s'éloigna.

CHAPITRE XIII

UN COMPLOT

> Des propos décousus, des ren-
> contres par effet du hasard se trans-
> forment en preuves de la dernière
> évidence aux yeux de l'homme à ima-
> gination s'il a quelque feu dans le
> cœur.
>
> SCHILLER.

Le lendemain, il surprit encore Norbert et sa sœur, qui
parlaient de lui. A son arrivée, un silence de mort s'établit, comme la veille. Ses soupçons n'eurent plus de bornes.
Ces aimables jeunes gens auraient-ils entrepris de se
moquer de moi? Il faut avouer que cela est beaucoup plus
probable, beaucoup plus naturel qu'une prétendue passion de mademoiselle de La Mole pour un pauvre diable
de secrétaire. D'abord ces gens-là ont-ils des passions?
Mystifier est leur fort. Ils sont jaloux de ma pauvre petite
supériorité de paroles. Etre jaloux est encore un de
leurs faibles. Tout s'explique dans ce système. Mademoiselle de La Mole veut me persuader qu'elle me distingue,
tout simplement pour me donner en spectacle à son prétendu.

Ce cruel soupçon changea toute la position morale de
Julien. Cette idée trouva dans son cœur un commencement
d'amour qu'elle n'eut pas de peine à détruire. Cet amour
n'était fondé que sur la rare beauté de Mathilde, ou
plutôt sur ses façons de reine et sa toilette admirable.
En cela Julien était encore un parvenu. Une jolie femme
du grand monde est, à ce qu'on assure, ce qui étonne le
plus un paysan homme d'esprit quand il arrive aux premières classes de la société. Ce n'était point le caractère
de Mathilde qui faisait rêver Julien les jours précédents.
Il avait assez de sens pour comprendre qu'il ne connaissait point ce caractère. Tout ce qu'il en voyait pouvait
n'être qu'une apparence.

Par exemple, pour tout au monde, Mathilde n'aurait

pas manqué la messe un dimanche; presque tous les jours elle y accompagnait sa mère. Si, dans le salon de l'hôtel de La Mole, quelque imprudent oubliait le lieu où il était, et se permettait l'allusion la plus éloignée à une plaisanterie contre les intérêts vrais ou supposés du trône ou de l'autel, Mathilde devenait à l'instant d'un sérieux de glace. Son regard, qui était si piquant, reprenait toute la hauteur impassible d'un vieux portrait de famille.

Mais Julien s'était assuré qu'elle avait toujours dans sa chambre un ou deux des volumes les plus philosophiques de Voltaire. Lui-même volait souvent quelques tomes de la belle édition si magnifiquement reliée. En écartant un peu chaque volume de son voisin, il cachait l'absence de celui qu'il emportait, mais bientôt il s'aperçut qu'une autre personne lisait Voltaire. Il eut recours à une finesse de séminaire, il plaça quelques petits morceaux de crin sur les volumes qu'il supposait pouvoir intéresser mademoiselle de La Mole. Ils disparaissaient pendant des semaines entières.

M. de La Mole impatienté contre son libraire, qui lui envoyait tous les *faux Mémoires*, chargea Julien d'acheter toutes les nouveautés un peu piquantes. Mais, pour que le venin ne se répandît pas dans la maison, le secrétaire avait l'ordre de déposer ces livres dans une petite bibliothèque placée dans la chambre même du marquis. Il eut bientôt la certitude que pour peu que ces livres nouveaux fussent hostiles aux intérêts du trône et de l'autel, ils ne tardaient pas à disparaître. Certes, ce n'était pas Norbert qui lisait.

Julien, s'exagérant cette expérience, croyait à mademoiselle de La Mole la duplicité de Machiavel. Cette scélératesse prétendue était un charme à ses yeux, presque l'unique charme moral qu'elle eût. L'ennui de l'hypocrisie et des propos de vertu le jetait dans cet excès.

Il excitait son imagination plus qu'il n'était entraîné par son amour.

C'était après s'être perdu en rêveries sur l'élégance de la taille de mademoiselle de La Mole, sur l'excellent goût de sa toilette, sur la blancheur de sa main, sur la beauté de son bras, sur la *disinvoltura* de tous ses mouvements, qu'il se trouvait amoureux. Alors, pour achever le charme, il la croyait une Catherine de Médicis. Rien n'était trop profond ou trop scélérat pour le caractère qu'il lui prêtait. C'était l'idéal des Maslon, des Frilair et des Castanède par lui admirés dans sa jeunesse. C'était en un mot pour lui l'idéal de Paris.

Y eut-il jamais rien de plus plaisant que de croire de la profondeur ou de la scélératesse au caractère parisien?

Il est possible que ce *trio* se moque de moi, pensait Julien. On connaît bien peu son caractère, si l'on ne voit pas déjà l'expression sombre et froide que prirent ses regards en répondant à ceux de Mathilde. Une ironie amère repoussa les assurances d'amitié que mademoiselle de La Mole étonnée osa hasarder deux ou trois fois.

Piqué par cette bizarrerie soudaine, le cœur de cette jeune fille naturellement froid, ennuyé, sensible à l'esprit, devint aussi passionné qu'il était dans sa nature de l'être. Mais il y avait aussi beaucoup d'orgueil dans le caractère de Mathilde, et la naissance d'un sentiment qui faisait dépendre d'un autre tout son bonheur fut accompagnée d'une sombre tristesse.

Julien avait déjà assez profité depuis son arrivée à Paris pour distinguer que ce n'était pas là la tristesse sèche de l'ennui. Au lieu d'être avide, comme autrefois, de soirées, de spectacles et de distractions de tous genres, elle les fuyait.

La musique chantée par des Français ennuyait Mathilde à la mort, et cependant Julien, qui se faisait un devoir d'assister à la sortie de l'Opéra, remarqua qu'elle s'y faisait mener le plus souvent qu'elle pouvait. Il crut distinguer qu'elle avait perdu un peu de la mesure parfaite qui brillait dans toutes ses actions. Elle répondait quelquefois à ses amis par des plaisanteries outrageantes à force de piquante énergie. Il lui sembla qu'elle prenait en guignon le marquis de Croisenois. Il faut que ce jeune homme aime furieusement l'argent, pour ne pas planter là cette fille, si riche qu'elle soit! pensait Julien. Et pour lui, indigné des outrages faits à la dignité masculine, il redoublait de froideur envers elle. Souvent il alla jusqu'aux réponses peu polies.

Quelque résolu qu'il fût à ne pas être dupe des marques d'intérêt de Mathilde, elles étaient si évidentes de certains jours, et Julien, dont les yeux commençaient à se dessiller, la trouvait si jolie, qu'il en était quelquefois embarrassé.

L'adresse et la longanimité de ces jeunes gens du grand monde finiraient par triompher de mon peu d'expérience, se dit-il; il faut partir et mettre un terme à tout ceci. Le marquis venait de lui confier l'administration d'une quantité de petites terres et de maisons qu'il possédait dans le bas Languedoc. Un voyage était nécessaire : M. de La Mole y consentit avec peine. Excepté pour les matières de haute ambition, Julien était devenu un autre lui-même.

Au bout du compte, ils ne m'ont point attrapé, se disait Julien en préparant son départ. Que les plaisanteries que mademoiselle de La Mole fait à ces messieurs soient réelles ou seulement destinées à m'inspirer de la confiance, je m'en suis amusé.

S'il n'y a pas conspiration contre le fils du charpentier, mademoiselle de La Mole est inexplicable, mais elle l'est pour le marquis de Croisenois du moins autant que pour moi. Hier, par exemple, son humeur était bien réelle, et j'ai eu le plaisir de faire bouquer par ma faveur un jeune homme aussi noble et aussi riche que je suis gueux et plébéien. Voilà le plus beau de mes triomphes; il m'égaiera dans ma chaise de poste, en courant les plaines du Languedoc.

Il avait fait de son départ un secret, mais Mathilde savait mieux que lui qu'il allait quitter Paris le lendemain, et pour longtemps. Elle eut recours à un mal de tête fou, qu'augmentait l'air étouffé du salon. Elle se promena beaucoup dans le jardin, et poursuivit tellement de ses plaisanteries mordantes Norbert, le marquis de Croisenois, Caylus, de Luz et quelques autres jeunes gens qui avaient dîné à l'hôtel de La Mole, qu'elle les força de partir. Elle regardait Julien d'une façon étrange.

Ce regard est peut-être une comédie, pensa Julien, mais cette respiration pressée, mais tout ce trouble! Bah! se dit-il, qui suis-je pour juger de toutes ces choses? Il s'agit ici de ce qu'il y a de plus sublime et de plus fin parmi les femmes de Paris. Cette respiration pressée qui a été sur le point de me toucher, elle l'aura étudiée chez Léontine Fay qu'elle aime tant.

Ils étaient restés seuls; la conversation languissait évidemment. Non! Julien ne sent rien pour moi, se disait Mathilde vraiment malheureuse.

Comme il prenait congé d'elle, elle lui serra le bras avec force :

— Vous recevrez ce soir une lettre de moi, lui dit-elle d'une voix tellement altérée, que le son n'en était pas reconnaissable.

Cette circonstance toucha sur-le-champ Julien.

— Mon père, continua-t-elle, a une juste estime pour les services que vous lui rendez. *Il faut* ne pas partir demain; trouvez un prétexte. Et elle s'éloigna en courant.

Sa taille était charmante. Il était impossible d'avoir un plus joli pied, elle courait avec une grâce qui ravit Julien; mais devinerait-on à quoi fut sa seconde pensée après qu'elle eut tout à fait disparu? Il fut offensé du ton impératif avec lequel elle avait dit ce mot *il faut*. Louis XV aussi, au moment de mourir, fut vivement piqué du mot *il faut*, maladroitement employé par son premier médecin, et Louis XV pourtant n'était pas un parvenu.

Une heure après, un laquais remit une lettre à Julien; c'était tout simplement une déclaration d'amour.

Il n'y a pas trop d'affectation dans le style, se dit Julien, cherchant par ses remarques littéraires à contenir la joie qui contractait ses joues et le forçait à rire malgré lui.

Enfin moi, s'écria-t-il tout à coup, la passion étant trop forte pour être contenue, moi, pauvre paysan, j'ai donc une déclaration d'amour d'une grande dame!

Quant à moi, ce n'est pas mal, ajouta-t-il en comprimant sa joie le plus possible. J'ai su conserver la dignité de mon caractère. Je n'ai point dit que j'aimais. Il se mit à étudier la forme des caractères; mademoiselle de La Mole avait une jolie petite écriture anglaise. Il avait besoin d'une occupation physique pour se distraire d'une joie qui allait jusqu'au délire.

« Votre départ m'oblige à parler... Il serait au-dessus « de mes forces de ne plus vous voir. »

Une pensée vint frapper Julien comme une découverte, interrompre l'examen qu'il faisait de la lettre de Mathilde, et redoubler sa joie. Je l'emporte sur le marquis de Croisenois, s'écria-t-il, moi qui ne dis que des choses sérieuses! Et lui est si joli! il a des moustaches, un charmant uniforme; il trouve toujours à dire, juste au moment convenable, un mot spirituel et fin.

Julien eut un instant délicieux; il errait à l'aventure dans le jardin, fou de bonheur.

Plus tard il monta à son bureau et se fit annoncer chez le marquis de La Mole, qui heureusement n'était pas sorti. Il lui prouva facilement, en lui montrant quelques papiers marqués arrivés de Normandie, que le soin des procès normands l'obligeait à différer son départ pour le Languedoc.

— Je suis bien aise que vous ne partiez pas, lui dit le marquis, quand ils eurent fini de parler d'affaires, *j'aime à vous voir*. Julien sortit; ce mot le gênait.

Et moi, je vais séduire sa fille! rendre impossible peut-être ce mariage avec le marquis de Croisenois, qui fait le charme de son avenir : s'il n'est pas duc, du moins sa fille aura un tabouret. Julien eut l'idée de partir pour le Languedoc malgré la lettre de Mathilde, malgré l'explication donnée au marquis. Cet éclair de vertu disparut bien vite.

Que je suis bon, se dit-il; moi, plébéien, avoir pitié d'une famille de ce rang! Moi, que le duc de Chaulnes appelle un domestique! Comment le marquis augmente-t-il son immense fortune? En vendant de la rente quand il apprend au Château qu'il y aura le lendemain apparence de coup d'Etat. Et moi, jeté au dernier rang par une Providence marâtre, moi à qui elle a donné un cœur noble et pas mille francs de rente, c'est-à-dire pas de pain, *exactement parlant pas de pain;* moi, refuser un plaisir qui s'offre! Une source limpide qui vient étancher ma soif dans le désert brûlant de la médiocrité que je traverse si péniblement! Ma foi, pas si bête! chacun pour soi dans ce désert d'égoïsme qu'on appelle la vie.

Et il se rappela quelques regards remplis de dédain, à lui adressés par madame de La Mole, et surtout par les *dames* ses amies.

Le plaisir de triompher du marquis de Croisenois vint achever la déroute de ce souvenir de vertu.

Que je voudrais qu'il se fâchât! dit Julien, avec quelle assurance je lui donnerais maintenant un coup d'épée. Et il faisait le geste du coup de seconde. Avant ceci, j'étais un cuistre, abusant bassement d'un peu de courage. Après cette lettre, je suis son égal.

Oui, se disait-il avec une volupté infinie et en parlant lentement, nos mérites, au marquis et à moi, ont été pesés, et le pauvre charpentier du Jura l'emporte.

Bon! s'écria-t-il, voilà la signature de ma réponse trouvée. N'allez pas vous figurer, mademoiselle de La Mole, que j'oublie mon état. Je vous ferai comprendre et bien sentir que c'est pour le fils d'un charpentier que vous trahissez un descendant du fameux Guy de Croisenois, qui suivit saint Louis à la croisade.

Julien ne pouvait contenir sa joie. Il fut obligé de descendre au jardin. Sa chambre, où il s'était enfermé à clef, lui semblait trop étroite pour y respirer.

Moi, pauvre paysan du Jura, se répétait-il sans cesse, moi, condamné à porter toujours ce triste habit noir! Hélas! vingt ans plus tôt, j'aurais porté l'uniforme comme eux! Alors un homme comme moi était tué, ou *général à trente-six ans*. Cette lettre, qu'il tenait serrée dans sa main, lui donnait la taille et l'attitude d'un héros. Maintenant, il est vrai, avec cet habit noir, à quarante ans, on a cent mille francs d'appointements et le cordon bleu, comme M. l'évêque de Beauvais.

Eh bien! se dit-il en riant comme Méphistophélès, j'ai plus d'esprit qu'eux; je sais choisir l'uniforme de mon siècle. Et il sentit redoubler son ambition et son attachement à l'habit ecclésiastique. Que de cardinaux nés plus bas que moi et qui ont gouverné! Mon compatriote Granvelle, par exemple.

Peu à peu l'agitation de Julien se calma; la prudence

surnagea. Il se dit, comme son maître Tartuffe, dont il
savait le rôle par cœur :

> Je puis croire ces mots, un artifice honnête.
> . . . .
> Je ne me fierai point à des propos si doux,
> Qu'un peu de *ses* faveurs, après quoi je soupire,
> Ne vienne m'assurer tout ce qu'ils m'ont pu dire.

TARTUFFE, acte IV, scène V.

Tartuffe aussi fut perdu par une femme, et il en valait
bien un autre... Ma réponse peut être montrée... à quoi
nous trouvons ce remède, ajouta-t-il en prononçant lentement, et avec l'accent de la férocité qui se contient,
nous la commençons par les phrases les plus vives de la
lettre de la sublime Mathilde.

Oui, mais quatre laquais de M. de Croisenois se pré-
cipitent sur moi et m'arrachent l'original.

Non, car je suis bien armé, et j'ai l'habitude, comme
on sait, de faire feu sur les laquais.

Eh bien! l'un d'eux a du courage; il se précipite sur
moi. On lui a promis cent napoléons. Je le tue ou je le
blesse, à la bonne heure, c'est ce qu'on demande. On me
jette en prison fort légalement; je parais en police correctionnelle, et l'on m'envoie, avec toute justice et équité de
la part des juges, tenir compagnie dans Poissy à MM. Fon-
tant et Magalon. Là, je couche avec quatre cents gueux
pêle-mêle... Et j'aurais quelque pitié de ces gens-là, s'écria-
t-il en se levant impétueusement! En ont-ils pour les gens
du tiers état quand ils les tiennent! Ce mot fut le dernier
soupir de sa reconnaissance pour M. de La Mole qui, malgré lui, le tourmentait jusque-là.

Doucement, messieurs les gentilshommes, je comprends
ce petit trait de machiavélisme; l'abbé Maslon ou M. Castanède du séminaire n'auraient pas mieux fait. Vous m'en-
lèverez la lettre *provocatrice,* et je serai le second tome du
colonel Caron à Colmar.

Un instant, messieurs, je vais envoyer la lettre fatale
en dépôt dans un paquet bien cacheté à M. l'abbé Pirard.
Celui-là est honnête homme, janséniste, et en cette qua-

lité à l'abri des séductions du budget. Oui, mais il ouvre les lettres... c'est à Fouqué que j'enverrai celle-ci.

Il faut en convenir, le regard de Julien était atroce, sa physionomie hideuse; elle respirait le crime sans alliage. C'était l'homme malheureux en guerre avec toute la société.

Aux armes! s'écria Julien. Et il franchit d'un saut les marches du perron de l'hôtel. Il entra dans l'échoppe de l'écrivain du coin de la rue; il lui fit peur. — Copiez, lui dit-il en lui donnant la lettre de mademoiselle de La Mole.

Pendant que l'écrivain travaillait, il écrivit lui-même à Fouqué; il le priait de lui conserver un dépôt précieux. Mais, se dit-il en s'interrompant, le cabinet noir à la poste ouvrira ma lettre et vous rendra celle que vous cherchez... non, messieurs. Il alla acheter une énorme Bible chez un libraire protestant, cacha fort adroitement la lettre de Mathilde dans la couverture, fit emballer le tout, et son paquet partit par la diligence, adressé à un des ouvriers de Fouqué, dont personne à Paris ne savait le nom.

Cela fait, il rentra joyeux et leste à l'hôtel de La Mole. *A nous!* maintenant, s'écria-t-il, en s'enfermant à clef dans sa chambre, et jetant son habit :

« Quoi! mademoiselle, écrivit-il à Mathilde, c'est made-« moiselle de la Mole qui, par les mains d'Arsène, laquais « de son père, fait remettre une lettre trop séduisante à « un pauvre charpentier du Jura, sans doute pour se « jouer de sa simplicité... » Et il transcrivit les phrases les plus claires de la lettre qu'il venait de recevoir.

La sienne eût fait honneur à la prudence diplomatique de M. le chevalier de Beauvoisis. Il n'était encore que dix heures; Julien, ivre de bonheur et du sentiment de sa puissance, si nouveau pour un pauvre diable, entra à l'Opéra italien. Il entendit chanter son ami Géronimo. Jamais la musique ne l'avait exalté à ce point. Il était un Dieu (1).

(1) Esprit per. pré. gui. II. A. 30.

Self-exaltation rather than love

CHAPITRE XIV

PENSÉES D'UNE JEUNE FILLE

> Que de perplexités! Que de nuits
> passées sans sommeil! Grand Dieu!
> vais-je me rendre méprisable? Il me
> méprisera lui-même. Mais il part, il
> s'éloigne.
>
> ALFRED DE MUSSET.

CE n'était point sans combats que Mathilde avait écrit.

Quel qu'eût été le commencement de son intérêt pour Julien, bientôt, il domina l'orgueil qui, depuis qu'elle se connaissait, régnait seul dans son cœur. Cette âme haute et froide était emportée pour la première fois par un sentiment passionné. Mais s'il dominait l'orgueil, il était encore fidèle aux habitudes de l'orgueil. Deux mois de combats et de sensations nouvelles renouvelèrent pour ainsi dire tout son être moral.

Mathilde croyait voir le bonheur. Cette vue toute-puissante sur les âmes courageuses, liées à un esprit supérieur, eut à lutter longuement contre la dignité et tous sentiments de devoirs vulgaires. Un jour, elle entra chez sa mère, dès sept heures du matin, la priant de lui permettre de se réfugier à Villequier. La marquise ne daigna pas même lui répondre et lui conseilla d'aller se remettre au lit. Ce fut le dernier effort de la sagesse vulgaire et de la déférence aux idées reçues.

La crainte de mal faire et de heurter les idées tenues pour sacrées par les Caylus, les de Luz, les Croisenois avait assez peu d'empire sur son âme; de tels êtres ne lui semblaient pas faits pour la comprendre; elle les eût consultés s'il eût été question d'acheter une calèche ou une terre. Sa véritable terreur était que Julien ne fût mécontent d'elle.

Peut-être aussi n'a-t-il que les apparences d'un homme supérieur?

Elle abhorrait le manque de caractère, c'était sa seule objection contre les beaux jeunes gens qui l'entouraient.

Plus ils plaisantaient avec grâce tout ce qui s'écarte de la mode, ou la suit mal, croyant la suivre, plus ils se perdaient à ses yeux.

Ils étaient braves, et voilà tout. Et encore, comment braves? se disait-elle : en duel, mais le duel n'est plus qu'une cérémonie. Tout en est su d'avance, même ce que l'on doit dire en tombant. Etendu sur le gazon, et la main sur le cœur, il faut un pardon généreux pour l'adversaire et un mot pour une belle souvent imaginaire, ou bien qui va au bal le jour de votre mort, de peur d'exciter les soupçons.

On brave le danger à la tête d'un escadron tout brillant d'acier, mais le danger solitaire, singulier, imprévu, vraiment laid?

Hélas! se disait Mathilde, c'était à la cour de Henri III que l'on trouvait des hommes grands par le caractère comme par la naissance! Ah! si Julien avait servi à Jarnac ou à Moncontour, je n'aurais plus de doute. En ces temps de vigueur et de force, les Français n'étaient pas des poupées. Les jour de la bataille était presque celui des moindres perplexités.

Leur vie n'était pas emprisonnée comme une momie d'Egypte, sous une enveloppe toujours commune à tous, toujours la même. Oui, ajoutait-elle, il y avait plus de vrai courage à se retirer seul à onze heures du soir, en sortant de l'hôtel de Soissons, habité par Catherine de Médicis qu'aujourd'hui à courir à Alger. La vie d'un homme était une suite de hasards. Maintenant la civilisation a chassé le hasard, plus d'imprévu. S'il paraît dans les idées, il n'est pas assez d'épigrammes pour lui; s'il paraît dans les événements, aucune lâcheté n'est au-dessus de notre peur. Quelque folie que nous fasse faire la peur, elle est excusée. Siècle dégénéré et ennuyeux! Qu'aurait dit Boniface de La Mole si, levant hors de la tombe sa tête coupée, il eût vu, en 1793, dix-sept de ses descendants se laisser prendre comme des moutons, pour être guillotinés deux jours après? La mort était certaine, mais il eût été de mauvais ton de se défendre et de tuer au moins un jacobin ou deux. Ah! dans les temps héroïques de la France, au siècle de Boniface de La Mole,

Julien eût été le chef d'escadron, et mon frère, le jeune prêtre, aux mœurs convenables, avec la sagesse dans les yeux et la raison à la bouche.

Quelques mois auparavant, Mathilde désespérait de rencontrer un être un peu différent du patron commun. Elle avait trouvé quelque bonheur en se permettant d'écrire à quelques jeunes gens de la société. Cette hardiesse si inconvenante, si imprudente chez une jeune fille, pouvait la déshonorer aux yeux de M. de Croisenois, du duc de Chaulnes son père, et de tout l'hôtel de Chaulnes, qui, voyant se rompre le mariage projeté, aurait voulu savoir pourquoi. En ce temps-là les jours où elle avait écrit une de ses lettres, Mathilde ne pouvait dormir. Mais ces lettres n'étaient que des réponses.

Ici elle osait dire qu'elle aimait. Elle écrivait *la première* (quel mot terrible!) à un homme placé dans les derniers rangs de la société.

Cette circonstance assurait, en cas de découverte, un déshonneur éternel. Laquelle des femmes venant chez sa mère eût osé prendre son parti? Quelle phrase eût-on pu leur donner à répéter pour amortir le coup de l'affreux mépris des salons?

Et encore parler était affreux, mais écrire! *Il est des choses qu'on n'écrit pas*, s'écriait Napoléon apprenant la capitulation de Baylen. Et c'était Julien qui lui avait conté ce mot! comme lui faisant d'avance une leçon.

Mais tout cela n'était rien encore, l'angoisse de Mathilde avait d'autres causes. Oubliant l'effet horrible sur la société, la tache ineffaçable et toute pleine de mépris, car elle outrageait sa caste, Mathilde allait écrire à un être d'une bien autre nature que les Croisenois, les de Luz, les Caylus.

La profondeur, l'*inconnu* du caractère de Julien eussent effrayé, même en nouant avec lui une relation ordinaire. Et elle en allait faire son amant, peut-être son maître!

Quelles ne seront pas ses prétentions, si jamais il peut tout sur moi? Eh bien! je me dirai comme Médée : *Au milieu de tant de périls, il me reste* Moi.

Julien n'avait nulle vénération pour la noblesse du

sang, croyait-elle. Bien plus, peut-être il n'avait nul amour pour elle!

Dans ces derniers moments de doutes affreux se présentèrent les idées d'orgueil féminin. Tout doit être singulier dans le sort d'une fille comme moi, s'écria Mathilde impatientée. Alors l'orgueil qu'on lui avait inspiré dès le berceau se battait contre la vertu. Ce fut dans cet instant que le départ de Julien vint tout précipiter.

(De tels caractères sont heureusement fort rares.)

Le soir, fort tard, Julien eut la malice de faire descendre une malle très pesante chez le portier; il appela pour la transporter le valet de pied qui faisait la cour à la femme de chambre de mademoiselle de La Mole. Cette manœuvre peut n'avoir aucun résultat, se dit-il, mais si elle réussit, elle me croit parti. Il s'endormit fort gai sur cette plaisanterie. Mathilde ne ferma pas l'œil.

Le lendemain, de fort grand matin, Julien sortit de l'hôtel sans être aperçu, mais il rentra avant huit heures.

A peine était-il dans la bibliothèque, que mademoiselle de La Mole parut sur la porte. Il lui remit sa réponse. Il pensait qu'il était de son devoir de lui parler; rien n'était plus commode, du moins, mais mademoiselle de La Mole ne voulut pas l'écouter et disparut. Julien en fut charmé, il ne savait que lui dire.

Si tout ceci n'est pas un jeu convenu avec le comte Norbert, il est clair que ce sont mes regards pleins de froideur qui ont allumé l'amour baroque que cette fille de si haute naissance s'avise d'avoir pour moi. Je serais un peu plus sot qu'il ne convient, si jamais je me laissais entraîner à avoir du goût pour cette grande poupée blonde. Ce raisonnement le laissa plus froid et plus calculant qu'il n'avait jamais été.

Dans la bataille qui se prépare, ajouta-t-il, l'orgueil de la naissance sera comme une colline élevée, formant position militaire entre elle et moi. C'est là-dessus qu'il faut manœuvrer. J'ai fort mal fait de rester à Paris; cette remise de mon départ m'avilit et m'expose si tout ceci n'est qu'un jeu. Quel danger y avait-il à partir? Je me moquais d'eux, s'ils se moquent de moi. Si son intérêt pour moi a quelque réalité, je centuplais son intérêt.

La lettre de mademoiselle de La Mole avait donné à Julien une jouissance de vanité si vive, que, tout en riant de ce qui lui arrivait, il avait oublié de songer sérieusement à la convenance du départ.

C'était une fatalité de son caractère d'être extrêmement sensible à ses fautes. Il était fort contrarié de celle-ci, et ne songeait presque plus à la victoire incroyable qui avait précédé ce petit échec, lorsque, vers les neuf heures, mademoiselle de La Mole parut sur le seuil de la porte de la bibliothèque, lui jeta une lettre et s'enfuit.

Il paraît que ceci va être le roman par lettres, dit-il en relevant celle-ci. L'ennemi fait un faux mouvement, moi je vais faire donner la froideur et la vertu.

On lui demandait une réponse décisive avec une hauteur qui augmenta sa gaieté intérieure. Il se donna le plaisir de mystifier, pendant deux pages, les personnes qui voudraient se moquer de lui, et ce fut encore par une plaisanterie qu'il annonça, vers la fin de sa réponse, son départ précipité pour le lendemain matin.

Cette lettre terminée : Le jardin va me servir pour la remettre, pensa-t-il, et il y alla. Il regardait la fenêtre de la chambre de mademoiselle de La Mole.

Elle était au premier étage, à côté de l'appartement de sa mère, mais il y avait un grand entresol.

Ce premier était tellement élevé, qu'en se promenant sous l'allée de tilleuls, sa lettre à la main, Julien ne pouvait être aperçu de la fenêtre par mademoiselle de La Mole. La voûte formée par les tilleuls, fort bien taillés, interceptait la vue. Mais quoi! se dit Julien avec humeur, encore une imprudence! Si l'on a entrepris de se moquer de moi, me faire voir une lettre à la main, c'est servir mes ennemis.

La chambre de Norbert était précisément au-dessus de celle de sa sœur, et si Julien sortait de la voûte formée par les branches taillées des tilleuls, le comte et ses amis pouvaient suivre tous ses mouvements.

Mademoiselle de La Mole parut derrière sa vitre; il montra sa lettre à demi; elle baissa la tête. Aussitôt Julien remonta chez lui en courant, et rencontra par hasard, dans le grand escalier, la belle Mathilde, qui saisit sa lettre avec une aisance parfaite et des yeux riants.

Que de passion il y avait dans les yeux de cette pauvre madame de Rênal, se dit Julien, quand, même après six mois de relations intimes, elle osait recevoir une lettre de moi! De sa vie, je crois, elle ne m'a regardé avec des yeux riants.

Il ne s'exprima pas aussi nettement le reste de sa réponse; avait-il honte de la futilité des motifs? Mais aussi quelle différence, ajoutait sa pensée, dans l'élégance de la robe du matin, dans l'élégance de la tournure! En apercevant mademoiselle de La Mole à trente pas de distance, un homme de goût devinerait le rang qu'elle occupe dans la société. Voilà ce qu'on peut appeler un mérite explicite.

Tout en plaisantant, Julien ne s'avouait pas encore toute sa pensée; madame de Rênal n'avait pas de marquis de Croisenois à lui sacrifier. Il n'avait pour rival que cet ignoble sous-préfet M. Charcot, qui se faisait appeler de Maugiron, parce qu'il n'y avait plus de Maugirons.

A cinq heures, Julien reçut une troisième lettre; elle lui fut lancée de la porte de la bibliothèque. Mademoiselle de La Mole s'enfuit encore. Quelle manie d'écrire! se dit-il en riant, quand on peut se parler si commodément. L'ennemi veut avoir de mes lettres, c'est clair, et plusieurs! Il ne se hâtait point d'ouvrir celle-ci. Encore des phrases élégantes, pensait-il; mais il pâlit en lisant. Il n'y avait que huit lignes :

« J'ai besoin de vous parler : il faut que je vous parle, « ce soir; au moment où une heure après minuit sonnera, « trouvez-vous dans le jardin. Prenez la grande échelle « du jardinier près du puits; placez-la contre ma « fenêtre et montez chez moi. Il fait clair de lune : « n'importe. »

Romantic ideas

Bankee quoits.

CHAPITRE XV

EST-CE UN COMPLOT?

> Ah! que l'intervalle est cruel entre
> un grand projet conçu et son exécu-
> tion! Que de vaines terreurs! que
> d'irrésolutions! Il s'agit de la vie. —
> Il s'agit de bien plus : de l'hon-
> neur!
>
> SCHILLER.

CECI devient sérieux, pensa Julien... et un peu trop clair,
ajouta-t-il après avoir pensé. Quoi! cette belle demoiselle peut me parler dans la bibliothèque avec une liberté
qui, grâce à Dieu, est entière; le marquis, dans la peur
qu'il a que je ne lui montre des comptes, n'y vient
jamais. Quoi! M. de La Mole et le comte Norbert, les
seules personnes qui entrent ici, sont absents presque
toute la journée; on peut facilement observer le moment
de leur entrée à l'hôtel, et la sublime Mathilde, pour
la main de laquelle un prince souverain ne serait pas
trop noble, veut que je commette une imprudence
abominable.

C'est clair, on veut me perdre ou se moquer de moi,
tout au moins. D'abord, on a voulu me perdre avec mes
lettres; elles se trouvent prudentes; eh bien! il leur faut
une action plus claire que le jour. Ces jolis petits messieurs me croient aussi trop bête ou trop fat. Diable! par
le plus beau clair de lune du monde monter ainsi par
une échelle à un premier étage de vingt-cinq pieds
d'élévation! on aura le temps de me voir, même des
hôtels voisins. Je serai beau sur mon échelle! Julien
monta chez lui et se mit à faire sa malle en sifflant. Il
était résolu à partir et à ne pas même répondre.

Mais cette sage résolution ne lui donnait pas la paix
du cœur. Si par hasard, se dit-il tout à coup, sa malle
fermée, Mathilde était de bonne foi! alors moi je joue,
à ses yeux, le rôle d'un lâche parfait. Je n'ai point de
naissance, moi, il me faut de grandes qualités, argent

comptant, sans suppositions complaisantes, bien prouvées
par des actions parlantes...

Il fut un quart d'heure à réfléchir. A quoi bon le nier?
dit-il enfin; je serai un lâche à ses yeux. Je perds non
seulement la personne la plus brillante de la haute
société, ainsi qu'ils le disaient tous au bal de M. le duc
de Retz, mais encore le divin plaisir de me voir sacrifier
le marquis de Croisenois, le fils d'un duc, et qui sera
duc lui-même. Un jeune homme charmant qui a toutes
les qualités qui me manquent : esprit d'à-propos, naissance, fortune.

Ce remords va me poursuivre toute ma vie, non pour
elle, il est tant de maîtresses!

.... Mais il n'est qu'un honneur!

dit le vieux don Diègue, et ici clairement et nettement,
je recule devant le premier péril qui m'est offert; car ce
duel avec M. de Beauvoisis se présentait comme une
plaisanterie. Ceci est tout différent. Je puis être tiré au
blanc par un domestique, mais c'est le moindre danger;
je puis être déshonoré.

Ceci devient sérieux, mon garçon, ajouta-t-il avec une
gaieté et un accent gascons. Il y va de l'*honur*. Jamais un
pauvre diable, jeté aussi bas que moi par le hasard, ne
retrouvera une telle occasion; j'aurai des bonnes fortunes,
mais subalternes...

Il réfléchit longtemps, il se promenait à pas précipités,
s'arrêtant tout court de temps à autre. On avait déposé
dans sa chambre un magnifique buste en marbre du cardinal Richelieu, qui malgré lui attirait ses regards. Ce
buste avait l'air de le regarder d'une façon sévère, et
comme lui reprochant le manque de cette audace qui
doit être si naturelle au caractère français. De ton temps,
grand homme, aurais-je hésité?

Au pire, se dit enfin Julien, supposons que tout ceci
soit un piège, il est bien noir et bien compromettant pour
une jeune fille. On sait que je ne suis pas homme à me
taire. Il faudra donc me tuer. Cela était bon en 1574,
du temps de Boniface de La Mole, mais jamais celui

d'aujourd'hui n'oserait. Ces gens-là ne sont plus les mêmes. Mademoiselle de La Mole est si enviée! Quatre cents salons retentiraient demain de sa honte, et avec quel plaisir!

Les domestiques jasent, entre eux, des préférences marquées dont je suis l'objet, je le sais, je les ai entendus...

D'un autre côté, ses lettres!... ils peuvent croire que je les ai sur moi. Surpris dans sa chambre, on me les enlève. J'aurai affaire à deux, trois, quatre hommes, que sais-je? Mais ces hommes, où les prendront-ils? où trouver des subalternes discrets à Paris? La justice leur fait peur... Parbleu! les Caylus, les Croisenois, les de Luz eux-mêmes. Ce moment, et la sotte figure que je ferai au milieu d'eux sera ce qui les aura séduits. Gare le sort d'Abailard, Monsieur le secrétaire!

Eh bien, parbleu! messieurs, vous porterez de mes marques, je frapperai à la figure, comme les soldats de César à Pharsale... Quant aux lettres, je puis les mettre en lieu sûr.

Julien fit des copies des deux dernières, les cacha dans un volume du beau Voltaire de la bibliothèque, et porta lui-même les originaux à la poste.

Quand il fut de retour : Dans quelle folie je vais me jeter! se dit-il avec surprise et terreur. Il avait été un quart d'heure sans regarder en face son action de la nuit prochaine.

Mais, si je refuse, je me méprise moi-même dans la suite! Toute la vie cette action sera un grand sujet de doute, et, pour moi, un tel doute est le plus cuisant des malheurs. Ne l'ai-je pas éprouvé pour l'amant d'Amanda! Je crois bien que je me pardonnerais plus aisément un crime bien clair; une fois avoué, je cesserais d'y penser.

Quoi! j'aurai été en rivalité avec un homme portant un des plus beaux noms de France, et je me serai moi-même, de gaieté de cœur, déclaré son inférieur! Au fond, il y a de la lâcheté à ne pas aller. Ce mot décide tout, s'écria Julien en se levant... d'ailleurs elle est bien jolie.

Si ceci n'est pas une trahison, quelle folie elle fait pour moi!... Si c'est une mystification, parbleu! messieurs, il ne tient qu'à moi de rendre la plaisanterie sérieuse, et ainsi ferai-je.

Mais s'ils m'attachent les bras au moment de l'entrée dans la chambre; ils peuvent avoir placé quelque machine ingénieuse!

C'est comme un duel, se dit-il en riant, il y a parade à tout, dit mon maître d'armes, mais le bon Dieu, qui veut qu'on en finisse, fait que l'un des deux oublie de parer. Du reste, voici de quoi leur répondre : il tirait ses pistolets de poche; et quoique l'amorce fût fulminante, il la renouvela.

Il y avait encore bien des heures à attendre; pour faire quelque chose, Julien écrivit à Fouqué : « Mon ami, » n'ouvre la lettre ci-incluse qu'en cas d'accident, si tu » entends dire que quelque chose d'étrange m'est arrivé. » Alors, efface les noms propres du manuscrit que je » t'envoie, et fais-en huit copies que tu enverras aux jour- » naux de · Marseille, Bordeaux, Lyon, Bruxelles, etc.; » dix jours plus tard, fais imprimer ce manuscrit, envoie » le premier exemplaire à M. le marquis de La Mole; et » quinze jours après, jette les autres exemplaires de nuit » dans les rues de Verrières. »

Ce petit mémoire justificatif arrangé en forme de conte, que Fouqué ne devait ouvrir qu'en cas d'accident, Julien le fit aussi peu compromettant que possible pour mademoiselle de La Mole, mais enfin il peignait fort exactement sa position.

Julien achevait de fermer son paquet, lorsque la cloche du dîner sonna; elle fit battre son cœur. Son imagination, préoccupée du récit qu'il venait de composer, était toute aux pressentiments tragiques. Il s'était vu saisi par des domestiques, garrotté, conduit dans une cave avec un bâillon dans la bouche. Là, un domestique le gardait à vue, et si l'honneur de la noble famille exigeait que l'aventure eût une fin tragique, il était facile de tout finir avec ces poisons qui ne laissent point de traces; alors, on disait qu'il était mort de maladie, et on le transportait mort dans sa chambre.

Emu de son propre conte comme un auteur dramatique, Julien avait réellement peur lorsqu'il entra dans la salle à manger. Il regardait tous ces domestiques en grande livrée. Il étudiait leur physionomie. Quels sont ceux qu'on a choisis pour l'expédition de cette nuit? se disait-il. Dans cette famille, les souvenirs de la cour de Henri III sont si présents, si souvent rappelés, que, se croyant outragés, ils auront plus de décision que les autres personnages de leur rang. Il regarda mademoiselle de La Mole pour lire dans ses yeux les projets de sa famille; elle était pâle, et avait tout à fait une physionomie du moyen âge. Jamais il ne lui avait trouvé l'air si grand, elle était vraiment belle et imposante. Il en devint presque amoureux. *Pallida morte futura,* se dit-il. (Sa pâleur annonce ses grands desseins.)

En vain, après dîner, il affecta de se promener longtemps dans le jardin, mademoiselle de La Mole n'y parut pas. Lui parler eût, dans ce moment, délivré son cœur d'un grand poids.

Pourquoi ne pas l'avouer? Il avait peur. Comme il était résolu à agir, il s'abandonnait à ce sentiment sans vergogne. Pourvu qu'au moment d'agir je me trouve le courage qu'il faut, se disait-il, qu'importe ce que je puis sentir en ce moment? Il alla reconnaître la situation et le poids de l'échelle.

C'est un instrument, se dit-il en riant, dont il est dans mon destin de me servir! ici comme à Verrières. Quelle différence! Alors, ajouta-t-il avec un soupir, je n'étais pas obligé de me méfier de la personne pour laquelle je m'exposais. Quelle différence aussi dans le danger!

J'eusse été tué dans les jardins de M. de Rênal qu'il n'y avait point de déshonneur pour moi. Facilement on eût rendu ma mort inexplicable. Ici, quels récits abominables ne va-t-on pas faire dans les salons de l'hôtel de Chaulnes, de l'hôtel de Caylus, de l'hôtel de Retz, etc., partout enfin. Je serai un monstre dans la postérité.

Pendant deux ou trois ans, reprit-il en riant, et se moquant de soi. Mais cette idée l'anéantissait. Et moi, où pourra-t-on me justifier? En supposant que Fouqué imprime mon pamphlet posthume, ce ne sera qu'une infamie de plus. Quoi! Je suis reçu dans une maison, et pour prix de l'hospitalité que j'y reçois, des bontés dont on m'y accable, j'imprime un pamphlet sur ce qui s'y passe! j'attaque l'honneur des femmes! Ah! mille fois plutôt, soyons dupes!

Cette soirée fut affreuse.

CHAPITRE XVI

UNE HEURE DU MATIN

> Ce jardin était fort grand, dessiné depuis peu d'années avec un goût parfait. Mais les arbres avaient plus d'un siècle. On y trouvait quelque chose de champêtre.
>
> MASSINGER.

Il allait écrire un contrordre à Fouqué, lorsque onze heures sonnèrent. Il fit jouer avec bruit la serrure de la porte de sa chambre, comme s'il se fût enfermé chez lui. Il alla observer à pas de loup ce qui se passait dans toute la maison, surtout au quatrième étage, habité par les domestiques. Il n'y avait rien d'extraordinaire. Une des femmes de chambre de madame de La Mole donnait soirée, les domestiques prenaient du punch fort gaiement. Ceux qui rient ainsi, pensa Julien, ne doivent pas faire partie de l'expédition nocturne, ils seraient plus sérieux.

Enfin il alla se placer dans un coin obscur du jardin. Si leur plan est de se cacher des domestiques de la maison, ils feront arriver par-dessus les murs du jardin les gens chargés de me surprendre.

Si M. de Croisenois porte quelque sang-froid dans tout ceci, il doit trouver moins compromettant pour la jeune personne qu'il veut épouser de me faire surprendre avant le moment où je serai entré dans sa chambre.

Il fit une reconnaissance militaire et fort exacte. Il s'agit de mon honneur, pensa-t-il; si je tombe dans quelque bévue, ce ne sera pas une excuse à mes propres yeux de me dire : Je n'y avais pas songé.

Le temps était d'une sérénité désespérante. Vers les onze heures la lune se leva, à minuit et demi elle éclairait en plein la façade de l'hôtel donnant sur le jardin.

Elle est folle, se disait Julien; comme une heure sonna, il y avait encore de la lumière aux fenêtres du comte Norbert. De sa vie Julien n'avait eu autant de peur, il ne voyait que les dangers de l'entreprise, et n'avait aucun enthousiasme.

Il alla prendre l'immense échelle, attendit cinq minutes, pour laisser le temps à un contrordre et à une heure cinq minutes posa l'échelle contre la fenêtre de Mathilde. Il monta doucement, le pistolet à la main, étonné de n'être pas attaqué. Comme il approchait de la fenêtre, elle s'ouvrit sans bruit :

— Vous voilà, monsieur, lui dit Mathilde avec beaucoup d'émotion; je suis vos mouvements depuis une heure.

Julien était fort embarrassé, il ne savait comment se conduire, il n'avait pas d'amour du tout. Dans son embarras, il pensa qu'il fallait oser, il essaya d'embrasser Mathilde.

— Fi donc! lui dit-elle en le repoussant.

Fort content d'être éconduit, il se hâta de jeter un coup d'œil autour de lui : la lune était si brillante que les ombres qu'elle formait dans la chambre de mademoiselle de La Mole étaient noires. Il peut fort bien y avoir là des hommes cachés sans que je les voie, pensa-t-il.

— Qu'avez-vous dans la poche de côté de votre habit? lui dit Mathilde, enchantée de trouver un sujet de conversation. Elle souffrait étrangement; tous les sentiments de retenue et de timidité, si naturels à une fille bien née, avaient repris leur empire, et la mettaient au supplice.

— J'ai toutes sortes d'armes et de pistolets, répondit Julien, non moins content d'avoir quelque chose à dire.

— Il faut retirer l'échelle, dit Mathilde.

— Elle est immense, et peut casser les vitres du salon en bas, ou de l'entresol.

— Il ne faut pas casser les vitres, reprit Mathilde essayant en vain de prendre le ton de la conversation ordinaire; vous pourriez, ce me semble, abaisser l'échelle au moyen d'une corde qu'on attacherait au premier échelon. J'ai toujours une provision de cordes chez moi.

Et c'est là une femme amoureuse! pensa Julien, elle ose dire qu'elle m'aime! tant de sang-froid, tant de sagesse dans les précautions m'indiquent assez que je ne triomphe pas de M. de Croisenois comme je le croyais sottement; mais que tout simplement je lui succède. Au fait, que m'importe! est-ce que je l'aime? Je triomphe du marquis en ce sens qu'il sera très fâché d'avoir un sucesseur, et plus fâché encore que ce successeur soit moi. Avec quelle hauteur il me regardait hier soir au café Tortoni, en affectant de ne pas me reconnaître! avec quel air méchant il me salua ensuite quand il ne put plus s'en dispenser!

Julien avait attaché la corde au dernier échelon de l'échelle, il la descendait doucement, et en se penchant beaucoup en dehors du balcon pour faire en sorte qu'elle ne touchât pas les vitres. Beau moment pour me tuer, pensa-t-il, si quelqu'un est caché dans la chambre de Mathilde; mais un silence profond continuait à régner partout.

L'échelle toucha la terre, Julien parvint à la coucher dans la plate-bande de fleurs exotiques le long du mur.

— Que va dire ma mère, dit Mathilde, quand elle verra ses belles plantes tout écrasées!... Il faut jeter la corde, ajouta-t-elle d'un grand sang-froid. Si on l'apercevait remontant au balcon, ce serait une circonstance difficile à expliquer.

— Et comment moi m'en aller? dit Julien d'un ton plaisant, et en affectant le langage créole. (Une des femmes de chambre de la maison était née à Saint-Domingue.)

— Vous, vous en aller par la porte, dit Mathilde ravie de cette idée.

Ah! que cet homme est digne de tout mon amour! pensa-t-elle.

Julien venait de laisser tomber la corde dans le jardin; Mathilde lui serra le bras. Il crut être saisi par un ennemi, et se retourna vivement en tirant un poignard. Elle avait cru entendre ouvrir une fenêtre. Ils restèrent immobiles et sans respirer. La lune les éclairait en plein. Le bruit ne se renouvelant pas, il n'y eut plus d'inquiétude.

Alors l'embarras recommença, il était grand des deux parts. Julien s'assura que la porte était fermée avec tous ses verrous; il pensait bien à regarder sous le lit, mais n'osait pas; on avait pu y placer un ou deux laquais. Enfin il craignit un reproche futur de sa prudence et regarda.

Mathilde était tombée dans toutes les angoisses de la timidité la plus extrême. Elle avait horreur de sa position.

— Qu'avez-vous fait de mes lettres? dit-elle enfin.

Quelle bonne occasion de déconcerter ces messieurs s'ils sont aux écoutes, et d'éviter la bataille! pensa Julien.

— La première est cachée dans une grosse Bible protestante que la diligence d'hier soir emporte bien loin d'ici.

Il parlait fort distinctement en entrant dans ces détails, et de façon à être entendu des personnes qui pouvaient être cachées dans deux grandes armoires d'acajou qu'il n'avait pas osé visiter.

— Les deux autres sont à la poste, et suivent la même route que la première.

— Eh, grand Dieu! pourquoi toutes ces précautions? dit Mathilde étonnée.

A propos de quoi est-ce que je mentirais? pensa Julien, et il lui avoua tous ses soupçons.

— Voilà donc la cause de la froideur de tes lettres! s'écria Mathilde avec l'accent de la folie plus que de la tendresse.

Julien ne remarqua pas cette nuance. Ce tutoiement lui fit perdre la tête, ou du moins ses soupçons s'évanouirent; il osa serrer dans ses bras cette fille si belle, et qui lui inspirait tant de respect. Il ne fut repoussé qu'à demi.

Il eut recours à sa mémoire, comme jadis à Besançon auprès d'Amanda Binet, et récita plusieurs des plus belles phrases de la *Nouvelle Héloïse*.

— Tu as un cœur d'homme, lui répondit-on sans trop écouter ses phrases; j'ai voulu éprouver ta bravoure, je l'avoue. Tes premiers soupçons et ta résolution te montrent plus intrépide encore que je ne croyais.

Mathilde faisait effort pour le tutoyer, elle était évidemment plus attentive à cette étrange façon de parler qu'au fond des choses qu'elle disait. Ce tutoiement, dépouillé du ton de la tendresse, ne faisait aucun plaisir à Julien, il s'étonnait de l'absence du bonheur; enfin pour le sentir il eut recours à sa raison. Il se voyait estimé par cette jeune fille si fière, et qui n'accordait jamais de louanges sans restriction; avec ce raisonnement il parvint à un bonheur d'amour-propre.

Ce n'était pas, il est vrai, cette volupté de l'âme qu'il avait trouvée quelquefois auprès de madame de Rênal. Il n'y avait rien de tendre dans ses sentiments de ce premier moment. C'était le plus vif bonheur d'ambition, et Julien était surtout ambitieux. Il parla de nouveau des gens par lui soupçonnés, et des précautions qu'il avait inventées. En parlant il songeait aux moyens de profiter de sa victoire.

Mathilde, encore fort embarrassée, et qui avait l'air atterrée de sa démarche, parut enchantée de trouver un sujet de conversation. On parla des moyens de se revoir. Julien jouit délicieusement de l'esprit et de la bravoure dont il fit preuve de nouveau pendant cette discussion. On avait affaire à des gens très clairvoyants, le petit Tanbeau était certainement un espion, mais Mathilde et lui n'étaient pas non plus sans adresse.

Quoi de plus facile que de se rencontrer dans la bibliothèque, pour convenir de tout?

— Je puis paraître, sans exciter de soupçons, dans toutes les parties de l'hôtel, ajoutait Julien, et presque jusque dans la chambre de madame de La Mole. Il fallait absolument la traverser pour arriver à celle de sa fille. Si Mathilde trouvait mieux qu'il arrivât toujours par une échelle, c'était avec un cœur ivre de joie qu'il s'exposerait à ce faible danger.

En l'écoutant parler, Mathilde était choquée de cet air de triomphe. Il est donc mon maître! se dit-elle. Déjà elle était en proie au remords. Sa raison avait horreur de l'insigne folie qu'elle venait de commettre. Si elle l'eût pu, elle eût anéanti elle et Julien. Quand par instants la force de sa volonté faisait taire les remords, des sentiments de timidité et de pudeur souffrante la

rendaient fort malheureuse. Elle n'avait nullement prévu
l'état affreux où elle se trouvait.

Il faut cependant que je lui parle, se dit-elle à la fin,
cela est dans les convenances, on parle à son amant. Et
alors, pour accomplir un devoir, et avec une tendresse
qui était bien plus dans les paroles dont elle se servait
que dans le son de sa voix, elle raconta les diverses résolutions qu'elle avait prises à son égard pendant ces
derniers jours.

Elle avait décidé que s'il osait arriver chez elle avec
le secours de l'échelle du jardinier, ainsi qu'il lui était
prescrit, elle serait toute à lui. Mais jamais l'on ne dit
d'un ton plus froid et plus poli des choses aussi tendres.
Jusque-là ce rendez-vous était glacé. C'était à faire
prendre l'amour en haine. Quelle leçon de morale pour
une jeune imprudente! Vaut-il la peine de perdre son
avenir pour un tel moment?

Après de longues incertitudes, qui eussent pu paraître
à un observateur superficiel l'effet de la haine la plus
décidée, tant les sentiments qu'une femme se doit à elle-
même avaient de peine à céder même à une volonté aussi
ferme, Mathilde finit par être pour lui une maîtresse
aimable.

A la vérité, ces transports étaient un peu *voulus*.
L'amour passionné était encore plutôt un modèle qu'on
imitait qu'une réalité.

Mademoiselle de La Mole croyait remplir un devoir
envers elle-même et envers son amant. Le pauvre garçon,
se disait-elle, a été d'une bravoure achevée, il doit être
heureux, ou bien c'est moi qui manque de caractère.
Mais elle eût voulu racheter au prix d'une éternité
de malheur la nécessité cruelle où elle se trouvait.

Malgré la violence affreuse qu'elle se faisait, elle fut
parfaitement maîtresse de ses paroles.

Aucun regret, aucun reproche ne vinrent gâter cette
nuit qui sembla singulière plutôt qu'heureuse à Julien.
Quelle différence, grand Dieu! avec son dernier séjour
de vingt-quatre heures à Verrières! Ces belles façons de
Paris ont trouvé le secret de tout gâter, même l'amour,
se disait-il avec une injustice extrême.

Il se livrait à ces réflexions debout dans une des grandes armoires d'acajou où on l'avait fait entrer aux premiers bruits entendus dans l'appartement voisin, qui était celui de madame de La Mole. Mathilde suivit sa mère à la messe, les femmes quittèrent bientôt l'appartement, et Julien s'échappa facilement avant qu'elles ne revinssent terminer leurs travaux.

Il monta à cheval et chercha les endroits les plus solitaires d'une des forêts voisines de Paris. Il était bien plus étonné qu'heureux. Le bonheur qui, de temps à autre, venait occuper son âme, était comme celui d'un jeune sous-lieutenant qui, à la suite de quelque action étonnante, vient d'être nommé colonel d'emblée par le général en chef; il se sentait porté à une immense hauteur. Tout ce qui était au-dessus de lui la veille était à ses côtés maintenant ou bien au-dessous. Peu à peu le bonheur de Julien augmenta à mesure qu'il s'éloignait.

S'il n'y avait rien de tendre dans son âme, c'est que, quelque étrange que ce mot puisse paraître, Mathilde, dans toute sa conduite avec lui, avait accompli un devoir. Il n'y eut rien d'imprévu pour elle dans tous les événements de cette nuit que le malheur et la honte qu'elle avait trouvés au lieu de cette entière félicité dont parlent les romans.

Me serais-je trompée, n'aurais-je pas d'amour pour lui? se dit-elle.

CHAPITRE XVII

UNE VIEILLE ÉPÉE

I now mean to be serious; — it is time.
Since laughter now-a-days is deem'd too serious
A jest at vice by virtue's called a crime.

Don Juan, c. XIII.

ELLE ne parut pas au dîner. Le soir elle vint un instant au salon, mais ne regarda pas Julien. Cette conduite lui parut étrange; mais, pensa-t-il, je ne connais pas leurs usages; elle me donnera quelque bonne raison pour tout ceci. Toutefois, agité par la plus extrême curiosité, il étudiait l'expression des traits de Mathilde; il ne put pas se dissimuler qu'elle avait l'air sec et méchant. Evidemment ce n'était pas la même femme qui, la nuit précédente, avait ou feignait des transports de bonheur <u>trop excessifs pour être vrais.</u>

Le lendemain, le surlendemain, même froideur de sa part; elle ne le regardait pas, elle ne s'apercevait pas de son existence. Julien, dévoré par la plus vive inquiétude, était à mille lieues des sentiments de triomphe qui l'avaient seuls animé le premier jour. Serait-ce, par hasard, se dit-il, un retour à la vertu? Mais ce mot était bien bourgeois pour l'altière Mathilde.

Dans les positions ordinaires de la vie, elle ne croit guère à la religion, pensait Julien, elle l'aime comme très utile aux intérêts de sa caste.

Mais par simple délicatesse ne peut-elle pas se reprocher vivement la faute qu'elle a commise? Julien croyait être son premier amant.

Mais, se disait-il dans d'autres instants, il faut avouer qu'il n'y a rien de naïf, de simple, de tendre dans toute sa manière d'être; jamais je ne l'ai vue plus altière. Me mépriserait-elle? Il serait digne d'elle de se reprocher ce qu'elle a fait pour moi, à cause seulement de la bassesse de ma naissance.

Pendant que Julien, rempli de ses préjugés puisés dans les livres et dans les souvenirs de Verrières, poursuivait la chimère d'une maîtresse tendre et qui ne songe plus à sa propre existence du moment qu'elle a fait le bonheur de son amant, la vanité de Mathilde était furieuse contre lui.

Comme elle ne s'ennuyait plus depuis deux mois, elle ne craignait plus l'ennui; ainsi, sans pouvoir s'en douter le moins du monde, Julien avait perdu son plus grand avantage.

Je me suis donné un maître! se disait mademoiselle de La Mole en proie au plus noir chagrin. Il est rempli d'honneur, à la bonne heure; mais si je pousse à bout sa vanité, il se vengera en faisant connaître la nature de nos relations. Jamais Mathilde n'avait eu d'amant, et dans cette circonstance de la vie qui donne quelques illusions tendres même aux âmes les plus sèches, elle était en proie aux réflexions les plus amères.

Il a sur moi un empire immense, puisqu'il règne par la terreur et peut me punir d'une peine atroce, si je le pousse à bout. Cette seule idée suffisait pour porter mademoiselle de La Mole à l'outrager. Le courage était la première qualité de son caractère. Rien ne pouvait lui donner quelque agitation et la guérir d'un fond d'ennui sans cesse renaissant que l'idée qu'elle jouait à croix ou pile son existence entière.

Le troisième jour, comme mademoiselle de La Mole s'obstinait à ne pas le regarder, Julien la suivit après dîner, et évidemment malgré elle, dans la salle de billard.

— Eh bien, monsieur, vous croyez donc avoir acquis des droits bien puissants sur moi, lui dit-elle avec une colère à peine retenue, puisque, en opposition à ma volonté bien évidemment déclarée, vous prétendez me parler?... Savez-vous que personne au monde n'a jamais tant osé?

Rien ne fut plaisant comme le dialogue de ces deux amants; sans s'en douter ils étaient animés l'un contre l'autre des sentiments de la haine la plus vive. Comme ni l'un ni l'autre n'avaient le caractère endurant, que d'ailleurs ils avaient des habitudes de bonne compagnie, ils en furent bientôt à se déclarer nettement qu'ils se brouillaient à jamais.

— Je vous jure un secret éternel, dit Julien, j'ajouterais même que jamais je ne vous adresserai la parole, si votre réputation ne pouvait souffrir de ce changement trop marqué. Il salua avec respect et partit.

Il accomplissait sans trop de peine ce qu'il croyait un devoir; il était bien loin de se croire fort amoureux de mademoiselle de La Mole. Sans doute il ne l'aimait pas trois jours auparavant, quand on l'avait caché dans la grande armoire d'acajou. Mais tout changea rapidement dans son âme, du moment qu'il se vit à jamais brouillé avec elle.

Sa mémoire cruelle se mit à lui retracer les moindres circonstances de cette nuit qui dans la réalité l'avait laissé si froid.

Dans la nuit même qui suivit la déclaration de brouille éternelle, Julien faillit devenir fou en étant obligé de s'avouer qu'il aimait mademoiselle de La Mole.

Des combats affreux suivirent cette découverte : tous ses sentiments étaient bouleversés.

Deux jours après, au lieu d'être fier avec M. de Croisenois, il l'aurait presque embrassé en fondant en larmes.

L'habitude du malheur lui donna une lueur de bon sens, il se décida à partir pour le Languedoc, fit sa malle et alla à la poste.

Il se sentit défaillir quand, arrivé au bureau des malles-poste, on lui apprit que, par un hasard singulier, il y avait une place le lendemain dans la malle de Toulouse. Il l'arrêta et revint à l'hôtel de La Mole, annoncer son départ au marquis.

M. de La Mole était sorti. Plus mort que vif, Julien alla l'attendre dans la bibliothèque. Que devint-il en y trouvant mademoiselle de La Mole?

En le voyant paraître elle prit un air de méchanceté auquel il fut impossible de se méprendre.

Emporté par son malheur, égaré par la surprise, Julien eut la faiblesse de lui dire, du ton le plus tendre et qui venait de l'âme : Ainsi, vous ne m'aimez plus?

— J'ai horreur de m'être livrée au premier venu, dit Mathilde en pleurant de rage contre elle-même.

— *Au premier venu!* s'écria Julien, et il s'élança sur une vieille épée du moyen âge qui était conservée dans la bibliothèque comme une curiosité.

Sa douleur, qu'il croyait extrême au moment où il avait adressé la parole à mademoiselle de La Mole, venait d'être centuplée par les larmes de honte qu'il lui voyait répandre. Il eût été le plus heureux des hommes de pouvoir la tuer.

Au moment où il venait de tirer l'épée, avec quelque peine, de son fourreau antique, Mathilde, heureuse d'une sensation si nouvelle, s'avança fièrement vers lui; ses larmes s'étaient taries.

L'idée du marquis de La Mole, son bienfaiteur, se présenta vivement à Julien. Je tuerais sa fille! se dit-il, quelle horreur! Il fit un mouvement pour jeter l'épée.

Certainement, pensa-t-il, elle va éclater de rire à la vue de ce mouvement de mélodrame : il dut à cette idée le retour de tout son sang-froid. Il regarda la lame de la vieille épée curieusement et comme s'il y eût cherché quelque tache de rouille, puis il la remit dans le fourreau et avec la plus grande tranquillité la replaça au clou de bronze doré qui la soutenait.

Tout ce mouvement, fort lent sur la fin, dura bien une minute; mademoiselle de La Mole le regardait étonnée. J'ai donc été sur le point d'être tuée par mon amant! se disait-elle.

Cette idée la transportait dans les plus beaux temps du siècle de Charles IX et de Henri III.

Elle était immobile devant Julien qui venait de replacer l'épée, elle le regardait avec des yeux où il n'y avait plus de haine. Il faut convenir qu'elle était bien séduisante en ce moment, certainement jamais femme n'avait moins ressemblé à une poupée parisienne (ce mot était la grande objection de Julien contre les femmes de ce pays).

Je vais retomber dans quelque faiblesse pour lui, pensa Mathilde; c'est bien pour le coup qu'il se croirait mon seigneur et maître, après une rechute, et au moment précis où je viens de lui parler si ferme. Elle s'enfuit.

Mon Dieu! qu'elle est belle! dit Julien en la voyant courir : voilà cet être qui se précipitait dans mes bras avec tant de fureur il n'y a pas huit jours... Et ces instants ne reviendront jamais! et c'est par ma faute! et, au moment d'une action si extraordinaire, si intéressante pour moi, je n'y étais pas sensible!... Il faut avouer que je suis né avec un caractère bien plat et bien malheureux.

Le marquis parut; Julien se hâta de lui annoncer son départ.

— Pour où? dit M. de La Mole.

— Pour le Languedoc.

— Non pas, s'il vous plaît, vous êtes réservé à de plus hautes destinées, si vous partez ce sera pour le Nord... même, en termes militaires, je vous consigne à l'hôtel. Vous m'obligerez de n'être jamais plus de deux ou trois heures absent, je puis avoir besoin de vous d'un moment à l'autre.

Julien salua, et se retira sans mot dire, laissant le marquis fort étonné; il était hors d'état de parler, il s'enferma dans sa chambre. Là, il put s'exagérer en liberté toute l'atrocité de son sort.

Ainsi, pensait-il, je ne puis pas même m'éloigner! Dieu sait combien de jours le marquis va me retenir à Paris; grand Dieu! que vais-je devenir? et pas un ami que je puisse consulter : l'abbé Pirard ne me laisserait pas finir la première phrase, le comte Altamira me proposerait de m'affilier à quelque conspiration.

Et cependant je suis fou, je le sens; je suis fou!

Qui pourra me guider, que vais-je devenir?

CHAPITRE XVIII

MOMENTS CRUELS

> Et elle me l'avoue! Elle détaille
> jusqu'aux moindres circonstances!
> Son œil si beau fixé sur le mien peint
> l'amour qu'elle sentit pour un autre!
>   SCHILLER.

MADEMOISELLE de La Mole ravie ne songeait qu'au bonheur d'avoir été sur le point d'être tuée. Elle allait jusqu'à se dire : Il est digne d'être mon maître, puisqu'il a été sur le point de me tuer. Combien faudrait-il fondre ensemble de beaux jeunes gens de la société pour arriver à un tel mouvement de passion?

Il faut avouer qu'il était bien joli au moment où il est monté sur la chaise, pour replacer l'épée, précisément dans la position pittoresque que le tapissier décorateur lui a donnée! Après tout, je n'ai pas été si folle de l'aimer.

Dans cet instant, s'il se fût présenté quelque moyen honnête de renouer, elle l'eût saisi avec plaisir. Julien, enfermé à double tour dans sa chambre, était en proie au plus violent désespoir. Dans ses idées folles, il pensait à se jeter à ses pieds. Si au lieu de se tenir caché dans un lieu écarté, il eût erré au jardin et dans l'hôtel, de manière à se tenir à la portée des occasions, il eût peut-être en un

seul instant changé en bonheur le plus vif son affreux
malheur.

Mais l'adresse dont nous lui reprochons l'absence aurait
exclu le mouvement sublime de saisir l'épée qui, dans
ce moment, le rendait si joli aux yeux de mademoiselle
de La Mole. Ce caprice, favorable à Julien, dura toute
la journée; Mathilde se faisait une image charmante des
courts instants pendant lesquels elle l'avait aimé, elle les
regrettait.

Au fait, se disait-elle, ma passion pour ce pauvre garçon n'a duré à ses yeux que depuis une heure après
minuit, quand je l'ai vu arriver par son échelle avec tous
ses pistolets, dans la poche de côté de son habit, jusqu'à
huit heures du matin. C'est un quart d'heure après, en
entendant la messe à Sainte-Valère, que j'ai commencé à
penser qu'il allait se croire mon maître, et qu'il pourrait
bien essayer de me faire obéir au nom de la terreur.

Après dîner, mademoiselle de La Mole, loin de fuir
Julien, lui parla et l'engagea en quelque sorte à la suivre
au jardin; il obéit. Cette épreuve lui manquait. Mathilde
cédait sans trop s'en douter à l'amour qu'elle reprenait
pour lui. Elle trouvait un plaisir extrême à se promener
à ses côtés, c'était avec curiosité qu'elle regardait ces mains
qui le matin avaient saisi l'épée pour la tuer.

Après une telle action, après tout ce qui s'était passé,
il ne pouvait plus être question de leur ancienne conversation.

Peu à peu Mathilde se mit à lui parler avec confidence
intime de l'état de son cœur. Elle trouvait une singulière
volupté dans ce genre de conversation; elle en vint à lui
raconter les mouvements d'enthousiasme passagers qu'elle
avait éprouvés pour M. de Croisenois, pour M. de Caylus...

— Quoi! pour M. de Caylus aussi! s'écria Julien; et
toute l'amère jalousie d'un amant délaissé éclatait dans
ce mot. Mathilde en jugea ainsi, et n'en fut point offensée.

Elle continua à torturer Julien, en lui détaillant ses
sentiments d'autrefois de la façon la plus pittoresque, et
avec l'accent de la plus intime vérité. Il voyait qu'elle
peignait ce qu'elle avait sous les yeux. Il avait la douleur

de remarquer qu'en parlant elle faisait des découvertes dans son propre cœur.

Le malheur de la jalousie ne peut aller plus loin.

Soupçonner qu'un rival est aimé est déjà bien cruel, mais se voir avouer en détail l'amour qu'il inspire par la femme qu'on adore est sans doute le comble des douleurs.

O combien étaient punis, en cet instant, les mouvements d'orgueil qui avaient porté Julien à se préférer aux Caylus, aux Croisenois! Avec quel malheur intime et senti il s'exagérait leurs plus petits avantages! Avec quelle bonne foi ardente il se méprisait lui-même!

Mathilde lui semblait adorable, toute parole est faible pour exprimer l'excès de son admiration. En se promenant à côté d'elle, il regardait à la dérobée ses mains, ses bras, son port de reine. Il était sur le point de tomber à ses pieds, anéanti d'amour et de malheur, et en criant : Pitié!

Et cette personne si belle, si supérieure à tout, qui une fois m'a aimé, c'est M. de Caylus qu'elle aimera sans doute bientôt!

Julien ne pouvait douter de la sincérité de mademoiselle de La Mole; l'accent de la vérité était trop évident dans tout ce qu'elle disait. Pour que rien absolument ne manquât à son malheur, il y eut des moments où, à force de s'occuper des sentiments qu'elle avait éprouvés une fois pour M. de Caylus, Mathilde en vint à parler de lui comme si elle l'aimait actuellement. Certainement il y avait de l'amour dans son accent. Julien le voyait nettement.

L'intérieur de sa poitrine eût été inondé de plomb fondu qu'il eût moins souffert. Comment, arrivé à cet excès de malheur, le pauvre garçon eût-il pu deviner que c'était parce qu'elle parlait à lui, que mademoiselle de La Mole trouvait tant de plaisir à repenser aux velléités d'amour qu'elle avait éprouvées jadis pour M. de Caylus ou M. de Luz?

Rien ne saurait exprimer les angoisses de Julien. Il écoutait les confidences détaillées de l'amour éprouvé pour d'autres dans cette même allée de tilleuls où si peu de jours auparavant il attendait qu'une heure sonnât pour pénétrer dans sa chambre. Un être humain ne peut soutenir le malheur à un plus haut degré.

Ce genre d'intimité cruelle dura huit grands jours. Mathilde tantôt semblait rechercher, tantôt ne fuyait pas les occasions de lui parler; et le sujet de conversation auquel ils semblaient tous deux revenir avec une sorte de volupté cruelle, c'était le récit des sentiments qu'elle avait éprouvés pour d'autres : elle lui racontait les lettres qu'elle avait écrites, elle lui en rappelait jusqu'aux paroles, elle lui récitait des phrases entières. Les derniers jours elle semblait contempler Julien avec une sorte de joie maligne. Ses douleurs étaient une vive jouissance pour elle.

On voit que Julien n'avait aucune expérience de la vie, il n'avait pas même lu de romans; s'il eût été un peu moins gauche et qu'il eût dit avec quelque sang-froid à cette jeune fille, par lui si adorée et qui lui faisait des confidences si étranges : Convenez que, quoique je ne vaille pas tous ces messieurs, c'est pourtant moi que vous aimez...

Peut-être eût-elle été heureuse d'être devinée; du moins le succès eût-il dépendu entièrement de la grâce avec laquelle Julien eût exprimé cette idée, et du moment qu'il eût choisi. Dans tous les cas il sortait bien, et avec avantage pour lui, d'une situation qui allait devenir monotone aux yeux de Mathilde.

— Et vous ne m'aimez plus, moi qui vous adore! lui dit un jour Julien éperdu d'amour et de malheur. Cette sottise était à peu près la plus grande qu'il pût commettre.

Ce mot détruisit en un clin d'œil tout le plaisir que mademoiselle de La Mole trouvait à lui parler de l'état de son cœur. Elle commençait à s'étonner qu'après ce qui s'était passé il ne s'offensât pas de ses récits, elle allait jusqu'à s'imaginer, au moment où il lui tint ce sot propos, que peut-être il ne l'aimait plus. La fierté a sans doute éteint son amour, se disait-elle. Il n'est pas homme à se voir impunément préférer des êtres comme Caylus, de Luz, Croisenois, qu'il avoue lui être tellement supérieurs. Non, je ne le verrai plus à mes pieds!

Les jours précédents, dans la naïveté de son malheur,

Julien lui faisait souvent un éloge sincère des brillantes qualités de ces messieurs; il allait jusqu'à les exagérer. Cette nuance n'avait point échappé à mademoiselle de La Mole, elle en était étonnée mais n'en devinait point la cause. L'âme frénétique de Julien, en louant un rival qu'il croyait aimé, sympathisait avec son bonheur.

Son mot si franc, mais si stupide, vint tout changer en un instant : Mathilde, sûre d'être aimée, le méprisa parfaitement. *Real love not subject to such influence.*

Elle se promenait avec lui au moment de ce propos maladroit; elle le quitta, et son dernier regard exprimait le plus affreux mépris. Rentrée au salon, de toute la soirée elle ne le regarda plus. Le lendemain, ce mépris occupait tout son cœur; il n'était plus question du mouvement qui, pendant huit jours, lui avait fait trouver tant de plaisir à traiter Julien comme l'ami le plus intime; sa vue lui était désagréable. La sensation de Mathilde alla jusqu'au dégoût; rien ne saurait exprimer l'excès du mépris qu'elle éprouvait en le rencontrant sous ses yeux.

Julien n'avait rien compris à tout ce qui s'était passé, depuis huit jours, dans le cœur de Mathilde, mais il discerna le mépris. Il eut le bon sens de ne paraître devant elle que le plus rarement possible, et jamais ne la regarda.

Mais ce ne fut pas sans une peine mortelle qu'il se priva en quelque sorte de sa présence. Il crut sentir que son malheur augmentait encore. Le courage d'un cœur d'homme ne peut aller plus loin, se disait-il. Il passait sa vie à une petite fenêtre dans les combles de l'hôtel; la persienne en était fermée avec soin, et de là du moins il pouvait apercevoir mademoiselle de La Mole quand elle paraissait au jardin.

Que devinait-il quand après dîner il la voyait se promener avec M. de Caylus, M. de Luz ou tel autre pour qui elle lui avait avoué quelque velléité d'amour autrefois éprouvée?

Julien n'avait pas l'idée d'une telle intensité de malheur; il était sur le point de jeter des cris; cette âme si ferme était enfin bouleversée de fond en comble.

Toute pensée étrangère à mademoiselle de La Mole lui

était devenue odieuse; il était incapable d'écrire les lettres les plus simples.

— Vous êtes fou, lui dit le marquis.

Julien, tremblant d'être deviné, parla de maladie et parvint à se faire croire. Heureusement pour lui, le marquis le plaisanta à dîner sur son prochain voyage : Mathilde comprit qu'il pouvait être fort long. Il y avait déjà plusieurs jours que Julien la fuyait, et les jeunes gens si brillants qui avaient tout ce qui manquait à cet être si pâle et si sombre, autrefois aimé d'elle, n'avaient plus le pouvoir de la tirer de sa rêverie.

Une fille ordinaire, se disait-elle, eût cherché l'homme qu'elle préfère parmi ces jeunes gens qui attirent tous les regards dans un salon; mais un des caractères du génie est de ne pas traîner sa pensée dans l'ornière tracée par le vulgaire.

Compagne d'un homme tel que Julien, auquel il ne manque que de la fortune que j'ai, j'exciterai continuellement l'attention, je ne passerai point inaperçue dans la vie. Bien loin de redouter sans cesse une révolution comme mes cousines, qui de peur du peuple n'osent pas gronder un postillon qui les mène mal, je serai sûre de jouer un rôle et un grand rôle, car l'homme que j'ai choisi a du caractère et une ambition sans bornes. Que lui manque-t-il? des amis, de l'argent? je lui en donne. Mais sa pensée traitait un peu Julien en être inférieur, dont on se fait aimer quand on veut.

CHAPITRE XIX

L'OPÉRA BOUFFE

> *O how this spring of love resembleth*
> *The uncertain glory of an April day;*
>   *Which now shows all the beauty of the sun*
> *And by, and by a cloud takes all away!*
>
> SHAKESPEARE.

OCCUPÉE de l'avenir et du rôle singulier qu'elle espérait, Mathilde en vint bientôt jusqu'à regretter les discussions sèches et métaphysiques qu'elle avait souvent avec Julien.

Fatiguée de si hautes pensées, quelquefois aussi elle regrettait les moments de bonheur qu'elle avait trouvés auprès
de lui; ces derniers souvenirs ne paraissaient point sans
remords, elle en était accablée dans de certains moments.

Mais si l'on a une faiblesse, se disait-elle, il est digne
d'une fille telle que moi de n'oublier ses devoirs que pour
un homme de mérite; on ne dirait point que ce sont ses
jolies moustaches ni sa grâce à monter à cheval qui m'ont
séduite, mais ses profondes discussions sur l'avenir qui
attend la France, ses idées sur la ressemblance que les
événements qui vont fondre sur nous peuvent avoir avec
la révolution de 1688 en Angleterre. J'ai été séduite,
répondait-elle à ses remords, je suis une faible femme,
mais du moins je n'ai pas été égarée comme une poupée
par les avantages extérieurs.

S'il y a une révolution, pourquoi Julien Sorel ne joue-
rait-il pas le rôle de Roland, et moi celui de madame Roland? j'aime mieux ce rôle que celui de madame de Staël :
l'immoralité de la conduite sera un obstacle dans notre
siècle. Certainement on ne me reprochera pas une
seconde faiblesse; j'en mourrais de honte.

Les rêveries de Mathilde n'étaient pas toutes aussi graves,
il faut l'avouer, que les pensées que nous venons de
transcrire.

Elle regardait Julien, elle trouvait une grâce charmante
à ses moindres actions.

Sans doute, se disait-elle, je suis parvenue à détruire
chez lui jusqu'à la plus petite idée qu'il a des droits.

L'air de malheur et de passion profonde avec lequel le
pauvre garçon m'a dit ce mot d'amour, il y a huit jours,
le prouve de reste; il faut convenir que j'ai été bien extraordinaire de me fâcher d'un mot où brillaient tant de
respect, tant de passion. Ne suis-je pas sa femme? Ce mot
était bien naturel, et, il faut l'avouer, il était bien aimable.
Julien m'aimait encore après des conversations éternelles
dans lesquelles je ne lui avais parlé, et avec bien de la
cruauté, j'en conviens, que des velléités d'amour que l'ennui de la vie que je mène m'avait inspirées pour ces
jeunes gens de la société desquels il est si jaloux. Ah! s'il
savait combien ils sont peu dangereux pour moi! com-

bien auprès de lui ils me semblent étiolés et tous copies les uns des autres.

En faisant ces réflexions, Mathilde traçait au hasard des traits de crayon sur une feuille de son album. Un des profils qu'elle venait d'achever l'étonna, la ravit : il ressemblait à Julien d'une manière frappante. C'est la voix du Ciel! voilà un des miracles de l'amour, s'écria-t-elle avec transport : sans m'en douter je fais son portrait.

Elle s'enfuit dans sa chambre, s'y enferma, s'appliqua beaucoup, chercha sérieusement à faire le portrait de Juilen, mais elle ne put réussir; le profil tracé au hasard se trouva toujours le plus ressemblant; Mathilde en fut enchantée, elle y vit une preuve évidente de grande passion.

Elle ne quitta son album que fort tard, quand la marquise la fit appeler pour aller à l'Opéra italien. Elle n'eut qu'une idée, chercher Julien des yeux pour le faire engager par sa mère à les accompagner.

Il ne parut point; ces dames n'eurent que des êtres vulgaires dans leur loge. Pendant tout le premier acte de l'opéra, Mathilde rêva de l'homme qu'elle aimait avec les transports de la passion la plus vive; mais au second acte une maxime d'amour chantée, il faut l'avouer, sur une mélodie digne de Cimarosa, pénétra son cœur. L'héroïne de l'opéra disait : Il faut me punir de l'excès d'adoration que je sens pour lui, je l'aime trop!

Du moment qu'elle eut entendu cette cantilène sublime, tout ce qui existait au monde disparut pour Mathilde. On lui parlait, elle ne répondait pas; sa mère la grondait, à peine pouvait-elle prendre sur elle de la regarder. Son extase arriva à un état d'exaltation et de passion comparable aux mouvements les plus violents que depuis quelques jours Julien avait éprouvés pour elle. La cantilène, pleine d'une grâce divine sur laquelle était chantée la maxime qui lui semblait faire une application si frappante à sa position, occupait tous les instants où elle ne songeait pas directement à Julien. Grâce à son amour pour la musique, elle fut ce soir-là comme madame de Rênal était toujours en pensant à Julien. L'amour de tête a plus d'esprit sans doute que l'amour vrai, mais il n'a que des instants d'enthousiasme; il se connaît trop, il se juge sans cesse; loin d'égarer la pensée, il n'est bâti qu'à force de pensées.

De retour à la maison, quoi que pût dire madame de La Mole, Mathilde prétendit avoir la fièvre, et passa une partie de la nuit à répéter cette cantilène sur son piano. Elle chantait les paroles de l'air célèbre qui l'avait charmée :

> *Devo punirmi, devo punirmi,*
> *Se troppo amai, etc.*

Le résultat de cette nuit de folie fut qu'elle crut être parvenue à triompher de son amour. (Cette page nuira de plus d'une façon au malheureux auteur. Les âmes glacées l'accuseront d'indécence. Il ne fait point l'injure aux jeunes personnes qui brillent dans les salons de Paris de supposer qu'une seule d'entre elles soit susceptible des mouvements de folie qui dégradent le caractère de Mathilde. Ce personnage est tout à fait d'imagination, et même imaginé bien en dehors des habitudes sociales qui parmi tous les siècles assureront un rang si distingué à la civilisation du xixe siècle.

Ce n'est point la prudence qui manque aux jeunes filles qui ont fait l'ornement des bals de cet hiver.

Je ne pense pas non plus que l'on puisse les accuser de trop mépriser une brillante fortune, des chevaux, de belles terres et tout ce qui assure une position agréable dans le monde. Loin de ne voir que de l'ennui dans tous ces avantages, ils sont en général l'objet des désirs les plus constants, et s'il y a passion dans les cœurs elle est pour eux.

Ce n'est point l'amour non plus qui se charge de la fortune des jeunes gens doués de quelque talent comme Julien; ils s'attachent d'une étreinte invincible à une coterie, et quand la coterie fait fortune, toutes les bonnes choses de la société pleuvent sur eux. Malheur à l'homme d'étude qui n'est d'aucune coterie, on lui reprochera jusqu'à de petits succès fort incertains, et la haute vertu triomphera en le volant. Eh, monsieur, un roman est un miroir qui se promène sur une grande route. Tantôt il reflète à vos yeux l'azur des cieux, tantôt la fange des bourbiers de la route. Et l'homme qui porte le miroir dans sa hotte sera par vous accusé d'être immoral! Son miroir montre la fange, et vous accusez le miroir! Accusez bien plutôt le grand chemin où est le bourbier, et plus encore l'inspecteur des routes qui laisse l'eau croupir et le bourbier se former.

Maintenant qu'il est bien convenu que le caractère de Mathilde est impossible dans notre siècle, non moins prudent que vertueux, je crains moins d'irriter en continuant le récit des folies de cette aimable fille.)

Pendant toute la journée du lendemain elle épia les occasions de s'assurer de son triomphe sur sa folle passion. Son grand but fut de déplaire en tout à Julien; mais aucun de ses mouvements ne lui échappa.

Julien était trop malheureux et surtout trop agité pour deviner une manœuvre de passion aussi compliquée, encore moins put-il voir tout ce qu'elle avait de favorable pour lui : il en fut la victime; jamais peut-être son malheur n'avait été aussi excessif. Ses actions étaient tellement peu sous la direction de son esprit, que si quelque philosophe chagrin lui eût dit : « Songez à profiter rapi-« dement des dispositions qui vont vous être favorables; « dans ce genre d'amour de tête, que l'on voit à Paris, « la même manière d'être ne peut durer plus de deux « jours », il ne l'eût pas compris. Mais quelque exalté qu'il fût, Julien avait de l'honneur. Son premier devoir était la discrétion; il le comprit. Demander conseil, raconter son supplice au premier venu eût été un bonheur comparable à celui du malheureux qui, traversant un désert enflammé, reçoit du Ciel une goutte d'eau glacée. Il connut le péril, il craignit de répondre par un torrent de larmes à l'indiscret qui l'interrogerait; il s'enferma chez lui.

Il vit Mathilde se promener longtemps au jardin; quand enfin elle l'eut quitté, il y descendit; il s'approcha d'un rosier où elle avait pris une fleur.

La nuit était sombre, il put se livrer à tout son malheur sans craindre d'être vu. Il était évident pour lui que mademoiselle de La Mole aimait un de ces jeunes offi-

ciers avec qui elle venait de parler si gaiement. Elle l'avait
aimé, lui, mais elle avait connu son peu de mérite.

Et en effet, j'en ai bien peu! se disait Julien avec pleine
conviction; je suis au total un être bien plat, bien vulgaire, bien ennuyeux pour les autres, bien insupportable
à moi-même. Il était mortellement dégoûté de toutes ses
bonnes qualités, de toutes les choses qu'il avait aimées
avec enthousiasme; et dans cet état d'*imagination renversée*, il entreprenait de juger la vie avec son imagination.
Cette erreur est d'un homme supérieur.

Plusieurs fois l'idée du suicide s'offrit à lui; cette image
était pleine de charmes, c'était comme un repos délicieux; c'était le verre d'eau glacée offert au misérable
qui, dans le désert, meurt de soif et de chaleur.

Ma mort augmentera le mépris qu'elle a pour moi!
s'écria-t-il. Quel souvenir je laisserai!

Tombé dans ce dernier abîme du malheur, un être
humain n'a de ressources que le courage. Julien n'eut
pas assez de génie pour se dire : Il faut oser; mais comme
il regardait la fenêtre de la chambre de Mathilde, il
vit à travers les persiennes qu'elle éteignait sa lumière :
il se figurait cette chambre charmante qu'il avait vue,
hélas! une fois en sa vie. Son imagination n'allait pas plus
loin.

Une heure sonna, entendre le son de la cloche et
se dire : Je vais monter avec l'échelle ne fut qu'un
instant.

Ce fut l'éclair du génie, les bonnes raisons arrivèrent
en foule. Puis-je être plus malheureux! se disait-il. Il
courut à l'échelle, le jardinier l'avait enchaînée. A l'aide
du chien d'un de ses petits pistolets, qu'il brisa, Julien,
animé dans ce moment d'une force surhumaine, tordit
un des chaînons de la chaîne qui retenait l'échelle; il en
fut maître en peu de minutes, et la plaça contre la fenêtre
de Mathilde.

Elle va se fâcher, m'accabler de mépris, qu'importe?
Je lui donne un baiser, un dernier baiser, je monte chez
moi et je me tue...; mes lèvres toucheront sa joue avant
que de mourir!

Il volait en montant l'échelle, il frappe à la persienne;

après quelques instants Mathilde l'entend, elle veut ouvrir la persienne, l'échelle s'y oppose : Julien se cramponne au crochet de fer destiné à tenir la persienne ouverte, et au risque de se précipiter mille fois, donne une violente secousse à l'échelle et la déplace un peu. Mathilde peut ouvrir la persienne.

Il se jette dans la chambre plus mort que vif :

— C'est donc toi! dit-elle en se précipitant dans ses bras...

·· ··

Qui pourra décrire l'excès du bonheur de Julien? Celui de Mathilde fut presque égal.

Elle lui parlait contre elle-même, elle se dénonçait à lui.

— Punis-moi de mon orgueil atroce, lui disait-elle, en le serrant dans ses bras de façon à l'étouffer; tu es mon maître, je suis ton esclave, il faut que je te demande pardon à genoux d'avoir voulu me révolter. Elle quittait ses bras pour tomber à ses pieds. Oui, tu es mon maître, lui disait-elle encore ivre de bonheur et d'amour; règne à jamais sur moi, punis sévèrement ton esclave quand elle voudra se révolter.

Dans un autre moment elle s'arrache de ses bras, allume la bougie, et Julien a toutes les peines du monde à l'empêcher de se couper tout un côté de ses cheveux.

— Je veux me rappeler, lui dit-elle, que je suis ta servante : si jamais un exécrable orgueil vient m'égarer, montre-moi ces cheveux et dis : Il n'est plus question d'amour, il ne s'agit pas de l'émotion que votre âme peut éprouver en ce moment, vous avez juré d'obéir, obéissez sur l'honneur.

Mais il est plus sage de supprimer la description d'un tel degré d'égarement et de félicité.

La vertu de Julien fut égale à son bonheur. Il faut que je descende par l'échelle, dit-il à Mathilde, quand il vit l'aube du jour paraître sur les cheminées lointaines du côté de l'orient, au-delà des jardins. Le sacrifice que je m'impose est digne de vous, je me prive de quelques heures du plus étonnant bonheur qu'une âme humaine

puisse goûter, c'est un sacrifice que je fais à votre réputation : si vous connaissez mon cœur, vous comprenez
la violence que je me fais. Serez-vous toujours pour moi
ce que vous êtes en ce moment? Mais l'honneur parle,
il suffit. Apprenez que, lors de notre première entrevue,
tous les soupçons n'ont pas été dirigés contre les voleurs.
M. de La Mole a fait établir une garde dans le jardin.
M. de Croisenois est environné d'espions, on sait ce qu'il
fait chaque nuit...

A cette idée, Mathilde rit aux éclats. Sa mère et une
femme de service furent éveillées; tout à coup on lui
adressa la parole à travers la porte. Julien la regarda,
elle pâlit en grondant la femme de chambre et ne daigna
pas adresser la parole à sa mère.

— Mais si elles ont l'idée d'ouvrir la fenêtre, elles
voient l'échelle! lui dit Julien.

Il la serra encore une fois dans ses bras, se jeta sur
l'échelle et se laissa glisser plutôt qu'il ne descendit; en
un moment il fut à terre.

Trois secondes après, l'échelle était sous l'allée de tilleuls, et l'honneur de Mathilde sauvé. Julien, revenu à
lui, se trouva tout en sang et presque nu : il s'était blessé
en se laissant glisser sans précaution.

L'excès du bonheur lui avait rendu toute l'énergie de
son caractère : vingt hommes se fussent présentés, que
les attaquer seul, en cet instant, n'eût été qu'un plaisir
de plus. Heureusement, sa vertu militaire ne fut pas mise
à l'épreuve : il coucha l'échelle à sa place ordinaire; il
replaça la chaîne qui la retenait; il n'oublia point d'effacer
l'empreinte que l'échelle avait laissée dans la plate-bande
de fleurs exotiques sous la fenêtre de Mathilde.

Comme, dans l'obscurité, il promenait sa main sur la
terre molle pour s'assurer que l'empreinte était entièrement effacée, il sentit tomber quelque chose sur ses mains,
c'était tout un côté de cheveux de Mathilde, qu'elle avait
coupé et qu'elle lui jetait.

Elle était à sa fenêtre.

— Voilà ce que t'envoie ta servante, lui dit-elle assez
haut, c'est le signe d'une obéissance éternelle. Je renonce
à l'exercice de ma raison, sois mon maître.

Julien, vaincu, fut sur le point d'aller reprendre l'échelle et de remonter chez elle. Enfin la raison fut la plus forte.

Rentrer du jardin dans l'hôtel n'était pas chose facile. Il réussit à forcer la porte d'une cave; parvenu dans la maison, il fut obligé d'enfoncer le plus silencieusement possible la porte de sa chambre. Dans son trouble il avait laissé, dans la petite chambre qu'il venait d'abandonner si rapidement, jusqu'à la clef qui était dans la poche de son habit. Pourvu, pensa-t-il, qu'elle songe à cacher toute cette dépouille mortelle!

Enfin, la fatigue l'emporta sur le bonheur, et comme le soleil se levait, il tomba dans un profond sommeil.

La cloche du déjeuner eut grand-peine à l'éveiller, il parut à la salle à manger. Bientôt après Mathilde y entra. L'orgueil de Julien eut un moment bien heureux en voyant l'amour qui éclatait dans les yeux de cette personne si belle et environnée de tant d'hommages; mais bientôt sa prudence eut lieu d'être effrayée.

Sous prétexte du peu de temps qu'elle avait eu pour soigner sa coiffure, Mathilde avait arrangé ses cheveux de façon à ce que Julien pût apercevoir du premier coup d'œil toute l'étendue du sacrifice qu'elle avait fait pour lui en les coupant la nuit précédente. Si une aussi belle figure avait pu être gâtée par quelque chose, Mathilde y serait parvenue; tout un côté de ses beaux cheveux, d'un blond cendré, était coupé à un demi-pouce de la tête.

A déjeuner, toute la manière d'être de Mathilde répondit à cette première imprudence. On eût dit qu'elle prenait à tâche de faire savoir à tout le monde la folle passion qu'elle avait pour Julien. Heureusement, ce jour-là, M. de La Mole et la marquise étaient fort occupés d'une promotion de cordons bleus, qui allait avoir lieu, et dans laquelle M. de Chaulnes n'était pas compris. Vers la fin du repas, il arriva à Mathilde, qui parlait à Julien, de l'appeler *mon maître*. Il rougit jusqu'au blanc des yeux.

Soit hasard ou fait exprès de la part de madame de La Mole, Mathilde ne fut pas un instant seule ce jour-là.

Le soir, en passant de la salle à manger au salon, elle trouva pourtant le moment de dire à Julien :

— Croirez-vous que ce soit un prétexte de ma part? Maman vient de décider qu'une de ses femmes s'établira la nuit dans mon appartement.

Cette journée passa comme un éclair, Julien était au comble du bonheur. Dès sept heures du matin, le lendemain, il était installé dans la bibliothèque; il espérait que mademoiselle de La Mole daignerait y paraître; il lui avait écrit une lettre infinie.

Il ne la vit que bien des heures après, au déjeuner. Elle était ce jour-là coiffée avec le plus grand soin; un art merveilleux s'était chargé de cacher la place des cheveux coupés. Elle regarda une ou deux fois Julien, mais avec des yeux polis et calmes, il n'était plus question de l'appeler *mon maître*.

L'étonnement de Julien l'empêchait de respirer... Mathilde se reprochait presque tout ce qu'elle avait fait pour lui.

En y pensant mûrement, elle avait décidé que c'était un être, si ce n'est tout à fait commun, du moins ne sortant pas assez de la ligne pour mériter toutes les étranges folies qu'elle avait osées pour lui. Au total elle ne songeait guère à l'amour; ce jour-là, elle était lasse d'aimer.

Pour Julien, les mouvements de son cœur furent ceux d'un enfant de seize ans. Le doute affreux, l'étonnement, le désespoir l'occupèrent tour à tour pendant ce déjeuner, qui lui sembla d'une éternelle durée.

Dès qu'il put décemment se lever de table, il se précipita plutôt qu'il ne courut à l'écurie, sella lui-même son cheval, et partit au galop; il craignait de se déshonorer par quelque faiblesse. Il faut que je tue mon cœur à force de fatigue physique, se disait-il en galopant dans les bois de Meudon. Qu'ai-je fait, qu'ai-je dit pour mériter une telle disgrâce?

Il faut ne rien faire, ne rien dire aujourd'hui, pensa-t-il en rentrant à l'hôtel, être mort au physique comme je le suis au moral. Julien ne vit plus, c'est son cadavre qui s'agite encore.

CHAPITRE XX

LE VASE DU JAPON

> Son cœur ne comprend pas d'abord
> tout l'excès de son malheur; il est
> plus troublé qu'ému. Mais à mesure
> que la raison revient, il sent la pro-
> fondeur de son infortune. Tous les
> plaisirs de la vie se trouvent anéantis
> pour lui, il ne peut sentir que les
> vives pointes du désespoir qui le
> déchire. Mais à quoi bon parler de
> douleur physique ? Quelle douleur
> sentie par le corps seulement est
> comparable à celle-ci ?
>
> JEAN-PAUL.

On sonnait le dîner, Julien n'eut que le temps de s'habiller; il trouva au salon Mathilde, qui faisait des
instances à son frère et à M. de Croisenois pour les
engager à ne pas aller passer la soirée à Suresnes, chez
madame la maréchale de Fervaques.

Il eût été difficile d'être plus séduisante et plus aimable
pour eux. Après dîner parurent MM. de Luz, de Caylus
et plusieurs de leurs amis. On eût dit que mademoiselle de La Mole avait repris avec le culte de l'amitié
fraternelle celui des convenances les plus exactes. Quoique
le temps fût charmant ce soir-là, elle insista pour ne pas
aller au jardin; elle voulut que l'on ne s'éloignât pas de
la bergère où madame de La Mole était placée. Le canapé
bleu fut le centre du groupe, comme en hiver.

Mathilde avait de l'humeur contre le jardin, ou du
moins il lui semblait parfaitement ennuyeux : il était lié
au souvenir de Julien.

Le malheur diminue l'esprit. Notre héros eut la gaucherie de s'arrêter auprès de cette petite chaise de paille,
qui jadis avait été témoin de triomphes si brillants.
Aujourd'hui personne ne lui adressa la parole; sa présence était comme inaperçue et pire encore. Ceux des
amis de mademoiselle de La Mole, qui étaient placés

près de lui à l'extrémité du canapé, affectaient en quelque
sorte de lui tourner le dos, du moins il en eut l'idée.

C'est une disgrâce de cour, pensa-t-il. Il voulut étudier
un instant les gens qui prétendaient l'accabler de leur
dédain.

L'oncle de M. de Luz avait une grande charge auprès
du roi, d'où il résultait que ce bel officier plaçait au
commencement de sa conversation, avec chaque interlocuteur qui survenait, cette particularité piquante : son
oncle s'était mis en route à sept heures pour Saint-Cloud,
et le soir il comptait y coucher. Ce détail était amené
avec toute l'apparence de la bonhomie, mais toujours il
arrivait.

En observant M. de Croisenois avec l'œil sévère du
malheur, Julien remarqua l'extrême influence que cet
aimable et bon jeune homme supposait aux causes
occultes. C'était au point qu'il s'attristait et prenait de
l'humeur s'il voyait attribuer un événement un peu
important à une cause simple et toute naturelle. Il y a
là un peu de folie, se dit Julien. Ce caractère a un rapport frappant avec celui de l'empereur Alexandre tel que
me l'a décrit le prince Korasoff. Durant la première année
de son séjour à Paris, le pauvre Julien sortant du séminaire, ébloui par les grâces pour lui si nouvelles de tous
ces aimables jeunes gens, n'avait pu que les admirer. Leur
véritable caractère commençait seulement à se dessiner à
ses yeux.

Je joue ici un rôle indigne, pensa-t-il tout à coup. Il
s'agissait de quitter sa petite chaise de paille d'une façon
qui ne fût pas trop gauche. Il voulut inventer, il demandait quelque chose de nouveau à une imagination tout
occupée ailleurs. Il fallait avoir recours à la mémoire, la
sienne était, il faut l'avouer, peu riche en ressources de
ce genre; le pauvre garçon avait encore bien peu d'usage,
aussi fut-il d'une gaucherie parfaite et remarquée de tous
lorsqu'il se leva pour quitter le salon. Le malheur était
trop évident dans toute sa manière d'être. Il jouait depuis
trois quarts d'heure le rôle d'un importun subalterne
auquel on ne se donne pas la peine de cacher ce qu'on
pense de lui.

Les observations critiques qu'il venait de faire sur ses rivaux l'empêchèrent toutefois de prendre son malheur trop au tragique; il avait, pour soutenir sa fierté, le souvenir de ce qui s'était passé l'avant-veille. Quels que soient leurs avantages sur moi, pensait-il en entrant seul au jardin, Mathilde n'a été pour aucun d'eux ce que deux fois dans ma vie elle a daigné être pour moi.

Sa sagesse n'alla pas plus loin. Il ne comprenait nullement le caractère de la personne singulière que le hasard venait de rendre maîtresse absolue de tout son bonheur.

Il s'en tint la journée suivante à tuer de fatigue lui et son cheval. Il n'essaya plus de s'approcher, le soir, du canapé bleu, auquel Mathilde était fidèle. Il remarqua que le comte Norbert ne daignait pas même le regarder en le rencontrant dans la maison. Il doit se faire une étrange violence, pensa-t-il, lui naturellement si poli.

Pour Julien, le sommeil eût été le bonheur. En dépit de la fatigue physique, des souvenirs trop séduisants commençaient à envahir toute son imagination. Il n'eut pas le génie de voir que par ses grandes courses à cheval dans les bois des environs de Paris, n'agissant que sur lui-même et nullement sur le cœur ou sur l'esprit de Mathilde, il laissait au hasard la disposition de son sort.

Il lui semblait qu'une chose apporterait à sa douleur un soulagement infini : ce serait de parler à Mathilde. Mais cependant qu'oserait-il lui dire?

C'est à quoi, un matin à sept heures, il rêvait profondément lorsque tout à coup il la vit entrer dans la bibliothèque.

— Je sais, monsieur, que vous désirez me parler.

— Grand Dieu! qui vous l'a dit?

— Je le sais, que vous importe? Si vous manquez d'honneur, vous pouvez me perdre, ou du moins le tenter; mais ce danger, que je ne crois pas réel, ne m'empêchera certainement pas d'être sincère. Je ne vous aime plus, monsieur, mon imagination folle m'a trompée...

A ce coup terrible, éperdu d'amour et de malheur, Julien essaya de se justifier. Rien de plus absurde. Se justifie-t-on de déplaire? Mais la raison n'avait plus aucun empire sur ses actions. Un instinct aveugle le poussait à retarder la décision de son sort. Il lui semblait que tant qu'il parlait, tout n'était pas fini. Mathilde n'écoutait pas ses paroles, leur son l'irritait, elle ne concevait pas qu'il eût l'audace de l'interrompre.

Les remords de la vertu et ceux de l'orgueil la rendaient ce matin-là également malheureuse. Elle était en quelque sorte anéantie par l'affreuse idée d'avoir donné des droits sur elle à un petit abbé, fils d'un paysan. C'est à peu près, se disait-elle dans les moments où elle s'exagérait son malheur, comme si j'avais à me reprocher une faiblesse pour un des laquais.

Dans les caractères hardis et fiers il n'y a qu'un pas de la colère contre soi-même à l'emportement contre les autres; les transports de fureur sont dans ce cas un plaisir vif.

En un instant, mademoiselle de La Mole arriva au point d'accabler Julien des marques de son mépris les plus excessives. Elle avait infiniment d'esprit, et cet esprit triomphait dans l'art de torturer les amours-propres et de leur infliger des blessures cruelles.

Pour la première fois de sa vie, Julien se trouvait soumis à l'action d'un esprit supérieur animé contre lui de la haine la plus violente. Loin de songer le moins du monde à se défendre en cet instant il en vint à se mépriser soi-même. En s'entendant accabler de marques de mépris si cruelles, et calculées avec tant d'esprit pour détruire toute bonne opinion qu'il pouvait avoir de soi, il lui semblait que Mathilde avait raison, et qu'elle n'en disait pas assez.

Pour elle, elle trouvait un plaisir d'orgueil délicieux à punir ainsi elle et lui de l'adoration qu'elle avait sentie quelques jours auparavant.

Elle n'avait pas besoin d'inventer et de penser pour la première fois les choses cruelles qu'elle lui adressait avec tant de complaisance. Elle ne faisait que répéter ce que depuis huit jours disait dans son cœur l'avocat du parti contraire à l'amour.

Chaque mot centuplait l'affreux malheur de Julien. Il voulut fuir, mademoiselle de La Mole le retint par le bras avec autorité.

— Daignez remarquer, lui dit-il, que vous parlez très haut, on vous entendra de la pièce voisine.

— Qu'importe! reprit fièrement mademoiselle de La Mole, qui osera me dire qu'on m'entend? Je veux guérir à jamais votre petit amour-propre des idées qu'il a pu se figurer sur mon compte.

Lorsque Julien put sortir de la bibliothèque, il était tellement étonné, qu'il en sentait moins son malheur. Eh bien! elle ne m'aime plus, se répétait-il en se parlant tout haut comme pour s'apprendre sa position. Il paraît qu'elle m'a aimé huit ou dix jours, et moi je l'aimerai toute la vie.

Est-il bien possible, elle n'était rien! rien pour mon cœur, il y a si peu de jours!

Les jouissances d'orgueil inondaient le cœur de Mathilde; elle avait donc pu rompre à tout jamais! Triompher si complètement d'un penchant si puissant la rendait parfaitement heureuse. Ainsi ce petit monsieur comprendra, et une fois pour toutes, qu'il n'a et n'aura jamais aucun empire sur moi. Elle était si heureuse, que réellement elle n'avait plus d'amour en ce moment.

Après une scène aussi atroce, aussi humiliante, chez un être moins passionné que Julien, l'amour fût devenu impossible. Sans s'écarter un seul instant de ce qu'elle se devait à elle-même, mademoiselle de La Mole lui avait adressé de ces choses désagréables, tellement bien calculées, qu'elles peuvent paraître une vérité, même quand on s'en souvient de sang-froid.

La conclusion que Julien tira dans le premier moment d'une scène si étonnante fut que Mathilde avait un orgueil infini. Il croyait fermement que tout était fini à tout jamais entre eux, et cependant le lendemain, au déjeuner, il fut gauche et timide devant elle. C'était un défaut qu'on n'avait pu lui reprocher jusque-là. Dans les petites comme dans les grandes choses, il savait nettement ce qu'il devait et voulait faire, et l'exécutait.

Ce jour-là, après le déjeuner, comme madame de La Mole lui demandait une brochure séditieuse et pourtant assez rare, que le matin son curé lui avait apportée en secret, Julien, en la prenant sur une console, fit tomber un vieux vase de porcelaine bleu, laid au possible.

Madame de la Mole se leva en jetant un cri de détresse et vint considérer de près les ruines de son vase chéri. C'était du vieux japon, disait-elle, il me venait de ma grand-tante abbesse de Chelles, c'était un présent des Hollandais au duc d'Orléans régent qui l'avait donné à sa fille...

Mathilde avait suivi le mouvement de sa mère, ravie de voir brisé ce vase bleu qui lui semblait horriblement laid. Julien était silencieux et point trop troublé; il vit mademoiselle de La Mole tout près de lui.

— Ce vase, lui dit-il, est à jamais détruit, ainsi en est-il d'un sentiment qui fut autrefois le maître de mon cœur; je vous prie d'agréer mes excuses de toutes les folies qu'il m'a fait faire; et il sortit.

— On dirait en vérité, dit madame de La Mole comme il s'en allait, que ce M. Sorel est fier et content de ce qu'il vient de faire.

Ce mot tomba directement sur le cœur de Mathilde. Il est vrai, se dit-elle, ma mère a deviné juste, tel est le sentiment qui l'anime. Alors seulement cessa la joie de la scène qu'elle lui avait fait la veille. Eh bien, tout est fini, se dit-elle avec un calme apparent; il me reste un grand exemple; cette erreur est affreuse, humiliante! elle me vaudra la sagesse pour tout le reste de la vie.

Que n'ai-je dit vrai? pensait Julien, pourquoi l'amour que j'avais pour cette folle me tourmente-t-il encore?

Cet amour, loin de s'éteindre comme il l'espérait, fit des progrès rapides. Elle est folle, il est vrai, se disait-il, en est-elle moins adorable? est-il possible d'être plus jolie? Tout ce que la civilisation la plus élégante peut présenter de vifs plaisirs n'était-il pas réuni comme à l'envi chez mademoiselle de La Mole? Ces souvenirs de bonheur passé s'emparaient de Julien, et détruisaient rapidement tout l'ouvrage de la raison.

La raison lutte en vain contre les souvenirs de ce genre; ses essais sévères ne font qu'en augmenter le charme.

Vingt-quatre heures après la rupture du vase de vieux japon, Julien était décidément l'un des hommes les plus malheureux.

CHAPITRE XXI

LA NOTE SECRÈTE

> Car tout ce que je raconte, je l'ai vu; et si j'ai pu me tromper en le voyant, bien certainement je ne vous trompe point en vous le disant.
>
> *Lettre à l'Auteur.*

Le marquis le fit appeler; M. de La Mole semblait rajeuni, son œil était brillant.

— Parlons un peu de votre mémoire, dit-il à Julien, on dit qu'elle est prodigieuse! Pourriez-vous apprendre par cœur quatre pages et aller les réciter à Londres? mais sans changer un mot...

Le marquis chiffonnait avec humeur *la Quotidienne* du jour et cherchait en vain à dissimuler un air fort sérieux et que Julien ne lui avait jamais vu, même lorsqu'il était question du procès Frilair.

Julien avait déjà assez d'usage pour sentir qu'il devait paraître tout à fait dupe du ton léger qu'on lui montrait.

— Ce numéro de *la Quotidienne* n'est peut-être pas fort amusant; mais si monsieur le marquis le permet, demain matin j'aurai l'honneur de le lui réciter tout entier.

— Quoi! même les annonces?

— Fort exactement, et sans qu'il y manque un mot.

— M'en donnez-vous votre parole? reprit le marquis avec une gravité soudaine.

— Oui, monsieur, la crainte d'y manquer pourrait seule troubler ma mémoire.

— C'est que j'ai oublié de vous faire cette question

hier : je ne vous demande pas votre serment de ne jamais répéter ce que vous allez entendre; je vous connais trop pour vous faire cette injure. J'ai répondu de vous, je vais vous mener dans un salon où se réuniront douze personnes; vous tiendrez note de ce que chacun dira.

Ne soyez pas inquiet, ce ne sera point une conversation confuse, chacun parlera à son tour, je ne veux pas dire avec ordre, ajouta le marquis en reprenant l'air fin et léger qui lui était si naturel. Pendant que nous parlerons, vous écrirez une vingtaine de pages; vous reviendrez ici avec moi, nous réduirons ces vingt pages à quatre. Ce sont ces quatre pages que vous me réciterez demain matin au lieu de tout le numéro de *la Quotidienne*. Vous partirez aussitôt après; il faudra courir la poste comme un jeune homme qui voyage pour ses plaisirs. Votre but sera de n'être remarqué de personne. Vous arriverez auprès d'un grand personnage. Là, il vous faudra plus d'adresse. Il s'agit de tromper tout ce qui l'entoure; car parmi ses secrétaires, parmi ses domestiques, il y a des gens vendus à nos ennemis, et qui guettent nos agents au passage pour les intercepter.

Vous aurez une lettre de recommandation insignifiante.

Au moment où Son Excellence vous regardera, vous tirerez ma montre que voici et que je vous prête pour le voyage. Prenez-la sur vous, c'est toujours autant de fait, donnez-moi la vôtre.

Le duc lui-même daignera écrire sous votre dictée les quatre pages que vous aurez apprises par cœur.

Cela fait, mais non plus tôt, remarquez bien, vous pourrez, si Son Excellence vous interroge, raconter la séance à laquelle vous allez assister.

Ce qui vous empêchera de vous ennuyer le long du voyage, c'est qu'entre Paris et la résidence du ministre, il y a des gens qui ne demanderaient pas mieux que de tirer un coup de fusil à M. l'abbé Sorel. Alors sa mission est finie, et je vois un grand retard; car, mon cher, comment saurons-nous votre mort? Votre zèle ne peut pas aller jusqu'à nous en faire part.

Courez sur-le-champ acheter un habillement complet, reprit le marquis d'un air sérieux. Mettez-vous à la mode

d'il y a deux ans. Il faut, ce soir, que vous ayez l'air peu
soigné. En voyage, au contraire, vous serez comme à
l'ordinaire. Cela vous surprend, votre méfiance devine?
Oui, mon ami, un des vénérables personnages que vous
allez entendre opiner est fort capable d'envoyer des renseignements, au moyen desquels on pourra bien vous
donner au moins de l'opium, le soir, dans quelque bonne
auberge où vous aurez demandé à souper.

— Il vaut mieux, dit Julien, faire trente lieues de plus
et ne pas prendre la route directe. Il s'agit de Rome, je
suppose...

Le marquis prit un air de hauteur et de mécontentement que Julien ne lui avait pas vu à ce point depuis
Bray-le-Haut.

— C'est ce que vous saurez, monsieur, quand je
jugerai à propos de vous le dire. Je n'aime pas les
questions.

— Ceci n'en était pas une, reprit Julien avec effusion;
je vous le jure, monsieur, je pensais tout haut, je cher-
chais dans mon esprit la route la plus sûre.

— Oui, il paraît que votre esprit était bien loin.
N'oubliez jamais qu'un ambassadeur, et de votre âge
encore, ne doit pas avoir l'air de forcer la confiance.

Julien fut très mortifié. Il avait tort. Son amour-
propre cherchait une excuse et ne la trouvait pas.

— Comprenez donc, ajouta M. de La Mole, que toujours on en appelle à son cœur quand on a fait quelque
sottise.

Une heure après, Julien était dans l'antichambre du
marquis avec une tournure subalterne, des habits
antiques, une cravate d'un blanc douteux, et quelque
chose de cuistre dans toute l'apparence.

En le voyant, le marquis éclata de rire, et alors seulement la justification de Julien fut complète.

Si ce jeune homme me trahit, se disait M. de La Mole,
à qui se fier? et cependant quand on agit il faut se fier à
quelqu'un. Mon fils et ses brillants amis de même acabit
ont du cœur, de la fidélité pour cent mille; s'il fallait se
battre, ils périraient sur les marches du trône, ils savent
tout... excepté ce dont on a besoin dans le moment. Du

diable si je vois un d'entre eux qui puisse apprendre par cœur quatre pages et faire cent lieues sans être dépisté. Norbert saurait se faire tuer comme ses aïeux, c'est aussi le mérite d'un conscrit...

Le marquis tomba dans une rêverie profonde : Et encore se faire tuer, dit-il avec un soupir, peut-être ce Sorel le saurait-il aussi bien que lui...

— Montons en voiture, dit le marquis comme pour chasser une idée importune.

— Monsieur, dit Julien, pendant qu'on m'arrangeait cet habit, j'ai appris par cœur la première page de *la Quotidienne* d'aujourd'hui.

Le marquis prit le journal, Julien récita sans se tromper d'un seul mot. Bon, dit le marquis, fort diplomate ce soir-là; pendant ce temps ce jeune homme ne remarque pas les rues par lesquelles nous passons.

Ils arrivèrent dans un grand salon d'assez triste apparence, en partie boisé et en partie tendu de velours vert. Au milieu du salon, un laquais renfrogné achevait d'établir une grande table à manger, qu'il changea plus tard en table de travail, au moyen d'un immense tapis vert tout taché d'encre, dépouille de quelque ministère.

Le maître de la maison était un homme énorme, dont le nom ne fut point prononcé; Julien lui trouva la physionomie et l'éloquence d'un homme qui digère.

Sur un signe du marquis, Julien était resté au bas bout de la table. Pour se donner une contenance, il se mit à tailler des plumes. Il compta du coin de l'œil sept interlocuteurs, mais Julien ne les apercevait que par le dos. Deux lui parurent adresser la parole à M. de La Mole sur le ton de l'égalité, les autres semblaient plus ou moins respectueux.

Un nouveau personnage entra sans être annoncé. Ceci est singulier, pensa Julien, on n'annonce point dans ce salon. Est-ce que cette précaution serait prise en mon honneur? Tout le monde se leva pour recevoir le nouveau venu. Il portait la même décoration extrêmement distinguée que trois autres des personnes qui étaient déjà dans le salon. On parlait assez bas. Pour juger le nouveau venu, Julien en fut réduit à ce que pouvaient lui apprendre ses traits et sa tournure. Il était court et épais, haut en couleur, l'œil brillant et sans expression autre qu'une méchanceté de sanglier.

L'attention de Julien fut vivement distraite par l'arrivée presque immédiate d'un être tout différent. C'était un grand homme, très maigre et qui portait trois ou quatre gilets. Son œil était caressant, son geste poli.

C'est toute la physionomie du vieil évêque de Besançon, pensa Julien. Cet homme appartenait évidemment à l'Eglise, il n'annonçait pas plus de cinquante à cinquante-cinq ans, on ne pouvait pas avoir l'air plus paterne.

Le jeune évêque d'Agde parut, il eut l'air fort étonné quand, faisant la revue des présents, ses yeux arrivèrent à Julien. Il ne lui avait pas adressé la parole depuis la cérémonie de Bray-le-Haut. Son regard surpris embarrassa et irrita Julien. Quoi donc! se disait celui-ci, connaître un homme me tournera-t-il toujours à malheur? Tous ces grands seigneurs que je n'ai jamais vus ne m'intimident nullement, et le regard de ce jeune évêque me glace! Il faut convenir que je suis un être bien singulier et bien malheureux.

Un petit homme extrêmement noir entra bientôt avec fracas, et se mit à parler dès la porte; il avait le teint jaune et l'air un peu fou. Dès l'arrivée de ce parleur impitoyable, des groupes se formèrent, apparemment pour éviter l'ennui de l'écouter.

En s'éloignant de la cheminée, on se rapprochait du bas bout de la table, occupé par Julien. Sa contenance devenait de plus en plus embarrassée; car enfin, quelque effort qu'il fît, il ne pouvait pas ne pas entendre, et quelque peu d'expérience qu'il eût, il comprenait toute l'importance des choses dont on parlait sans aucun déguisement; et combien les hauts personnages qu'il avait apparemment sous les yeux devaient tenir à ce qu'elles restassent secrètes!

Déjà, le plus lentement possible, Julien avait taillé une vingtaine de plumes; cette ressource allait lui manquer. Il cherchait en vain un ordre dans les yeux de M. de La Mole; le marquis l'avait oublié.

Ce que je fais est ridicule, se disait Julien en taillant

ses plumes; mais des gens à physionomie aussi médiocre, et chargés par d'autres ou par eux-mêmes d'aussi grands intérêts, doivent être fort susceptibles. Mon malheureux regard a quelque chose d'interrogatif et de peu respectueux, qui sans doute les piquerait. Si je baisse décidément les yeux, j'aurai l'air de faire collection de leurs paroles.

Son embarras était extrême, il entendait de singulières choses.

CHAPITRE XXII

LA DISCUSSION

> La république — pour un, aujourd'hui, qui sacrifierait tout au bien public, il en est des milliers et des millions qui ne connaissent que leurs jouissances, leur vanité. On est considéré, à Paris, à cause de sa voiture et non à cause de sa vertu.
>
> NAPOLÉON, *Mémorial*.

LE laquais entra précipitamment en disant : Monsieur le duc de ***.

— Taisez-vous, vous n'êtes qu'un sot, dit le duc en entrant. Il dit si bien ce mot, et avec tant de majesté, que, malgré lui, Julien pensa que savoir se fâcher contre un laquais était toute la science de ce grand personnage. Julien leva les yeux et les abaissa aussitôt. Il avait si bien deviné la portée du nouvel arrivant, qu'il trembla que son regard ne fût une indiscrétion.

Ce duc était un homme de cinquante ans, mis comme un dandy, et marchant par ressorts. Il avait la tête étroite, avec un grand nez, et un visage busqué et tout en avant; il eût été difficile d'avoir l'air plus noble et plus insignifiant. Son arrivée détermina l'ouverture de la séance.

Julien fut vivement interrompu dans ses observations physiognomoniques par la voix de M. de La Mole. — Je vous présente M. l'abbé Sorel, disait le marquis; il est doué d'une mémoire étonnante; il n'y a qu'une heure que je lui ai parlé de la mission dont il pouvait être honoré, et, afin de donner une preuve de sa mémoire, il a appris par cœur la première page de *la Quotidienne*.

— Ah! les nouvelles étrangères de ce pauvre N..., dit le maître de la maison. Il prit le journal avec empressement, et regardant Julien d'un air plaisant, à force de chercher à être important : — Parlez, monsieur, lui dit-il.

Le silence était profond, tous les yeux fixés sur Julien; il récita si bien, qu'au bout de vingt lignes : Il suffit, dit le duc. Le petit homme au regard de sanglier s'assit. Il était le président, car à peine en place, il montra à Julien une table de jeu, et lui fit signe de l'apporter auprès de lui. Julien s'y établit avec ce qu'il faut pour écrire. Il compta douze personnes assises autour du tapis vert.

— Monsieur Sorel, dit le duc, retirez-vous dans la pièce voisine, on vous fera appeler.

Le maître de la maison prit l'air fort inquiet : Les volets ne sont pas fermés, dit-il à demi bas à son voisin. — Il est inutile de regarder par la fenêtre, cria-t-il sottement à Julien. — Me voici fourré dans une conspiration tout au moins, pensa celui-ci. Heureusement, elle n'est pas de celles qui conduisent en place de Grève. Quand il y aurait du danger, je dois cela et plus encore au marquis. Heureux s'il m'était donné de réparer tout le chagrin que mes folies peuvent lui causer un jour!

Tout en pensant à ses folies et à son malheur, il regardait les lieux de façon à ne jamais les oublier. Il se souvint alors seulement qu'il n'avait point entendu le marquis dire au laquais le nom de la rue, et le marquis avait fait prendre un fiacre, ce qui ne lui arrivait jamais.

Longtemps Julien fut laissé à ses réflexions. Il était dans un salon tendu en velours rouge avec de larges galons d'or. Il y avait sur la console un grand crucifix en ivoire et, sur la cheminée, le livre *du Pape,* de M. de Maistre, doré sur tranches, et magnifiquement relié. Julien l'ouvrit pour ne pas avoir l'air d'écouter. De moment en moment on parlait très haut dans la pièce voisine. Enfin, la porte s'ouvrit, on l'appela.

— Songez, Messieurs, disait le président, que de ce moment nous parlons devant le duc de ***. Monsieur, dit-il en montrant Julien, est un jeune lévite, dévoué à notre sainte cause, et qui redira facilement, à l'aide de sa mémoire étonnante, jusqu'à nos moindres discours.

La parole est à monsieur, dit-il en indiquant le personnage à l'air paterne, et qui portait trois ou quatre gilets. Julien trouva qu'il eût été plus naturel de nommer le monsieur aux gilets. Il prit du papier et écrivit beaucoup.

(Ici l'auteur eût voulu placer une page de points. Cela aura mauvaise grâce, dit l'éditeur, et pour un écrit aussi frivole, manquer de grâce, c'est mourir.

— La politique, reprend l'auteur, est une pierre attachée au cou de la littérature, et qui, en moins de six mois, la submerge. La politique au milieu des intérêts d'imagination, c'est un coup de pistolet au milieu d'un concert. Ce bruit est déchirant sans être énergique. Il ne s'accorde avec le son d'aucun instrument. Cette politique va offenser mortellement une moitié des lecteurs, et ennuyer l'autre qui l'a trouvée bien autrement spéciale et énergique dans le journal du matin...

— Si vos personnages ne parlent pas politique, reprend l'éditeur, ce ne sont plus des Français de 1830, et votre livre n'est plus un miroir, comme vous en avez la prétention...)

Le procès-verbal de Julien avait vingt-six pages; voici un extrait bien pâle; car il a fallu, comme toujours, supprimer les ridicules dont l'excès eût semblé odieux ou peu vraisemblable (Voir *la Gazette des Tribunaux*).

L'homme aux gilets et à l'air paterne (c'était un évêque peut-être) souriait souvent, et alors ses yeux, entourés de paupières flottantes, prenaient un brillant singulier et une expression moins indécise que de coutume. Ce personnage, que l'on faisait parler le premier devant le duc (mais quel duc? se disait Julien), apparemment pour exposer les opinions et faire les fonctions d'avocat général, parut à Julien tomber dans l'incertitude et l'absence de conclusions décidées que l'on reproche souvent à ces magistrats. Dans le courant de la discussion, le duc alla même jusqu'à le lui reprocher.

Après plusieurs phrases de morale et d'indulgente philosophie, l'homme aux gilets dit :

— La noble Angleterre, guidée par un grand homme, l'immortel Pitt, a dépensé quarante milliards de francs pour contrarier la révolution. Si cette assemblée me permet d'aborder avec quelque franchise une idée triste, l'Angleterre ne comprit pas assez qu'avec un homme tel que Bonaparte, quand surtout on n'avait à lui opposer qu'une collection de bonnes intentions, il n'y avait de décisif que les moyens personnels...

— Ah! encore l'éloge de l'assassinat! dit le maître de la maison d'un air inquiet.

— Faites-nous grâce de vos homélies sentimentales, s'écria avec humeur le président; son œil de sanglier brilla d'un éclat féroce. Continuez, dit-il à l'homme aux gilets. Les joues et le front du président devinrent pourpres.

— La noble Angleterre, reprit le rapporteur, est écrasée aujourd'hui, car chaque Anglais, avant de payer son pain, est obligé de payer l'intérêt de quarante milliards de francs qui furent employés contre les jacobins. Elle n'a plus de Pitt...

— Elle a le duc de Wellington, dit un personnage militaire qui prit l'air fort important.

— De grâce, silence, Messieurs, s'écria le président, si nous disputons encore, il aura été inutile de faire entrer M. Sorel.

— On sait que Monsieur a beaucoup d'idées, dit le duc d'un air piqué en regardant l'interrupteur, ancien général de Napoléon. Julien vit que ce mot faisait allusion à quelque chose de personnel et de fort offensant. Tout le monde sourit; le général transfuge parut outré de colère.

— Il n'y a plus de Pitt, Messieurs, reprit le rapporteur de l'air découragé d'un homme qui désespère de faire entendre raison à ceux qui l'écoutent. Y eût-il un nouveau Pitt en Angleterre, on ne mystifie pas deux fois une nation par les mêmes moyens...

— C'est pourquoi un général vainqueur, un Bonaparte, est désormais impossible en France, s'écria l'interrupteur militaire.

Pour cette fois, ni le président ni le duc n'osèrent se fâcher, quoique Julien crût lire dans leurs yeux qu'ils en avaient bonne envie. Ils baissèrent les yeux, et le duc se contenta de soupirer de façon à être entendu de tous.

Mais le rapporteur avait pris de l'humeur.

— On est pressé de me voir finir, dit-il avec feu et en laissant tout à fait de côté cette politesse souriante et ce langage plein de mesure que Julien croyait l'expression de son caractère : on est pressé de me voir finir; on ne me tient nul compte des efforts que je fais pour n'offenser les oreilles de personne, de quelque longueur qu'elles puissent être. Eh bien, Messieurs, je serai bref.

Et je vous dirai en paroles bien vulgaires : l'Angleterre n'a plus un sou au service de la bonne cause. Pitt lui-même reviendrait, qu'avec tout son génie il ne parviendrait pas à mystifier les petits propriétaires anglais, car ils savent que la brève campagne de Waterloo leur a coûté, à elle seule, un milliard de francs. Puisque l'on veut des phrases nettes, ajouta le rapporteur en s'animant de plus en plus, je vous dirai : *Aidez-vous vous-mêmes,* car l'Angleterre n'a pas une guinée à votre service, et quand l'Angleterre ne paye pas, l'Autriche, la Russie, la Prusse, qui n'ont que du courage et pas d'argent, ne peuvent faire contre la France plus d'une campagne ou deux.

L'on peut espérer que les jeunes soldats rassemblés par le jacobinisme seront battus à la première campagne, à la seconde peut-être; mais à la troisième, dussé-je passer pour un révolutionnaire à vos yeux prévenus, à la troisième vous aurez les soldats de 1794, qui n'étaient plus les paysans enrégimentés de 1792.

Ici l'interruption partit de trois ou quatre points à la fois.

— Monsieur, dit le président à Julien, allez mettre au net dans la pièce voisine le commencement de procès-verbal que vous avez écrit. Julien sortit à son grand regret. Le rapporteur venait d'aborder des probabilités qui faisaient le sujet de ses méditations habituelles.

Ils ont peur que je ne me moque d'eux, pensa-t-il. Quand on le rappela, M. de La Mole disait, avec un sérieux qui, pour Julien qui le connaissait, semblait bien plaisant :

— ... Oui, Messieurs, c'est surtout de ce malheureux peuple qu'on peut dire :

Sera-t-il dieu, table ou cuvette?

Il sera dieu! s'écrie le fabuliste. C'est à vous, Messieurs, que semble appartenir ce mot si noble et si profond. Agissez par vous-mêmes, et la noble France reparaîtra telle à peu près que nos aïeux l'avaient faite et que nos regards l'ont encore vue avant la mort de Louis XVI.

L'Angleterre, ses nobles lords du moins, exècre autant que nous l'ignoble jacobinisme : sans l'or anglais, l'Autriche, la Russie, la Prusse ne peuvent livrer que deux ou trois batailles. Cela suffira-t-il pour amener une heureuse occupation, comme celle que M. de Richelieu gaspilla si bêtement en 1817? Je ne le crois pas.

Ici il y eut interruption, mais étouffée par les *chut* de tout le monde. Elle partait encore de l'ancien général impérial, qui désirait le cordon bleu, et voulait marquer parmi les rédacteurs de la note secrète.

Je ne le crois pas, reprit M. de La Mole après le tumulte. Il insista sur le *Je,* avec une insolence qui charma Julien. Voilà du bien joué, se disait-il tout en faisant voler sa plume presque aussi vite que la parole du marquis. Avec un mot bien dit, M. de La Mole anéantit les vingt campagnes de ce transfuge.

Ce n'est pas à l'étranger tout seul, continua le marquis du ton le plus mesuré, que nous pouvons devoir une nouvelle occupation militaire. Toute cette jeunesse qui fait des articles incendiaires dans *le Globe* vous donnera trois ou quatre mille jeunes capitaines, parmi lesquels peut se trouver un Kléber, un Hoche, un Jourdan, un Pichegru, mais moins bien intentionnés.

— Nous n'avons pas su lui faire de la gloire, dit le président, il fallait le maintenir immortel.

Il faut enfin qu'il y ait en France deux partis, reprit M. de La Mole, mais deux partis, non pas seulement de nom, deux partis bien nets, bien tranchés. Sachons qui il faut écraser. D'un côté les journalistes, les électeurs, l'opinion, en un mot; la jeunesse et tout ce qui l'admire. Pendant qu'elle s'étourdit du bruit de ses vaines paroles, nous, nous avons l'avantage certain de consommer le budget.

Ici encore interruption.

— Vous, Monsieur, dit M. de La Mole à l'interrupteur avec une hauteur et une aisance admirables, vous ne consommez pas, si le mot vous choque, vous dévorez quarante mille francs portés au budget de l'Etat et quatre-vingt mille que vous recevez de la liste civile.

Eh bien, Monsieur, puisque vous m'y forcez, je vous prends hardiment pour exemple. Comme vos nobles aïeux qui suivirent saint Louis à la croisade, vous devriez, pour ces cent vingt mille francs nous montrer au moins un régiment, une compagnie, que dis-je! une demi-compagnie, ne fût-elle que de cinquante hommes prêts à combattre, et dévoués à la bonne cause, à la vie et à la mort. Vous n'avez que des laquais qui, en cas de révolte, vous feraient peur à vous-même.

Le trône, l'autel, la noblesse peuvent périr demain, Messieurs, tant que vous n'aurez pas créé dans chaque département une force de cinq cents hommes *dévoués;* mais je dis dévoués, non seulement avec toute la bravoure française, mais aussi avec la constance espagnole.

La moitié de cette troupe devra se composer de nos enfants, de nos neveux, de vrais gentilshommes enfin. Chacun d'eux aura à ses côtés, non pas un petit bourgeois bavard, prêt à arborer la cocarde tricolore si 1815 se présente de nouveau, mais un bon paysan simple et franc comme Cathelineau; notre gentilhomme l'aura endoctriné, ce sera son frère de lait s'il se peut. Que chacun de nous sacrifie le *cinquième* de son revenu pour former cette petite troupe dévouée de cinq cents hommes par département. Alors vous pourrez compter sur une occupation étrangère. Jamais le soldat étranger ne pénétrera jusqu'à Dijon seulement, s'il n'est sûr de trouver cinq cents soldats amis dans chaque département.

Les rois étrangers ne vous écouteront que quand vous leur annoncerez vingt mille gentilshommes prêts à saisir les armes pour leur ouvrir les portes de la France. Ce service est pénible, direz-vous; Messieurs, notre tête est à ce prix. Entre la liberté de la presse et notre existence comme gentilshommes, il y a guerre à mort. Devenez des manufacturiers, des paysans, ou prenez votre fusil. Soyez timides si vous voulez, mais ne soyez pas stupides; ouvrez les yeux.

Formez vos bataillons, vous dirai-je avec la chanson des jacobins; alors il se trouvera quelque noble GUSTAVE-ADOLPHE, qui, touché du péril imminent du principe monarchique, s'élancera à trois cents lieues de son pays, et fera pour vous ce que Gustave fit pour les princes protestants. Voulez-vous continuer à parler sans agir? Dans cinquante ans il n'y aura plus en Europe que des présidents de république, et pas un roi. Et avec ces trois lettres, R, O, I, s'en vont les prêtres et les gentilshommes. Je ne vois plus que des *candidats* faisant la cour à des *majorités* crottées.

Vous avez beau dire que la France n'a pas en ce moment un général accrédité, connu et aimé de tous, que l'armée n'est organisée que dans l'intérêt du trône et de l'autel, qu'on lui a ôté tous les vieux troupiers, tandis que chacun des régiments prussiens et autrichiens compte cinquante sous-officiers qui ont vu le feu.

Deux cents mille jeunes gens appartenant à la petite bourgeoisie sont amoureux de la guerre...

— Trêve de vérités désagréables, dit d'un ton suffisant un grave personnage, apparemment fort avant dans les dignités ecclésiastiques, car M. de La Mole sourit agréablement au lieu de se fâcher, ce qui fut un grand signe pour Julien.

Trêve de vérités désagréables, résumons-nous, Messieurs : l'homme à qui il est question de couper une jambe gangrenée serait mal venu de dire à son chirurgien : cette jambe malade est fort saine. Passez-moi l'expression, Messieurs, le noble duc de *** est notre chirurgien.

Voilà enfin le grand mot prononcé, pensa Julien; c'est vers le... que je galoperai cette nuit.

CHAPITRE XXIII

LE CLERGÉ, LES BOIS, LA LIBERTÉ

> La première loi de tout être, c'est
> de se conserver, c'est de vivre. Vous
> semez de la ciguë et prétendez voir
> mûrir des épis !
>
> MACHIAVEL.

Le grave personnage continuait; on voyait qu'il savait; il exposait avec une éloquence douce et modérée, qui plut infiniment à Julien, ces grandes vérités :

1° L'Angleterre n'a pas une guinée à notre service; l'économie et Hume y sont à la mode. Les *Saints* même ne nous donneront pas d'argent, et M. Brougham se moquera de nous.

2° Impossible d'obtenir plus de deux campagnes des rois de l'Europe, sans l'or anglais; et deux campagnes ne suffiront pas contre la petite bourgeoisie.

3° Nécessité de former un parti armé en France, sans quoi le principe monarchique d'Europe ne hasardera pas même ces deux campagnes.

Le quatrième point que j'ose vous proposer comme évident est celui-ci :

Impossibilité de former un parti armé en France sans le clergé. Je vous le dis hardiment, parce que je vais vous le prouver, Messieurs. Il faut tout donner au clergé.

1° Parce que s'occupant de son affaire nuit et jour, et guidé par des hommes de haute capacité établis loin des orages à trois cents lieues de vos frontières...

— Ah! Rome, Rome! s'écria le maître de la maison...

— Oui, Monsieur, *Rome!* reprit le cardinal avec fierté. Quelles que soient les plaisanteries plus ou moins ingénieuses qui furent à la mode quand vous étiez jeune, je dirai hautement, en 1830, que le clergé, guidé par Rome, parle seul au petit peuple.

Cinquante mille prêtres répètent les mêmes paroles au jour indiqué par les chefs, et le peuple, qui, après tout, fournit les soldats, sera plus touché de la voix de ses prêtres que de tous les petits vers du monde... (Cette personnalité excita des murmures.)

Le clergé a un génie supérieur au vôtre, reprit le cardinal en haussant la voix; tous les pas que vous avez faits vers ce point capital, *avoir en France un parti armé,* ont été faits par nous. Ici parurent des faits... Qui a envoyé quatre-vingt mille fusils en Vendée?... etc., etc.

Tant que le clergé n'a pas ses bois, il ne tient rien. A la première guerre, le ministre des finances écrit à ses agents qu'il n'y a plus d'argent que pour les curés. Au fond, la France ne croit pas, et elle aime la guerre. Qui que ce soit qui la lui donne, il sera doublement populaire, car faire la guerre, c'est affamer les jésuites, pour parler comme le vulgaire; faire la guerre, c'est délivrer ces monstres d'orgueil, les Français, de la menace de l'intervention étrangère.

Le cardinal était écouté avec faveur... Il faudrait, dit-il, que M. de Nerval quittât le ministère, son nom irrite inutilement.

A ce mot, tout le monde se leva et parla à la fois. On va me renvoyer encore, pensa Julien; mais le sage président lui-même avait oublié la présence et l'existence de Julien.

Tous les yeux cherchaient un homme que Julien reconnut. C'était M. de Nerval, le premier ministre, qu'il avait aperçu au bal de M. le duc de Retz.

Le désordre fut à son comble, comme disent les journaux en parlant de la Chambre. Au bout d'un gros quart d'heure le silence se rétablit un peu.

Alors M. de Nerval se leva, et, prenant le ton d'un apôtre :

— Je ne vous affirmerai point, dit-il d'une voix singulière, que je ne tiens pas au ministère.

Il m'est démontré, Messieurs, que mon nom double les forces des jacobins en décidant contre nous beaucoup de modérés. Je me retirerais donc volontiers; mais les voies du Seigneur sont visibles à un petit nombre; mais, ajouta-t-il en regardant fixement le cardinal, j'ai une mission; le Ciel m'a dit : Tu porteras ta tête sur un échafaud, ou tu rétabliras la monarchie en France, et réduiras les

Chambres à ce qu'était le parlement sous Louis XV, et cela, Messieurs, *je le ferai*.

Il se tut, se rassit, et il y eut un grand silence.

Voilà un bon acteur, pensa Julien. Il se trompait, toujours comme à l'ordinaire, en supposant trop d'esprit aux gens. Animé par les débats d'une soirée aussi vive, et surtout par la sincérité de la discussion, dans ce moment M. de Nerval croyait à sa mission. Avec un grand courage, cet homme n'avait pas de sens.

Minuit sonna pendant le silence qui suivit le beau mot : *je le ferai*. Julien trouva que le son de la pendule avait quelque chose d'imposant et de funèbre. Il était ému.

La discussion reprit bientôt avec une énergie croissante et surtout une incroyable naïveté. Ces gens-ci me feront empoisonner, pensait Julien dans de certains moments. Comment dit-on de telles choses devant un plébéien?

Deux heures sonnaient que l'on parlait encore. Le maître de la maison dormait depuis longtemps; M. de La Mole fut obligé de sonner pour faire renouveler les bougies. M. de Nerval, le ministre, était sorti à une heure trois quarts, non sans avoir souvent étudié la figure de Julien dans une glace que le ministre avait à ses côtés. Son départ avait paru mettre à l'aise tout le monde.

Pendant qu'on renouvelait les bougies, — Dieu sait ce que cet homme va dire au roi! dit tout bas à son voisin l'homme aux gilets. Il peut nous donner bien des ridicules et gâter notre avenir.

Il faut convenir qu'il y a chez lui suffisance bien rare, et même effronterie, à se présenter ici. Il y paraissait avant d'arriver au ministère; mais le portefeuille change tout, noie tous les intérêts d'un homme, il eût dû le sentir.

A peine le ministre sorti, le général de Bonaparte avait fermé les yeux. En ce moment il parla de sa santé, de ses blessures, consulta sa montre, et s'en alla.

— Je parierais, dit l'homme aux gilets, que le général court après le ministre; il va s'excuser de s'être trouvé ici, et prétendre qu'il nous mène.

Quand les domestiques à demi endormis eurent terminé le renouvellement des bougies :

— Délibérons enfin, Messieurs, dit le président, n'es-

sayons plus de nous persuader les uns les autres. Son-
geons à la teneur de la note qui dans quarante-huit heures
sera sous les yeux de nos amis du dehors. On a parlé des
ministres. Nous pouvons le dire maintenant que M. de
Nerval nous a quittés, que nous importent les ministres?
nous les ferons vouloir.

Le cardinal approuva par un sourire fin.

— Rien de plus facile, ce me semble, que de résumer
notre position, dit le jeune évêque d'Agde avec le feu
concentré et contraint du fanatisme le plus exalté. Jusque-là il avait gardé le silence; son œil que Julien avait
observé, d'abord doux et calme, s'était enflammé après la
première heure de discussion. Maintenant son âme débor-
dait comme la lave du Vésuve.

— De 1806 à 1814, l'Angleterre n'a eu qu'un tort, dit-il,
c'est de ne pas agir directement et personnellement sur
Napoléon. Dès que cet homme eut fait des ducs et des
chambellans, dès qu'il eut rétabli le trône, la mission que
Dieu lui avait confiée était finie; il n'était plus bon qu'à
immoler. Les saintes Ecritures nous enseignent en plus
d'un endroit la manière d'en finir avec les tyrans. (Ici
il y eut plusieurs citations latines.)

Aujourd'hui, Messieurs, ce n'est plus un homme qu'il
faut immoler, c'est Paris. Toute la France copie Paris. A
quoi bon armer vos cinq cents hommes par département?
Entreprise hasardeuse et qui n'en finira pas. A quoi bon
mêler la France à la chose qui est personnelle à Paris?
Paris seul avec ses journaux et ses salons a fait le mal; que
la nouvelle Babylone périsse.

Entre l'autel et Paris, il faut en finir. Cette catastrophe
est même dans les intérêts mondains du trône. Pourquoi
Paris n'a-t-il pas osé souffler, sous Bonaparte? Demandez-
le au canon de Saint-Roch...

.. ..

Ce ne fut qu'à trois heures du matin que Julien sortit
avec M. de La Mole.

Le marquis était honteux et fatigué. Pour la première
fois, en parlant à Julien, il y eut de la prière dans son
accent. Il lui demandait sa parole de ne jamais révéler les
excès de zèle, ce fut son mot, dont le hasard venait de

le rendre témoin. N'en parlez à notre ami de l'étranger que s'il insiste sérieusement pour connaître nos jeunes fous. Que leur importe que l'Etat soit renversé? Ils seront cardinaux, et se réfugieront à Rome. Nous, dans nos châteaux, nous serons massacrés par les paysans.

La note secrète que le marquis rédigea d'après le grand procès-verbal de vingt-six pages, écrit par Julien, ne fut prête qu'à quatre heures trois quarts.

— Je suis fatigué à la mort, dit le marquis, et on le voit bien à cette note qui manque de netteté vers la fin; j'en suis plus mécontent que d'aucune chose que j'aie faite en ma vie. Tenez, mon ami, ajouta-t-il, allez vous reposer quelques heures, et de peur qu'on ne vous enlève, moi je vais vous enfermer à clef dans votre chambre.

Le lendemain, le marquis conduisit Julien à un château isolé assez éloigné de Paris. Là se trouvèrent des hôtes singuliers, que Julien jugea être prêtres. On lui remit un passeport qui portait un nom supposé, mais indiquait enfin le véritable but du voyage qu'il avait toujours feint d'ignorer. Il monta seul dans une calèche.

Le marquis n'avait aucune inquiétude sur sa mémoire. Julien lui avait récité plusieurs fois la note secrète, mais il craignait fort qu'il ne fût intercepté.

— Surtout n'ayez l'air que d'un fat qui voyage pour tuer le temps, lui dit-il avec amitié, au moment où il quittait le salon. Il y avait peut-être plus d'un faux frère dans notre assemblée d'hier soir.

Le voyage fut rapide et fort triste. A peine Julien avait-il été hors de la vue du marquis qu'il avait oublié et la note secrète et la mission pour ne songer qu'aux mépris de Mathilde.

Dans un village à quelques lieues au-delà de Metz, le maître de poste vint lui dire qu'il n'y avait pas de chevaux. Il était dix heures du soir; Julien, fort contrarié, demanda à souper. Il se promena devant la porte et insensiblement, sans qu'il y parût, passa dans la cour des écuries. Il n'y vit pas de chevaux.

L'air de cet homme était pourtant singulier, se disait Julien; son œil grossier m'examinait.

Il commençait, comme on voit, à ne pas croire exac-

tement tout ce qu'on lui disait. Il songeait à s'échapper
après souper, et pour apprendre toujours quelque chose
sur le pays, il quitta sa chambre pour aller se chauffer au
feu de la cuisine. Quelle ne fut pas sa joie d'y trouver
il signor Géronimo, le célèbre chanteur!

Etabli dans un fauteuil qu'il avait fait apporter près
du feu, le Napolitain gémissait tout haut et parlait plus,
à lui tout seul, que les vingt paysans allemands qui l'entouraient ébahis.

— Ces gens-ci me ruinent, cria-t-il à Julien, j'ai promis
de chanter demain à Mayence. Sept princes souverains
sont accourus pour m'entendre. Mais allons prendre
l'air, ajouta-t-il d'un air significatif.

Quand il fut à cent pas sur la route, et hors de la possibilité d'être entendu :

— Savez-vous de quoi il retourne? dit-il à Julien; ce
maître de poste est un fripon. Tout en me promenant,
j'ai donné vingt sous à un petit polisson qui m'a tout dit.
Il y a plus de douze chevaux dans une écurie à l'autre
extrémité du village. On veut retarder quelque courrier.

— Vraiment? dit Julien d'un air innocent.

Ce n'était pas le tout que de découvrir la fraude, il
fallait partir : c'est à quoi Géronimo et son ami ne
purent réussir. Attendons le jour, dit enfin le chanteur,
on se méfie de nous. C'est peut-être à vous ou à moi
qu'on en veut. Demain matin nous commandons un
bon déjeuner; pendant qu'on le prépare nous allons
promener, nous nous échappons, nous louons des chevaux
et gagnons la poste prochaine.

— Et vos effets? dit Julien, qui pensait que peut-être
Géronimo lui-même pouvait être envoyé pour l'intercepter. Il fallut souper et se coucher. Julien était encore
dans le premier sommeil quand il fut réveillé en
sursaut par la voix de deux personnes qui parlaient dans
sa chambre, sans trop se gêner.

Il reconnut le maître de poste, armé d'une lanterne
sourde. La lumière était dirigée vers le coffre de la calèche
que Julien avait fait monter dans sa chambre. A côté du
maître de poste était un homme qui fouillait tranquille-
ment dans le coffre ouvert. Julien ne distinguait que

les manches de son habit, qui étaient noires et fort serrées.

C'est une soutane, se dit-il, et il saisit doucement de petits pistolets qu'il avait placés sous son oreiller.

— Ne craignez pas qu'il se réveille, monsieur le curé, disait le maître de poste. Le vin qu'on lui a servi était de celui que vous avez préparé vous-même.

— Je ne trouve aucune trace de papiers, répondait le curé. Beaucoup de linge, d'essences, de pommades, de futilités; c'est un jeune homme du siècle, occupé de ses plaisirs. L'émissaire sera plutôt l'autre, qui affecte de parler avec un accent italicn.

Ces gens se rapprochèrent de Julien pour fouiller dans les poches de son habit de voyage. Il était bien tenté de les tuer comme voleurs. Rien de moins dangereux pour les suites. Il en eut bonne envie... Je ne serais qu'un sot, se dit-il, je compromettrais ma mission. Son habit fouillé, ce n'est pas là un diplomate, dit le prêtre : il s'éloigna et fit bien.

S'il me touche dans mon lit, malheur à lui! se disait Julien; il peut fort bien venir me poignarder, et c'est ce que je ne souffrirai pas.

Le curé tourna la tête, Julien ouvrait les yeux à demi; quel ne fut pas son étonnement! c'était l'abbé Castanède! En effet, quoique les deux personnes voulussent parler assez bas, il lui avait semblé, dès l'abord, reconnaître une des voix. Julien fut saisi d'une envie démesurée de purger la terre d'un de ses plus lâches coquins.

Mais ma mission! se dit-il.

Le curé et son acolyte sortirent. Un quart d'heure après, Julien fit semblant de s'éveiller. Il appela et réveilla toute la maison.

— Je suis empoisonné, s'écriait-il, je souffre horriblement! Il voulait un prétexte pour aller au secours de Géronimo. Il le trouva à demi asphyxié par le laudanum contenu dans le vin.

Julien, craignant quelque plaisanterie de ce genre, avait soupé avec du chocolat apporté de Paris. Il ne put venir à bout de réveiller assez Géronimo pour le décider à partir.

— On me donnerait tout le royaume de Naples, disait
le chanteur, que je ne renoncerais pas en ce moment à la
volupté de dormir.

— Mais les sept princes souverains!

— Qu'ils attendent.

Julien partit seul et arriva sans autre incident auprès
du grand personnage. Il perdit toute une matinée à solliciter en vain une audience. Par bonheur, vers les quatre.
heures, le duc voulut prendre l'air. Julien le vit sortir à
pied, il n'hésita pas à l'approcher et à lui demander
l'aumône. Arrivé à deux pas du grand personnage, il tira
la montre du marquis de La Mole, et la montra avec
affectation. *Suivez-moi de loin,* lui dit-on sans le regarder.

A un quart de lieue de là, le duc entra brusquement
dans un petit *Café-hauss.* Ce fut dans une chambre de
cette auberge du dernier ordre que Julien eut l'honneur
de réciter au duc ses quatre pages. Quand il eut fini :
Recommencez et allez plus lentement, lui dit-on.

Le prince prit des notes. *Gagnez à pied la poste voisine.
Abandonnez ici vos effets et votre calèche. Allez à Strasbourg comme vous pourrez, et le vingt-deux du mois* (on
était au dix) *trouvez-vous à midi et demi dans ce même
Café-hauss. N'en sortez que dans une demi-heure. Silence!*

Telles furent les seules paroles que Julien entendit.
Elles suffirent pour le pénétrer de la plus haute admiration. C'est ainsi, pensa-t-il, qu'on traite les affaires; que
dirait ce grand homme d'Etat s'il entendait les bavards
passionnés d'il y a trois jours?

Julien en mit deux à gagner Strasbourg, il lui semblait
qu'il n'avait rien à y faire. Il prit un grand détour. Si ce
diable d'abbé Castanède m'a reconnu, il n'est pas homme
à perdre facilement ma trace... Et quel plaisir pour lui
de se moquer de moi, et de faire échouer ma mission!

L'abbé Castanède, chef de la police de la congrégation
sur toute la frontière du nord, ne l'avait heureusement
pas reconnu. Et les jésuites de Strasbourg, quoique très
zélés, ne songèrent nullement à observer Julien, qui avec
sa croix et sa redingote bleue, avait l'air d'un jeune militaire fort occupé de sa personne.

CHAPITRE XXIV

STRASBOURG

> Fascination ! tu as de l'amour
> toute son énergie, toute sa puissance
> d'éprouver le malheur. Ses plaisirs
> enchanteurs, ses douces jouissances
> sont seuls au-delà de ta sphère. Je ne
> pouvais pas dire en la voyant dor-
> mir : elle est toute à moi, avec sa
> beauté d'ange et ses douces faiblesses !
> La voilà livrée à ma puissance, telle
> que le Ciel la fit dans sa miséricorde
> pour enchanter un cœur d'homme.
>
> *Ode de* SCHILLER.

Forcé de passer huit jours à Strasbourg, Julien cherchait
à se distraire par des idées de gloire militaire et de dévouement à la patrie. Etait-il donc amoureux? Il n'en
savait rien, il trouvait seulement dans son âme bour-
relée Mathilde maîtresse absolue de son bonheur comme
de son imagination. Il avait besoin de toute l'énergie de
son caractère pour se maintenir au-dessus du désespoir.
Penser à ce qui n'avait pas quelque rapport à mademoiselle de La Mole était hors de sa puissance. L'ambition,
les simples succès de vanité le distrayaient autrefois des
sentiments que madame de Rênal lui avait inspirés. Mathilde avait tout absorbé; il la trouvait partout dans
l'avenir.

De toutes parts, dans cet avenir, Julien voyait le manque
de succès. Cet être que l'on a vu à Verrières si rempli
de présomption, si orgueilleux, était tombé dans un excès
de modestie ridicule.

Trois jours auparavant il eût tué avec plaisir l'abbé
Castanède, et si, à Strasbourg, un enfant se fût pris de
querelle avec lui, il eût donné raison à l'enfant. En re-
pensant aux adversaires, aux ennemis qu'il avait rencontrés
dans sa vie, il trouvait toujours que lui, Julien, avait eu
tort.

C'est qu'il avait maintenant pour implacable ennemie

cette imagination puissante, autrefois sans cesse employée
à lui peindre dans l'avenir des succès si brillants.

La solitude absolue de la vie de voyageur augmentait
l'empire de cette noire imagination. Quel trésor n'eût
pas été un ami! Mais, se disait Julien, est-il donc un cœur
qui batte pour moi? Et quand j'aurais un ami, l'honneur
ne me commande-t-il pas un silence éternel?

Il se promenait à cheval tristement dans les environs
de Kehl; c'est un bourg sur le bord du Rhin, immortalisé
par Desaix et Gouvion Saint-Cyr. Un paysan allemand lui
montrait les petits ruisseaux, les chemins, les îlots du
Rhin auxquels le courage de ces grands généraux a fait
un nom. Julien, conduisant son cheval de la main gauche,
tenait déployée de la droite la superbe carte qui orne les
Mémoires du maréchal de Saint-Cyr. Une exclamation de
gaieté lui fit lever la tête.

C'était le prince Korasoff, cet ami de Londres, qui lui
avait dévoilé quelques mois auparavant les premières
règles de la haute fatuité. Fidèle à ce grand art, Korasoff,
arrivé de la veille à Strasbourg, depuis une heure à Kehl,
et qui de la vie n'avait lu une ligne sur le siège de 1796,
se mit à tout expliquer à Julien. Le paysan allemand
le regardait étonné; car il savait assez de français pour
distinguer les énormes bévues dans lesquelles tombait le
prince. Julien était à mille lieues des idées du paysan, il
regardait avec étonnement ce beau jeune homme, il admirait sa grâce à monter à cheval.

L'heureux caractère! se disait-il. Comme son pantalon
va bien; avec quel élégance sont coupés ses cheveux! Hélas! si j'eusse été ainsi, peut-être qu'après m'avoir aimé
trois jours, elle ne m'eût pas pris en aversion.

Quand le prince eut fini son siège de Kehl : — Vous
avez la mine d'un trappiste, dit-il à Julien, vous outrez le
principe de la gravité que je vous ai donné à Londres.
L'air triste ne peut être de bon ton; c'est l'air ennuyé qu'il
faut. Si vous êtes triste, c'est donc quelque chose qui
vous manque, quelque chose qui ne vous a pas réussi.

C'est montrer soi inférieur. Etes-vous ennuyé, au
contraire, c'est ce qui a essayé vainement de vous plaire

qui est inférieur. Comprenez donc, mon cher, combien la méprise est grave.

Julien jeta un écu au paysan qui les écoutait bouche béante.

— Bien, dit le prince, il y a de la grâce, un noble dédain! fort bien! Et il mit son cheval au galop. Julien le suivit, rempli d'une admiration stupide.

Ah! si j'eusse été ainsi, elle ne m'eût pas préféré Croisenois! Plus sa raison était choquée des ridicules du prince, plus il se méprisait de ne pas les admirer, et s'estimait malheureux de ne pas les avoir. Le dégoût de soi-même ne peut aller plus loin.

Le prince le trouvant décidément triste : — Ah çà, mon cher, lui dit-il en rentrant à Strasbourg, avez-vous perdu tout votre argent, ou seriez-vous amoureux de quelque petite actrice?

Les Russes copient les mœurs françaises, mais toujours à cinquante ans de distance. Ils en sont maintenant au siècle de Louis XV.

Ces plaisanteries sur l'amour mirent des larmes dans les yeux de Julien : Pourquoi ne consulterais-je pas cet homme si aimable? se dit-il tout à coup.

— Eh bien, oui, mon cher, dit-il au prince, vous me voyez à Strasbourg fort amoureux et même délaissé. Une femme charmante, qui habite une ville voisine, m'a planté là après trois jours de passion, et ce changement me tue.

Il peignit au prince, sous des noms supposés, les actions et le caractère de Mathilde.

— N'achevez pas, dit Korasoff : pour vous donner confiance en votre médecin, je vais terminer la confidence. Le mari de cette jeune femme jouit d'une fortune énorme ou bien plutôt elle appartient, elle, à la plus haute noblesse du pays. Il faut qu'elle soit fière de quelque chose.

Julien fit un signe de tête, il n'avait plus le courage de parler.

— Fort bien, dit le prince, voici trois drogues assez amères que vous allez prendre sans délai :

1º Voir tous les jours madame..., comment l'appelez-vous?

— Madame de Dubois.

— Quel nom! dit le prince en éclatant de rire; mais pardon, il est sublime pour vous. Il s'agit de voir chaque jour madame de Dubois; n'allez pas surtout paraître à ses yeux froid et piqué; rappelez-vous le grand principe de votre siècle : soyez le contraire de ce à quoi l'on s'attend. Montrez-vous précisément tel que vous étiez huit jours avant d'être honoré de ses bontés...

— Ah! j'étais tranquille alors, s'écria Julien avec désespoir, je croyais la prendre en pitié...

— Le papillon se brûle à la chandelle, continua le prince, comparaison vieille comme le monde.

2° Vous la verrez tous les jours;

3° Vous ferez la cour à une femme de sa société, mais sans vous donner les apparences de la passion, entendez-vous? Je ne vous le cache pas, votre rôle est difficile; vous jouez la comédie, et si l'on devine que vous la jouez, vous êtes perdu.

— Elle a tant d'esprit, et moi si peu! Je suis perdu, dit Julien tristement.

— Non, vous êtes seulement plus amoureux que je ne le croyais. Madame de Dubois est profondément occupée d'elle-même, comme toutes les femmes qui ont reçu du Ciel ou trop de noblesse ou trop d'argent. Elle se regarde au lieu de vous regarder, donc elle ne vous connaît pas. Pendant les deux ou trois accès d'amour qu'elle s'est donnés en votre faveur, à grand effort d'imagination, elle voyait en vous le héros qu'elle avait rêvé, et non pas ce que vous êtes réellement...

Mais que diable, ce sont là les éléments, mon cher Sorel, êtes-vous tout à fait un écolier?...

Parbleu! entrons dans ce magasin; voilà un col noir charmant, on le dirait fait pour John Anderson, de Burlington-street; faites-moi le plaisir de le prendre, et de jeter bien loin cette ignoble corde noire que vous avez au cou.

Ah çà, continua le prince en sortant de la boutique du premier passementier de Strasbourg, quelle est la société de madame de Dubois? Grand Dieu! quel nom! Ne vous fâchez pas, mon cher Sorel, c'est plus fort que moi... A qui ferez-vous la cour?

— A une prude par excellence, fille d'un marchand de bas immensément riche. Elle a les plus beaux yeux du monde, et qui me plaisent infiniment; elle tient sans doute le premier rang dans le pays; mais au milieu de toutes ses grandeurs, elle rougit au point de se déconcerter si quelqu'un vient à parler de commerce et de boutique. Et par malheur, son père était l'un des marchands les plus connus de Strasbourg.

— Ainsi, si l'on parle d'*industrie*, dit le prince en riant, vous êtes sûr que votre belle songe à elle et non pas à vous. Ce ridicule est divin et fort utile, il vous empêchera d'avoir le moindre moment de folie auprès de ses beaux yeux. Le succès est certain.

Julien songeait à madame la maréchale de Fervaques qui venait beaucoup à l'hôtel de La Mole. C'était une belle étrangère qui avait épousé le maréchal un an avant sa mort. Toute sa vie semblait n'avoir d'autre objet que de faire oublier qu'elle était la fille d'un *industriel*, et pour être quelque chose à Paris elle s'était mise à la tête de la vertu.

Julien admirait sincèrement le prince : que n'eût-il pas donné pour avoir ses ridicules! La conversation entre les deux amis fut infinie; Korasoff était ravi : jamais un Français ne l'avait écouté aussi longtemps. Ainsi, j'en suis enfin venu, se disait le prince charmé, à me faire écouter en donnant des leçons à mes maîtres.

— Nous sommes bien d'accord, répétait-il à Julien pour la dixième fois, pas l'ombre de passion quand vous parlerez à la jeune beauté, fille du marchand de bas de Strasbourg, en présence de madame de Dubois. Au contraire, passion brûlante en écrivant. Lire une lettre d'amour bien écrite est le souverain plaisir pour une prude; c'est un moment de relâche. Elle ne joue pas la comédie, elle ose écouter son cœur; donc deux lettres par jour.

— Jamais, jamais! dit Julien découragé; je me ferais plutôt piler dans un mortier que de composer trois phrases; je suis un cadavre, mon cher, n'espérez plus rien de moi. Laissez-moi mourir au bord de la route.

— Et qui vous parle de composer des phrases? J'ai
dans mon nécessaire six volumes de lettres d'amour ma-
nuscrites. Il y en a pour tous les caractères de femme,
j'en ai pour la plus haute vertu. Est-ce que Kalisky n'a
pas fait la cour à Richemond-la-Terrasse, vous savez, à
trois lieues de Londres, à la plus jolie quakeresse de toute
l'Angleterre?

Julien était moins malheureux quand il quitta son ami
à deux heures du matin.

Le lendemain le prince fit appeler un copiste, et deux
jours après Julien eut cinquante-trois lettres d'amour bien
numérotées, destinées à la vertu la plus sublime et la
plus triste.

— Il n'y en a pas cinquante-quatre, dit le prince,
parce que Kalisky se fit éconduire; mais que vous importe d'être maltraité par la fille du marchand de bas,
puisque vous ne voulez agir que sur le cœur de madame
de Dubois?

Tous les jours on montait à cheval : le prince était
fou de Julien. Ne sachant comment lui témoigner son
amitié soudaine, il finit par lui offrir la main d'une de ses
cousines, riche héritière de Moscou; et une fois marié,
ajouta-t-il, mon influence et la croix que vous avez là
vous font colonel en deux ans.

— Mais cette croix n'est pas donnée par Napoléon, il
s'en faut bien.

— Qu'importe, dit le prince, ne l'a-t-il pas inventée?
Elle est encore de bien loin la première en Europe.

Julien fut sur le point d'accepter; mais son devoir le
rappelait après du grand personnage; en quittant Korasoff il promit d'écrire. Il reçut la réponse à la note secrète
qu'il avait apportée, et courut vers Paris; mais à peine
eut-il été seul deux jours de suite, que quitter la France
et Mathilde lui parut un supplice pire que la mort. Je
n'épouserai pas les millions que m'offre Korasoff, se dit-il,
mais je suivrai ses conseils.

Après tout, l'art de séduire est son métier; il ne songe
qu'à cette seule affaire depuis plus de quinze ans, car il en
a trente. On ne peut pas dire qu'il manque d'esprit; il est
fin et cauteleux; l'enthousiasme, la poésie sont une impos-

sibilité dans ce caractère : c'est un procureur; raison de plus pour qu'il ne se trompe pas.

Il le faut, je vais faire la cour à madame de Fervaques.

Elle m'ennuiera bien peut-être un peu, mais je regarderai ces yeux si beaux et qui ressemblent tellement à ceux qui m'ont le plus aimé au monde.

Elle est étrangère; c'est un caractère nouveau à observer.

Je suis fou, je me noie, je dois suivre les conseils d'un ami et ne pas m'en croire moi-même.

CHAPITRE XXV

LE MINISTÈRE DE LA VERTU

> Mais si je prends de ce plaisir avec
> tant de prudence et de circonspection,
> ce ne sera plus un plaisir pour moi.
> LOPE DE VEGA.

A peine de retour à Paris, et au sortir du cabinet du marquis de La Mole, qui parut fort déconcerté de dépêches qu'on lui présentait, notre héros courut chez le comte Altamira. A l'avantage d'être condamné à mort, ce bel étranger réunissait beaucoup de gravité et le bonheur d'être dévot; ces deux mérites, et, plus que tout, la haute naissance du comte, convenaient tout à fait à madame de Fervaques, qui le voyait beaucoup.

Julien lui avoua gravement qu'il en était fort amoureux.

— C'est la vertu la plus pure et la plus haute, répondit Altamira, seulement un peu jésuitique et emphatique. Il est des jours où je comprends chacun des mots dont elle se sert, mais je ne comprends pas la phrase tout entière. Elle me donne souvent l'idée que je ne sais pas le français aussi bien qu'on le dit. Cette connaissance fera prononcer votre nom; elle vous donnera du poids dans le monde. Mais allons chez Bustos, dit le comte Altamira, qui était un esprit d'ordre; il a fait la cour à madame la maréchale.

Don Diego Bustos se fit longtemps expliquer l'affaire, sans rien dire, comme un avocat dans son cabinet. Il avait une grosse figure de moine, avec des moustaches noires, et une gravité sans pareille; du reste, bon carbonaro.

— Je comprends, dit-il enfin à Julien. La maréchale de Fervaques a-t-elle eu des amants, n'en a-t-elle pas eu? Avez-vous ainsi quelque espoir de réussir? voilà la question. C'est vous dire que, pour ma part, j'ai échoué. Maintenant que je ne suis plus piqué, je me fais ce raisonnement : souvent elle a de l'humeur, et, comme je vous le raconterai bientôt, elle n'est pas mal vindicative.

Je ne lui trouve pas ce tempérament bilieux qui est celui du génie, et jette sur toutes les actions comme un vernis de passion. C'est au contraire à la façon d'être flegmatique et tranquille des Hollandais qu'elle doit sa rare beauté et ses couleurs si fraîches.

Julien s'impatientait de la lenteur et du flegme inébranlable de l'Espagnol; de temps en temps, malgré lui, quelques monosyllabes lui échappaient.

— Voulez-vous m'écouter? lui dit gravement don Diego Bustos.

— Pardonnez à la *furia francese;* je suis tout oreille, dit Julien.

— La maréchale de Fervaques est donc fort adonnée à la haine; elle poursuit impitoyablement des gens qu'elle n'a jamais vus, des avocats, de pauvres diables d'hommes de lettres qui ont fait des chansons comme Collé, vous savez?

> J'ai la marotte
> D'aimer Marotte, etc.

Et Julien dut essuyer la citation tout entière. L'Espagnol était bien aise de chanter en français.

Cette divine chanson ne fut jamais écoutée avec plus d'impatience. Quand elle fut finie : — La maréchale, dit Don Diego Bustos, a fait destituer l'auteur de cette chanson :

> Un jour l'amour au cabaret...

Julien frémit qu'il ne voulût la chanter. Il se contenta de l'analyser. Réellement elle était impie et peu décente.

Quand la maréchale se prit de colère contre cette chanson, dit don Diego, je lui fis observer qu'une femme de
son rang ne devait point lire toutes les sottises qu'on
publie. Quelques progrès que fassent la piété et la gravité, il y aura toujours en France une littérature de
cabaret. Quand madame de Fervaques eut fait ôter à
l'auteur, pauvre diable en demi-solde, une place de dix-
huit cents francs : Prenez garde, lui dis-je, vous avez
attaqué ce rimailleur avec vos armes, il peut vous
répondre avec ses rimes : il fera une chanson sur la
vertu. Les salons dorés seront pour vous; les gens qui
aiment à rire répéteront ses épigrammes. Savez-vous, monsieur, ce que la maréchale me répondit? — Pour l'intérêt
du Seigneur tout Paris me verrait marcher au martyre;
ce serait un spectacle nouveau en France. Le peuple
apprendrait à respecter la qualité. Ce serait le plus
beau jour de ma vie. Jamais ses yeux ne furent plus
beaux.

— Et elle les a superbes, s'écria Julien.

— Je vois que vous êtes amoureux... Donc, reprit gravement don Diego Bustos, elle n'a pas la constitution
bilieuse qui porte à la vengeance. Si elle aime à nuire
pourtant, c'est qu'elle est malheureuse. Je soupçonne là
malheur intérieur. Ne serait-ce point une prude lasse de
son métier?

L'Espagnol le regarda en silence pendant une grande
minute.

— Voilà toute la question, ajouta-t-il gravement, et
c'est de là que vous pouvez tirer quelque espoir. J'y ai
beaucoup réfléchi pendant les deux ans que je me suis
porté son très humble serviteur. Tout votre avenir, monsieur qui êtes amoureux, dépend de ce grand problème :
Est-ce une prude lasse de son métier, et méchante parce
qu'elle est malheureuse?

— Ou bien, dit Altamira sortant enfin de son profond
silence, ne serait-ce ce que je t'ai dit vingt fois? tout
simplement de la vanité française; c'est le souvenir de son
père, le fameux marchand de draps, qui fait le malheur
de ce caractère naturellement morne et sec. Il n'y aurait
qu'un bonheur pour elle, celui d'habiter Tolède, et d'être

tourmentée par un confesseur qui chaque jour lui montrerait l'enfer tout ouvert.

Comme Julien sortait : — Altamira m'apprend que vous êtes des nôtres, lui dit don Diego, toujours plus grave. Un jour vous nous aiderez à reconquérir notre liberté, ainsi veux-je vous aider dans ce petit amusement. Il est bon que vous connaissiez le style de la maréchale; voici quatre lettres de sa main.

— Je vais les copier, s'écria Julien, et vous les rapporter.

— Et jamais personne ne saura par vous un mot de ce que nous avons dit?

— Jamais, sur l'honneur! s'écria Julien.

— Ainsi Dieu vous soit en aide! ajouta l'Espagnol; et il reconduisit silencieusement, jusque sur l'escalier, Altamira et Julien.

Cette scène égaya un peu notre héros; il fut sur le point de sourire. Et voilà le dévot Altamira, se disait-il, qui m'aide dans une entreprise d'adultère.

Pendant toute la grave conversation de don Diego Bustos, Julien avait été attentif aux heures sonnées par l'horloge de l'hôtel d'Aligre.

Celle du dîner approchait, il allait donc revoir Mathilde! Il rentra, et s'habilla avec beaucoup de soin.

Première sottise, se dit-il en descendant l'escalier; il faut suivre à la lettre l'ordonnance du prince.

Il remonta chez lui, et prit un costume de voyage on ne peut plus simple.

Maintenant, pensa-t-il, il s'agit des regards. Il n'était que cinq heures et demie, et l'on dînait à six. Il eut l'idée de descendre au salon, qu'il trouva solitaire. A la vue du canapé bleu, il fut ému jusqu'aux larmes; bientôt ses joues devinrent brûlantes. Il faut user cette sensibilité sotte, se dit-il avec colère; elle me trahirait. Il prit un journal pour avoir une contenance, et passa trois ou quatre fois du salon au jardin.

Ce ne fut qu'en tremblant et bien caché par un grand chêne, qu'il osa lever les yeux jusqu'à la fenêtre de mademoiselle de La Mole. Elle était hermétiquement fermée; il fut sur le point de tomber, et resta longtemps appuyé contre le chêne; ensuite, d'un pas chancelant, il alla revoir l'échelle du jardinier.

Le chaînon, jadis forcé par lui en des circonstances, hélas! si différentes, n'avait point été raccommodé. Emporté par un mouvement de folie, Julien le pressa contre ses lèvres.

Après avoir erré longtemps du salon au jardin, Julien se trouva horriblement fatigué; ce fut un premier succès qu'il sentit vivement. Mes regards seront éteints et ne me trahiront pas! Peu à peu, les convives arrivèrent au salon; jamais la porte ne s'ouvrit sans jeter un trouble mortel dans le cœur de Julien.

On se mit à table. Enfin parut mademoiselle de La Mole, toujours fidèle à son habitude de se faire attendre. Elle rougit beaucoup en voyant Julien; on ne lui avait pas dit son arrivée. D'après la recommandation du prince Korasoff, Julien regarda ses mains; elles tremblaient. Troublé lui-même au-delà de toute expression par cette découverte, il fut assez heureux pour ne paraître que fatigué.

M. de La Mole fit son éloge. La marquise lui adressa la parole un instant après, et lui fit compliment sur son air de fatigue. Julien se disait à chaque instant : Je ne dois pas trop regarder mademoiselle de La Mole, mais mes regards non plus ne doivent point la fuir. Il faut paraître ce que j'étais réellement huit jours avant mon malheur... Il eut lieu d'être satisfait du succès, et resta au salon. Attentif pour la première fois envers la maîtresse de la maison, il fit tous ses efforts pour faire parler les hommes de sa société et maintenir la conversation vivante.

Sa politesse fut récompensée : sur les huit heures, on annonça madame la maréchale de Fervaques. Julien s'échappa et reparut bientôt, vêtu avec le plus grand soin. Madame de La Mole lui sut un gré infini de cette marque de respect, et voulut lui témoigner sa satisfaction, en parlant de son voyage à madame de Fervaques. Julien s'établit auprès de la maréchale, de façon à ce que ses yeux ne fussent pas aperçus de Mathilde. Placé ainsi, suivant toutes les règles de l'art, madame de Fer-

vaques fut pour lui l'objet de l'admiration la plus ébahie.
C'est par une tirade sur ce sentiment que commençait
la première des cinquante-trois lettres dont le prince
Korasoff lui avait fait cadeau.

La maréchale annonça qu'elle allait à l'Opéra-Buffa.
Julien y courut; il trouva le chevalier de Beauvoisis, qui
l'emmena dans une loge de messieurs les gentilshommes
de la chambre, justement à côté de la loge de
madame de Fervaques. Julien la regarda constamment.
Il faut, se dit-il, en rentrant à l'hôtel, que je tienne un
journal de siège; autrement j'oublierais mes attaques. Il
se força à écrire deux ou trois pages sur ce sujet ennuyeux,
et parvint ainsi, chose admirable! à ne presque pas penser
à mademoiselle de La Mole.

Mathilde l'avait presque oublié pendant son voyage.
Ce n'est après tout qu'un être commun, pensait-elle, son
nom me rappellera toujours la plus grande faute de ma
vie. Il faut revenir de bonne foi aux idées vulgaires de
sagesse et d'honneur; une femme a tout à perdre en les
oubliant. Elle se montra disposée à permettre enfin la
conclusion de l'arrangement avec le marquis de Croisenois, préparé depuis si longtemps. Il était fou de joie;
on l'eût bien étonné en lui disant qu'il y avait de la
résignation au fond de cette manière de sentir de
Mathilde, qui le rendait si fier.

Toutes les idées de mademoiselle de La Mole changèrent en voyant Julien. Au vrai, c'est là mon mari, se
dit-elle; si je reviens de bonne foi aux idées de sagesse,
c'est évidemment lui que je dois épouser.

Elle s'attendait à des importunités, à des airs de
malheur de la part de Julien; elle préparait ses réponses:
car sans doute, au sortir du dîner, il essaierait de lui
adresser quelques mots. Loin de là, il resta ferme au
salon, ses regards ne se tournèrent même pas vers le
jardin, Dieu sait avec quelle peine! Il vaut mieux avoir
tout de suite cette explication, pensa mademoiselle de
La Mole; elle alla seule au jardin, Julien n'y parut pas.
Mathilde vint se promener près des portes-fenêtres du
salon; elle le vit fort occupé à décrire à madame de Fervaques les vieux châteaux en ruine qui couronnent les

coteaux des bords du Rhin et leur donnent tant de physionomie. Il commençait à ne pas mal se tirer de la phrase
sentimentale et pittoresque qu'on appelle *esprit* dans
certains salons.

Le prince Korasoff eût été bien fier, s'il se fût trouvé
à Paris; cette soirée était exactement ce qu'il avait prédit.

Il eût approuvé la conduite que tint Julien les jours
suivants.

Une intrigue parmi les membres du gouvernement
occulte allait disposer de quelques cordons bleus;
madame la maréchale de Fervaques exigeait que son
grand-oncle fût chevalier de l'ordre. Le marquis de La
Mole avait la même prétention pour son beau-père; ils
réunirent leurs efforts, et la maréchale vint presque tous
les jours à l'hôtel de La Mole. Ce fut d'elle que Julien
apprit que le marquis allait être ministre : il offrait à la
Camarilla un plan fort ingénieux pour anéantir la Charte,
sans commotion, en trois ans.

Julien pouvait espérer un évêché, si M. de La Mole
arrivait au ministère; mais à ses yeux tous ces grands
intérêts s'étaient comme recouverts d'un voile. Son imagination ne les apercevait plus que vaguement et pour
ainsi dire dans le lointain. L'affreux malheur qui en faisait
un maniaque lui montrait tous les intérêts de la vie dans
sa manière d'être avec mademoiselle de La Mole. Il calculait qu'après cinq ou six ans de soins, il parviendrait
à s'en faire aimer de nouveau.

Cette tête si froide était, comme on voit, descendue à
l'état de déraison complet. De toutes les qualités qui
l'avaient distingué autrefois, il ne lui restait qu'un peu
de fermeté. Matériellement fidèle au plan de conduite
dicté par le prince Korasoff, chaque soir, il se plaçait
assez près du fauteuil de madame de Fervaques, mais il
lui était impossible de trouver un mot à dire.

L'effort qu'il s'imposait pour paraître guéri aux yeux
de Mathilde absorbait toutes les forces de son âme, il
restait auprès de la maréchale comme un être à peine
animé; ses yeux même, ainsi que dans l'extrême souffrance physique, avaient perdu tout leur feu.

Comme la manière de voir de madame de La Mole

n'était jamais qu'une contre-épreuve des opinions de ce mari qui pouvait la faire duchesse, depuis quelques jours elle portait aux nues le mérite de Julien.

CHAPITRE XXVI

L'AMOUR MORAL

> *There also was of course in Adeline*
> *That calm patrician polish in the address,*
> *Which ne'er can pass the equinoctial line*
> *Of any thing which Nature would express :*
> *Just as a Mandarin finds nothing fine,*
> *As least his manner suffers not to guess*
> *That any thing he views can greatly please.*
>
> *Don Juan, c. XIII, stanza 84.*

Il y a un peu de folie dans la façon de voir de toute cette famille, pensait la maréchale; ils sont engoués de leur jeune abbé, qui ne sait qu'écouter avec d'assez beaux yeux, il est vrai.

Julien, de son côté, trouvait dans les façons de la maréchale un exemple à peu près parfait de ce *calme patricien* qui respire une politesse exacte et encore plus l'impossibilité d'aucune vive émotion. L'imprévu dans les mouvements, le manque d'empire sur soi-même eût scandalisé madame de Fervaques presque autant que l'absence de majesté envers les inférieurs. Le moindre signe de sensibilité eût été à ses yeux, comme une sorte d'*ivresse morale* dont il faut rougir, et qui nuit fort à ce qu'une personne d'un rang élevé se doit à soi-même. Son grand bonheur était de parler de la dernière chasse du roi, son livre favori les *Mémoires du duc de Saint-Simon*, surtout pour la partie généalogique.

Julien savait la place qui, d'après la disposition des lumières, convenait au genre de beauté de madame de Fervaques. Il s'y trouvait d'avance, mais avait grand soin de tourner sa chaise de façon à ne pas apercevoir Mathilde. Etonnée de cette constance à se cacher d'elle, un jour elle quitta le canapé bleu et vint travailler auprès d'une petite table voisine du fauteuil de la maréchale.

Julien la voyait d'assez près par-dessous le chapeau de madame de Fervaques. Ces yeux, qui disposaient de son sort, l'effrayèrent d'abord, ensuite le jetèrent violemment hors de son apathie habituelle; il parla et fort bien.

Il adressait la parole à la maréchale, mais son but unique était d'agir sur l'âme de Mathilde. Il s'anima de telle sorte que madame de Fervaques arriva à ne plus comprendre ce qu'il disait.

C'était un premier mérite. Si Julien eût eu l'idée de le compléter par quelques phrases de mysticité allemande, de haute religiosité et de jésuitisme, la maréchale l'eût rangé d'emblée parmi les hommes supérieurs appelés à régénérer le siècle.

Puisqu'il est d'assez mauvais goût, se disait mademoiselle de La Mole, pour parler ainsi longtemps et avec tant de feu à madame de Fervaques, je ne l'écouterai plus. Pendant toute la fin de cette soirée, elle tint parole, quoique avec peine.

A minuit, lorsqu'elle prit le bougeoir de sa mère, pour l'accompagner à sa chambre, madame de La Mole s'arrêta sur l'escalier pour faire un éloge complet de Julien. Mathilde acheva de prendre de l'humeur; elle ne pouvait trouver le sommeil. Une idée la calma : Ce que je méprise peut encore faire un homme de grand mérite aux yeux de la maréchale.

Pour Julien, il avait agi, il était moins malheureux; ses yeux tombèrent par hasard sur le portefeuille en cuir de Russie où le prince Korasoff avait enfermé les cinquante-trois lettres d'amour dont il lui avait fait cadeau. Julien vit en note, au bas de la première lettre : *On envoie le nᵒ 1 huit jours après la première vue.*

Je suis en retard! s'écria Julien, car il y a bien long-temps que je vois madame de Fervaques. Il se mit aussi-tôt à transcrire cette première lettre d'amour; c'était une homélie remplie de phrases sur la vertu et ennuyeuse à périr : Julien eut le bonheur de s'endormir à la seconde page.

Quelques heures après, le grand soleil le surprit appuyé sur sa table. Un des moments les plus pénibles de sa vie était celui où chaque matin, en s'éveillant, il *apprenait* son malheur. Ce jour-là, il acheva la copie de sa lettre presque en riant. Est-il possible, se disait-il, qu'il se soit trouvé un jeune homme pour écrire ainsi! Il compta plusieurs phrases de neuf lignes. Au bas de l'original, il aperçut une note au crayon.

On porte ces lettres soi-même : à cheval, cravate noire, redingote bleue. On remet la lettre au portier d'un air contrit; profonde mélancolie dans le regard. Si l'on aperçoit quelque femme de chambre, essuyer ses yeux furtivement. Adresser la parole à la femme de chambre.

Tout cela fut exécuté fidèlement.

Ce que je fais est bien hardi, pensa Julien en sortant de l'hôtel de Fervaques, mais tant pis pour Korasoff. Oser écrire à une vertu si célèbre! Je vais en être traité avec le dernier mépris, et rien ne m'amusera davantage. C'est au fond la seule comédie à laquelle je puisse être sensible. Oui, couvrir de ridicule cet être si odieux, que j'appelle *moi*, m'amusera. Si je m'en croyais, je commettrais quelque crime pour me distraire.

Depuis un mois, le plus beau moment de la vie de Julien était celui où il remettait son cheval à l'écurie. Korasoff lui avait expressément défendu de regarder, sous quelque prétexte que ce fût, la maîtresse qui l'avait quitté. Mais le pas de ce cheval qu'elle connaissait si bien, la manière avec laquelle Julien frappait de sa cravache à la porte de l'écurie pour appeler un homme attiraient quelquefois Mathilde derrière le rideau de sa fenêtre. La mousseline était si légère que Julien voyait à travers. En regardant d'une certaine façon sous le bord de son chapeau, il apercevait la taille de Mathilde sans voir ses yeux. Par conséquent, se disait-il, elle ne peut voir les miens, et ce n'est point là la regarder.

Le soir, madame de Fervaques fut pour lui exactement comme si elle n'eût pas reçu la dissertation philosophique, mystique et religieuse que, le matin, il avait remise à son portier avec tant de mélancolie. La veille, le hasard avait révélé à Julien le moyen d'être éloquent; il s'arrangea de façon à voir les yeux de Mathilde. Elle, de son côté, un instant après l'arrivée de la maréchale, quitta le canapé

bleu : c'était déserter sa société habituelle. M. de Croisenois parut consterné de ce nouveau caprice; sa douleur
évidente ôta à Julien ce que son malheur avait de plus
atroce.

Cet imprévu dans sa vie le fit parler comme un ange;
et comme l'amour-propre se glisse même dans les cœurs
qui servent de temple à la vertu la plus auguste :
Madame de La Mole a raison, se dit la maréchale en
remontant en voiture, ce jeune prêtre a de la distinction. Il faut que, les premiers jours, ma présence l'ait
intimidé. Dans le fait, tout ce que l'on rencontre dans
cette maison est bien léger; je n'y vois que des vertus
aidées par la vieillesse, et qui avaient grand besoin des
glaces de l'âge. Ce jeune homme aura su voir la différence; il écrit bien, mais je crains fort que cette demande
de l'éclairer de mes conseils qu'il me fait dans sa lettre
ne soit au fond qu'un sentiment qui s'ignore soi-même.

Toutefois, que de conversions ont ainsi commencé! Ce
qui me fait bien augurer de celle-ci, c'est la différence
de son style avec celui des jeunes gens dont j'ai eu l'occasion de voir les lettres. Il est impossible de ne pas reconnaître de l'onction, un sérieux profond et beaucoup de
conviction dans la prose de ce jeune lévite; il aura la
douce vertu de Massillon.

CHAPITRE XXVII

LES PLUS BELLES PLACES DE L'ÉGLISE

> Des services! des talents! du mé-
> rite! bah! soyez d'une coterie.
>
> *Télémaque.*

Ainsi l'idée d'évêché était pour la première fois mêlée
avec celle de Julien dans la tête d'une femme qui tôt ou
tard devait distribuer les plus belles places de l'Eglise de
France. Cet avantage n'eût guère touché Julien; en cet
instant, sa pensée ne s'élevait à rien d'étranger à
son malheur actuel : tout le redoublait; par exemple la
vue de sa chambre lui était devenue insupportable. Le

soir, quand il rentrait avec sa bougie, chaque meuble, chaque petit ornement lui semblait prendre une voix pour lui annoncer aigrement quelque nouveau détail de son malheur.

Ce jour-là, j'ai un travail forcé, se dit-il en rentrant et avec une vivacité que depuis longtemps il ne connaissait plus : espérons que la seconde lettre sera aussi ennuyeuse que la première.

Elle l'était davantage. Ce qu'il copiait lui semblait si absurde, qu'il en vint à transcrire ligne par ligne, sans songer au sens.

C'est encore plus emphatique, se disait-il, que les pièces officielles du traité de Munster, que mon professeur de diplomatie me faisait copier à Londres.

Il se souvint seulement alors des lettres de madame de Fervaques dont il avait oublié de rendre les originaux au grave Espagnol don Diego Bustos. Il les chercha; elles étaient réellement presque aussi amphigouriques que celles du jeune seigneur russe. Le vague était complet. Cela voulait tout dire et ne rien dire. C'est la harpe éolienne du style, pensa Julien. Au milieu des plus hautes pensées sur le néant, sur la mort, sur l'infini, etc., je ne vois de réel qu'une peur abominable du ridicule.

Le monologue que nous venons d'abréger fut répété pendant quinze jours de suite. S'endormir en transcrivant une sorte de commentaire de l'Apocalypse, le lendemain aller porter une lettre d'un air mélancolique, remettre le cheval à l'écurie avec l'espérance d'apercevoir la robe de Mathilde, travailler, le soir paraître à l'Opéra quand madame de Fervaques ne venait pas à l'hôtel de La Mole, tels étaient les événements monotones de la vie de Julien. Elle avait plus d'intérêt quand madame de Fervaques venait chez la marquise; alors il pouvait entrevoir les yeux de Mathilde sous une aile du chapeau de la maréchale, et il était éloquent. Ses phrases pittoresques et sentimentales commençaient à prendre une tournure plus frappante à la fois et plus élégante.

Il sentait bien que ce qu'il disait était absurde aux yeux de Mathilde, mais il voulait la frapper par l'élégance de la diction. Plus ce que je dis est faux, plus je dois lui plaire, pensait Julien; et alors, avec une hardiesse abominable, il exagérait certains aspects de la nature. Il s'aperçut bien vite que, pour ne pas paraître vulgaire aux yeux de la maréchale, il fallait surtout se bien garder des idées simples et raisonnables. Il continuait ainsi, ou abrégeait ses amplifications suivant qu'il voyait le succès ou l'indifférence dans les yeux des deux grandes dames auxquelles il fallait plaire.

Au total, sa vie était moins affreuse que lorsque ses journées se passaient dans l'inaction.

Mais, se disait-il un soir, me voici transcrivant la quinzième de ces abominables dissertations; les quatorze premières ont été fidèlement remises au suisse de la maréchale. Je vais avoir l'honneur de remplir toutes les cases de son bureau. Et cependant elle me traite exactement comme si je n'écrivais pas! Quelle peut être la fin de tout ceci? Ma constance l'ennuierait-elle autant que moi? Il faut convenir que ce Russe, ami de Korasoff, et amoureux de la belle quakeresse de Richemond, fut en son temps un homme terrible; on n'est pas plus assommant.

Comme tous les êtres médiocres que le hasard met en présence des manœuvres d'un grand général, Julien ne comprenait rien à l'attaque exécutée par le jeune Russe sur le cœur de la belle Anglaise. Les quarante premières lettres n'étaient destinées qu'à se faire pardonner la hardiesse d'écrire. Il fallait faire contracter à cette douce personne, qui peut-être s'ennuyait infiniment, l'habitude de recevoir des lettres peut-être un peu moins insipides que sa vie de tous les jours.

Un matin, on remit une lettre à Julien; il reconnut les armes de madame de Fervaques, et brisa le cachet avec un empressement qui lui eût semblé bien impossible quelques jours auparavant : ce n'était qu'une invitation à dîner.

Il courut aux instructions du prince Korasoff. Malheureusement, ce jeune Russe avait voulu être léger comme Dorat, là où il eût fallu être simple et intelligible; Julien ne put deviner la position morale qu'il devait occuper au dîner de la maréchale.

Le salon était de la plus haute magnificence, doré comme la galerie de Diane aux Tuileries, avec des tableaux à l'huile aux lambris. Il y avait des taches claires dans ces tableaux. Julien apprit plus tard que les sujets avaient semblé peu décents à la maîtresse du logis, qui avait fait corriger les tableaux. *Siècle moral!* pensa-t-il.

Dans ce salon il remarqua trois des personnages qui avaient assisté à la rédaction de la note secrète. L'un d'eux, monseigneur l'évêque de ***, oncle de la maréchale, avait la feuille des bénéfices et, disait-on, ne savait rien refuser à sa nièce. Quel pas immense j'ai fait, se dit Julien en souriant avec mélancolie, et combien il m'est indifférent! Me voici dînant avec le fameux évêque de ***.

Le dîner fut médiocre et la conversation impatientante. C'est la table d'un mauvais livre, pensait Julien. Tous les plus grands sujets des pensées des hommes y sont fièrement abordés. Ecoute-t-on trois minutes, on se demande ce qui l'emporte de l'emphase du parleur ou de son abominable ignorance.

Le lecteur a sans doute oublié ce petit homme de lettres, nommé Tanbeau, neveu de l'académicien et futur professeur qui, par ses basses calomnies, semblait chargé d'empoisonner le salon de l'hôtel de La Mole.

Ce fut par ce petit homme que Julien eut la première idée qu'il se pourrait bien que madame de Fervaques, tout en ne répondant pas à ces lettres, vît avec indulgence le sentiment qui les dictait. L'âme noire de M. Tanbeau était déchirée en pensant aux succès de Julien; mais comme d'un autre côté, un homme de mérite, pas plus qu'un sot ne peut être en deux endroits à la fois, si Sorel devient l'amant de la sublime maréchale, se disait le futur professeur, elle le placera dans l'Eglise de quelque manière avantageuse, et j'en serai délivré à l'hôtel de La Mole.

M. l'abbé Pirard adressa aussi à Julien de longs sermons sur ses succès à l'hôtel de Fervaques. Il y avait *jalousie de secte* entre l'austère janséniste et le salon jésuitique, régénérateur et monarchique de la vertueuse maréchale.

CHAPITRE XXVIII

MANON LESCAUT

> Or, une fois qu'il fut bien con-
> vaincu de la sottise et ânerie du
> prieur, il réussissait assez ordinaire-
> ment en appelant noir ce qui était
> blanc et blanc ce qui était noir.
>
> LICHTEMBERG.

LES instructions russes prescrivaient impérieusement de
ne jamais contredire de vive voix la personne à qui on
écrivait. On ne devait s'écarter, sous aucun prétexte, du
rôle de l'admiration la plus extatique; les lettres par-
taient toujours de cette supposition.

Un soir, à l'Opéra, dans la loge de madame de Fervaques, Julien portait aux nues le ballet de *Manon
Lescaut*. Sa seule raison pour parler ainsi, c'est qu'il le
trouvait insignifiant.

La maréchale dit que ce ballet était bien inférieur au
roman de l'abbé Prévost.

Comment! pensa Julien étonné et amusé, une personne
d'une si haute vertu vanter un roman! Madame de Fervaques faisait profession, deux ou trois fois la semaine,
du mépris le plus complet pour les écrivains qui, au
moyen de ces plats ouvrages, cherchent à corrompre une
jeunesse qui n'est, hélas! que trop disposée aux erreurs
des sens.

Dans ce genre immoral et dangereux, *Manon Lescaut,*
continua la maréchale, occupe, dit-on, un des premiers
rangs. Les faiblesses et les angoisses méritées d'un cœur
bien criminel y sont, dit-on, dépeintes avec une vérité
qui a de la profondeur; ce qui n'empêche pas votre Bonaparte de prononcer à Sainte-Hélène que c'est un roman
écrit pour des laquais.

Ce mot rendit toute son activité à l'âme de Julien. On
a voulu me perdre auprès de la maréchale; on lui a dit
mon enthousiasme pour Napoléon. Ce fait l'a assez piquée
pour qu'elle cède à la tentation de me le faire sentir.

Cette découverte l'amusa toute la soirée et le rendit amusant. Comme il prenait congé de la maréchale sous le vestibule de l'Opéra : « Souvenez-vous, monsieur, lui dit-elle, qu'il ne faut pas aimer Bonaparte quand on m'aime; on peut tout au plus l'accepter comme une nécessité imposée par la Providence. Du reste, cet homme n'avait pas l'âme assez flexible pour sentir les chefs-d'œuvre des arts. »

Quand on m'aime! se répétait Julien; cela ne veut rien dire, ou veut tout dire. Voilà des secrets de langage qui manquent à nos pauvres provinciaux. Et il songea beaucoup à madame de Rênal, en copiant une lettre immense destinée à la maréchale.

— Comment se fait-il, lui dit-elle le lendemain d'un air d'indifférence qu'il trouva mal joué, que vous me parliez de *Londres* et de *Richemond* dans une lettre que vous avez écrite hier soir, à ce qu'il semble, au sortir de l'Opéra?

Julien fut très embarrassé; il avait copié ligne par ligne, sans songer à ce qu'il écrivait, et apparemment avait oublié de substituer aux mots *Londres* et *Richemond,* qui se trouvaient dans l'original, ceux de *Paris* et *Saint-Cloud*. Il commença deux ou trois phrases, mais sans possibilité de les achever; il se sentait sur le point de céder au rire fou. Enfin, en cherchant ses mots, il parvint à cette idée : Exalté par la discussion des plus sublimes, des plus grands intérêts de l'âme humaine, la mienne, en vous écrivant, a pu avoir une distraction.

Je produis une impression, se dit-il, donc je puis m'épargner l'ennui du reste de la soirée. Il sortit en courant de l'hôtel de Fervaques. Le soir, en revoyant l'original de la lettre par lui copiée la veille, il arriva bien vite à l'endroit fatal où le jeune Russe parlait de Londres et de Richemond. Julien fut bien étonné de trouver cette lettre presque tendre.

C'était le contraste de l'apparente légèreté de ses propos, avec la profondeur sublime et presque apocalyptique de ses lettres qui l'avait fait distinguer. La longueur des phrases plaisait surtout à la maréchale; ce n'est pas là ce mode sautillant mis à la mode par Voltaire, cet homme si immoral! Quoique notre héros fît tout au monde pour bannir toute espèce de bon sens de sa conversation, elle avait encore une couleur antimonarchique et impie qui n'échappait pas à madame de Fervaques. Environnée de personnages éminemment moraux, mais qui souvent n'avaient pas une idée par soirée, cette dame était profondément frappée de tout ce qui ressemblait à une nouveauté; mais en même temps elle croyait se devoir à elle-même d'en être offensée. Elle appelait ce défaut, *garder l'empreinte de la légèreté du siècle...*

Mais de tels salons ne sont bons à voir que quand on sollicite. Tout l'ennui de cette vie sans intérêt que menait Julien est sans doute partagé par le lecteur. Ce sont là les landes de notre voyage.

Pendant tout le temps usurpé dans la vie de Julien par l'épisode Fervaques, mademoiselle de La Mole avait besoin de prendre sur elle pour ne pas songer à lui. Son âme était en proie à de violents combats : quelquefois elle se flattait de mépriser ce jeune homme si triste; mais, malgré elle, sa conversation la captivait. Ce qui l'étonnait surtout, c'était sa fausseté parfaite; il ne disait pas un mot à la maréchale qui ne fût un mensonge, ou du moins un déguisement abominable de sa façon de penser, que Mathilde connaissait si parfaitement sur presque tous les sujets. Ce machiavélisme la frappait. Quelle profondeur! se disait-elle; quelle différence avec les nigauds emphatiques ou les fripons communs, tels que M. Tanbeau, qui tiennent le même langage!

Toutefois, Julien avait des journées affreuses. C'était pour accomplir le plus pénible des devoirs qu'il paraissait chaque jour dans le salon de la maréchale. Ses efforts pour jouer un rôle achevaient d'ôter toute force à son âme. Souvent, la nuit, en traversant la cour immense de l'hôtel de Fervaques, ce n'était qu'à force de caractère et de raisonnement qu'il parvenait à se maintenir un peu au-dessus du désespoir.

J'ai vaincu le désespoir au séminaire, se disait-il : pourtant quelle affreuse perspective j'avais alors! je faisais ou je manquais ma fortune, dans l'un comme dans l'autre cas, je me voyais obligé de passer toute ma vie en société intime avec ce qu'il y a sous le ciel de plus méprisable et de plus dégoûtant. Le printemps suivant, onze petits mois après seulement, j'étais le plus heureux peut-être des jeunes gens de mon âge.

Mais bien souvent tous ces beaux raisonnements étaient sans effet contre l'affreuse réalité. Chaque jour il voyait Mathilde au déjeuner et à dîner. D'après les lettres nombreuses que lui dictait M. de La Mole, il la savait à la veille d'épouser M. de Croisenois. Déjà cet aimable jeune homme paraissait deux fois par jour à l'hôtel de La Mole; l'œil jaloux d'un amant délaissé ne perdait pas une seule de ses démarches.

Quand il avait cru voir que mademoiselle de La Mole traitait bien son prétendu, en rentrant chez lui, Julien ne pouvait s'empêcher de regarder ses pistolets avec amour.

Ah! que je serais plus sage, se disait-il, de démarquer mon linge, et d'aller dans quelque forêt solitaire, à vingt lieues de Paris, finir cette exécrable vie! Inconnu dans le pays, ma mort serait cachée pendant quinze jours, et qui songerait à moi après quinze jours!

Ce raisonnement était fort sage. Mais le lendemain, le bras de Mathilde, entrevu entre la manche de sa robe et son gant, suffisait pour plonger notre jeune philosophe dans des souvenirs cruels, et qui cependant l'attachaient à la vie. Eh bien! se disait-il alors, je suivrai jusqu'au bout cette politique russe. Comment cela finira-t-il?

A l'égard de la maréchale, certes, après avoir transcrit ces cinquante-trois lettres, je n'en écrirai pas d'autres.

A l'égard de Mathilde, ces six semaines de comédie si pénible, ou ne changeront rien à sa colère, ou m'obtiendront un instant de réconciliation. Grand Dieu! j'en mourrais de bonheur! Et il ne pouvait achever sa pensée.

Quand, après une longue rêverie, il parvenait à reprendre son raisonnement : Donc, se disait-il, j'obtiendrais un jour de bonheur, après quoi recommenceraient ses rigueurs fondées, hélas! sur le peu de pouvoir que j'ai de lui plaire, et il ne me resterait plus aucune ressource, je serais ruiné, perdu à jamais.. .

Quelle garantie peut-elle me donner avec son carac-

tère? Hélas! mon peu de mérite répond à tout. Je manquerai d'élégance dans mes manières, ma façon de parler
sera lourde et monotone. Grand Dieu! Pourquoi suis-je
moi?

CHAPITRE XXIX

L'ENNUI

> Se sacrifier à ses passions, passe;
> mais à des passions qu'on n'a pas!
> O triste XIXᵉ siècle!
>
> GIRODET.

APRÈS avoir lu sans plaisir d'abord les longues lettres de
Julien, madame de Fervaques commençait à en être occupée; mais une chose la désolait : Quel dommage que
M. Sorel ne soit pas décidément prêtre! On pourrait
l'admettre à une sorte d'intimité; avec cette croix et cet
habit presque bourgeois, on est exposé à des questions
cruelles, et que répondre? Elle n'achevait pas sa pensée;
quelque amie maligne peut supposer et même répandre
que c'est un petit cousin subalterne, parent de mon père,
quelque marchand décoré par la garde nationale.

Jusqu'au moment où elle avait vu Julien, le plus grand
plaisir de madame de Fervaques avait été d'écrire le mot
maréchale à côté de son nom. Ensuite une vanité de parvenue maladive et qui s'offensait de tout, combattit un
commencement d'intérêt.

Il me serait si facile, se disait la maréchale, d'en faire
un grand vicaire dans quelque diocèse voisin de Paris!
Mais M. Sorel tout court, et encore petit secrétaire de
M. de La Mole! c'est désolant.

Pour la première fois, cette âme *qui craignait tout,*
était émue d'un intérêt étranger à ses prétentions de rang
et de supériorité sociale. Son vieux portier remarqua que,
lorsqu'il apportait une lettre de ce beau jeune homme,
qui avait l'air si triste, il était sûr de voir disparaître l'air
distrait et mécontent que la maréchale avait toujours
soin de prendre à l'arrivée de ses gens.

L'ennui d'une façon de vivre tout ambitieuse d'effet
sur le public, sans qu'il y eût au fond du cœur jouissance

réelle pour ce genre de succès, était devenu si intolérable depuis qu'on pensait à Julien, que pour que les femmes de chambre ne fussent pas maltraitées de toute une journée, il suffisait que pendant la soirée de la veille on eût passé une heure avec ce jeune homme singulier. Son crédit naissant résista à des lettres anonymes, fort bien faites. En vain le petit Tanbeau fournit à MM. de Luz, de Croisenois, de Caylus deux ou trois calomnies fort adroites et que ces Messieurs prirent plaisir à répandre sans trop se rendre compte de la vérité des accusations. La maréchale, dont l'esprit n'était pas fait pour résister à ces moyens vulgaires, racontait ses doutes à Mathilde, et toujours était consolée.

Un jour, après avoir demandé trois fois s'il y avait des lettres, madame de Fervaques se décida subitement à répondre à Julien. Ce fut une victoire de l'ennui. A la seconde lettre, la maréchale fut presque arrêtée par l'inconvenance d'écrire de sa main une adresse aussi vulgaire, *A M. Sorel, chez M. le marquis de La Mole.*

Il faut, dit-elle le soir à Julien, d'un air fort sec, que vous m'apportiez des enveloppes sur lesquelles il y aura votre adresse.

Me voilà constitué amant valet de chambre, pensa Julien, et il s'inclina en prenant plaisir à se grimer comme Arsène, le vieux valet de chambre du marquis.

Le soir même il apporta des enveloppes, et le lendemain, de fort bonne heure, il eut une troisième lettre : il en lut cinq ou six lignes au commencement, et deux ou trois vers la fin. Elle avait quatre pages d'une petite écriture fort serrée.

Peu à peu on prit la douce habitude d'écrire presque tous les jours. Julien répondait par des copies fidèles des lettres russes, et, tel est l'avantage du style emphatique : madame de Fervaques n'était point étonnée du peu de rapport des réponses avec ses lettres.

Quelle n'eût pas été l'irritation de son orgueil, si le petit Tanbeau, qui s'était constitué espion volontaire des démarches de Julien, eût pu lui apprendre que toutes ses lettres non décachetées étaient jetées au hasard dans le tiroir de Julien.

Un matin, le portier lui apportait dans la bibliothèque une lettre de la maréchale; Mathilde rencontra cet homme, vit la lettre et l'adresse de l'écriture de Julien. Elle entra dans la bibliothèque comme le portier en sortait; la lettre était encore sur le bord de la table; Julien, fort occupé à écrire, ne l'avait pas placée dans son tiroir.

— Voilà ce que je ne puis souffrir, s'écria Mathilde en s'emparant de la lettre; vous m'oubliez tout à fait, moi qui suis votre épouse. Votre conduite est affreuse, Monsieur.

A ces mots, son orgueil, étonné de l'effroyable inconvenance de sa démarche, la suffoqua; elle fondit en larmes, et bientôt parut à Julien hors d'état de respirer.

Surpris, confondu, Julien ne distinguait pas bien tout ce que cette scène avait d'admirable et d'heureux pour lui. Il aida Mathilde à s'asseoir; elle s'abandonnait presque dans ses bras.

Le premier instant où il s'aperçut de ce mouvement fut de joie extrême. Le second fut une pensée pour Korasoff : je puis tout perdre par un seul mot.

Ses bras se raidirent, tant l'effort imposé par la politique était pénible. Je ne dois pas même me permettre de presser contre mon cœur ce corps souple et charmant, ou elle me méprise et me maltraite. Quel affreux caractère!

Et en maudissant le caractère de Mathilde, il l'en aimait cent fois plus; il lui semblait avoir dans ses bras une reine.

L'impassible froideur de Julien redoubla le malheur d'orgueil qui déchirait l'âme de mademoiselle de La Mole. Elle était loin d'avoir le sang-froid nécessaire pour chercher à deviner dans ses yeux ce qu'il sentait pour elle en cet instant. Elle ne put se résoudre à le regarder; elle tremblait de rencontrer l'expression du mépris.

Assise sur le divan de la bibliothèque, immobile et la tête tournée du côté opposé à Julien, elle était en proie aux plus vives douleurs que l'orgueil et l'amour puissent faire éprouver à une âme humaine. Dans quelle atroce démarche elle venait de tomber!

Il m'était réservé, malheureuse que je suis! de voir repousser les avances les plus indécentes! et repoussées par qui? ajoutait l'orgueil fou de douleur, repoussées par un domestique de mon père.

— C'est ce que je ne souffrirai pas, dit-elle à haute voix.

Et, se levant avec fureur, elle ouvrit le tiroir de la table de Julien placée à deux pas devant elle. Elle resta comme glacée d'horreur en y voyant huit ou dix lettres non ouvertes, semblables en tout à celle que le portier venait de monter. Sur toutes les adresses, elle reconnaissait l'écriture de Julien, plus ou moins contrefaite.

— Ainsi, s'écria-t-elle hors d'elle-même, non seulement vous êtes bien avec elle mais encore vous la méprisez. Vous, un homme de rien, mépriser madame la maréchale de Fervaques!

Ah! pardon, mon ami, ajouta-t-elle en se jetant à ses genoux, méprise-moi si tu veux, mais aime-moi, je ne puis plus vivre privée de ton amour. Et elle tomba tout à fait évanouie.

La voilà donc, cette orgueilleuse, à mes pieds! se dit Julien.

CHAPITRE XXX

UNE LOGE AUX BOUFFES

> *As the blackest sky*
> *Foretells the heaviest tempest.*
>
> *Don Juan, c. 1, st. 73.*

Au milieu de tous ces grands mouvements, Julien était plus étonné qu'heureux. Les injures de Mathilde lui montraient combien la politique russe était sage. *Peu parler, peu agir,* voilà mon unique moyen de salut.

Il releva Mathilde, et sans mot dire la replaça sur le divan. Peu à peu les larmes la gagnèrent.

Pour se donner une contenance, elle prit dans ses mains les lettres de madame de Fervaques; elle les décachetait lentement. Elle eut un mouvement nerveux bien marqué quand elle reconnut l'écriture de la maréchale. Elle tournait sans les lire les feuilles de ces lettres; la plupart avaient six pages.

— Répondez-moi, du moins, dit enfin Mathilde du ton

de voix le plus suppliant, mais sans oser regarder Julien.
Vous savez bien que j'ai de l'orgueil; c'est le malheur de
ma position et même de mon caractère, je l'avouerai;
madame de Fervaques m'a donc enlevé votre cœur...
A-t-elle fait pour vous tous les sacrifices où ce fatal amour
m'a entraînée?

Un morne silence fut toute la réponse de Julien. De
quel droit, pensait-il, me demande-t-elle une indiscrétion
indigne d'un honnête homme?

Mathilde essaya de lire les lettres; ses yeux remplis de
larmes lui en ôtaient la possibilité.

Depuis un mois elle était malheureuse, mais cette âme
hautaine était bien loin de s'avouer ses sentiments. Le
hasard tout seul avait amené cette explosion. Un instant
la jalousie et l'amour l'avaient emporté sur l'orgueil. Elle
était placée sur le divan et fort près de lui. Il voyait ses
cheveux et son cou d'albâtre; un moment il oublia tout
ce qu'il se devait; il passa le bras autour de sa taille et
la serra presque contre sa poitrine.

Elle tourna la tête vers lui lentement : il fut étonné
de l'extrême douleur qui était dans ses yeux, c'était à ne
pas reconnaître leur physionomie habituelle.

Julien sentit ses forces l'abandonner, tant était mortellement pénible l'acte de courage qu'il s'imposait.

Ces yeux n'exprimeront bientôt que le plus froid dédain, se dit Julien, si je me laisse entraîner au bonheur
de l'aimer. Cependant, d'une voix éteinte et avec des
paroles qu'elle avait à peine la force d'achever, elle lui
répétait en ce moment l'assurance de tous ses regrets pour
des démarches que trop d'orgueil avait pu conseiller.

— J'ai aussi de l'orgueil, lui dit Julien d'une voix à
peine formée, et ses traits peignaient le point extrême de
l'abattement physique.

Mathilde se retourna vivement vers lui. Entendre sa
voix était un bonheur à l'espérance duquel elle avait
presque renoncé. En ce moment, elle ne se souvenait de
sa hauteur que pour la maudire, elle eût voulu trouver
des démarches insolites, incroyables, pour lui prouver jusqu'à quel point elle l'adorait et se détestait elle-même.

— C'est probablement à cause de cet orgueil, continua

Julien, que vous m'avez distingué un instant; c'est certainement à cause de cette fermeté courageuse et qui
convient à un homme que vous m'estimez en ce moment.
Je puis avoir de l'amour pour la maréchale...

Mathilde tressaillit; ses yeux prirent une expression
étrange. Elle allait entendre prononcer son arrêt. Ce mouvement n'échappa point à Julien; il sentit faiblir son
courage.

Ah! se disait-il en écoutant le son des vaines paroles
que prononçait sa bouche, comme il eût fait un bruit
étranger; si je pouvais couvrir de baisers ces joues si
pâles, et que tu ne le sentisses pas!

— Je puis avoir de l'amour pour la maréchale, conti-
nuait-il... et sa voix s'affaiblissait toujours; mais certainement je n'ai de son intérêt pour moi aucune preuve décisive.

Mathilde le regarda : il soutint ce regard, du moins il
espéra que sa physionomie ne l'avait pas trahi. Il se sentait pénétré d'amour jusque dans les replis les plus intimes
de son cœur. Jamais il ne l'avait adorée à ce point; il était
presque aussi fou que Mathilde. Si elle se fût trouvée
assez de sang-froid et de courage pour manœuvrer, il fût
tombé à ses pieds, en abjurant toute vaine comédie. Il eut
assez de force pour pouvoir continuer à parler. Ah! Korasoff, s'écria-t-il intérieurement, que n'êtes-vous ici! quel
besoin j'aurais d'un mot pour diriger ma conduite! Pendant ce temps sa voix disait :

— A défaut de tout autre sentiment, la reconnaissance
suffirait pour m'attacher à la maréchale; elle m'a montré
de l'indulgence, elle m'a consolé quand on me méprisait...
Je puis ne pas avoir une foi illimitée en de certaines
apparences extrêmement flatteuses sans doute, mais peut-
être, aussi, bien peu durables.

— Ah! grand Dieu! s'écria Mathilde.

— Eh bien! quelle garantie me donnerez-vous? reprit
Julien avec un accent vif et ferme, et qui semblait abandonner pour un instant les formes prudentes de la diplomatie. Quelle garantie, quel dieu me répondra que la
position que vous semblez disposée à me rendre en cet
instant vivra plus de deux jours?

— L'excès de mon amour et de mon malheur si vous ne m'aimez plus, lui dit-elle en lui prenant les mains et se tournant vers lui.

Le mouvement violent qu'elle venait de faire avait un peu déplacé sa pèlerine : Julien apercevait ses épaules charmantes. Ses cheveux un peu dérangés lui rappelèrent un souvenir délicieux.

Il allait céder. Un mot imprudent, se dit-il, et je fais recommencer cette longue suite de journées passées dans le désespoir. Madame de Rênal trouvait des raisons pour faire ce que son cœur lui dictait : cette jeune fille du grand monde ne laisse son cœur s'émouvoir que lorsqu'elle s'est prouvé par de bonnes raisons qu'il doit être ému.

Il vit cette vérité en un clin d'œil, et, en un clin d'œil aussi retrouva du courage.

Il retira ses mains que Mathilde pressait dans les siennes, et avec un respect marqué s'éloigna un peu d'elle. Un courage d'homme ne peut aller plus loin. Il s'occupa ensuite à réunir toutes les lettres de madame de Fervaques qui étaient éparses sur le divan, et ce fut avec l'apparence d'une politesse extrême et si cruelle en ce moment qu'il ajouta :

— Mademoiselle de La Mole daignera me permettre de réfléchir sur tout ceci. Il s'éloigna rapidement et quitta la bibliothèque; elle l'entendit refermer successivement toutes les portes.

Le monstre n'est point troublé, se dit-elle...

Mais que dis-je, monstre! il est sage, prudent, bon; c'est moi qui ai plus de torts qu'on n'en pourrait imaginer.

Cette manière de voir dura. Mathilde fut presque heureuse ce jour-là, car elle fut toute à l'amour; on eût dit que jamais cette âme n'avait été agitée par l'orgueil, et quel orgueil!

Elle tressaillit d'horreur quand, le soir au salon, un laquais annonça madame de Fervaques; la voix de cet homme lui parut sinistre. Elle ne put soutenir la vue de la maréchale et s'éloigna rapidement. Julien, peu enorgueilli de sa pénible victoire, avait craint ses propres regards, et n'avait pas dîné à l'hôtel de La Mole .

Son amour et son bonheur augmentaient rapidement à mesure qu'il s'éloignait du moment de la bataille; il en était déjà à se blâmer. Comment ai-je pu lui résister, se disait-il; si elle allait ne plus m'aimer! un moment peut changer cette âme altière, et il faut convenir que je l'ai traitée d'une façon affreuse.

Le soir, il sentit bien qu'il fallait absolument paraître aux Bouffes dans la loge de madame de Fervaques. Elle l'avait expressément invité : Mathilde ne manquerait pas de savoir sa présence ou son absence impolie. Malgré l'évidence de ce raisonnement, il n'eut pas la force, au commencement de la soirée, de se plonger dans la société. En parlant, il allait perdre la moitié de son bonheur.

Dix heures sonnèrent : il fallut absolument se montrer.

Par bonheur il trouva la loge de la maréchale remplie de femmes, et fut relégué près de la porte, et tout à fait caché par les chapeaux. Cette position lui sauva un ridicule; les accents divins du désespoir de Caroline dans le *Matrimonio segreto* le firent fondre en larmes. Madame de Fervaques vit ces larmes; elles faisaient un tel contraste avec le mâle fermeté de sa physionomie habituelle, que cette âme de grande dame dès longtemps saturée de tout ce que la fierté de *parvenue* a de plus corrodant en fut touchée. Le peu qui restait chez elle d'un cœur de femme la porta à parler. Elle voulut jouir du son de sa voix en ce moment.

— Avez-vous vu les dames de La Mole, lui dit-elle, elles sont aux troisièmes. A l'instant Julien se pencha dans la salle en s'appuyant assez impoliment sur le devant de la loge : il vit Mathilde; ses yeux étaient brillants de larmes.

Et cependant ce n'est pas leur jour d'Opéra. pensa Julien; quel empressement!

Mathilde avait décidé sa mère à venir aux Bouffes, malgré l'inconvenance du rang de la loge qu'une complaisante de la maison s'était empressée de leur offrir. Elle voulait voir si Julien passerait cette soirée avec la maréchale.

CHAPITRE XXXI

LUI FAIRE PEUR

> Voilà donc le beau miracle de votre
> civilisation ! De l'amour vous avez
> fait une affaire ordinaire.
>   BARNAVE.

Julien courut dans la loge de madame de La Mole. Ses yeux rencontrèrent d'abord les yeux en larmes de Mathilde; elle pleurait sans nulle retenue, il n'y avait là que des personnages subalternes, l'amie qui avait prêté la loge et des hommes de sa connaissance. Mathilde posa sa main sur celle de Julien; elle avait comme oublié toute crainte de sa mère. Presque étouffée par ses larmes, elle ne lui dit que ce seul mot : *des garanties!*

Au moins, que je ne lui parle pas, se disait Julien fort ému lui-même, et se cachant tant bien que mal les yeux avec la main, sous prétexte du lustre qui éblouit le troisième rang de loges. Si je parle, elle ne peut plus douter de l'excès de mon émotion, le son de ma voix me trahira, tout peut être perdu encore.

Ses combats étaient bien plus pénibles que le matin, son âme avait eu le temps de s'émouvoir. Il craignait de voir Mathilde se piquer de vanité. Ivre d'amour et de volupté, il prit sur lui de ne pas lui parler.

C'est, selon moi, l'un des plus beaux traits de son caractère; un être capable d'un tel effort sur lui-même peut aller loin, *si fata sinant*.

Mademoiselle de La Mole insista pour ramener Julien à l'hôtel. Heureusement il pleuvait beaucoup. Mais la marquise le fit placer vis-à-vis d'elle, lui parla constamment et empêcha qu'il ne pût dire un mot à sa fille. On eût pensé que la marquise soignait le bonheur de Julien; ne craignant plus de tout perdre par l'excès de son émotion, il s'y livrait avec folie.

Oserai-je dire qu'en rentrant dans sa chambre, Julien se jeta à genoux et couvrit de baisers les lettres d'amour données par le prince Korasoff?

O grand homme! que ne te dois-je pas? s'écria-t-il dans sa folie.

Peu à peu quelque sang-froid lui revint. Il se compara à un général qui vient de gagner à demi une grande bataille. L'avantage est certain, immense, se dit-il; mais que se passera-t-il demain? un instant peut tout perdre.

Il ouvrit d'un mouvement passionné les *Mémoires dictés à Sainte-Hélène* par Napoléon, et pendant deux longues heures se força à les lire; ses yeux seuls lisaient, n'importe, il s'y forçait. Pendant cette singulière lecture, sa tête et son cœur, montés au niveau de tout ce qu'il y a de plus grand, travaillaient à son insu. Ce cœur est bien différent de celui de madame de Rênal, se disait-il, mais il n'allait pas plus loin.

Lui faire peur, s'écria-t-il tout à coup en jetant le livre au loin. L'ennemi ne m'obéira qu'autant que je lui ferai peur, alors il n'osera me mépriser.

Il se promenait dans sa petite chambre, ivre de joie. A la vérité, ce bonheur était plus d'orgueil que d'amour.

Lui faire peur! se répétait-il fièrement, et il avait raison d'être fier. Même dans ses moments les plus heureux, madame de Rênal doutait toujours que son amour fût égal au sien. Ici, c'est un démon que je subjugue, donc il faut *subjuguer*.

Il savait bien que le lendemain dès huit heures du matin Mathilde serait à la bibliothèque; il n'y parut qu'à neuf heures, brûlant d'amour, mais sa tête dominait son cœur. Une seule minute peut-être ne se passa pas sans qu'il se répétât : La tenir toujours occupée de ce grand doute : M'aime-t-il? Sa brillante position, les flatteries de tout ce qui lui parle la portent *un peu trop* à se rassurer.

Il la trouva pâle, calme, assise sur le divan, mais hors d'état apparemment de faire un seul mouvement. Elle lui tendit la main :

— Ami, je t'ai offensé, il est vrai; tu peux être fâché contre moi?...

Julien ne s'attendait pas à ce ton si simple. Il fut sur le point de se trahir.

— Vous voulez des garanties, mon ami, ajouta-t-elle

après un silence qu'elle avait espéré voir rompre; il est juste. Enlevez-moi, partons pour Londres... Je serai perdue à jamais, déshonorée... Elle eut le courage de retirer sa main à Julien pour s'en couvrir les yeux. Tous les sentiments de retenue et de vertu féminine étaient rentrés dans cette âme... Eh bien! déshonorez-moi, dit-elle enfin avec un soupir, c'est *une garantie.*

Hier j'ai été heureux, parce que j'ai eu le courage d'être sévère avec moi-même, pensa Julien. Après un petit moment de silence, il eut assez d'empire sur son cœur pour dire d'un ton glacial :

— Une fois en route pour Londres, une fois déshonorée, pour me servir de vos expressions, qui me répond que vous m'aimerez? que ma présence dans la chaise de poste ne vous semblera point importune? Je ne suis pas un monstre, vous avoir perdue dans l'opinion ne sera pour moi qu'un malheur de plus. Ce n'est pas votre position avec le monde qui fait obstacle, c'est par malheur votre caractère. Pouvez-vous vous répondre à vous-même que vous m'aimerez huit jours?

(Ah! qu'elle m'aime huit jours, huit jours seulement, se disait tout bas Julien, et j'en mourrai de bonheur. Que m'importe l'avenir, que m'importe la vie? et ce bonheur divin peut commencer en cet instant si je veux, il ne dépend que de moi!)

Mathilde le vit pensif.

— Je suis donc tout à fait indigne de vous, dit-elle en lui prenant la main.

Julien l'embrassa, mais à l'instant la main de fer du devoir saisit son cœur. Si elle voit combien je l'adore, je la perds. Et, avant de quitter ses bras, il avait repris toute la dignité qui convient à un homme.

Ce jour-là et les suivants, il sut cacher l'excès de sa félicité; il y eut des moments où il se refusait jusqu'au plaisir de la serrer dans ses bras.

Dans d'autres instants, le délire du bonheur l'emportait sur tous les conseils de la prudence.

C'était auprès d'un berceau de chèvrefeuilles disposé pour cacher l'échelle, dans le jardin, qu'il avait coutume d'aller se placer pour regarder de loin la persienne de

Mathilde, et pleurer son inconstance. Un fort grand chêne était tout près, et le tronc de cet arbre l'empêchait d'être vu des indiscrets.

Passant avec Mathilde dans ce même lieu qui lui rappelait si vivement l'excès de son malheur, le contraste du désespoir passé et de la félicité présente fut trop fort pour son caractère; des larmes inondèrent ses yeux, et, portant à ses lèvres la main de son amie : — Ici, je vivais en pensant à vous; ici, je regardais cette persienne, j'attendais des heures entières le moment fortuné où je verrais cette main l'ouvrir...

Sa faiblesse fut complète. Il lui peignit avec ces couleurs vraies, qu'on n'invente point, l'excès de son désespoir d'alors. De courtes interjections témoignaient de son bonheur actuel qui avait fait cesser cette peine atroce...

Que fais-je, grand Dieu! se dit Julien revenant à lui tout à coup. Je me perds.

Dans l'excès de son alarme, il crut déjà voir moins d'amour dans les yeux de mademoiselle de La Mole. C'était une illusion; mais la figure de Julien changea rapidement et se couvrit d'une pâleur mortelle. Ses yeux s'éteignirent un instant, et l'expression d'une hauteur non exempte de méchanceté succéda bientôt à celle de l'amour le plus vrai et le plus abandonné.

— Qu'avez-vous donc, mon ami? lui dit Mathilde avec tendresse et inquiétude.

— Je mens, dit Julien avec humeur, et je mens à vous. Je me le reproche, et cependant Dieu sait que je vous estime assez pour ne pas mentir. Vous m'aimez, vous m'êtes dévouée, et je n'ai pas besoin de faire des phrases pour vous plaire.

— Grand Dieu! ce sont des phrases que tout ce que vous me dites de ravissant depuis deux minutes?

— Et je me les reproche vivement, chère amie. Je les ai composées autrefois pour une femme qui m'aimait, et m'ennuyait... C'est le défaut de mon caractère, je me dénonce moi-même à vous, pardonnez-moi.

Des larmes amères inondaient les joues de Mathilde.

— Dès que, par quelque nuance qui m'a choqué, j'ai un moment de rêverie forcée, continuait Julien, mon exécrable mémoire, que je maudis en ce moment, m'offre une ressource, et j'en abuse.

— Je viens donc de tomber à mon insu dans quelque action qui vous aura déplu? dit Mathilde avec une naïveté charmante.

— Un jour, je m'en souviens, passant près de ces chèvrefeuilles, vous avez cueilli une fleur, M. de Luz vous l'a prise et vous la lui avez laissée. J'étais à deux pas.

— M. de Luz? c'est impossible, reprit Mathilde, avec la hauteur qui lui était naturelle : je n'ai point ces façons.

— J'en suis sûr, répliqua vivement Julien.

— Eh bien! il est vrai, mon ami, dit Mathilde en baissant les yeux tristement. Elle savait positivement que depuis bien des mois elle n'avait pas permis une telle action à M. de Luz.

Julien la regarda avec une tendresse inexprimable : Non, se dit-il, elle ne m'aime pas *moins.*

Elle lui reprocha le soir, en riant, son goût pour madame de Fervaques : un bourgeois aimer une parvenue! Les cœurs de cette espèce sont peut-être les seuls que mon Julien ne puisse rendre fous. — Elle avait fait de vous un vrai dandy, disait-elle en jouant avec ses cheveux.

Dans le temps qu'il se croyait méprisé de Mathilde, Julien était devenu l'un des hommes les mieux mis de Paris. Mais encore avait-il un avantage sur les gens de cette espèce; une fois sa toilette arrangée, il n'y songeait plus.

Une chose piquait Mathilde, Julien continuait à copier les lettres russes, et à les envoyer à la maréchale.

CHAPITRE XXXII

LE TIGRE

Hélas! pourquoi ces choses et non pas d'autres?
BEAUMARCHAIS.

UN voyageur anglais raconte l'intimité où il vivait avec un tigre; il l'avait élevé et le caressait, mais toujours sur sa table tenait un pistolet armé.

Julien ne s'abandonnait à l'excès de son bonheur que dans les instants où Mathilde ne pouvait en lire l'expression dans ses yeux. Il s'acquittait avec exactitude du devoir de lui dire de temps à autre quelque mot dur.

Quand la douceur de Mathilde, qu'il observait avec étonnement, et l'excès de son dévouement étaient sur le point de lui ôter tout empire sur lui-même, il avait le courage de la quitter brusquement.

Pour la première fois Mathilde aima.

La vie, qui toujours pour elle s'était traînée à pas de tortue, volait maintenant.

Comme il fallait cependant que l'orgueil se fît jour de quelque façon, elle voulait s'exposer avec témérité à tous les dangers que son amour-propre pouvait lui faire courir. C'était Julien qui avait de la prudence; et c'était seulement quand il était question de danger qu'elle ne cédait pas à sa volonté; mais soumise et presque humble avec lui, elle n'en montrait que plus de hauteur envers tout ce qui dans la maison l'approchait, parents ou valets.

Le soir, au salon, au milieu de soixante personnes, elle appelait Julien pour lui parler en particulier et longtemps.

Le petit Tanbeau s'établissant un jour à côté d'eux, elle le pria d'aller lui chercher dans la bibliothèque le volume de Smollett où se trouve la révolution de 1688; et comme il hésitait : — Que rien ne vous presse, ajouta-t-elle avec une expression d'insultante hauteur qui fut un baume pour l'âme de Julien.

— Avez-vous remarqué le regard de ce petit monstre? lui dit-il.

— Son oncle a dix ou douze ans de service dans ce salon, sans quoi je le ferais chasser à l'instant.

Sa conduite envers MM. de Croisenois, de Luz, etc., parfaitement polie pour la forme, n'était guère moins provocante au fond. Mathilde se reprochait vivement toutes les confidences faites jadis à Julien, et d'autant plus qu'elle n'osait lui avouer qu'elle avait exagéré les marques d'intérêt presque tout à fait innocentes dont ces messieurs avaient été l'objet.

Malgré les plus belles résolutions, sa fierté de femme l'empêchait tous les jours de dire à Julien : C'est parce que je parlais à vous que je trouvais du plaisir à décrire la faiblesse que j'avais de ne pas retirer ma main, lorsque M. de Croisenois posant la sienne sur une table de marbre venait à l'effleurer un peu.

Aujourd'hui, à peine un de ces messieurs lui parlait-il quelques instants, qu'elle se trouvait avoir une question à faire à Julien, et c'était un prétexte pour le retenir auprès d'elle.

Elle se trouva enceinte et l'apprit avec joie à Julien.

— Maintenant douterez-vous de moi? N'est-ce pas une garantie? Je suis votre épouse à jamais.

Cette annonce frappa Julien d'un étonnement profond. Il fut sur le point d'oublier le principe de sa conduite. Comment être volontairement froid et offensant envers cette pauvre jeune fille qui se perd pour moi? Avait-elle l'air un peu souffrant, même les jours où la sagesse faisait entendre sa voix terrible, il ne se trouvait plus le courage de lui adresser un de ces mots cruels si indispensables, selon son expérience, à la durée de leur amour.

— Je veux écrire à mon père, lui dit un jour Mathilde; c'est plus qu'un père pour moi; c'est un ami : comme tel je trouverais indigne de vous et de moi de chercher à le tromper, ne fût-ce qu'un instant.

— Grand Dieu! qu'allez-vous faire? dit Julien effrayé.

— Mon devoir, répondit-elle avec des yeux brillants de joie.

Elle se trouvait plus magnanime que son amant.

— Mais il me chassera avec ignominie!

— C'est son droit, il faut le respecter. Je vous donnerai le bras et nous sortirons par la porte cochère, en plein midi.

Julien, étonné, la pria de différer d'une semaine.

— Je ne puis, répondit-elle, l'honneur parle, j'ai vu le devoir, il faut le suivre, et à l'instant.

— Eh bien! je vous ordonne de différer, dit enfin Julien. Votre honneur est à couvert, je suis votre époux. Notre état à tous les deux va être changé par cette démarche capitale. Je suis aussi dans mon droit. C'est aujourd'hui mardi; mardi prochain c'est le jour du duc de Retz; le soir, quand M. de La Mole rentrera, le portier lui remettra la lettre fatale... Il ne pense qu'à vous faire duchesse, j'en suis certain, jugez de son malheur!

— Voulez-vous dire : jugez de sa vengeance?

— Je puis avoir pitié de mon bienfaiteur, être navré de lui nuire; mais je ne crains et ne craindrai jamais personne.

Mathilde se soumit. Depuis qu'elle avait annoncé son nouvel état à Julien, c'était la première fois qu'il lui parlait avec autorité; jamais il ne l'avait tant aimée. C'était avec bonheur que la partie tendre de son âme saisissait le prétexte de l'état où se trouvait Mathilde pour se dispenser de lui adresser des mots cruels. L'aveu à M. de La Mole l'agita profondément. Allait-il être séparé de Mathilde? et avec quelque douleur qu'elle le vît partir, un mois après son départ, songerait-elle à lui?

Il avait une horreur presque égale des justes reproches que le marquis pouvait lui adresser.

Le soir, il avoua à Mathilde ce second sujet de chagrin, et ensuite égaré par son amour il fit aussi l'aveu du premier.

Elle changea de couleur.

— Réellement, lui dit-elle, six mois passés loin de moi seraient un malheur pour vous!

— Immense, le seul au monde que je voie avec terreur.

Mathilde fut bien heureuse. Julien avait suivi son rôle avec tant d'application, qu'il était parvenu à lui faire penser qu'elle était celle des deux qui avait le plus d'amour.

Le mardi fatal arriva. A minuit, en rentrant, le marquis trouva une lettre avec l'adresse qu'il fallait pour qu'il l'ouvrît lui-même, et seulement quand il serait sans témoins.

« MON PÈRE,

« Tous les liens sociaux sont rompus entre nous, il ne reste plus que ceux de la nature. Après mon mari, vous êtes et serez toujours l'être qui me sera le plus cher. Mes yeux se remplissent de larmes, je songe à la peine que je vous cause, mais pour que ma honte ne soit pas publique, pour vous laisser le temps de délibérer et d'agir, je n'ai pu différer plus longtemps l'aveu que je vous dois. Si votre amitié, que je sais être extrême pour moi, veut m'accorder une petite pension, j'irai m'établir où vous voudrez, en Suisse, par exemple, avec mon mari. Son nom est tellement obscur, que personne ne reconnaîtra votre fille dans madame Sorel, belle-fille d'un charpentier de Verrières. Voilà ce nom qui m'a fait tant de peine à écrire. Je redoute pour Julien votre colère, si juste en apparence. Je ne serai pas duchesse, mon père; mais je le savais en l'aimant; car c'est moi qui l'ai aimé la première, c'est moi qui l'ai séduit. Je tiens de vous une âme trop élevée pour arrêter mon attention à ce qui est ou me semble vulgaire. C'est en vain que dans le dessein de vous plaire j'ai songé à M. de Croisenois. Pourquoi aviez-vous placé le vrai mérite sous mes yeux? vous me l'avez dit vous-même à mon retour d'Hyères : ce jeune Sorel est le seul être qui m'amuse; le pauvre garçon est aussi affligé que moi, s'il est possible, de la peine que vous fait cette lettre. Je ne puis empêcher que vous ne soyez irrité comme père; mais aimez-moi toujours comme ami.

« Julien me respectait. S'il me parlait quelquefois, c'était uniquement à cause de sa profonde reconnaissance pour vous : car la hauteur naturelle de son caractère le porte à ne jamais répondre qu'officiellement à tout ce qui est tellement au-dessus de lui. Il a un sentiment vif et inné de la différence des positions sociales. C'est moi, je l'avoue, en rougissant, à mon meilleur ami, et jamais un tel aveu ne sera fait à un autre, c'est moi qui un jour au jardin lui ai serré le bras.

« Après vingt-quatre heures, pourquoi seriez-vous irrité contre lui? Ma faute est irréparable. Si vous l'exigez, c'est par moi que passeront les assurances de son profond respect et de son désespoir de vous déplaire. Vous ne le verrez point; mais j'irai le rejoindre où il voudra. C'est son droit, c'est mon devoir, il est le père de mon enfant. Si votre bonté veut bien nous accorder six mille francs pour vivre, je les recevrai avec reconnaissance : sinon Julien compte s'établir à Besançon où il commencera le métier de maître de latin et de littérature. De quelque bas

degré qu'il parte, j'ai la certitude qu'il s'élèvera. Avec
lui je ne crains pas l'obscurité. S'il y a révolution, je suis
sûre pour lui d'un premier rôle. Pourriez-vous en dire
autant d'aucun de ceux qui ont demandé ma main? Ils
ont de belles terres! Je ne puis trouver dans cette seule
circonstance une raison pour admirer. Mon Julien attein-
drait une haute position même sous le régime actuel, s'il
avait un million et la protection de mon père... »

Mathilde, qui savait que le marquis était un homme
tout de premier mouvement, avait écrit huit pages.

— Que faire? se disait Julien pendant que M. de La
Mole lisait cette lettre; où est 1° mon devoir, 2° mon
intérêt? Ce que je lui dois est immense : j'eusse été sans
lui un coquin subalterne, et pas assez coquin pour n'être
pas haï et persécuté par les autres. Il m'a fait un homme
du monde. Mes coquineries *nécessaires* seront 1° plus
rares, 2° moins ignobles. Cela est plus que s'il m'eût
donné un million. Je lui dois cette croix et l'apparence de
services diplomatiques qui me tirent du pair.

S'il tenait la plume pour prescrire ma conduite, qu'est-ce
qu'il écrirait?...

Julien fut brusquement interrompu par le vieux valet
de chambre de M. de La Mole.

— Le marquis vous demande à l'instant, vêtu ou non
vêtu.

Le valet ajouta à voix basse en marchant à côté de
Julien : — Il est hors de lui, prenez garde à vous.

CHAPITRE XXXIII

L'ENFER DE LA FAIBLESSE

> En taillant ce diamant, un lapidaire
> malhabile lui a ôté quelques-unes de
> ses plus vives étincelles. Au moyen
> âge, que dis-je? encore sous Riche-
> lieu, le Français avait la *force de
> vouloir*.
> MIRABEAU.

JULIEN trouva le marquis furieux : pour la première fois
de sa vie, peut-être, ce seigneur fut de mauvais ton : il

accabla Julien de toutes les injures qui lui vinrent à la
bouche. Notre héros fut étonné, impatienté, mais sa reconnaissance n'en fut point ébranlée. Que de beaux projets depuis longtemps chéris au fond de sa pensée le
pauvre homme voit crouler en un instant! Mais je lui
dois de lui répondre, mon silence augmenterait sa colère.
La réponse fut fournie par le rôle de Tartuffe.

— *Je ne suis pas un ange...* Je vous ai bien servi, vous
m'avez payé avec générosité... J'étais reconnaissant, mais
j'ai vingt-deux ans... Dans cette maison, ma pensée n'était
comprise que de vous, et de cette personne aimable...

— Monstre! s'écria le marquis. Aimable! aimable! Le
jour où vous l'avez trouvée aimable, vous deviez fuir.

— Je l'ai tenté; alors, je vous demandai de partir pour
le Languedoc.

Las de se promener avec fureur, le marquis, dompté
par la douleur, se jeta dans un fauteuil; Julien l'entendit
se dire à demi-voix : Ce n'est point là un méchant homme.

— Non, je ne le suis pas pour vous, s'écria Julien en
tombant à ses genoux. Mais il eut un honte extrême de
ce mouvement, et se releva bien vite.

Le marquis était réellement égaré. A la vue de ce mouvement il recommença à l'accabler d'injures atroces et
dignes d'un cocher de fiacre. La nouveauté de ces jurons
était peut-être une distraction.

— Quoi! ma fille s'appellera madame Sorel! quoi! ma
fille ne sera pas duchesse! Toutes les fois que ces deux
idées se présentaient aussi nettement, M. de La Mole
était torturé et les mouvements de son âme n'étaient plus
volontaires. Julien craignit d'être battu.

Dans les intervalles lucides, et lorsque le marquis commençait à s'accoutumer à son malheur, il adressait à Julien
des reproches assez raisonnables :

— Il fallait fuir, monsieur, lui disait-il... Votre devoir
était de fuir... Vous êtes le dernier des hommes...

Julien s'approcha de la table et écrivit :

« *Depuis longtemps la vie m'est insupportable, j'y mets
un terme. Je prie monsieur le marquis d'agréer, avec
l'expression d'une reconnaissance sans bornes, mes excuses
de l'embarras que ma mort dans son hôtel peut causer.* »

— Que monsieur le marquis daigne parcourir ce papier... Tuez-moi, dit Julien, ou faites-moi tuer par votre valet de chambre. Il est une heure du matin, je vais me promener au jardin vers le mur du fond.

— Allez à tous les diables, lui cria le marquis comme il s'en allait.

Je comprends, pensa Julien; il ne serait pas fâché de me voir épargner la façon de ma mort à son valet de chambre... Qu'il me tue, à la bonne heure, c'est une satisfaction que je lui offre... Mais, parbleu, j'aime la vie... Je me dois à mon fils.

Cette idée, qui pour la première fois paraissait aussi nettement à son imagination, l'occupa tout entier après les premières minutes de promenade données au sentiment du danger.

Cet intérêt si nouveau en fit un être prudent. Il me faut des conseils pour me conduire avec un homme fougueux... Il n'a aucune raison, il est capable de tout. Fouqué est trop éloigné, d'ailleurs il ne comprendrait pas les sentiments d'un cœur tel que celui du marquis.

Le comte Altamira... Suis-je sûr d'un silence éternel? Il ne faut pas que ma demande de conseils soit une action, et complique ma position. Hélas! il ne me reste que le sombre abbé Pirard... son esprit est rétréci par le jansénisme... Un coquin de jésuite connaîtrait le monde, et serait mieux mon fait... M. Pirard est capable de me battre au seul énoncé du crime.

Le génie de Tartuffe vint au secours de Julien : Eh bien, j'irai me confesser à lui. Telle fut la dernière résolution qu'il prit au jardin après s'être promené deux grandes heures. Il ne pensait plus qu'il pouvait être surpris par un coup de fusil; le sommeil le gagnait.

Le lendemain, de très grand matin, Julien était à plusieurs lieues de Paris, frappant à la porte du sévère janséniste. Il trouva, à son grand étonnement, qu'il n'était point trop surpris de sa confidence.

J'ai peut-être des reproches à me faire, se disait l'abbé plus soucieux qu'irrité. J'avais cru deviner cet amour. Mon amitié pour vous, petit malheureux, m'a empêché d'avertir le père...

— Que va-t-il faire? lui dit vivement Julien.

(Il aimait l'abbé en ce moment, et une scène lui eût été fort pénible.)

Je vois trois partis, continua Julien : 1º M. de La Mole peut me faire donner la mort; et il raconta la lettre de suicide qu'il avait laissée au marquis; 2º me faire tirer au blanc par le comte Norbert, qui me demanderait un duel.

— Vous accepteriez? dit l'abbé furieux, et se levant.

— Vous ne me laissez pas achever. Certainement je ne tirerais jamais sur le fils de mon bienfaiteur.

3º Il peut m'éloigner. S'il me dit : Allez à Edimbourg, à New York, j'obéirai. Alors on peut cacher la position de mademoiselle de La Mole; mais je ne souffrirai point qu'on supprime mon fils.

— Ce sera là, n'en doutez point, la première idée de cet homme corrompu...

A Paris, Mathilde était au désespoir. Elle avait vu son père vers sept heures. Il lui avait montré la lettre de Julien, elle tremblait qu'il n'eût trouvé noble de mettre fin à sa vie : Et sans ma permission? se disait-elle avec une douleur qui était de la colère.

— S'il est mort, je mourrai, dit-elle à son père. C'est vous qui serez cause de sa mort... Vous vous en réjouirez peut-être... Mais je le jure à ses mânes, d'abord je prendrai le deuil, et serai publiquement *madame veuve Sorel*, j'enverrai mes billets de faire part, comptez là-dessus. Vous ne me trouverez ni pusillanime ni lâche.

Son amour allait jusqu'à la folie. A son tour, M. de La Mole fut interdit.

Il commença à voir les événements avec quelque raison. Au déjeuner, Mathilde ne parut point. Le marquis fut délivré d'un poids immense, et surtout flatté, quand il s'aperçut qu'elle n'avait rien dit à sa mère.

Julien descendait de cheval. Mathilde le fit appeler, et se jeta dans ses bras presque à la vue de sa femme de chambre. Julien ne fut pas très reconnaissant de ce transport, il sortait fort diplomate et fort calculateur de sa longue conférence avec l'abbé Pirard. Son imagination était éteinte par le calcul des possibles. Mathilde, les

larmes aux yeux, lui apprit qu'elle avait vu sa lettre de
suicide.

— Mon père peut se raviser; faites-moi le plaisir de
partir à l'instant même pour Villequier. Remontez à cheval, sortez de l'hôtel avant qu'on ne se lève de table.

Comme Julien ne quittait point l'air étonné et froid,
elle eut un accès de larmes.

— Laisse-moi conduire nos affaires, s'écria-t-elle avec
transport, et en le serrant dans ses bras. Tu sais bien
que ce n'est pas volontairement que je me sépare de toi.
Écris sous le couvert de ma femme de chambre, que
l'adresse soit d'une main étrangère, moi je t'écrirai des
volumes. Adieu! fuis.

Ce dernier mot blessa Julien, il obéit cependant. Il est
fatal, pensait-il, que, même dans leurs meilleurs moments,
ces gens-là trouvent le secret de me choquer.

Mathilde résista avec fermeté à tous les projets *pru-
dents* de son père. Elle ne voulut jamais établir la négociation sur d'autres bases que celles-ci : Elle serait madame Sorel et vivrait pauvrement avec son mari en Suisse,
ou chez son père à Paris. Elle repoussait bien loin la proposition d'un accouchement clandestin. — Alors com-
mencerait pour moi la possibilité de la calomnie et du
déshonneur. Deux mois après le mariage, j'irai voyager
avec mon mari, et il nous sera facile de supposer que
mon fils est né à une époque convenable.

D'abord accueillie par des transports de colère, cette
fermeté finit par donner des doutes au marquis.

Dans un moment d'attendrissement :

— Tiens! dit-il à sa fille, voilà une inscription de dix
mille livres de rente, envoie-la à ton Julien, et qu'il me
mette bien vite dans l'impossibilité de la reprendre.

Pour *obéir* à Mathilde, dont il connaissait l'amour pour
le commandement, Julien avait fait quarante lieues inutiles : il était à Villequier, réglant les comptes des fermiers; ce bienfait du marquis fut l'occasion de son retour.
Il alla demander asile à l'abbé Pirard, qui, pendant son
absence, était devenu l'allié le plus utile de Mathilde.
Toutes les fois qu'il était interrogé par le marquis, il lui

prouvait que tout autre parti que le mariage public serait un crime aux yeux de Dieu.

— Et par bonheur, ajoutait l'abbé, la sagesse du monde est ici d'accord avec la religion. Pourrait-on compter un instant, avec le caractère fougueux de mademoiselle de La Mole, sur le secret qu'elle ne se serait pas imposé à elle-même? Si l'on n'admet pas la marche franche d'un mariage public, la société s'occupera beaucoup plus long-temps de cette mésalliance étrange. Il faut tout dire en une fois, sans apparence ni réalité du moindre mystère.

— Il est vrai, dit le marquis pensif. Dans ce système, parler de ce mariage après trois jours, devient un rabâ-chage d'homme qui n'a pas d'idées. Il faudrait profiter de quelque grande mesure antijacobine du gouvernement pour se glisser incognito à la suite.

Deux ou trois amis de M. de La Mole pensaient comme l'abbé Pirard. Le grand obstacle, à leurs yeux, était le caractère décidé de Mathilde. Mais après tant de beaux raisonnements, l'âme du marquis ne pouvait s'accoutumer à renoncer à l'espoir du *tabouret* pour sa fille.

Sa mémoire et son imagination étaient remplies des roueries et des faussetés de tous genres qui étaient encore possibles dans sa jeunesse. Céder à la nécessité, avoir peur de la loi lui semblait chose absurde et déshonorante pour un homme de son rang. Il payait cher maintenant ces rêve-ries enchanteresses qu'il se permettait depuis dix ans sur l'avenir de cette fille chérie.

Qui l'eût pu prévoir? se disait-il. Une fille d'un carac-tère si altier, d'un génie si élevé, plus fière que moi du nom qu'elle porte! dont la main m'était demandée d'avance par tout ce qu'il y a de plus illustre en France!

Il faut renoncer à toute prudence. Ce siècle est fait pour tout confondre! nous marchons vers le chaos.

CHAPITRE XXXIV

UN HOMME D'ESPRIT

> Le préfet cheminant sur son cheval
> se disait : Pourquoi ne serais-je pas
> ministre, président du conseil, duc?
> Voici comment je ferais la guerre...
> Par ce moyen je jetterais les nova-
> teurs dans les fers...
>
> *Le Globe.*

Aucun argument ne vaut pour détruire l'empire de dix
années de rêveries agréables. Le marquis ne trouvait pas
raisonnable de se fâcher, mais ne pouvait se résoudre
à pardonner. Si ce Julien pouvait mourir par accident,
se disait-il quelquefois... C'est ainsi que cette imagination
attristée trouvait quelque soulagement à poursuivre les
chimères les plus absurdes. Elles paralysaient l'influence
des sages raisonnements de l'abbé Pirard. Un mois se passa
ainsi sans que la négociation fît un pas.

Dans cette affaire de famille, comme dans celles de la
politique, le marquis avait des aperçus brillants dont il
s'enthousiasmait pendant trois jours. Alors un plan de
conduite ne lui plaisait pas, parce qu'il était étayé par
de bons raisonnements; mais les raisonnements ne trouvaient grâce à ses yeux qu'autant qu'ils appuyaient son
plan favori. Pendant trois jours, il travaillait avec toute
l'ardeur et l'enthousiasme d'un poète, à amener les choses
à une certaine position; le lendemain il n'y songeait plus.

D'abord Julien fut déconcerté des lenteurs du marquis;
mais, après quelques semaines, il commença à deviner
que M. de La Mole n'avait, dans cette affaire, aucun plan
arrêté.

Madame de La Mole et toute la maison croyaient que
Julien voyageait en province pour l'administration des
terres; il était caché au presbytère de l'abbé Pirard, et
voyait Mathilde presque tous les jours; elle, chaque matin, allait passer une heure avec son père, mais quelquefois ils étaient des semaines entières sans parler de l'affaire
qui occupait toutes leurs pensées.

— Je ne veux pas savoir où est cet homme, lui dit un jour le marquis; envoyez-lui cette lettre. Mathilde lut :

« Les terres de Languedoc rendent 20 600 francs. Je donne 10 600 francs à ma fille, et 10 000 francs à M. Julien Sorel. Je donne les terres mêmes, bien entendu. Dites au notaire de dresser deux actes de donation séparés et de me les apporter demain; après quoi, plus de relations entre nous. Ah! Monsieur, devais-je m'attendre à tout ceci?

« *Le marquis* DE LA MOLE. »

— Je vous remercie beaucoup, dit Mathilde gaiement. Nous allons nous fixer au château d'Aiguillon, entre Agen et Marmande. On dit que c'est un pays aussi beau que l'Italie.

Cette donation surprit extrêmement Julien. Il n'était plus l'homme sévère et froid que nous avons connu. La destinée de son fils absorbait d'avance toutes ses pensées. Cette fortune imprévue et assez considérable pour un homme si pauvre en fit un ambitieux. Il se voyait, à sa femme ou à lui, 36 000 livres de rente. Pour Mathilde, tous ses sentiments étaient absorbés dans son adoration pour son mari, car c'est ainsi que son orgueil appelait toujours Julien. Sa grande, son unique ambition était de faire reconnaître son mariage. Elle passait sa vie à s'exagérer la haute prudence qu'elle avait montrée en liant son sort à celui d'un homme supérieur. Le mérite personnel était à la mode dans sa tête.

L'absence presque continue, la multiplicité des affaires, le peu de temps que l'on avait pour parler d'amour vinrent compléter le bon effet de la sage politique, autrefois inventée par Julien.

Mathilde finit par s'impatienter de voir si peu l'homme qu'elle était parvenue à aimer réellement.

Dans un moment d'humeur elle écrivit à son père, et commença sa lettre comme Othello :

« Que j'aie préféré Julien aux agréments que la société offrait à la fille de M. le marquis de La Mole, mon choix le prouve assez. Ces plaisirs de considération et de petite vanité sont nuls pour moi. Voici bientôt six semaines

que je vis séparée de mon mari. C'est assez pour vous
témoigner mon respect. Avant jeudi prochain, je quitterai la maison paternelle. Vos bienfaits nous ont enrichis.
Personne ne connaît mon secret que le respectable abbé
Pirard. J'irai chez lui; il nous mariera, et une heure après
la cérémonie nous serons en route pour le Languedoc, et
ne reparaîtrons jamais à Paris que d'après vos ordres.
Mais ce qui me perce le cœur, c'est que tout ceci va faire
anecdote piquante contre moi, contre vous. Les épigrammes d'un public sot ne peuvent-elles pas obliger
notre excellent Norbert à chercher querelle à Julien?
Dans cette circonstance, je le connais, je n'aurais aucun
empire sur lui. Nous trouverions dans son âme du plébéien révolté. Je vous en conjure à genoux, ô mon père!
venez assister à mon mariage, dans l'église de M. Pirard,
jeudi prochain. Le piquant de l'anecdote maligne sera
adouci, et la vie de votre fils unique, celle de mon mari
seront assurées », etc., etc.

L'âme du marquis fut jetée par cette lettre dans un
étrange embarras. Il fallait donc à la fin *prendre un parti*.
Toutes les petites habitudes, tous les amis vulgaires
avaient perdu leur influence.

Dans cette étrange circonstance, les grands traits du
caractère, imprimés par les événements de la jeunesse,
reprirent tout leur empire. Les malheurs de l'émigration
en avaient fait un homme à imagination. Après avoir joui
pendant deux ans d'une fortune immense et de toutes les
distinctions de la cour, 1790 l'avait jeté dans les affreuses
misères de l'émigration. Cette dure école avait changé une
âme de vingt-deux ans. Au fond, il était campé au milieu
de ses richesses actuelles, plus qu'il n'en était dominé.
Mais cette même imagination qui avait préservé son âme
de la gangrène de l'or, l'avait jeté en proie à une folle
passion pour voir sa fille décorée d'un beau titre.

Pendant les six semaines qui venaient de s'écouler,
tantôt poussé par un caprice, le marquis avait voulu enrichir Julien; la pauvreté lui semblait ignoble, déshonorante pour lui M. de La Mole, impossible chez l'époux de
sa fille; il jetait l'argent. Le lendemain, son imagination

prenant un autre cours, il lui semblait que Julien allait entendre le langage muet de cette générosité d'argent, changer de nom, s'exiler en Amérique, écrire à Mathilde qu'il était mort pour elle... M. de La Mole supposait cette lettre écrite, il suivait son effet sur le caractère de sa fille...

Le jour où il fut tiré de ces songes si jeunes par la lettre *réelle* de Mathilde, après avoir pensé longtemps à tuer Julien ou à le faire disparaître, il rêvait à lui bâtir une brillante fortune. Il lui faisait prendre le nom d'une de ses terres; et pourquoi ne lui ferait-il pas passer sa pairie? M. le duc de Chaulnes, son beau-père, lui avait parlé plusieurs fois, depuis que son fils unique avait été tué en Espagne, du désir de transmettre son titre à Norbert...

L'on ne peut refuser à Julien une singulière aptitude aux affaires, de la hardiesse, peut-être même du *brillant*, se disait le marquis... Mais au fond de ce caractère je trouve quelque chose d'effrayant. C'est l'impression qu'il produit sur tout le monde, donc il y a là quelque chose de réel (plus ce point réel était difficile à saisir, plus il effrayait l'âme imaginative du vieux marquis).

Ma fille me le disait fort adroitement l'autre jour (dans une lettre supprimée) : « Julien ne s'est affilié à aucun salon, à aucune coterie. » Il ne s'est ménagé aucun appui contre moi, pas la plus petite ressource si je l'abandonne... Mais est-ce cela ignorance de l'état actuel de la société?... Deux ou trois fois je lui ai dit : Il n'y a de candidature réelle et profitable que celle des salons...

Non, il n'a pas le génie adroit et cauteleux d'un procureur qui ne perd ni une minute ni une opportunité... Ce n'est point un caractère à la Louis XI. D'un autre côté, je lui vois les maximes les plus antigénéreuses... Je m'y perds... Se répétait-il ces maximes, pour servir de *digue* à ses passions?

Du reste, une chose surnage : il est impatient du mépris, je le tiens par là.

Il n'a pas la religion de la haute naissance, il est vrai, il ne nous respecte pas d'instinct... C'est un tort; mais enfin, l'âme d'un séminariste devrait n'être impatiente que du manque de jouissance et d'argent. Lui, bien différent, ne peut supporter le mépris à aucun prix.

Pressé par la lettre de sa fille, M. de La Mole vit la nécessité de se décider : — Enfin, voici la grande question : l'audace de Julien est-elle allée jusqu'à entreprendre de faire la cour à ma fille, parce qu'il sait que je l'aime avant tout, et que j'ai cent mille écus de rente?

Mathilde proteste du contraire... Non, mon Julien, voilà un point sur lequel je ne veux pas me laisser faire illusion.

Y a-t-il eu amour véritable, imprévu? ou bien désir vulgaire de s'élever à une belle position? Mathilde est clairvoyante, elle a senti d'abord que ce soupçon peut le perdre auprès de moi, de là cet aveu : c'est elle qui s'est avisée de l'aimer la première...

Une fille d'un caractère si altier se serait oubliée jusqu'à faire des avances matérielles! ...Lui serrer le bras au jardin, un soir, quelle horreur! comme si elle n'avait pas eu cent moyens moins indécents de lui faire connaître qu'elle le distinguait.

Qui *s'excuse s'accuse;* je me défie de Mathilde... Ce jour-là, les raisonnements du marquis étaient plus concluants qu'à l'ordinaire. Cependant l'habitude l'emporta, il résolut de gagner du temps et d'écrire à sa fille. Car on s'écrivait d'un côté de l'hôtel à l'autre. M. de La Mole n'osait discuter avec Mathilde et lui tenir tête. Il avait peur de tout finir par une concession subite.

LETTRE

« Gardez-vous de faire de nouvelles folies; voici un brevet de lieutenant de hussards pour M. le chevalier Julien Sorel de La Vernaye. Vous voyez ce que je fais pour lui. Ne me contrariez pas, ne m'interrogez pas. Qu'il parte dans vingt-quatre heures, pour se faire recevoir à Strasbourg, où est son régiment. Voici un mandat sur mon banquier; qu'on m'obéisse. »

L'amour et la joie de Mathilde n'eurent plus de bornes; elle voulut profiter de la victoire, et répondit à l'instant :

« M. de La Vernaye serait à vos pieds, éperdu de reconnaissance, s'il savait tout ce que vous daignez faire pour
lui. Mais, au milieu de cette générosité, mon père m'a
oubliée; l'honneur de votre fille est en danger. Une indiscrétion peut faire une tache éternelle, et que vingt mille
écus de rente ne répareraient pas. Je n'enverrai le brevet
à M. de La Vernaye que si vous me donnez votre
parole que, dans le courant du mois prochain, mon
mariage sera célébré en public, à Villequier. Bientôt après
cette époque, que je vous supplie de ne pas outrepasser,
votre fille ne pourra paraître en public qu'avec le nom de
madame de La Vernaye. Que je vous remercie, cher papa,
de m'avoir sauvée de ce nom de Sorel », etc., etc.

La réponse fut imprévue.

« Obéissez, ou je me rétracte de tout. Tremblez, jeune
imprudente. Je ne sais pas encore ce que c'est que votre
Julien, et vous-même vous le savez moins que moi.
Qu'il parte pour Strasbourg, et songe à marcher droit.
Je ferai connaître mes volontés d'ici à quinze jours. »

Cette réponse si ferme étonna Mathilde. *Je ne connais
pas Julien;* ce mot la jeta dans une rêverie, qui bientôt
finit par les suppositions les plus enchanteresses; mais
elle les croyait la vérité. L'esprit de mon Julien n'a pas
revêtu le petit *uniforme* mesquin des salons, et mon père
ne croit pas à sa supériorité, précisément à cause de ce
qui la prouve...

Toutefois, si je n'obéis pas à cette velléité de caractère, je vois la possibilité d'une scène publique; un éclat
abaisse ma position dans le monde, et peut me rendre
moins aimable aux yeux de Julien. Après l'éclat... pauvreté pour dix ans; et la folie de choisir un mari à cause
de son mérite ne peut se sauver du ridicule que par la
plus brillante opulence. Si je vis loin de mon père, à son
âge, il peut m'oublier... Norbert épousera une femme
aimable, adroite : le vieux Louis XIV fut séduit par la
duchesse de Bourgogne...

Elle se décida à obéir, mais se garda de communiquer
la lettre de son père à Julien; ce caractère farouche eût
pu être porté à quelque folie.

Le soir, lorsqu'elle apprit à Julien qu'il était lieutenant de hussards, sa joie fut sans bornes. On peut se la figurer par l'ambition de toute sa vie, et par la passion qu'il avait maintenant pour son fils. Le changement de nom le frappait d'étonnement.

Après tout, pensait-il, mon roman est fini, et à moi seul toute le mérite. J'ai su me faire aimer de ce monstre d'orgueil, ajoutait-il en regardant Mathilde; son père ne peut vivre sans elle, et elle sans moi.

CHAPITRE XXXV

UN ORAGE

> Mon Dieu, donnez-moi la médiocrité!
> MIRABEAU.

Son âme était absorbée; il ne répondait qu'à demi à la vive tendresse qu'elle lui témoignait. Il restait silencieux et sombre. Jamais il n'avait paru si grand, si adorable aux yeux de Mathilde. Elle redoutait quelque subtilité de son orgueil qui viendrait déranger toute la position.

Presque tous les matins, elle voyait l'abbé Pirard arriver à l'hôtel. Par lui Julien ne pouvait-il pas avoir pénétré quelque chose des intentions de son père? Le marquis lui-même, dans un moment de caprice, ne pouvait-il pas lui avoir écrit? Après un aussi grand bonheur, comment expliquer l'air sévère de Julien? Elle n'osa l'interroger.

Elle *n'osa!* elle, Mathilde! Il y eut dès ce moment dans son sentiment pour Julien, du vague, de l'imprévu, presque de la terreur. Cette âme sèche sentit de la passion tout ce qui en est possible dans un être élevé au milieu de cet excès de civilisation que Paris admire.

Le lendemain de grand matin, Julien était au presbytère de l'abbé Pirard. Des chevaux de poste arrivaient dans la cour avec une chaise délabrée, louée à la poste voisine.

— Un tel équipage n'est plus de saison, lui dit le sévère abbé, d'un air rechigné. Voici vingt mille francs dont M. de La Mole vous fait cadeau; il vous engage à les dépenser dans l'année, mais en tâchant de vous donner le moins de ridicules possible. (Dans une somme aussi forte, jetée à un jeune homme, le prêtre ne voyait qu'une occasion de pécher.)

Le marquis ajoute : M. Julien de La Vernaye aura reçu cet argent de son père, qu'il est inutile de désigner autrement. M. de La Vernaye jugera peut-être convenable de faire un cadeau à M. Sorel, charpentier à Verrières, qui soigna son enfance... Je pourrai me charger de cette partie de la commission, ajouta l'abbé; j'ai enfin déterminé M. de La Mole à transiger avec cet abbé de Frilair, si jésuite. Son crédit est décidément trop fort pour le nôtre. La reconnaissance implicite de votre haute naissance par cet homme qui gouverne Besançon sera une des conditions tacites de l'arrangement.

Julien ne fut plus maître de son transport, il embrassa l'abbé, il se voyait reconnu.

— Fi donc! dit M. Pirard en le repoussant; que veut dire cette vanité mondaine?... Quant à Sorel et à ses fils, je leur offrirai, en mon nom, une pension annuelle de cinq cents francs, qui leur sera payée à chacun, tant que je serai content d'eux.

Julien était déjà froid et hautain. Il remercia, mais en termes très vagues et n'engageant à rien. Serait-il bien possible, se disait-il, que je fusse le fils naturel de quelque grand seigneur exilé dans nos montagnes par le terrible Napoléon? A chaque instant cette idée lui semblait moins improbable... Ma haine pour mon père serait une preuve... Je ne serais plus un monstre!

Peu de jours après ce monologue, le quinzième régiment de hussards, l'un des plus brillants de l'armée. était en bataille sur la place d'armes de Strasbourg. M. le chevalier de La Vernaye montait le plus beau cheval de l'Alsace, qui lui avait coûté six mille francs. Il était reçu lieutenant, sans avoir jamais été sous-lieutenant que sur les contrôles d'un régiment dont jamais il n'avait ouï parler.

Son air impassible, ses yeux sévères et presque méchants, sa pâleur, son inaltérable sang-froid commencèrent sa réputation dès le premier jour. Peu après, sa politesse parfaite et pleine de mesure, son adresse au pistolet et aux armes, qu'il fit connaître sans trop d'affectation, éloignèrent l'idée de plaisanter à haute voix sur son compte. Après cinq ou six jours d'hésitation, l'opinion publique du régiment se déclara en sa faveur. Il y a tout dans ce jeune homme, disaient les vieux officiers goguenards, excepté de la jeunesse.

De Strasbourg, Julien écrivit à M. Chélan, l'ancien curé de Verrières, qui touchait maintenant aux bornes de l'extrême vieillesse :

« Vous aurez appris avec une joie, dont je ne doute pas, les événements qui ont porté ma famille à m'enrichir. Voici cinq cents francs que je vous prie de distribuer sans bruit, ni mention aucune de mon nom, aux malheureux pauvres maintenant comme je le fus autrefois, et que sans doute vous secourez comme autrefois vous m'avez secouru. »

Julien était ivre d'ambition et non pas de vanité; toutefois il donnait une grande part de son attention à l'apparence extérieure. Ses chevaux, ses uniformes, les livrées de ses gens étaient tenus avec une correction qui aurait fait honneur à la ponctualité d'un grand seigneur anglais. A peine lieutenant, par faveur et depuis deux jours, il calculait déjà que, pour commander en chef à trente ans, au plus tard, comme tous les grands généraux, il fallait à vingt-trois ans être plus que lieutenant. Il ne pensait qu'à la gloire et à son fils.

Ce fut au milieu des transports de l'ambition la plus effrénée qu'il fut surpris par un jeune valet de pied de l'hôtel de La Mole, qui arrivait en courrier.

« Tout est perdu, lui écrivait Mathilde; accourez le plus vite possible, sacrifiez tout, désertez s'il le faut. A peine arrivé, attendez-moi dans un fiacre, près la petite porte du jardin, au n°... de la rue... J'irai vous parler; peut-être pourrai-je vous introduire dans le jardin. Tout est perdu, et je le crains, sans ressource; comptez sur moi, vous me trouverez dévouée et ferme dans l'adversité. Je vous aime. »

En quelques minutes, Julien obtint une permission du colonel et partit de Strasbourg à franc étrier; mais l'affreuse inquiétude qui le dévorait ne lui permit pas de continuer cette façon de voyager au-delà de Metz. Il se jeta dans une chaise de poste; et ce fut avec une rapidité presque incroyable qu'il arriva au lieu indiqué, près la petite porte du jardin de l'hôtel de La Mole. Cette porte s'ouvrit, et à l'instant Mathilde, oubliant tout respect humain, se précipita dans ses bras. Heureusement il n'était que cinq heures du matin et la rue était encore déserte.

— Tout est perdu; mon père, craignant mes larmes, est parti dans la nuit de jeudi. Pour où? personne ne le sait. Voici sa lettre; lisez. Et elle monta dans le fiacre avec Julien.

« Je pouvais tout pardonner, excepté le projet de vous séduire parce que vous êtes riche. Voilà, malheureuse fille, l'affreuse vérité. Je vous donne ma parole d'honneur que je ne consentirai jamais à un mariage avec cet homme. Je lui assure dix mille livres de rente s'il veut vivre au loin, hors des frontières de France, ou mieux encore en Amérique. Lisez la lettre que je reçois en réponse aux renseignements que j'avais demandés. L'impudent m'avait engagé lui-même à écrire à madame de Rênal. Jamais je ne lirai une ligne de vous relative à cet homme. Je prends en horreur Paris et vous. Je vous engage à recouvrir du plus grand secret ce qui doit arriver. Renoncez *franchement* à cet homme vil, et vous retrouverez un père. »

— Où est la lettre de madame de Rênal? dit froidement Julien.

— La voici. Je n'ai voulu te la montrer qu'après que tu aurais été préparé.

LETTRE

« Ce que je dois à la cause sacrée de la religion et de la morale m'oblige, monsieur, à la démarche pénible que je viens accomplir auprès de vous; une règle, qui ne peut faillir, m'ordonne de nuire en ce moment à mon prochain, mais afin d'éviter un plus grand scandale. La douleur que j'éprouve doit être surmontée par le sentiment du devoir. Il n'est que trop vrai, monsieur, la conduite de la per-

sonne au sujet de laquelle vous me demandez toute la
vérité a pu sembler inexplicable ou même honnête. On a
pu croire convenable de cacher ou de déguiser une partie
de la réalité, la prudence le voulait aussi bien que la
religion. Mais cette conduite, que vous désirez connaître,
a été dans le fait extrêmement condamnable, et plus que
je ne puis le dire. Pauvre et avide, c'est à l'aide de l'hypocrisie la plus consommée, et par la séduction d'une
femme faible et malheureuse, que cet homme a cherché
à se faire un état et à devenir quelque chose. C'est une
partie de mon pénible devoir d'ajouter que je suis obligée
de croire que M. J... n'a aucun principe de religion. En
conscience, je suis contrainte de penser qu'un de ses
moyens pour réussir dans une maison, est de chercher à
séduire la femme qui a le principal crédit. Couvert par
une apparence de désintéressement et par des phrases de
roman, son grand et unique objet est de parvenir à disposer du maître de la maison et de sa fortune. Il laisse
après lui le malheur et des regrets éternels », etc., etc., etc.

Cette lettre extrêmement longue et à demi effacée par
des larmes était bien de la main de madame de Rênal; elle
était même écrite avec plus de soin qu'à l'ordinaire.
— Je ne puis blâmer M. de La Mole, dit Julien après
l'avoir finie; il est juste et prudent. Quel père voudrait
donner sa fille chérie à un tel homme! Adieu!
Julien sauta à bas du fiacre, et courut à sa chaise de
poste arrêtée au bout de la rue. Mathilde, qu'il semblait
avoir oubliée, fit quelques pas pour le suivre; mais les
regards des marchands qui s'avançaient sur la porte de
leurs boutiques, et desquels elle était connue, la forcèrent
à rentrer précipitamment au jardin.
Julien était parti pour Verrières. Dans cette route
rapide, il ne put écrire à Mathilde comme il en avait le
projet, sa main ne formait sur le papier que des traits
illisibles.
Il arriva à Verrières un dimanche matin. Il entra chez
l'armurier du pays, qui l'accabla de compliments sur sa
récente fortune. C'était la nouvelle du pays.
Julien eut beaucoup de peine à lui faire comprendre

qu'il voulait une paire de pistolets. L'armurier sur sa demande chargea les pistolets.

Les *trois coups* sonnaient; c'est un signal bien connu dans les villages de France, et qui, après les diverses sonneries de la matinée, annonce le commencement immédiat de la messe.

Julien entra dans l'église neuve de Verrières. Toutes les fenêtres hautes de l'édifice étaient voilées avec des rideaux cramoisis. Julien se trouva à quelques pas derrière le banc de madame de Rênal. Il lui sembla qu'elle priait avec ferveur. La vue de cette femme qui l'avait tant aimé fit trembler le bras de Julien d'une telle façon, qu'il ne put d'abord exécuter son dessein. Je ne le puis, se disait-il à lui-même; physiquement, je ne le puis.

En ce moment, le jeune clerc qui servait la messe, sonna pour l'*élévation*. Madame de Rênal baissa la tête qui un instant se trouva presque entièrement cachée par les plis de son châle. Julien ne la reconnaissait plus aussi bien; il tira sur elle un coup de pistolet et la manqua; il tira un second coup, elle tomba.

CHAPITRE XXXVI

DÉTAILS TRISTES

> Ne vous attendez point de ma part
> à de la faiblesse. Je me suis vengé.
> J'ai mérité la mort, et me voici.
> Priez pour mon âme.
>
> SCHILLER.

JULIEN resta immobile, il ne voyait plus. Quand il revint un peu à lui, il aperçut tous les fidèles qui s'enfuyaient de l'église; le prêtre avait quitté l'autel. Julien se mit à suivre d'un pas assez lent les quelques femmes qui s'en allaient en criant. Une femme qui voulait fuir plus vite que les autres, le poussa rudement, il tomba. Ses pieds s'étaient embarrassés dans une chaise renversée par la foule; en se relevant, il se sentit le cou serré; c'était un gendarme en grande tenue qui l'arrêtait. Machinalement Julien voulut avoir recours à ses petits pistolets, mais un second gendarme s'emparait de ses bras.

Il fut conduit à la prison. On entra dans une chambre, on lui mit les fers aux mains, on le laissa seul; la porte se ferma sur lui à double tour; tout cela fut exécuté très vite, et il y fut insensible.

— Ma foi, tout est fini, dit-il tout haut en revenant à lui... Oui, dans quinze jours la guillotine... ou se tuer d'ici là.

Son raisonnement n'allait pas plus loin; il se sentait la tête comme si elle eût été serrée avec violence. Il regarda pour voir si quelqu'un le tenait. Après quelques instants, il s'endormit profondément.

Madame de Rênal n'était pas blessée mortellement. La première balle avait percé son chapeau; comme elle se retournait, le second coup était parti. La balle l'avait frappée à l'épaule, et chose étonnante, avait été renvoyée par l'os de l'épaule, que pourtant elle cassa, contre un pilier gothique, dont elle détacha un énorme éclat de pierre.

Quand, après un pansement long et douloureux, le chirurgien, homme grave, dit à madame de Rênal : je réponds de votre vie comme de la mienne, elle fut profondément affligée.

Depuis longtemps, elle désirait sincèrement la mort. La lettre qui lui avait été imposée par son confesseur actuel, et qu'elle avait écrite à M. de La Mole, avait donné le dernier coup à cet être affaibli par un malheur trop constant. Ce malheur était l'absence de Julien; elle l'appelait, elle, *le remords*. Le directeur, jeune ecclésiastique vertueux et fervent, nouvellement arrivé de Dijon, ne s'y trompait pas.

Mourir ainsi, mais non de ma main, ce n'est point un péché, pensait madame de Rênal. Dieu me pardonnera peut-être de me réjouir de ma mort. Elle n'osait ajouter : Et mourir de la main de Julien, c'est le comble des félicités.

A peine fut-elle débarrassée de la présence du chirurgien et de tous les amis accourus en foule, qu'elle fit appeler Elisa, sa femme de chambre.

— Le geôlier, lui dit-elle en rougissant beaucoup, est un homme cruel. Sans doute il va le maltraiter, croyant en cela faire une chose agréable pour moi... Cette idée m'est insupportable. Ne pourriez-vous pas aller comme de vous-même remettre au geôlier ce petit paquet qui contient quelques louis? Vous lui direz que la religion ne permet pas qu'il le maltraite... Il faut surtout qu'il n'aille pas parler de cet envoi d'argent.

C'est à la circonstance dont nous venons de parler que Julien dut l'humanité du geôlier de Verrières; c'était toujours ce M. Noiroud, ministériel parfait, auquel nous avons vu la présence de M. Appert faire une si belle peur.

Un juge parut dans la prison. — J'ai donné la mort avec préméditation, lui dit Julien; j'ai acheté et fait charger les pistolets chez Un Tel, l'armurier. L'article 1342 du Code pénal est clair, je mérite la mort, et je l'attends. Le juge, étonné de cette façon de répondre, voulut multiplier les questions pour faire en sorte que l'accusé *se coupât* dans ses réponses.

— Mais ne voyez-vous pas, lui dit Julien en souriant, que je me fais aussi coupable que vous pouvez le désirer? Allez, monsieur, vous ne manquerez pas la proie que vous poursuivez. Vous aurez le plaisir de condamner. Epargnez-moi votre présence.

Il me reste un ennuyeux devoir à remplir, pensa Julien, il faut écrire à mademoiselle de La Mole.

« Je me suis vengé, lui disait-il. Malheureusement, mon nom paraîtra dans les journaux, et je ne puis m'échapper de ce monde incognito. Je mourrai dans deux mois. La vengeance a été atroce, comme la douleur d'être séparé de vous. De ce moment, je m'interdis d'écrire et de prononcer votre nom. Ne parlez jamais de moi, même à mon fils : le silence est la seule façon de m'honorer. Pour le commun des hommes, je serai un assassin vulgaire... Permettez-moi la vérité en ce moment suprême : vous m'oublierez. Cette grande catastrophe dont je vous conseille de ne jamais ouvrir la bouche à être vivant, aura épuisé pour plusieurs années tout ce que je voyais de romanesque et de trop aventureux dans votre caractère. Vous étiez faite pour vivre avec les héros du moyen âge; montrez leur ferme caractère. Que ce qui

doit se passer soit accompli en secret et sans vous compromettre. Vous prendrez un faux nom, et n'aurez pas de
confident. S'il vous faut absolument le secours d'un ami,
je vous lègue l'abbé Pirard.

« Ne parlez à nul autre, surtout pas de gens de votre
classe : les de Luz, les Caylus.

« Un an après ma mort, épousez M. de Croisenois; je
vous en prie, je vous l'ordonne comme votre époux.
Ne m'écrivez point, je ne répondrais pas. Bien moins
méchant que Iago, à ce qu'il me semble, je vais dire
comme lui : *From this time forth I never will speak word.*

« On ne me verra ni parler ni écrire; vous aurez eu
mes dernières paroles comme mes dernières adorations.

« J. S. »

Ce fut après avoir fait partir cette lettre que, pour la
première fois, Julien, un peu revenu à lui, fut très malheureux. Chacune des espérances de l'ambition dut être arrachée successivement de son cœur par ce grand mot : Je
mourrai. La mort, en elle-même, n'était pas *horrible* à
ses yeux. Toute sa vie n'avait été qu'une longue préparation au malheur, et il n'avait eu garde d'oublier celui
qui passe pour le plus grand de tous.

Quoi donc! se disait-il, si dans soixante jours je devais
me battre en duel avec un homme très fort sur les armes,
est-ce que j'aurais la faiblesse d'y penser sans cesse, et la
terreur dans l'âme?

Il passa plus d'une heure à chercher à se bien connaître
sous ce rapport.

Quand il eut vu clair dans son âme, et que la vérité
parut devant ses yeux aussi nettement qu'un des piliers
de sa prison, il pensa au remords!

Pourquoi en aurais-je? J'ai été offensé d'une manière
atroce; j'ai tué, je mérite la mort, mais voilà tout. Je
meurs après avoir soldé mon compte envers l'humanité.
Je ne laisse aucune obligation non remplie, je ne dois
rien à personne; ma mort n'a rien de honteux que l'instrument : cela seul, il est vrai, suffit richement pour ma
honte aux yeux des bourgeois de Verrières; mais sous le
rapport intellectuel quoi de plus méprisable! Il me reste

un moyen d'être considérable à leurs yeux : c'est de jeter au peuple des pièces d'or en allant au supplice. Ma mémoire, liée à l'idée de l'*or*, sera resplendissante pour eux.

Après ce raisonnement, qui au bout d'une minute lui sembla évident : Je n'ai plus rien à faire sur la terre, se dit Julien, et il s'endormit profondément.

Vers les neuf heures du soir, le geôlier le réveilla en lui apportant à souper.

— Que dit-on dans Verrières?

— Monsieur Julien, le serment que j'ai prêté devant le crucifix, à la cour royale, le jour que je fus installé dans ma place, m'oblige au silence.

Il se taisait, mais restait. La vue de cette hypocrisie vulgaire amusa Julien. Il faut, pensa-t-il, que je lui fasse attendre longtemps les cinq francs qu'il désire pour me vendre sa conscience.

Quand le geôlier vit le repas finir sans tentative de séduction :

— L'amitié que j'ai pour vous, monsieur Julien, dit-il d'un air faux et doux, m'oblige à parler; quoiqu'on dise que c'est contre l'intérêt de la justice, parce que cela peut vous servir à arranger votre défense... Monsieur Julien, qui est bon garçon, sera bien content si je lui apprends que madame de Rênal va mieux.

— Quoi! elle n'est pas morte? s'écria Julien hors de lui.

— Quoi! vous ne saviez rien! dit le geôlier d'un air stupide qui bientôt devint de la cupidité heureuse. Il sera bien juste que monsieur donne quelque chose au chirurgien qui, d'après la loi et justice, ne devait pas parler. Mais pour faire plaisir à monsieur, je suis allé chez lui, et il m'a tout conté....

— Enfin, la blessure n'est pas mortelle, lui dit Julien impatienté, tu m'en réponds sur ta vie?

Le geôlier, géant de six pieds de haut, eut peur et se retira vers la porte. Julien vit qu'il prenait une mauvaise route pour arriver à la vérité, il se rassit et jeta un napoléon à M. Noiroud.

A mesure que le récit de cet homme prouvait à Julien

que la blessure de madame de Rênal n'était pas mortelle,
il se sentait gagné par les larmes. — Sortez! dit-il
brusquement.

Le geôlier obéit. A peine la porte fut-elle fermée :
Grand Dieu! elle n'est pas morte! s'écria Julien; et il
tomba à genoux, pleurant à chaudes larmes.

Dans ce moment suprême, il était croyant. Qu'importent les hypocrisies des prêtres? peuvent-elles ôter
quelque chose à la vérité et à la sublimité de l'idée de
Dieu?

Seulement alors, Julien commença à se repentir du
crime commis. Par une coïncidence qui lui évita le désespoir, en cet instant seulement, venait de cesser l'état d'irritation physique et de demi-folie où il était plongé
depuis son départ de Paris pour Verrières.

Ses larmes avaient une source généreuse, il n'avait aucun
doute sur la condamnation qui l'attendait.

Ainsi elle vivra! se disait-il... Elle vivra pour me pardonner et pour m'aimer...

Le lendemain matin fort tard, quand le geôlier le
réveilla :

— Il faut que vous ayez un fameux cœur, monsieur
Julien, lui dit cet homme. Deux fois je suis venu et n'ai
pas voulu vous réveiller. Voici deux bouteilles d'excellent vin que vous envoie M. Maslon, notre curé.

— Comment? ce coquin est encore ici? dit Julien.

— Oui, monsieur, répondit le geôlier en baissant la
voix, mais ne parlez pas si haut, cela pourrait vous nuire.

Julien rit de bon cœur.

— Au point où j'en suis, mon ami, vous seul pourriez
me nuire si vous cessiez d'être doux et humain... Vous
serez bien payé, dit Julien en s'interrompant et reprenant
l'air impérieux. Cet air fut justifié à l'instant par le don
d'une pièce de monnaie.

M. Noiroud raconta de nouveau et dans les plus grands
détails tout ce qu'il avait appris sur madame de Rênal,
mais il ne parla point de la visite de mademoiselle Elisa.

Cet homme était bas et soumis autant que possible.
Une idée traversa la tête de Julien : Cette espèce de géant
difforme peut gagner trois ou quatre cents francs, car sa

prison n'est guère fréquentée; je puis lui assurer dix mille francs, s'il veut se sauver en Suisse avec moi... La difficulté sera de le persuader de ma bonne foi. L'idée du long colloque à avoir avec un être aussi vil inspira du dégoût à Julien, il pensa à autre chose.

Le soir, il n'était plus temps. Une chaise de poste vint le prendre à minuit. Il fut très content des gendarmes, ses compagnons de voyage. Le matin, lorsqu'il arriva à la prison de Besançon, on eut la bonté de le loger dans l'étage supérieur d'un donjon gothique. Il jugea l'architecture du commencement du xivᵉ siècle; il en admira la grâce et la légèreté piquante. Par un étroit intervalle entre deux murs au-delà d'une cour profonde, il avait une échappée de vue superbe.

Le lendemain il y eut un interrogatoire, après quoi, pendant plusieurs jours on le laissa tranquille. Son âme était calme. Il ne trouvait rien que de simple dans son affaire : J'ai voulu tuer, je dois être tué.

Sa pensée ne s'arrêta pas davantage à ce raisonnement. Le jugement, l'ennui de paraître en public, la défense, il considérait tout cela comme de légers embarras, des cérémonies ennuyeuses auxquelles il serait temps de songer le jour même. Le moment de la mort ne l'arrêtait guère plus : J'y songerai après le jugement. La vie n'était point ennuyeuse pour lui, il considérait toutes choses sous un nouvel aspect. Il n'avait plus d'ambition. Il pensait rarement à mademoiselle de La Mole. Ses remords l'occupaient beaucoup et lui présentaient souvent l'image de madame de Rênal, surtout pendant le silence des nuits, troublé seulement, dans ce donjon élevé, par le chant de l'orfraie!

Il remerciait le Ciel de ne l'avoir pas blessée à mort. Chose étonnante! se disait-il, je croyais que par sa lettre à M. de La Mole elle avait détruit à jamais mon bonheur à venir, et, moins de quinze jours après la date de cette lettre, je ne songe plus à tout ce qui m'occupait alors... Deux ou trois mille livres de rente pour vivre tranquille dans un pays de montagnes comme Vergy... J'étais heureux alors... Je ne connaissais pas mon bonheur!

Dans d'autres instants, il se levait en sursaut de sa

chaise. Si j'avais blessé à mort madame de Rênal, je me serais tué... j'ai besoin de cette certitude pour ne pas me faire horreur à moi-même.

Me tuer! voilà la grande question, se disait-il. Ces juges si formalistes, si acharnés après le pauvre accusé, qui feraient pendre le meilleur citoyen, pour accrocher la croix... Je me soustrairais à leur empire, à leurs injures en mauvais français, que le journal du département va appeler de l'éloquence...

Je puis vivre encore cinq ou six semaines, plus ou moins... Me tuer! ma foi non, se dit-il après quelques jours, Napoléon a vécu...

D'ailleurs, la vie m'est agréable; ce séjour est tranquille; je n'y ai point d'ennuyeux, ajouta-t-il en riant, et il se mit à faire la note des livres qu'il voulait faire venir de Paris.

CHAPITRE XXXVII

UN DONJON

Le tombeau d'un ami.

STERNE.

Il entendit un grand bruit dans le corridor; ce n'était pas l'heure où l'on montait dans sa prison; l'orfraie s'envola en criant, la porte s'ouvrit, et le vénérable curé Chélan, tout tremblant et la canne à la main, se jeta dans ses bras.

— Ah! grand Dieu! est-il possible, mon enfant... Monstre! devrais-je dire.

Et le bon vieillard ne put ajouter une parole. Julien craignit qu'il ne tombât. Il fut obligé de le conduire à une chaise. La main du temps s'était appesantie sur cet homme autrefois si énergique. Il ne parut plus à Julien que l'ombre de lui-même.

Quand il eut repris haleine : — Avant-hier seulement je reçois votre lettre de Strasbourg, avec vos cinq cents francs pour les pauvres de Verrières; on me l'a apportée dans la montagne à Liveru où je suis retiré chez mon neveu Jean. Hier, j'apprends la castastrophe... O Ciel! est-il possible! Et le vieillard ne pleurait plus, il avait l'air privé d'idée, et ajouta machinalement : Vous aurez besoin de vos cinq cents francs, je vous les rapporte.

— J'ai besoin de vous voir, mon père! s'écria Julien attendri. J'ai de l'argent de reste.

Mais il ne put plus obtenir de réponse sensée. De temps à autre, M. Chélan versait quelques larmes qui descendaient silencieusement le long de sa joue; puis il regardait Julien, et était comme étourdi de le voir lui prendre les mains et les porter à ses lèvres. Cette physionomie si vive autrefois, et qui peignait avec tant d'énergie les plus nobles sentiments, ne sortait plus de l'air apathique. Une espèce de paysan vint bientôt chercher le vieillard. — Il ne faut pas le fatiguer, dit-il à Julien, qui comprit que c'était le neveu. Cette apparition laissa Julien plongé dans un malheur cruel et qui éloignait les larmes. Tout lui paraissait triste et sans consolation; il sentait son cœur glacé dans sa poitrine.

Cet instant fut le plus cruel qu'il eût éprouvé depuis le crime. Il venait de voir la mort, et dans toute sa laideur. Toutes les illusions de grandeur d'âme et de générosité s'étaient dissipées comme un nuage devant la tempête.

Cette affreuse situation dura plusieurs heures. Après l'empoisonnement moral, il faut des remèdes physiques et du vin de Champagne. Julien se fût estimé un lâche d'y avoir recours. Vers la fin d'une journée horrible, passée tout entière à se promener dans son étroit donjon : Que je suis fou! s'écria-t-il. C'est dans le cas où je devrais mourir comme un autre, que la vue de ce pauvre vieillard aurait dû me jeter dans une affreuse tristesse; mais une mort rapide et à la fleur des ans me met précisément à l'abri de cette triste décrépitude.

Quelques raisonnements qu'il se fît, Julien se trouva attendri comme un être pusillanime, et par conséquent malheureux de cette visite.

Il n'y avait plus rien de rude et de grandiose en lui, plus de vertu romaine; la mort lui apparaissait à une plus grande hauteur, et comme chose moins facile.

Ce sera là mon thermomètre, se dit-il. Ce soir je suis à dix degrés au-dessous du courage qui me conduit de niveau à la guillotine. Ce matin, je l'avais ce courage. Au reste, qu'importe! pourvu qu'il me revienne au moment nécessaire. Cette idée de thermomètre l'amusa, et enfin parvint à le distraire.

Le lendemain à son réveil, il eut honte de la journée de la veille. Mon bonheur, ma tranquillité sont en jeu. Il résolut presque d'écrire à M. le procureur général pour demander que personne ne fût admis auprès de lui. Et Fouqué? pensa-t-il. S'il peut prendre sur lui de venir à Besançon, quelle ne serait pas sa douleur!

Il y avait deux mois peut-être qu'il n'avait songé à Fouqué. J'étais un grand sot à Strasbourg, ma pensée n'allait pas au-delà du collet de mon habit. Le souvenir de Fouqué l'occupa beaucoup et le laissa plus attendri. Il se promenait avec agitation. Me voici décidément de vingt degrés au-dessous du niveau de la mort... Si cette faiblesse augmente, il vaudra mieux me tuer. Quelle joie pour les abbés Maslon et les Valenod si je meurs comme un cuistre!

Fouqué arriva; cet homme simple et bon était éperdu de douleur. Son unique idée, s'il en avait, était de vendre tout son bien pour séduire le geôlier et faire sauver Julien. Il lui parla longuement de l'évasion de M. de Lavalette.

— Tu me fais peine, lui dit Julien; M. de Lavalette était innocent, moi je suis coupable. Sans le vouloir tu me fais songer à la différence...

Mais, est-il vrai? Quoi! tu vendrais tout ton bien? dit Julien redevenant tout à coup observateur et méfiant.

Fouqué, ravi de voir enfin son ami répondre à son idée dominante, lui détailla longuement, et à cent francs près, ce qu'il tirerait de chacune de ses propriétés.

Quel effort sublime chez un propriétaire de campagne! pensa Julien. Que d'économies, que de petites demi-lésineries qui me faisaient tant rougir lorsque je les lui voyais faire, il sacrifie pour moi! Un de ces beaux jeunes gens que j'ai vus à l'hôtel de La Mole, et qui lisent *René*, n'aurait aucun de ces ridicules; mais excepté ceux qui sont fort jeunes et encore enrichis par héritage, et qui ignorent la valeur de l'argent, quel est celui de ces beaux Parisiens qui serait capable d'un tel sacrifice?

Toutes les fautes de français, tous les gestes communs de Fouqué disparurent, il se jeta dans ses bras. Jamais la province, comparée à Paris, n'a reçu un plus bel hommage. Fouqué, ravi du moment d'enthousiasme qu'il voyait dans les yeux de son ami, le prit pour un consentement à la fuite.

Cette vue du *sublime* rendit à Julien toute la force que l'apparition de M. Chélan lui avait fait perdre. Il était encore bien jeune; mais, suivant moi, ce fut une belle plante. Au lieu de marcher du tendre au rusé, comme la plupart des hommes, l'âge lui eût donné la bonté facile à s'attendrir, il se fût guéri d'une méfiance folle... Mais à quoi bon ces vaines prédictions?

Les interrogatoires devenaient plus fréquents, en dépit des efforts de Julien, dont toutes les réponses tendaient à abréger l'affaire : — J'ai tué ou du moins j'ai voulu donner la mort et avec préméditation, répétait-il chaque jour. Mais le juge était formaliste avant tout. Les déclarations de Julien n'abrégeaient nullement les interrogatoires; l'amour-propre du juge fut piqué. Julien ne sut pas qu'on avait voulu le transférer dans un affreux cachot, et que c'était grâce aux démarches de Fouqué qu'on lui laissait sa jolie chambre à cent quatre-vingts marches d'élévation.

M. l'abbé de Frilair était au nombre des hommes importants qui chargeaient Fouqué de leur provision de bois de chauffage. Le bon marchand parvint jusqu'au tout-puissant grand vicaire. A son inexprimable ravissement, M. de Frilair lui annonça que, touché des bonnes qualités de Julien et des services qu'il avait autrefois rendus au séminaire, il comptait le recommander aux juges. Fouqué entrevit l'espoir de sauver son ami, et en sortant, et se prosternant jusqu'à terre, pria M. le grand vicaire de distribuer en messes, pour implorer l'acquittement de l'accusé, une somme de dix louis.

Fouqué se méprenait étrangement. M. de Frilair n'était point un Valenod. Il refusa et chercha même à faire entendre au bon paysan qu'il ferait mieux de garder son argent. Voyant qu'il était impossible d'être clair sans imprudence, il lui conseilla de donner cette somme en aumônes, pour les pauvres prisonniers, qui, dans le fait, manquaient de tout.

Ce Julien est un être singulier, son action est inexplicable, pensait M. de Frilair, et rien ne doit l'être pour moi... Peut-être sera-t-il possible d'en faire un martyr... Dans tous les cas, je saurai le *fin* de cette affaire et trouverai peut-être une occasion de faire peur à cette madame de Rênal, qui ne nous estime point, et au fond me déteste... Peut-être pourrai-je rencontrer dans tout ceci un moyen de réconciliation éclatante avec M. de La Mole qui a un faible pour ce petit séminariste.

La transaction sur le procès avait été signée quelques semaines auparavant, et l'abbé Pirard était reparti de Besançon, non sans avoir parlé de la mystérieuse naissance de Julien, le jour où le malheureux assassinait madame de Rênal dans l'église de Verrières.

Julien ne voyait plus qu'un événement désagréable entre lui et la mort, c'était la visite de son père. Il consulta Fouqué sur l'idée d'écrire à M. le procureur général, pour être dispensé de toute visite. Cette horreur pour la vue d'un père, et dans un tel moment, choqua profondément le cœur honnête et bourgeois du marchand de bois.

Il crut comprendre pourquoi tant de gens haïssaient passionnément son ami. Par respect pour le malheur, il cacha sa manière de sentir.

— Dans tous les cas, lui répondit-il froidement, cet ordre de secret ne serait pas appliqué à ton père.

CHAPITRE XXXVIII

UN HOMME PUISSANT

> Mais il y a tant de mystères dans ses démarches et d'élégance dans sa taille! Qui peut-elle être?
>
> SCHILLER.

LES portes du donjon s'ouvrirent de fort bonne heure le lendemain. Julien fut réveillé en sursaut.

— Ah! bon Dieu, pensa-t-il, voilà mon père. Quelle scène désagréable!

Au même instant, une femme vêtue en paysanne se précipita dans ses bras, il eut peine à la reconnaître. C'était mademoiselle de La Mole.

— Méchant, je n'ai su que par ta lettre où tu étais. Ce que tu appelles ton crime, et qui n'est qu'une noble vengeance qui me montre toute la hauteur du cœur qui bat dans cette poitrine, je ne l'ai su qu'à Verrières...

Malgré ses préventions contre mademoiselle de La Mole, que d'ailleurs il ne s'avouait pas bien nettement, Julien la trouva fort jolie. Comment ne pas voir dans toute cette façon d'agir et de parler un sentiment noble, désintéressé, bien au-dessus de tout ce qu'aurait osé une âme petite et vulgaire? Il crut encore aimer une reine, et après quelques instants, ce fut avec une rare noblesse d'élocution et de pensée qu'il lui dit :

— L'avenir se dessinait à mes yeux fort clairement. Après ma mort, je vous remariais à M. de Croisenois, qui aurait épousé une veuve. L'âme noble mais un peu romanesque de cette veuve charmante, étonnée et convertie au culte de la prudence vulgaire, par un événement singulier, tragique et grand pour elle, eût daigné comprendre le mérite fort réel du jeune marquis. Vous vous seriez résignée à être heureuse du bonheur de tout le monde : la considération, les richesses, le haut rang... Mais, chère Mathilde, votre arrivée à Besançon, si elle est soupçonnée, va être un coup mortel pour M. de La Mole, et voilà ce que jamais je ne me pardonnerai. Je lui ai déjà causé tant de chagrin! L'académicien va dire qu'il a réchauffé un serpent dans son sein.

— J'avoue que je m'attendais peu à tant de froide raison, à tant de souci pour l'avenir, dit mademoiselle de La Mole à demi fâchée. Ma femme de chambre, presque aussi prudente que vous, a pris un passeport pour elle, et c'est sous le nom de madame Michelet que j'ai couru la poste.

— Et madame Michelet a pu arriver aussi facilement jusqu'à moi?

— Ah! tu es toujours l'homme supérieur, celui que j'ai distingué! D'abord, j'ai offert cent francs à un secrétaire de juge, qui prétendait que mon entrée dans ce donjon était impossible. Mais l'argent reçu, cet honnête homme m'a fait attendre, a élevé des objections, j'ai pensé qu'il songeait à me voler... Elle s'arrêta.

— Eh bien? dit Julien.

— Ne te fâche pas, mon petit Julien, lui dit-elle en l'embrassant, j'ai été obligée de dire mon nom à ce secrétaire, qui me prenait pour une jeune ouvrière de Paris, amoureuse du beau Julien... En vérité ce sont ses termes. Je lui ai juré que j'étais ta femme, et j'aurai une permission pour te voir chaque jour.

La folie est complète, pensa Julien, je n'ai pu l'empêcher. Après tout, M. de La Mole est un si grand seigneur, que l'opinion saura bien trouver une excuse au jeune colonel qui épousera cette charmante veuve. Ma mort prochaine couvrira tout; et il se livra avec délices à l'amour de Mathilde; c'était de la folie, de la grandeur d'âme, tout ce qu'il y a de plus singulier. Elle lui proposa sérieusement de se tuer avec lui.

Après ces premiers transports, et lorsqu'elle se fut rassasiée du bonheur de voir Julien, une curiosité vive s'empara tout à coup de son âme. Elle examinait son amant qu'elle trouva bien au-dessus de ce qu'elle s'était imaginé. Boniface de La Mole lui semblait ressuscité, mais plus héroïque.

Mathilde vit les premiers avocats du pays, qu'elle offensa en leur offrant de l'or trop crûment; mais ils finirent par accepter.

Elle arriva rapidement à cette idée, qu'en fait de choses douteuses et d'une haute portée, tout dépendait à Besançon de M. l'abbé de Frilair.

Sous le nom obscur de madame Michelet, elle trouva d'abord d'insurmontables difficultés pour parvenir jusqu'au tout-puissant congréganiste. Mais le bruit de la beauté d'une jeune marchande de modes, folle d'amour, et venue de Paris à Besançon pour consoler le jeune abbé Julien Sorel, se répandit dans la ville.

Mathilde courait seule à pied, dans les rues de Besançon; elle espérait n'être pas reconnue. Dans tous les cas, elle ne croyait pas inutile à sa cause de produire une grande impression sur le peuple. Sa folie songeait à le faire révolter pour sauver Julien marchant à la mort. Mademoiselle de La Mole croyait être vêtue simplement et comme il convient à une femme dans la douleur; elle l'était de façon à attirer tous les regards.

Elle était à Besançon l'objet de l'attention de tous, lorsque, après huit jours de sollicitations, elle obtint une audience de M. de Frilair.

Quel que fût son courage, les idées de congréganiste influent et de profonde et prudente scélératesse étaient tellement liées dans son esprit, qu'elle trembla en sonnant à la porte de l'évêché. Elle pouvait à peine marcher lorsqu'il lui fallut monter l'escalier qui conduisait à l'appartement du premier grand vicaire. La solitude du palais épiscopal lui donnait froid. Je puis m'asseoir sur un fauteuil, et ce fauteuil me saisir les bras, j'aurai disparu. A qui ma femme de chambre pourra-t-elle me demander? Le capitaine de gendarmerie se gardera bien d'agir... Je suis isolée dans cette grande ville!

A son premier regard dans l'appartement, mademoiselle de La Mole fut rassurée. D'abord c'était un laquais en livrée fort élégante qui lui avait ouvert. Le salon où on la fit attendre étalait ce luxe fin et délicat, si différent de la magnificence grossière, et que l'on ne trouve à Paris que dans les meilleures maisons. Dès qu'elle aperçut M. de Frilair qui venait à elle d'un air paterne, toutes les idées de crime atroce disparurent. Elle ne trouva pas même sur cette belle figure l'empreinte de cette vertu énergique et quelque peu sauvage, si antipathique à la société de Paris. Le demi-sourire qui animait les traits du prêtre, qui disposait de tout à Besançon, annonçait l'homme de bonne compagnie, le prélat instruit, l'administrateur habile. Mathilde se crut à Paris.

Il ne fallut que quelques instants à M. de Frilair pour amener Mathilde à lui avouer qu'elle était la fille de son puissant adversaire le marquis de La Mole.

— Je ne suis point en effet madame Michelet, dit-elle en reprenant toute la hauteur de son maintien, et cet aveu me coûte peu, car je viens vous consulter, monsieur, sur la possibilité de procurer l'évasion de M. de La Vernaye. D'abord il n'est coupable que d'une étourderie;

la femme sur laquelle il a tiré se porte bien. En second lieu, pour séduire les subalternes, je puis remettre sur-le-champ cinquante mille francs, et m'engager pour le double. Enfin, ma reconnaissance et celle de ma famille ne trouvera rien d'impossible pour qui aura sauvé M. de La Vernaye.

M. de Frilair paraissait étonné de ce nom. Mathilde lui montra plusieurs lettres du ministre de la guerre, adressées à M. Julien Sorel de La Vernaye.

— Vous voyez, monsieur, que mon père se chargeait de sa fortune. Je l'ai épousé en secret, mon père désirait qu'il fût officier supérieur avant de déclarer ce mariage un peu singulier pour une La Mole.

Mathilde remarqua que l'expression de la bonté et d'une gaieté douce s'évanouissait rapidement à mesure que M. de Frilair arrivait à des découvertes importantes. Une finesse mêlée de fausseté profonde se peignit sur sa figure.

L'abbé avait des doutes, il relisait lentement les documents officiels.

Quel parti puis-je tirer de ces étranges confidences? se disait-il. Me voici tout d'un coup en relation intime avec une amie de la célèbre maréchale de Fervaques, nièce toute-puissante de monseigneur l'évêque de ***, par qui l'on est évêque en France.

Ce que je regardais comme reculé dans l'avenir se présente à l'improviste. Ceci peut me conduire au but de tous mes vœux.

D'abord Mathilde fut effrayée du changement rapide de la physionomie de cet homme si puissant, avec lequel elle se trouvait seule dans un appartement reculé. Mais quoi! se dit-elle bientôt, la pire chance n'eût-elle pas été de ne faire aucune impression sur le froid égoïsme d'un prêtre rassasié de pouvoir et de jouissance?

Ebloui de cette voie rapide et imprévue qui s'ouvrait à ses yeux pour arriver à l'épiscopat, étonné du génie de Mathilde, un instant M. de Frilair ne fut plus sur ses gardes. Mademoiselle de La Mole le vit presque à ses pieds, ambitieux et vif jusqu'au tremblement nerveux.

Tout s'éclaircit, pensa-t-elle, rien ne sera impossible ici à l'amie de madame de Fervaques. Malgré un senti-

ment de jalousie encore bien douloureux, elle eut le
courage d'expliquer que Julien était l'ami intime de la
maréchale, et rencontrait presque tous les jours chez elle
monseigneur l'évêque de ***.

— Quand l'on tirerait au sort quatre ou cinq fois de
suite une liste de trente-six jurés parmi les notables habitants de ce département, dit le grand vicaire avec l'âpre
regard de l'ambition et en appuyant sur les mots, je me
considérerais comme bien peu chanceux, si dans chaque
liste je ne comptais pas huit ou dix amis et les plus intelligents de la troupe. Presque toujours j'aurai la majorité,
plus qu'elle même pour condamner; voyez, mademoiselle,
avec quelle grande facilité je puis faire absoudre...

L'abbé s'arrêta tout à coup, comme étonné du son de
ses paroles; il avouait des choses que l'on ne dit jamais
aux profanes.

Mais à son tour il frappa Mathilde de stupeur quand il
lui apprit que ce qui étonnait et intéressait surtout la
société de Besançon dans l'étrange aventure de Julien,
c'est qu'il avait inspiré autrefois une grande passion à
madame de Rênal, et l'avait longtemps partagée. M. de
Frilaire s'aperçut facilement du trouble extrême que pro-
duisait son récit.

J'ai ma revanche! pensa-t-il. Enfin, voici un moyen de
conduire cette petite personne si décidée; je tremblais de
n'y pas réussir. L'air distingué et peu facile à mener redoublait à ses yeux le charme de la rare beauté qu'il voyait
presque suppliante devant lui. Il reprit tout son sang-froid,
et n'hésita point à retourner le poignard dans son cœur.

— Je ne serais pas surpris après tout, lui dit-il d'un
air léger, quand nous apprendrions que c'est par jalousie
que M. Sorel a tiré deux coups de pistolet à cette femme
autrefois tant aimée. Il s'en faut bien qu'elle soit sans agréments, et depuis peu elle voyait fort souvent un certain
abbé Marquinot de Dijon, espèce de janséniste sans mœurs,
comme ils sont tous.

M. de Frilair tortura voluptueusement et à loisir le
cœur de cette jolie fille, dont il avait surpris le côté faible.

Pourquoi, disait-il en arrêtant des yeux ardents sur
Mathilde, M. Sorel aurait-il choisi l'église, si ce n'est parce

que, précisément en cet instant, son rival y célébrait la messe? Tout le monde accorde infiniment d'esprit, et encore plus de prudence à l'homme heureux que vous protégez. Quoi de plus simple que de se cacher dans les jardins de M. de Rênal qu'il connaît si bien? là, avec la presque certitude de n'être ni vu, ni pris, ni soupçonné, il pouvait donner la mort à la femme dont il était jaloux.

Ce raisonnement, si juste en apparence, acheva de jeter Mathilde hors d'elle-même. Cette âme altière, mais saturée de toute cette prudence sèche, qui passe dans le grand monde pour peindre fidèlement le cœur humain, n'était pas faite pour comprendre vite le bonheur de se moquer de toute prudence, qui peut être si vif pour une âme ardente. Dans les hautes classes de la société de Paris, où Mathilde avait vécu, la passion ne peut que bien rarement se dépouiller de prudence, et c'est du cinquième étage qu'on se jette par la fenêtre.

Enfin, l'abbé de Frilair fut sûr de son empire. Il fit entendre à Mathilde (sans doute il mentait) qu'il pouvait disposer à son gré du ministère public, chargé de soutenir l'accusation contre Julien.

Après que le sort aurait désigné les trente-six jurés de la session, il ferait une démarche directe et personnelle envers trente jurés au moins.

Si Mathilde n'avait pas semblé si jolie à M. de Frilair, il ne lui eût parlé aussi clairement qu'à la cinq ou sixième entrevue.

CHAPITRE XXXIX

L'INTRIGUE

> Castres, 1676. — Un frère vient d'assassiner sa sœur dans la maison voisine de la mienne; ce gentilhomme était déjà coupable d'un meurtre. Son père, en faisant distribuer secrètement cinq cents écus aux conseillers, lui a sauvé la vie.
>
> LOCKE, *Voyage en France.*

EN sortant de l'évêché, Mathilde n'hésita pas à envoyer un courrier à madame de Fervaques; la crainte de se compromettre ne l'arrêta pas une seconde. Elle conjurait sa rivale d'obtenir une lettre pour M. de Frilair, écrite en entier de la main de monseigneur l'évêque de ***. Elle allait jusqu'à la supplier d'accourir elle-même à Besançon. Ce trait fut héroïque de la part d'une âme jalouse et fière.

D'après le conseil de Fouqué, elle avait eu la prudence de ne point parler de ses démarches à Julien. Sa présence le troublait assez sans cela. Plus honnête homme à l'approche de la mort qu'il ne l'avait été durant sa vie, il avait des remords non seulement envers M. de La Mole, mais aussi pour Mathilde.

Quoi donc! se disait-il, je trouve auprès d'elle des moments de distraction et même de l'ennui. Elle se perd pour moi, et c'est ainsi que je l'en récompense! Serais-je donc un méchant? Cette question l'eût bien peu occupé quand il était ambitieux; alors ne pas réussir était la seule honte à ses yeux.

Son malaise moral, auprès de Mathilde, était d'autant plus décidé, qu'il lui inspirait en ce moment la passion la plus extraordinaire et la plus folle. Elle ne parlait que des sacrifices étranges qu'elle voulait faire pour le sauver.

Exaltée par un sentiment dont elle était fière et qui l'emportait sur tout son orgueil, elle eût voulu ne pas laisser passer un instant de sa vie sans le remplir par quelque démarche extraordinaire. Les projets les plus étranges, les plus périlleux pour elle remplissaient ses longs entretiens avec Julien. Les geôliers, bien payés, la laissaient régner dans la prison. Les idées de Mathilde ne se bornaient pas au sacrifice de sa réputation; peu lui importait de faire connaître son état à toute la société. Se jeter à genoux pour demander la grâce de Julien, devant la voiture du roi allant au galop, attirer l'attention du prince, au risque de se faire mille fois écraser, était une des moindres chimères que rêvait cette imagination exaltée et courageuse. Par ses amis employés auprès du roi, elle était sûre d'être admise dans les parties réservées du parc de Saint-Cloud.

Julien se trouvait peu digne de tant de dévouement, à vrai dire il était fatigué d'héroïsme. C'eût été à une tendresse simple, naïve et presque timide, qu'il se fût trouvé sensible, tandis qu'au contraire, il fallait toujours l'idée d'un public et *des autres* à l'âme hautaine de Mathilde.

Au milieu de toutes ses angoisses, de toutes ses craintes pour la vie de cet amant, auquel elle ne voulait pas survivre, elle avait un besoin secret d'étonner le public par l'excès de son amour et la sublimité de ses entreprises.

Julien prenait de l'humeur de ne point se trouver touché de tout cet héroïsme. Qu'eût-ce été, s'il eût connu toutes les folies dont Mathilde accablait l'esprit dévoué, mais éminemment raisonnable et borné du bon Fouqué?

Il ne savait trop que blâmer dans le dévouement de Mathilde; car lui aussi eût sacrifié toute sa fortune et exposé sa vie aux plus grands hasards pour sauver Julien. Il était stupéfait de la quantité d'or jetée par Mathilde. Les premiers jours, les sommes ainsi dépensées en imposèrent à Fouqué, qui avait pour l'argent toute la vénération d'un provincial.

Enfin, il découvrit que les projets de mademoiselle de La Mole variaient souvent, et, à son grand soulagement, trouva un mot pour blâmer ce caractère si fatigant pour lui : elle était *changeante*. De cette épithète à celle de *mauvaise tête,* le plus grand anathème en province, il n'y a qu'un pas.

Il est singulier, se disait Julien, un jour que Mathilde sortait de sa prison, qu'une passion si vive et dont je suis l'objet me laisse tellement insensible! et je l'adorais il y a deux mois! J'avais bien lu que l'approche de la mort désintéresse de tout; mais il est affreux de se sentir ingrat et de ne pouvoir se changer. Je suis donc un égoïste? Il se faisait à ce sujet les reproches les plus humiliants.

L'ambition était morte en son cœur, une autre passion y était sortie de ses cendres; il l'appelait le remords d'avoir assassiné madame de Rênal.

Dans le fait, il en était éperdument amoureux. Il trouvait un bonheur singulier quand, laissé absolument seul et sans crainte d'être interrompu, il pouvait se livrer tout entier au souvenir des journées heureuses qu'il avait passées jadis à Verrières ou à Vergy. Les moindres incidents de ces temps trop rapidement envolés avaient pour lui une fraîcheur et un charme irrésistibles. Jamais il ne pensait à ses succès de Paris; il en était ennuyé.

Ces dispositions qui s'accroissaient rapidement furent en partie devinées par la jalousie de Mathilde. Elle s'apercevait fort clairement qu'elle avait à lutter contre l'amour de la solitude. Quelquefois, elle prononçait avec terreur le nom de madame de Rênal. Elle voyait frémir Julien. Sa passion n'eut désormais ni bornes, ni mesure.

S'il meurt, je meurs après lui, se disait-elle avec toute la bonne foi possible. Que diraient les salons de Paris en voyant une fille de mon rang adorer à ce point un amant destiné à la mort? Pour trouver de tels sentiments, il faut remonter au temps des héros; c'étaient des amours de ce genre qui faisaient palpiter les cœurs du siècle de Charles IX et de Henri III.

Au milieu des transports les plus vifs, quand elle serrait contre son cœur la tête de Julien : Quoi! se disait-elle avec horreur, cette tête charmante serait destinée à tomber! Eh bien! ajoutait-elle enflammée d'un héroïsme qui n'était pas sans bonheur, mes lèvres, qui se pressent contre ces jolis cheveux, seront glacées moins de vingt-quatre heures après.

Les souvenirs de ces moments d'héroïsme et d'affreuse volupté l'attachaient d'une étreinte invincible. L'idée de suicide, si occupante par elle-même, et jusqu'ici si éloignée de cette âme altière, y pénétra, et bientôt y régna avec un empire absolu. Non, le sang de mes ancêtres ne s'est point attiédi en descendant jusqu'à moi, se disait Mathilde avec orgueil.

— J'ai une grâce à vous demander, lui dit un jour son amant; mettez votre enfant en nourrice à Verrières. Madame de Rênal surveillera la nourrice.

— Ce que vous me dites là est bien dur... Et Mathilde pâlit.

— Il est vrai, et je t'en demande mille fois pardon, s'écria Julien sortant de sa rêverie, et la serrant dans ses bras.

Après avoir séché ses larmes, il revint à sa pensée, mais avec plus d'adresse. Il avait donné à la conversation un

tour de philosophie mélancolique. Il parlait de cet avenir qui allait si tôt se fermer pour lui. — Il faut convenir,
chère amie, que les passions sont un accident dans la
vie, mais cet accident ne se rencontre que chez les âmes
supérieures... La mort de mon fils serait au fond un
bonheur pour l'orgueil de votre famille, c'est ce que devi-
neront les subalternes. La négligence sera le lot de cet
enfant du malheur et de la honte... J'espère qu'à une
époque que je ne veux point fixer, mais que pourtant
mon courage entrevoit, vous obéirez à mes dernières re-
commandations : Vous épouserez M. le marquis de Croisenois.

— Quoi, déshonorée!

— Le déshonneur ne pourra prendre sur un nom tel
que le vôtre. Vous serez une veuve et la veuve d'un fou,
voilà tout. J'irai plus loin : mon crime n'ayant point
l'argent pour moteur ne sera point déshonorant. Peut-
être à cette époque, quelque législateur philosophe aura
obtenu, des préjugés de ses contemporains, la suppression
de la peine de mort. Alors, quelque voix amie dira
comme un exemple : Tenez, le premier époux de mademoiselle de La Mole était un fou, mais non pas un méchant homme, un scélérat. Il fut absurde de faire tomber
cette tête... Alors ma mémoire ne sera point infâme; du
moins après un certain temps... Votre position dans le
monde, votre fortune, et, permettez-moi de le dire, votre
génie, feront jouer à M. de Croisenois, devenu votre
époux, un rôle auquel tout seul il ne saurait atteindre.
Il n'a que de la naissance et de la bravoure, et ces qualités toutes seules, qui faisaient un homme accompli en
1729, sont un anachronisme un siècle plus tard, et ne
donnent que des prétentions. Il faut encore d'autres choses
pour se placer à la tête de la jeunesse française.

Vous porterez le secours d'un caractère ferme et entre-
prenant au parti politique où vous jetterez votre époux.
Vous pourrez succéder aux Chevreuse et aux Longueville
de la Fronde... Mais alors, chère amie, le feu céleste qui
vous anime en ce moment sera un peu attiédi.

Permettez-moi de vous le dire, ajouta-t-il après beaucoup d'autres phrases préparatoires, dans quinze ans vous

regarderez comme une folie excusable, mais pourtant comme une folie, l'amour que vous avez eu pour moi...

Il s'arrêta tout à coup et devint rêveur. Il se trouvait de nouveau vis-à-vis cette idée si choquante pour Mathilde : Dans quinze ans madame de Rênal adorera mon fils, et vous l'aurez oublié.

CHAPITRE XL

LA TRANQUILLITÉ

> C'est parce qu'alors j'étais fou
> qu'aujourd'hui je suis sage. O philo-
> sophe qui ne vois rien que d'instan-
> tané, que tes vues sont courtes ! Ton
> œil n'est pas fait pour suivre le tra-
> vail souterrain des passions. .
>
> Mme GOETHE.

CET entretien fut coupé par un interrogatoire, suivi d'une conférence avec l'avocat chargé de la défense. Ces moments étaient les seuls absolument désagréables d'une vie pleine d'incurie et de rêveries tendres.

Il y a meurtre, et meurtre avec préméditation, dit Julien au juge comme à l'avocat. J'en suis fâché, messieurs, ajouta-t-il en souriant; mais ceci réduit votre besogne à bien peu de chose.

Après tout, se disait Julien, quand il fut parvenu à se délivrer de ces deux êtres, il faut que je sois brave, et apparemment plus brave que ces deux hommes. Ils regardent comme le comble des maux, comme le *roi des épouvantements,* ce duel à issue malheureuse, dont je ne m'occuperai sérieusement que le jour même.

C'est que j'ai connu un plus grand malheur, continua Julien en philosophant avec lui-même. Je souffrais bien autrement durant mon premier voyage à Strasbourg, quand je me croyais abandonné par Mathilde... Et pouvoir dire que j'ai désiré avec tant de passion cette intimité parfaite qui aujourd'hui me laisse si froid!... Dans le fait, je suis plus heureux seul que quand cette fille si belle partage ma solitude...

L'avocat, homme de règle et de formalités, le croyait fou et pensait avec le public que c'était la jalousie qui lui avait mis le pistolet à la main. Un jour, il hasarda de faire entendre à Julien que cette allégation, vraie ou fausse, serait un excellent moyen de plaidoirie. Mais l'accusé redevint en un clin d'œil un être passionné et incisif.

— Sur votre vie, monsieur, s'écria Julien hors de lui, souvenez-vous de ne plus proférer cet abominable mensonge. Le prudent avocat eut peur un instant d'être assassiné.

Il préparait sa plaidoirie, parce que l'instant décisif approchait rapidement. Besançon et tout le département ne parlaient que de cette cause célèbre. Julien ignorait ce détail, il avait prié qu'on ne lui parlât jamais de ces sortes de choses.

Ce jour-là, Fouqué et Mathilde ayant voulu lui apprendre certains bruits publics, fort propres, selon eux, à donner des espérances, Julien les avait arrêtés dès le premier mot.

— Laissez-moi ma vie idéale. Vos petites tracasseries, vos détails de la vie réelle, plus ou moins froissants pour moi, me tireraient du ciel. On meurt comme on peut; moi je ne veux penser à la mort qu'à ma manière. Que m'importent *les autres*? Mes relations avec *les autres* vont être tranchées brusquement. De grâce, ne me parlez plus de ces gens-là; c'est bien assez de voir le juge et l'avocat.

Au fait, se disait-il à lui-même, il paraît que mon destin est de mourir en rêvant. Un être obscur, tel que moi, sûr d'être oublié avant quinze jours, serait bien dupe, il faut l'avouer, de jouer la comédie...

Il est singulier pourtant que je n'aie connu l'art de jouir de la vie que depuis que j'en vois le terme si près de moi.

Il passait ces dernières journées à se promener sur l'étroite terrasse au haut du donjon, fumant d'excellents cigares que Mathilde avait envoyé chercher en Hollande par un courrier, et sans se douter que son apparition était attendue chaque jour par tous les télescopes de la ville. Sa pensée était à Vergy. Jamais il ne parlait de madame de Rênal à Fouqué, mais deux ou trois fois cet ami lui dit qu'elle se rétablissait rapidement, et ce mot retentit dans son cœur.

Pendant que l'âme de Julien était presque toujours tout entière dans le pays des idées, Mathilde, occupée des choses réelles, comme il convient à un cœur aristocrate, avait su avancer à un tel point l'intimité de la correspondance directe entre madame de Fervaques et M. de Frilair, que déjà le grand mot *évêché* avait été prononcé.

Le vénérable prélat, chargé de la feuille des bénéfices, ajouta en apostille à une lettre de sa nièce : *Ce pauvre Sorel n'est qu'un étourdi, j'espère qu'on nous le rendra.*

A la vue de ces lignes, M. de Frilair fut comme hors de lui. Il ne doutait pas de sauver Julien.

— Sans cette loi jacobine qui a prescrit la formation d'une liste innombrable de jurés, et qui n'a d'autre but réel que d'enlever toute influence aux gens bien nés, disait-il à Mathilde la veille du tirage au sort des trente-six jurés de la session, j'aurais répondu du *verdict*. J'ai bien fait acquitter le curé N...

Ce fut avec plaisir que le lendemain, parmi les noms sortis de l'urne, M. de Frilair trouva cinq congréganistes de Besançon, et parmi les étrangers à la ville, les noms de MM. Valenod, de Moirod, de Cholin. — Je réponds d'abord de ces huit jurés-ci, dit-il à Mathilde. Les cinq premiers sont des *machines*. Valenod est mon agent, Moirod me doit tout, de Cholin est un imbécile qui a peur de tout.

Le journal répandit dans le département les noms des jurés, et madame de Rênal, à l'inexprimable terreur de son mari, voulut venir à Besançon. Tout ce que M. de Rênal put obtenir fut qu'elle ne quitterait point son lit, afin de ne pas avoir le désagrément d'être appelée en témoignage. — Vous ne comprenez pas ma position, disait l'ancien maire de Verrières, je suis maintenant libéral de la *défection*, comme ils disent; nul doute que ce polisson de Valenod et M. de Frilair n'obtiennent facilement du procureur général et des juges tout ce qui pourra m'être désagréable.

Madame de Rênal céda sans peine aux ordres de son mari. Si je paraissais à la cour d'assises, se disait-elle, j'aurais l'air de demander vengeance.

Malgré toutes les promesses de prudence faites au directeur de sa conscience et à son mari, à peine arrivée à Besançon, elle écrivit de sa main à chacun des trente-six jurés :

« Je ne paraîtrai point le jour du jugement, monsieur parce que ma présence pourrait jeter de la défaveur sur la cause de M. Sorel. Je ne désire qu'une chose au monde et avec passion, c'est qu'il soit sauvé. N'en doutez point, l'affreuse idée qu'à cause de moi un innocent a été conduit à la mort empoisonnerait le reste de ma vie et sans doute l'abrégerait. Comment pourrez-vous le condamner à mort, tandis que moi je vis? Non, sans doute, la société n'a point le droit d'arracher la vie, et surtout à un être tel que Julien Sorel. Tout le monde, à Verrières, lui a connu des moments d'égarements. Ce pauvre jeune homme a des ennemis puissants; mais, même parmi ses ennemis (et combien n'en a-t-il pas!) quel est celui qui met en doute ses admirables talents et sa science profonde? Ce n'est pas un sujet ordinaire que vous allez juger, monsieur. Durant près de dix-huit mois nous l'avons tous connu pieux, sage, appliqué; mais, deux ou trois fois par an, il était saisi par des accès de mélancolie qui allaient jusqu'à l'égarement. Toute la ville de Verrières, tous nos voisins de Vergy où nous passons la belle saison, ma famille entière, monsieur le sous-préfet lui-même rendront justice à sa piété exemplaire; il sait par cœur toute la sainte Bible. Un impie se fût-il appliqué pendant des années à apprendre le livre saint? Mes fils auront l'honneur de vous présenter cette lettre : ce sont des enfants. Daignez les interroger, monsieur, ils vous donneront sur ce pauvre jeune homme tous les détails qui seraient encore nécessaires pour vous convaincre de la barbarie qu'il y aurait à le condamner. Bien loin de me venger, vous me donneriez la mort.

« Qu'est-ce que ses ennemis pourront opposer à ce fait? La blessure qui a été le résultat d'un de ces moments de folie que mes enfants eux-mêmes remarquaient chez leur précepteur, est tellement peu dangereuse, qu'après moins de deux mois elle m'a permis de venir en poste de Verrières à Besançon. Si j'apprends, monsieur, que vous hésitiez le moins du monde à soustraire à la barbarie des lois un être si peu coupable, je sortirai de mon lit où me retiennent uniquement les ordres de mon mari, et j'irai me jeter à vos pieds.

« Déclarez, monsieur, que la préméditation n'est pas constante, et vous n'aurez pas à vous reprocher le sang d'un innocent ». etc., etc.

CHAPITRE XLI

LE JUGEMENT

> Le pays se souviendra longtemps de ce procès célèbre. L'intérêt pour l'accusé était porté jusqu'à l'agitation : c'est que son crime était étonnant et pourtant pas atroce. L'eût-il été, ce jeune homme était si beau! Sa haute fortune, sitôt finie, augmentait l'attendrissement. Le condamneront-ils? demandaient les femmes aux hommes de leur connaissance, et on les voyait pâlissantes attendre la réponse.
>
> SAINTE-BEUVE.

ENFIN parut ce jour, tellement redouté de madame de Rênal et de Mathilde.

L'aspect étrange de la ville redoublait leur terreur, et ne laissait pas sans émotion même l'âme ferme de Fouqué. Toute la province était accourue à Besançon pour voir juger cette cause romanesque.

Depuis plusieurs jours, il n'y avait plus de place dans les auberges. M. le président des assises était assailli par des demandes de billets; toutes les dames de la ville voulaient assister au jugement; on criait dans les rues le portrait de Julien, etc., etc.

Mathilde tenait en réserve pour ce moment suprême une lettre écrite en entier de la main de monseigneur l'évêque de ***. Ce prélat, qui dirigeait l'Eglise de France et faisait des évêques, daignait demander l'acquittement de Julien. La veille du jugement, Mathilde porta cette lettre au tout-puissant grand vicaire.

A la fin de l'entrevue, comme elle s'en allait fondant en larmes : — Je réponds de la déclaration du jury, lui dit M. de Frilair, sortant enfin de sa réserve diplomatique, et presque ému lui-même. Parmi les douze personnes chargées d'examiner si le crime de votre protégé est constant, et surtout s'il y a eu préméditation, je compte six amis dévoués à ma fortune, et je leur ai fait entendre qu'il dépendait d'eux de me porter à l'épiscopat. Le baron Valenod, que j'ai fait maire de Verrières, dispose entièrement de deux de ses administrés, MM. de Moirod et de Cholin. A la vérité, le sort nous a donné pour cette affaire deux jurés fort mal pensants; mais, quoique ultra-libéraux, ils sont fidèles à mes ordres dans les grandes occasions, et je les ai fait prier de voter comme M. Valenod. J'ai appris qu'un sixième juré, industriel immensément riche et bavard libéral, aspire en secret à une fourniture au ministère de la guerre, et sans doute il ne voudrait pas me déplaire. Je lui ai fait dire que M. de Valenod a mon dernier mot.

— Et quel est ce M. Valenod? dit Mathilde inquiète.

— Si vous le connaissiez, vous ne pourriez douter du succès. C'est un parleur audacieux, impudent, grossier, fait pour mener des sots. 1814 l'a pris à la misère, et je vais en faire un préfet. Il est capable de battre les autres jurés s'ils ne veulent pas voter à sa guise.

Mathilde fut un peu rassurée.

Une autre discussion l'attendait dans la soirée. Pour ne pas prolonger une scène désagréable et dont à ses yeux le résultat était certain, Julien était résolu à ne pas prendre la parole.

— Mon avocat parlera, c'est bien assez, dit-il à Mathilde. Je ne serai que trop longtemps exposé en spectacle à tous mes ennemis. Ces provinciaux ont été choqués de la fortune rapide que je vous dois, et, croyez-m'en, il n'en est pas un qui ne désire ma condamnation, sauf à pleurer comme un sot quand on me mènera à la mort.

— Ils désirent vous voir humilié, il n'est que trop vrai, répondit Mathilde, mais je ne les crois point cruels. Ma présence à Besançon et le spectacle de ma douleur ont intéressé toutes les femmes; votre jolie figure fera le reste.

Si vous dites un mot devant vos juges, tout l'auditoire est pour vous, etc., etc.

Le lendemain à neuf heures, quand Julien descendit de sa prison pour aller dans la grande salle du Palais de Justice, ce fut avec beaucoup de peine que les gendarmes parvinrent à écarter la foule immense entassée dans la cour. Julien avait bien dormi, il était fort calme, et n'éprouvait d'autre sentiment qu'une pitié philosophique pour cette foule d'envieux qui, sans cruauté, allaient applaudir à son arrêt de mort. Il fut bien surpris lorsque, retenu plus d'un quart d'heure au milieu de la foule, il fut obligé de reconnaître que sa présence inspirait au public une pitié tendre. Il n'entendit pas un seul propos désagréable. Ces provinciaux sont moins méchants que je ne le croyais, se dit-il.

En entrant dans la salle de jugement, il fut frappé de l'élégance de l'architecture. C'était un gothique propre, et une foule de jolies petites colonnes taillées dans la pierre avec le plus grand soin. Il se crut en Angleterre.

Mais bientôt toute son attention fut absorbée par douze ou quinze jolies femmes qui, placées vis-à-vis la sellette de l'accusé, remplissaient les trois balcons au-dessus des juges et des jurés. En se retournant vers le public, il vit que la tribune circulaire qui règne au-dessus de l'amphithéâtre était remplie de femmes : la plupart étaient jeunes et lui semblèrent fort jolies; leurs yeux étaient brillants et remplis d'intérêt. Dans le reste de la salle, la foule était énorme; on se battait aux portes, et les sentinelles ne pouvaient obtenir le silence.

Quand tous les yeux qui cherchaient Julien s'aperçurent de sa présence, en le voyant occuper la place un peu élevée réservée à l'accusé, il fut accueilli par un murmure d'étonnement et de tendre intérêt.

On eût dit ce jour-là qu'il n'avait pas vingt ans; il était mis fort simplement, mais avec une grâce parfaite; ses cheveux et son front étaient charmants; Mathilde avait voulu présider elle-même à sa toilette. La pâleur de Julien était extrême. A peine assis sur la sellette, il entendit dire de tous côtés : Dieu! comme il est jeune!... Mais c'est un enfant... Il est bien mieux que son portrait.

— Mon accusé, lui dit le gendarme assis à sa droite, voyez-vous ces six dames qui occupent le balcon? Le gendarme lui indiquait une petite tribune en saillie au-dessus de l'amphithéâtre où sont placés les jurés. C'est madame la préfète, continua le gendarme, à côté madame la marquise de M***, celle-là vous aime bien; je l'ai entendue parler au juge d'instruction. Après c'est madame Derville...

— Madame Derville! s'écria Julien, et une vive rougeur couvrit son front. Au sortir d'ici, pensa-t-il, elle va écrire à madame de Rênal. Il ignorait l'arrivée de madame de Rênal à Besançon.

Les témoins furent bien vite entendus. Dès les premiers mots de l'accusation soutenue par l'avocat général, deux de ces dames placées dans le petit balcon, tout à fait en face de Julien, fondirent en larmes. Madame Derville ne s'attendrit point ainsi, pensa Julien, Cependant il remarqua qu'elle était fort rouge.

L'avocat général faisait du pathos en mauvais français sur la barbarie du crime commis; Julien observa que les voisines de madame Derville avaient l'air de le désapprouver vivement. Plusieurs jurés, apparemment de la connaissance de ces dames, leur parlaient et semblaient les rassurer. Voilà qui ne laisse pas d'être de bon augure, pensa Julien.

Jusque-là il s'était senti pénétré d'un mépris sans mélange pour tous les hommes qui assistaient au jugement. L'éloquence plate de l'avocat général augmenta ce sentiment de dégoût. Mais peu à peu la sécheresse d'âme de Julien disparut devant les marques d'intérêt dont il était évidemment l'objet.

Il fut content de la mine ferme de son avocat. Pas de phrases, lui dit-il tout bas comme il allait prendre la parole.

— Toute l'emphase pillée à Bossuet, qu'on a étalée contre vous, vous a servi, dit l'avocat. En effet, à peine avait-il parlé pendant cinq minutes, que presque toutes les femmes avaient leur mouchoir à la main. L'avocat, encouragé, adressa aux jurés des choses extrêmement fortes. Julien frémit, il se sentait sur le point de verser des larmes. Grand Dieu! que diront mes ennemis?

Il allait céder à l'attendrissement qui le gagnait, lorsque, heureusement pour lui, il surprit un regard insolent de M. le baron de Valenod.

Les yeux de ce cuistre sont flamboyants, se dit-il; quel triomphe pour cette âme basse! Quand mon crime n'aurait amené que cette seule circonstance, je devrais le maudire. Dieu sait ce qu'il dira de moi à madame de Rênal!

Cette idée effaça toutes les autres. Bientôt après, Julien fut rappelé à lui-même par les marques d'assentiment du public. L'avocat venait de terminer sa plaidoirie. Julien se souvint qu'il était convenable de lui serrer la main. Le temps avait passé rapidement.

On apporta des rafraîchissements à l'avocat et à l'accusé. Ce fut alors seulement que Julien fut frappé d'une circonstance : aucune femme n'avait quitté l'audience pour aller dîner.

— Ma foi, je meurs de faim, dit l'avocat, et vous?

— Moi de même, répondit Julien.

— Voyez, voilà madame la préfète qui reçoit aussi son dîner, lui dit l'avocat en lui indiquant le petit balcon. Bon courage, tout va bien. La séance recommença.

Comme le président faisait son résumé, minuit sonna. Le président fut obligé de s'interrompre; au milieu du silence de l'anxiété universelle, le retentissement de la cloche de l'horloge remplissait la salle.

Voilà le dernier de mes jours qui commence, pensa Julien. Bientôt il se sentit enflammé par l'idée du devoir. Il avait dominé jusque-là son attendrissement et gardé sa résolution de ne point parler; mais quand le président des assises lui demanda s'il avait quelque chose à ajouter, il se leva. Il voyait devant lui les yeux de madame Derville qui, aux lumières, lui semblèrent bien brillants. Pleurerait-elle, par hasard? pensa-t-il.

« Messieurs les jurés,

« L'horreur du mépris, que je croyais pouvoir braver au moment de la mort, me fait prendre la parole. Messieurs, je n'ai point l'honneur d'appartenir à votre classe, vous voyez en moi un paysan qui s'est révolté contre la bassesse de sa fortune.

« Je ne vous demande aucune grâce, continua Julien en affermissant sa voix. Je ne me fais point illusion, la mort m'attend : elle sera juste. J'ai pu attenter aux jours de la femme la plus digne de tous les respects, de tous les hommages. Madame de Rênal avait été pour moi comme une mère. Mon crime est atroce, et il fut *prémédité*. J'ai donc mérité la mort, messieurs les jurés. Mais quand je serais moins coupable, je vois des hommes qui, sans s'arrêter à ce que ma jeunesse peut mériter de pitié, voudront punir en moi et décourager à jamais cette classe de jeunes gens qui, nés dans une classe inférieure et en quelque sorte opprimés par la pauvreté, ont le bonheur de se procurer une bonne éducation, et l'audace de se mêler à ce que l'orgueil des gens riches appelle la société.

« Voilà mon crime, messieurs, et il sera puni avec d'autant plus de sévérité, que, dans le fait, je ne suis point jugé par mes pairs. Je ne vois point sur les bancs des jurés quelque paysan enrichi, mais uniquement des bourgeois indignés... »

Pendant vingt minutes, Julien parla sur ce ton; il dit tout ce qu'il avait sur le cœur; l'avocat général, qui aspirait aux faveurs de l'aristocratie, bondissait sur son siège; mais malgré le tour un peu abstrait que Julien avait donné à la discussion, toutes les femmes fondaient en larmes. Madame Derville elle-même avait son mouchoir sur ses yeux. Avant de finir, Julien revint à la préméditation, à son repentir, au respect, à l'adoration filiale et sans bornes que, dans les temps plus heureux, il avait pour madame de Rênal... Madame Derville jeta un cri et s'évanouit.

Une heure sonnait comme les jurés se retiraient dans leur chambre. Aucune femme n'avait abandonné sa place; plusieurs hommes avaient les larmes aux yeux. Les conversations furent d'abord très vives; mais peu à peu, la décision du jury se faisant attendre, la fatigue générale commença à jeter du calme dans l'assemblée. Ce moment était solennel; les lumières jetaient moins d'éclat. Julien, très fatigué, entendait discuter auprès de lui la question de savoir si ce retard était de bon ou de mauvais augure. Il vit avec plaisir que tous les vœux étaient pour lui : le jury ne revenait point, et cependant aucune femme ne quittait la salle.

Comme deux heures venaient de sonner, un grand mouvement se fit entendre. La petite porte de la chambre des jurés s'ouvrit. M. le baron de Valenod s'avança d'un pas grave et théâtral, il était suivi de tous les jurés. Il toussa, puis déclara qu'en son âme et conscience la déclaration unanime du jury était que Julien Sorel était coupable de meurtre et, de meurtre avec préméditation : cette déclaration entraînait la peine de mort; elle fut prononcée un instant après. Julien regarda sa montre, et se souvint de M. de Lavalette; il était deux heures et un quart. C'est aujourd'hui vendredi, pensa-t-il.

Oui, mais ce jour est heureux pour le Valenod, qui me condamne... Je suis trop surveillé pour que Mathilde puisse me sauver comme fit madame de Lavalette... Ainsi, dans trois jours, à cette même heure, je saurai à quoi m'en tenir sur le *grand peut-être*.

En ce moment, il entendit un cri et fut rappelé aux choses de ce monde. Les femmes autour de lui sanglotaient; il vit que toutes les figures étaient tournées vers une petite tribune pratiquée dans le couronnement d'un pilastre gothique. Il sut plus tard que Mathilde s'y était cachée. Comme le cri ne se renouvela pas, tout le monde se remit à regarder Julien, auquel les gendarmes cherchaient à faire traverser la foule.

Tâchons de ne pas apprêter à rire à ce fripon de Valenod, pensa Julien. Avec quel air contrit et patelin il a prononcé la déclaration qui entraîne la peine de mort! tandis que ce pauvre président des assises, tout juge qu'il est depuis nombre d'années, avait la larme à l'œil en me condamnant. Quelle joie pour le Valenod de se venger de notre ancienne rivalité auprès de madame de Rênal!... Je ne la verrai donc plus! C'en est fait... Un dernier adieu est impossible entre nous, je le sens... Que j'aurais été heureux de lui dire toute l'horreur que j'ai de mon crime!

Seulement ces paroles : Je me trouve justement condamné.

CHAPITRE XLII

En ramenant Julien en prison, on l'avait introduit dans
une chambre destinée aux condamnés à mort. Lui qui,
d'ordinaire, remarquait jusqu'aux plus petites circonstances, ne s'était point aperçu qu'on ne le faisait pas
remonter à son donjon. Il songeait à ce qu'il dirait à
madame de Rênal, si, avant le dernier moment, il avait
le bonheur de la voir. Il pensait qu'elle l'interromprait
et voulait du premier mot pouvoir lui peindre tout son
repentir. Après une telle action, comment lui persuader
que je l'aime uniquement? car enfin j'ai voulu la tuer par
ambition ou par amour pour Mathilde.

En se mettant au lit il trouva des draps d'une toile
grossière. Ses yeux se dessillèrent. Ah! je suis au cachot,
se dit-il, comme condamné à mort. C'est juste...

Le comte Altamira me racontait que, la veille de sa
mort, Danton disait avec sa grosse voix : C'est singulier,
le verbe guillotiner ne peut pas se conjuguer dans tous
ses temps; on peut bien dire : Je serai guillotiné, tu seras
guillotiné, mais on ne dit pas : J'ai été guillotiné.

Pourquoi pas, reprit Julien, s'il y a une autre vie?...
Ma foi, si je trouve le Dieu des chrétiens, je suis perdu :
c'est un despote, et, comme tel, il est rempli d'idées de
vengeance; sa Bible ne parle que de punitions atroces.
Je ne l'ai jamais aimé; je n'ai même jamais voulu croire
qu'on l'aimât sincèrement. Il est sans pitié (et il se
rappela plusieurs passages de la Bible). Il me punira d'une
manière abominable...

Mais si je trouve le Dieu de Fénelon! Il me dira peut-
être : Il te sera beaucoup pardonné, parce que tu as
beaucoup aimé...

Ai-je beaucoup aimé? Ah! j'ai aimé madame de Rênal
mais ma conduite a été atroce. Là, comme ailleurs, le
mérite simple et modeste a été abandonné pour ce qui
est brillant...

Mais aussi, quelle perspective!... Colonel de hussards,
si nous avions la guerre; secrétaire de légation pendant

la paix; ensuite ambassadeur... car bientôt j'aurais su les
affaires..., et quand je n'aurais été qu'un sot, le gendre
du marquis de La Mole a-t-il quelque rivalité à craindre?
Toutes mes sottises eussent été pardonnées, ou plutôt
comptées pour des mérites. Homme de mérite, et jouis-
sant de la plus grande existence à Vienne ou à Londres...

— Pas précisément, monsieur, guillotiné dans trois
jours.

Julien rit de bon cœur de cette saillie de son esprit.
En vérité, l'homme a deux êtres en lui, pensa-t-il. Qui
diable songeait à cette réflexion maligne.

Eh bien! oui, mon ami, guillotiné dans trois jours,
répondit-il à l'interrupteur. M. de Cholin louera une
fenêtre, de compte à demi avec l'abbé Maslon. Eh bien,
pour le prix de location de cette fenêtre, lequel de ces
deux dignes personnages volera l'autre?

Ce passage du *Venceslas* de Rotrou lui revint tout à
coup :

LADISLAS

... Mon âme est toute prête.

LE ROI, *père de Ladislas*.

L'échafaud l'est aussi; portez-y votre tête.

Belle réponse! pensa-t-il, et il s'endormit. Quelqu'un le
réveilla le matin en le serrant fortement.

— Quoi déjà! dit Julien en ouvrant un œil hagard. Il
se croyait entre les mains du bourreau.

C'était Mathilde. Heureusement, elle ne m'a pas compris. Cette réflexion lui rendit tout son sang-froid. Il
trouva Mathilde changée comme par six mois de maladie : réellement elle n'était pas reconnaissable.

— Cet infâme Frilair m'a trahie, lui disait-elle en se
tordant les mains; la fureur l'empêchait de pleurer.

— N'étais-je pas beau, hier, quand j'ai pris la parole?
répondit Julien. J'improvisais, et pour la première fois
de ma vie! Il est vrai qu'il est à craindre que ce ne soit
aussi la dernière.

Dans ce moment, Julien jouait sur le caractère de
Mathilde avec tout le sang-froid d'un pianiste habile qui

touche un piano... L'avantage d'une naissance illustre me manque, il est vrai, ajouta-t-il, mais la grande âme de Mathilde a élevé son amant jusqu'à elle. Croyez-vous que Boniface de La Mole ait été mieux devant ses juges?

Mathilde, ce jour-là, était tendre sans affectation comme une pauvre fille habitant un cinquième étage; mais elle ne put obtenir de lui des paroles plus simples. Il lui rendait, sans le savoir, le tourment qu'elle lui avait souvent infligé.

On ne connaît point les sources du Nil, se disait Julien; il n'a point été donné à l'œil de l'homme de voir le roi des fleuves dans l'état de simple ruisseau : ainsi aucun œil humain ne verra Julien faible, d'abord parce qu'il ne l'est pas. Mais j'ai le cœur facile à toucher; la parole la plus commune, si elle est dite avec un accent vrai, peut attendrir ma voix et même faire couler mes larmes. Que de fois les cœurs secs ne m'ont-ils pas méprisé pour ce défaut! Ils croyaient que je demandais grâce : voilà ce qu'il ne faut pas souffrir.

On dit que le souvenir de sa femme émut Danton au pied de l'échafaud; mais Danton avait donné de la force à une nation de freluquets, et empêchait l'ennemi d'arriver à Paris... Moi seul, je sais ce que j'aurais pu faire... Pour les autres, je ne suis tout au plus qu'un PEUT-ÊTRE.

Si madame de Rênal était ici, dans mon cachot, au lieu de Mathilde, aurais-je pu répondre de moi? L'excès de mon désespoir et de mon repentir eût passé aux yeux des Valenod et de tous les patriciens du pays pour l'ignoble peur de la mort; ils sont si fiers ces cœurs faibles, que leur position pécuniaire met au-dessus des tentations! Voyez ce que c'est, auraient dit MM. de Moirod et de Cholin, qui viennent de me condamner à mort, que de naître fils d'un charpentier! On peut devenir savant, adroit, mais le cœur!... Le cœur ne s'apprend pas. Même avec cette pauvre Mathilde, qui pleure maintenant, ou plutôt qui ne peut plus pleurer, dit-il en regardant ses yeux rouges... et il la serra dans ses bras : l'aspect d'une douleur vraie lui fit oublier son syllogisme... Elle a pleuré toute la nuit peut-être, se dit-il; mais un jour, quelle honte ne lui fera pas ce souvenir! Elle se regardera comme ayant été égarée, dans sa première jeunesse, par les façons de penser basses d'un plébéien... Le Croisenois est assez faible pour l'épouser, et, ma foi, il fera bien. Elle lui fera jouer un rôle,

> Du droit qu'un esprit ferme et vaste en ses desseins
> A sur l'esprit grossier des vulgaires humains.

Ah çà! voici qui est plaisant : depuis que je dois mourir, tous les vers que j'ai jamais sus en ma vie me reviennent à la mémoire. Ce sera un signe de décadence...

Mathilde lui répétait d'une voix éteinte : Il est là dans la pièce voisine. Enfin il fit attention à ces paroles. Sa voix est faible, pensa-t-il, mais tout ce caractère impérieux est encore dans son accent. Elle baisse la voix pour ne pas se fâcher.

— Et qui est là? lui dit-il d'un air doux.

— L'avocat, pour vous faire signer votre appel.

— Je n'appellerai pas.

— Comment! vous n'appellerez pas, dit-elle en se levant et les yeux étincelants de colère, et pourquoi, s'il vous plaît?

— Parce que, en ce moment, je me sens le courage de mourir sans trop faire rire à mes dépens. Et qui me dit que dans deux mois, après un long séjour dans ce cachot humide, je serai aussi bien disposé? Je prévois des entrevues avec des prêtres, avec mon père... Rien au monde ne peut m'être aussi désagréable. Mourons.

Cette contrariété imprévue réveilla toute la partie altière du caractère de Mathilde. Elle n'avait pu voir l'abbé de Frilair avant l'heure où l'on ouvre les cachots de la prison de Besançon; sa fureur retomba sur Julien. Elle l'adorait, et, pendant un grand quart d'heure, il retrouva dans ses imprécations contre son caractère, de lui Julien, dans ses regrets de l'avoir aimé, toute cette âme hautaine qui jadis l'avait accablé d'injures si poignantes, dans la bibliothèque de l'hôtel de La Mole.

— Le Ciel devait à la gloire de ta race de te faire naître homme, lui dit-il.

Mais quant à moi, pensait-il, je serais bien dupe de

vivre encore deux mois dans ce séjour dégoûtant, en
butte à tout ce que la faction patricienne peut inventer
d'infâme et d'humiliant (1), et ayant pour unique consolation les imprécations de cette folle... Eh bien, après-
demain matin, je me bats en duel avec un homme connu
par son sang-froid et par une adresse remarquable...
Fort remarquable, dit le parti méphistophélès; il ne
manque jamais son coup.

Eh bien, soit, à la bonne heure (Mathilde continuait
à être éloquente). Parbleu non, se dit-il, je n'appellerai pas.

Cette résolution prise, il tomba dans la rêverie... Le
courrier en passant apportera le journal à six heures
comme à l'ordinaire; à huit heures, après que M. de
Rênal l'aura lu, Elisa, marchant sur la pointe du pied,
viendra le déposer sur son lit. Plus tard elle s'éveillera :
tout à coup, en lisant, elle sera troublée; sa jolie main
tremblera; elle lira jusqu'à ces mots... *A dix heures et
cinq minutes il avait cessé d'exister.*

Elle pleurera à chaudes larmes, je la connais; en vain
j'ai voulu l'assassiner, tout sera oublié. Et la personne
à qui j'ai voulu ôter la vie sera la seule qui sincèrement
pleurera ma mort.

Ah! ceci est une antithèse! pensa-t-il, et, pendant un
grand quart d'heure que dura encore la scène que lui
faisait Mathilde, il ne songea qu'à madame de Rênal.
Malgré lui, et quoique répondant souvent à ce que
Mathilde lui disait, il ne pouvait détacher son âme du
souvenir de la chambre à coucher de Verrières. Il voyait
la gazette de Besançon sur la courte-pointe de taffetas
orange. Il voyait cette main si blanche qui la serrait d'un
mouvement convulsif; il voyait madame de Rênal pleurer... Il suivait la route de chaque larme sur cette figure
charmante.

Mademoiselle de La Mole, ne pouvant rien obtenir de
Julien, fit entrer l'avocat. C'était heureusement un ancien
capitaine de l'armée d'Italie, de 1796, où il avait été
camarade de Manuel.

---

(1) C'est un jacobin qui parle.

Pour la forme, il combattit la résolution du condamné. Julien, voulant le traiter avec estime, lui déduisit toutes ses raisons.

Ma foi, on peut penser comme vous, finit par lui dire M. Félix Vaneau; c'était le nom de l'avocat. Mais vous avez trois jours pleins pour appeler, et il est de mon devoir de revenir tous les jours. Si un volcan s'ouvrait sous la prison, d'ici à deux mois, vous seriez sauvé. Vous pouvez mourir de maladie, dit-il en regardant Julien.

Julien lui serra la main. — Je vous remercie, vous êtes un brave homme. A ceci je songerai.

Et lorsque Mathilde sortit enfin avec l'avocat, il se sentait beaucoup plus d'amitié pour l'avocat que pour elle.

CHAPITRE XLIII

Une heure après, comme il dormait profondément, il fut éveillé par des larmes qu'il sentait couler sur sa main. Ah! c'est encore Mathilde, pensa-t-il à demi éveillé. Elle vient, fidèle à la théorie, attaquer ma résolution par les sentiments tendres. Ennuyé de la perspective de cette nouvelle scène dans le genre pathétique, il n'ouvrit pas les yeux. Les vers de Belphégor fuyant sa femme lui revinrent à la pensée.

Il entendit un soupir singulier; il ouvrit les yeux, c'était madame de Rênal.

— Ah! je te revois avant que de mourir, est-ce une illusion? s'écria-t-il en se jetant à ses pieds.

Mais pardon, madame, je ne suis qu'un assassin à vos yeux, dit-il à l'instant, en revenant à lui.

— Monsieur... je viens vous conjurer d'appeler, je sais que vous ne le voulez pas... Ses sanglots l'étouffaient; elle ne pouvait parler.

— Daignez me pardonner.

— Si tu veux que je te pardonne, lui dit-elle en se levant et se jetant dans ses bras, appelle tout de suite de ta sentence de mort.

Julien la couvrait de baisers.

— Viendras-tu me voir tous les jours pendant ces deux mois?

— Je te le jure. Tous les jours, à moins que mon mari ne me le défende.

— Je signe! s'écria Julien. Quoi! tu me pardonnes! est-il possible!

Il la serrait dans ses bras; il était fou. Elle jeta un petit cri.

— Ce n'est rien, lui dit-elle, tu m'as fait mal.

— A ton épaule, s'écria Julien fondant en larmes. Il s'éloigna un peu, et couvrit sa main de baisers de flamme. Qui me l'eût dit la dernière fois que je te vis, dans ta chambre, à Verrières?

— Qui m'eût dit alors que j'écrirais à M. de La Mole cette lettre infâme?

— Sache que je t'ai toujours aimée, que je n'ai aimé que toi.

— Est-il bien possible! s'écria madame de Rênal, ravie à son tour. Elle s'appuya sur Julien, qui était à ses genoux, et longtemps ils pleurèrent en silence.

A aucune époque de sa vie, Julien n'avait trouvé un moment pareil.

Bien longtemps après, quand on put parler :

— Et cette jeune madame Michelet, dit madame de Rênal, ou plutôt cette mademoiselle de La Mole; car je commence en vérité à croire cet étrange roman!

— Il n'est vrai qu'en apparence, répondit Julien. C'est ma femme, mais ce n'est pas ma maîtresse...

En s'interrompant cent fois l'un l'autre, ils parvinrent à grand-peine à se raconter ce qu'ils ignoraient. La lettre écrite à M. de La Mole avait été faite par le jeune prêtre qui dirigeait la conscience de madame de Rênal, et ensuite copiée par elle. — Quelle horreur m'a fait commettre la religion! lui disait-elle; et encore j'ai adouci les passages les plus affreux de cette lettre...

Les transports et le bonheur de Julien lui prouvaient combien il lui pardonnait. Jamais il n'avait été aussi fou d'amour.

— Je me crois pourtant pieuse, lui disait madame de Rênal dans la suite de la conversation. Je crois sincè-

rement en Dieu; je crois également, et même cela m'est
prouvé, que le crime que je commets est affreux, et dès
que je te vois, même après que tu m'as tiré deux coups
de pistolet... Et ici, malgré elle, Julien la couvrit de
baisers.

— Laisse-moi, continua-t-elle, je veux raisonner avec
toi, de peur de l'oublier... Dès que je te vois, tous les
devoirs disparaissent, je ne suis plus qu'amour pour toi,
ou plutôt, le mot amour est trop faible. Je sens pour toi
ce que je devrais sentir uniquement pour Dieu : un
mélange de respect, d'amour, d'obéissance... En vérité, je
ne sais pas ce que tu m'inspires. Tu me dirais de donner
un coup de couteau au geôlier, que le crime serait commis
avant que j'y eusse songé. Explique-moi cela bien nettement avant que je te quitte, je veux voir clair dans
mon cœur; car dans deux mois nous nous quittons... A
propos, nous quitterons-nous? lui dit-elle en souriant.

— Je retire ma parole, s'écria Julien en se levant; je
n'appelle pas de la sentence de mort, si par poison,
couteau, pistolet, charbon ou de toute autre manière
quelconque, tu cherches à mettre fin ou obstacle à ta vie.

La physionomie de madame de Rênal changea tout
à coup; la plus vive tendresse fit place à une rêverie
profonde.

— Si nous mourions tout de suite? lui dit-elle enfin.

— Qui sait ce que l'on trouve dans l'autre vie? répondit Julien; peut-être des tourments, peut-être rien du
tout. Ne pouvons-nous pas passer deux mois ensemble
d'une manière délicieuse? Deux mois, c'est bien des jours.
Jamais je n'aurai été aussi heureux!

— Jamais tu n'auras été aussi heureux!

— Jamais, répéta Julien ravi, et je te parle comme je
me parle à moi-même. Dieu me préserve d'exagérer.

— C'est me commander que de parler ainsi, dit-elle
avec un sourire timide et mélancolique.

— Eh bien! tu jures, sur l'amour que tu as pour moi,
de n'attenter à ta vie par aucun moyen direct, ni indi-
rect... songe, ajouta-t-il, qu'il faut que tu vives pour mon
fils, que Mathilde abandonnera à des laquais dès qu'elle
sera marquise de Croisenois.

— Je jure, reprit-elle froidement, mais je veux emporter ton appel écrit et signé de ta main. J'irai moi-même chez M. le procureur général.

— Prends garde, tu te compromets.

— Après la démarche d'être venue te voir dans ta prison, je suis à jamais, pour Besançon et toute la Franche-Comté, une héroïne d'anecdotes, dit-elle d'un air profondément affligé. Les bornes de l'austère pudeur sont franchies... Je suis une femme perdue d'honneur; il est vrai que c'est pour toi...

Son accent était si triste, que Julien l'embrassa avec un bonheur tout nouveau pour lui. Ce n'était plus l'ivresse de l'amour, c'était reconnaissance extrême. Il venait d'apercevoir, pour la première fois, toute l'étendue du sacrifice qu'elle lui avait fait.

Quelque âme charitable informa, sans doute, M. de Rênal des longues visites que sa femme faisait à la prison de Julien : car, au bout de trois jours il lui envoya sa voiture, avec l'ordre exprès de revenir sur-le-champ à Verrières.

Cette séparation cruelle avait mal commencé la journée pour Julien. On l'avertit, deux ou trois heures après, qu'un certain prêtre intrigant, et qui pourtant n'avait pu se pousser parmi les jésuites de Besançon, s'était établi depuis le matin en dehors de la porte de la prison, dans la rue. Il pleuvait beaucoup, et là cet homme prétendait jouer le martyr. Julien était mal disposé, cette sottise le toucha profondément.

Le matin il avait déjà refusé la visite de ce prêtre, mais cet homme s'était mis en tête de confesser Julien et de se faire un nom parmi les jeunes femmes de Besançon, par toutes les confidences qu'il prétendrait en avoir reçues.

Il déclarait à haute voix qu'il allait passer la journée et la nuit à la porte de la prison; — Dieu m'envoie pour toucher le cœur de cet autre apostat... Et le bas peuple, toujours curieux d'une scène, commençait à s'attrouper.

— Oui, mes frères, leur disait-il, je passerai ici la journée, la nuit, ainsi que toutes les journées, et toutes les nuits qui suivront. Le Saint-Esprit m'a parlé, j'ai une

mission d'en-haut; c'est moi qui dois sauver l'âme du
jeune Sorel. Unissez-vous à mes prières, etc., etc.

Julien avait horreur du scandale et de tout ce qui pouvait attirer l'attention sur lui. Il songea à saisir le moment
pour s'échapper du monde incognito; mais il avait
quelque espoir de revoir madame de Rênal, et il était
éperdument amoureux.

La porte de la prison était située dans l'une des rues
les plus fréquentées. L'idée de ce prêtre crotté, faisant
foule et scandale, torturait son âme. — Et, sans nul doute
à chaque instant il répète mon nom! Ce moment fut plus
pénible que la mort.

Il appela deux ou trois fois, à une heure d'intervalle,
un porte-clefs qui lui était dévoué, pour l'envoyer voir
si le prêtre était encore à la porte de la prison.

— Monsieur, il est à deux genoux dans la boue, lui
disait toujours le porte-clefs; il prie à haute voix et dit
les litanies pour votre âme... L'impertinent! pensa Julien.
En ce moment, en effet, il entendit un bourdonnement
sourd, c'était le peuple répondant aux litanies. Pour
comble d'impatience, il vit le porte-clefs lui-même agiter
ses lèvres en répétant les mots latins. — On commence
à dire, ajouta le porte-clefs, qu'il faut que vous ayez le
cœur bien endurci pour refuser le secours de ce saint
homme.

— O ma patrie! que tu es encore barbare! s'écria
Julien ivre de colère. Et il continua son raisonnement
tout haut et sans songer à la présence du porte-clefs.

Cet homme veut un article dans le journal, et le voilà
sûr de l'obtenir.

Ah! maudits provinciaux! A Paris, je ne serais pas
soumis à toutes ces vexations. On y est plus savant en
charlatanisme.

— Faites entrer ce saint prêtre, dit-il enfin au porte-
clefs, et la sueur coulait à grands flots sur son front. Le
porte-clefs fit le signe de la croix et sortit tout joyeux.

Ce saint prêtre se trouva horriblement laid, il était
encore plus crotté. La pluie froide qu'il faisait augmentait l'obscurité et l'humidité du cachot. Le prêtre voulut
embrasser Julien, et se mit à s'attendrir en lui parlant.

La plus basse hypocrisie était trop évidente; de sa vie Julien n'avait été aussi en colère.

Un quart d'heure après l'entrée du prêtre, Julien se trouva tout à fait lâche. Pour la première fois la mort lui parut horrible. Il pensait à l'état de putréfaction où serait son corps deux jours après l'exécution, etc., etc.

Il allait se trahir par quelque signe de faiblesse ou se jeter sur le prêtre et l'étrangler avec sa chaîne, lorsqu'il eut l'idée de prier le saint homme d'aller dire pour lui une bonne messe de quarante francs, ce jour-là même.

Or, il était près de midi, le prêtre décampa.

CHAPITRE XLIV

Dès qu'il fut sorti, Julien pleura beaucoup, et pleura de mourir. Peu à peu il se dit que, si madame de Rênal eût été à Besançon, il lui eût avoué sa faiblesse...

Au moment où il regrettait le plus l'absence de cette femme adorée, il entendit le pas de Mathilde.

Le pire des malheurs en prison, pensa-t-il, c'est de ne pouvoir fermer sa porte. Tout ce que Mathilde lui dit ne fit que l'irriter.

Elle lui raconta que, le jour du jugement, M. de Valenod ayant en poche sa nomination de préfet, il avait osé se moquer de M. de Frilair et se donner le plaisir de le condamner à mort.

« Quelle idée a eue votre ami, vient de me dire M. de Frilair, d'aller réveiller et attaquer la petite vanité de cette *aristocratie bourgeoise!* Pourquoi parler de *caste?* Il leur a indiqué ce qu'ils devaient faire dans leur intérêt politique : ces nigauds n'y songeaient pas et étaient prêts à pleurer. Cet intérêt de caste est venu masquer à leurs yeux l'horreur de condamner à mort. Il faut avouer que M. Sorel est bien neuf aux affaires. Si nous ne parvenons à le sauver par le recours en grâce, sa mort sera une sorte de *suicide...* »

Mathilde n'eut garde de dire à Julien ce dont elle ne se doutait pas encore : c'est que l'abbé de Frilair, voyant

Julien perdu, croyait utile à son ambition d'aspirer à devenir son successeur.

Presque hors de lui, à force de colère impuissante et de contrariété : — Allez écouter une messe pour moi, dit-il à Mathilde, et laissez-moi un instant de paix. Mathilde, déjà fort jalouse des visites de madame de Rênal, et qui venait d'apprendre son départ, comprit la cause de l'humeur de Julien et fondit en larmes.

Sa douleur était réelle, Julien le voyait et n'en était que plus irrité. Il avait un impérieux besoin de solitude, et comment se la procurer?

Enfin, Mathilde, après avoir essayé de tous les raisonnements pour l'attendrir, le laissa seul, mais presque au même instant Fouqué parut.

— J'ai besoin d'être seul, dit-il à cet ami fidèle... Et comme il le vit hésiter : Je compose un mémoire pour mon recours en grâce... du reste... fais-moi un plaisir : ne me parle jamais de la mort. Si j'ai besoin de quelques services particuliers ce jour-là, laisse-moi t'en parler le premier.

Quand Julien se fut enfin procuré la solitude, il se trouva plus accablé et plus lâche qu'auparavant. Le peu de forces qui restait à cette âme affaiblie, avait été épuisé à déguiser son état à mademoiselle de La Mole et à Fouqué.

Vers le soir, une idée le consola :

Si ce matin, dans le moment où la mort me paraissait si laide, on m'eût averti pour l'exécution, *l'œil du public eût été aiguillon de gloire;* peut-être ma démarche eût-elle eu quelque chose d'empesé, comme celle d'un fat timide qui entre dans un salon. Quelques gens clairvoyants, s'il en est parmi ces provinciaux, eussent pu deviner ma faiblesse... mais personne *ne l'eût vue.*

Et il se sentit délivré d'une partie de son malheur. Je suis un lâche en ce moment, se répétait-il en chantant, mais personne ne le saura.

Un événement presque plus désagréable encore l'attendait pour le lendemain. Depuis longtemps, son père annonçait sa visite; ce jour-là, avant le réveil de Julien, le vieux charpentier en cheveux blancs parut dans son cachot.

Julien se sentit faible, il s'attendait aux reproches les plus désagréables. Pour achever de compléter sa pénible sensation, ce matin-là il éprouvait vivement le remords de ne pas aimer son père.

Le hasard nous a placés l'un près de l'autre sur la terre, se disait-il pendant que le porte-clefs arrangeait un peu le cachot, et nous nous sommes fait à peu près tout le mal possible. Il vient au moment de ma mort me donner le dernier coup.

Les reproches sévères du vieillard commencèrent dès qu'ils furent sans témoin.

Julien ne put retenir ses larmes. Quelle indigne faiblesse! se dit-il avec rage. Il ira partout exagérer mon manque de courage; quel triomphe pour les Valenod et pour tous les plats hypocrites qui règnent à Verrières! Ils sont bien grands en France, ils réunissent tous les avantages sociaux. Jusqu'ici je pouvais au moins me dire : Ils reçoivent de l'argent, il est vrai, tous les honneurs s'accumulent sur eux, mais moi j'ai la noblesse du cœur.

Et voilà un témoin que tous croiront, et qui certifiera à tout Verrières, et en l'exagérant, que j'ai été faible devant la mort! J'aurai été un lâche dans cette épreuve que tous comprennent!

Julien était près du désespoir. Il ne savait comment renvoyer son père. Et feindre de manière à tromper ce vieillard si clairvoyant se trouvait en ce moment tout à fait au-dessus de ses forces.

Son esprit parcourait rapidement tous les possibles.

— *J'ai fait des économies!* s'écria-t-il tout à coup.

Ce mot de génie changea la physionomie du vieillard et la position de Julien.

— Comment dois-je en disposer? continua Julien plus tranquille : l'effet produit lui avait ôté tout sentiment d'infériorité.

Le vieux charpentier brûlait du désir de ne pas laisser échapper cet argent, dont il semblait que Julien voulait laisser une partie à ses frères. Il parla longtemps et avec feu. Julien put être goguenard.

— Eh bien! le Seigneur m'a inspiré pour mon testament. Je donnerai mille francs à chacun de mes frères et le reste à vous.

— Fort bien, dit le vieillard, ce reste m'est dû; mais puisque Dieu vous a fait la grâce de toucher votre cœur, si vous voulez mourir en bon chrétien, il convient de payer vos dettes. Il y a encore les frais de votre nourriture et de votre éducation que j'ai avancés, et auxquels vous ne songez pas...

Voilà donc l'amour de père! se répétait Julien l'âme navrée, lorsqu'enfin il fut seul. Bientôt parut le geôlier.

— Monsieur, après la visite des grands-parents, j'apporte toujours à mes hôtes une bouteille de bon vin de Champagne. Cela est un peu cher, six francs la bouteille, mais cela réjouit le cœur.

— Apportez trois verres, lui dit Julien avec un empressement d'enfant, et faites entrer des prisonniers que j'entends se promener dans le corridor.

Le geôlier lui amena deux galériens tombés en récidive et qui se préparaient à retourner au bagne. C'étaient des scélérats fort gais et réellement très remarquables par la finesse, le courage et le sang-froid.

— Si vous me donnez vingt francs, dit l'un d'eux à Julien, je vous conterai ma vie en détail. C'est du *chenu*.

— Mais vous allez me mentir? dit Julien.

— Non pas, répondit-il; mon ami que voilà, et qui est jaloux de mes vingt francs, me dénoncera si je dis faux.

Son histoire était abominable. Elle montrait un cœur courageux, où il n'y avait plus qu'une passion, celle de l'argent.

Après leur départ, Julien n'était plus le même homme. Toute sa colère contre lui-même avait disparu. La douleur atroce, envenimée par la pusillanimité, à laquelle il était en proie depuis le départ de madame de Rênal, s'était tournée en mélancolie.

A mesure que j'aurais été moins dupe des apparences, se disait-il, j'aurais vu que les salons de Paris sont peuplés d'honnêtes gens tels que mon père, ou de coquins habiles tels que ces galériens. Ils ont raison, jamais les hommes de salon ne se lèvent le matin avec cette pensée

poignante : Comment dînerai-je? Et ils vantent leur probité! et, appelés au jury, ils condamnent fièrement
l'homme qui a volé un couvert d'argent parce qu'il se
sentait défaillir de faim.

Mais y a-t-il une cour, s'agit-il de perdre ou de gagner
un portefeuille, mes honnêtes gens de salon tombent
dans des crimes exactement pareils à ceux que la nécessité
de dîner a inspirés à ces deux galériens...

Il n'y a point de *droit naturel :* ce mot n'est qu'une
antique niaiserie bien digne de l'avocat général qui m'a
donné chasse l'autre jour, et dont l'aïeul fut enrichi par
une confiscation de Louis XIV. Il n'y a de *droit* que
lorsqu'il y a une loi pour défendre de faire telle chose,
sous peine de punition. Avant la loi, il n'y a de *naturel*
que la force du lion, ou le besoin de l'être qui a faim,
qui a froid, le *besoin* en un mot... non, les gens qu'on
honore ne sont que des fripons qui ont eu le bonheur
de n'être pas pris en flagrant délit. L'accusateur que la
société lance après moi a été enrichi par une infamie...
J'ai commis un assassinat, et je suis justement condamné,
mais, à cette seule action près, le Valenod qui m'a
condamné est cent fois plus nuisible à la société.

Eh bien, ajouta Julien tristement, mais sans colère,
malgré son avarice, mon père vaut mieux que tous ces
hommes-là. Il ne m'a jamais aimé. Je viens combler la
mesure en le déshonorant par une mort infâme. Cette
crainte de manquer d'argent, cette vue exagérée de la
méchanceté des hommes qu'on appelle *avarice,* lui fait
voir un prodigieux motif de consolation et de sécurité
dans une somme de trois ou quatre cents louis que je
puis lui laisser. Un dimanche après dîner, il montrera
son or à tous ses envieux de Verrières. A ce prix, leur
dira son regard, lequel d'entre vous ne serait pas charmé
d'avoir un fils guillotiné?

Cette philosophie pouvait être vraie, mais elle était de
nature à faire désirer la mort. Ainsi se passèrent cinq
longues journées. Il était poli et doux envers Mathilde,
qu'il voyait exaspérée par la plus vive jalousie. Un soir
Julien songeait sérieusement à se donner la mort. Son
âme était énervée par le malheur profond où l'avait jeté

le départ de madame de Rênal. Rien ne lui plaisait plus,
ni dans la vie réelle, ni dans l'imagination. Le défaut
d'exercice commençait à altérer sa santé et à lui donner
le caractère exalté et faible d'un jeune étudiant allemand.
Il perdait cette mâle hauteur qui repousse par un énergique jurement certaines idées peu convenables, dont
l'âme des malheureux est assaillie.

J'ai aimé la vérité... Où est-elle?... Partout hypocrisie,
ou du moins charlatanisme, même chez les plus vertueux,
même chez les plus grands; et ses lèvres prirent l'expression du dégoût... Non, l'homme ne peut pas se fier à
l'homme.

Madame de *** faisant une quête pour ses pauvres
orphelins, me disait que tel prince venait de donner dix
louis; mensonge. Mais que dis-je? Napoléon à Sainte-
Hélène!... Pur charlatanisme, proclamation en faveur du
roi de Rome.

Grand Dieu! si un tel homme, et encore quand le
malheur doit le rappeler sévèrement au devoir, s'abaisse
jusqu'au charlatanisme, à quoi s'attendre du reste de
l'espèce?...

Où est la vérité? Dans la religion... Oui, ajouta-t-il
avec le sourire amer du plus extrême mépris, dans la
bouche des Maslon, des Frilair, des Castanède... Peut-être
dans le vrai christianisme, dont les prêtres ne seraient
pas plus payés que les apôtres ne l'ont été?... Mais saint
Paul fut payé par le plaisir de commander, de parler, de
faire parler de soi...

Ah! s'il y avait une vraie religion... Sot que je suis! Je
vois une cathédrale gothique, des vitraux vénérables; mon
cœur faible se figure le prêtre de ces vitraux... Mon
âme le comprendrait, mon âme en a besoin... Je ne trouve
qu'un fat avec des cheveux sales... aux agréments près,
un chevalier de Beauvoisis.

Mais un vrai prêtre, un Massillon, un Fénelon... Massillon a sacré Dubois. Les *Mémoires de Saint-Simon* m'ont
gâté Fénelon; mais enfin un vrai prêtre... Alors les âmes
tendres auraient un point de réunion dans le monde...
Nous ne serions pas isolés... Ce bon prêtre nous parlerait
de Dieu. Mais quel Dieu? Non celui de la Bible, petit

despote cruel et plein de la soif de se venger... mais le Dieu de Voltaire, juste, bon, infini...

Il fut agité par tous les souvenirs de cette Bible qu'il savait par cœur... Mais comment, dès qu'on sera *trois ensemble*, croire à ce grand nom : DIEU, après l'abus effroyable qu'en font nos prêtres?

Vivre isolé!... Quel tourment!...

Je deviens fou et injuste, se dit Julien en se frappant le front. Je suis isolé ici dans ce cachot; mais je n'ai pas *vécu isolé* sur la terre; j'avais la puissante idée du *devoir*. Le devoir que je m'étais prescrit, à tort ou à raison... a été comme le tronc d'un arbre solide auquel je m'appuyais pendant l'orage; je vacillais, j'étais agité. Après tout je n'étais qu'un homme... mais je n'étais pas emporté.

C'est l'air humide de ce cachot qui me fait penser à l'isolement...

Et pourquoi être encore hypocrite en maudissant l'hypocrisie? Ce n'est ni la mort, ni le cachot, ni l'air humide, c'est l'absence de madame de Rênal qui m'accable. Si, à Verrières, pour la voir, j'étais obligé de vivre des semaines entières, caché dans les caves de sa maison, est-ce que je me plaindrais?

L'influence de mes contemporains l'emporte, dit-il tout haut et avec un rire amer. Parlant seul avec moi-même, à deux pas de la mort, je suis encore hypocrite... O dix-neuvième siècle!

... Un chasseur tire un coup de fusil dans une forêt, sa proie tombe, il s'élance pour la saisir. Sa chaussure heurte une fourmilière haute de deux pieds, détruit l'habitation des fourmis, sème au loin les fourmis, leurs œufs... Les plus philosophes parmi les fourmis ne pourront jamais comprendre ce corps noir, immense, effroyable : la botte du chasseur, qui tout à coup a pénétré dans leur demeure avec une incroyable rapidité, et précédée d'un bruit épouvantable, accompagné de gerbes d'un feu rougeâtre...

... Ainsi la mort, la vie, l'éternité, choses fort simples pour qui aurait les organes assez vastes pour les concevoir...

Une mouche éphémère naît à neuf heures du matin

dans les grands jours d'été, pour mourir à cinq heures du soir; comment comprendrait-elle le mot *nuit?*

Donnez-lui cinq heures d'existence de plus, elle voit et comprend ce que c'est que la nuit.

Ainsi moi, je mourrai à vingt-trois ans. Donnez-moi cinq années de vie de plus, pour vivre avec madame de Rênal.

Et il se mit à rire comme Méphistophélès. Quelle folie de discuter ces grands problèmes!

1° Je suis hypocrite comme s'il y avait là quelqu'un pour m'écouter.

2° J'oublie de vivre et d'aimer, quand il me reste si peu de jours à vivre... Hélas! madame de Rênal est absente; peut-être son mari ne la laissera plus revenir à Besançon, et continuer à se déshonorer.

Voilà ce qui m'isole, et non l'absence d'un Dieu juste, bon, tout-puissant, point méchant, point avide de vengeance...

Ah! s'il existait... hélas! je tomberais à ses pieds. J'ai mérité la mort, lui dirais-je; mais, grand Dieu, Dieu bon, Dieu indulgent, rends-moi celle que j'aime!

La nuit était fort avancée. Après une heure ou deux d'un sommeil paisible arriva Fouqué.

Julien se sentait fort et résolu comme l'homme qui voit clair dans son âme.

CHAPITRE XLV

Je ne veux pas jouer à ce pauvre abbé Chas-Bernard le mauvais tour de le faire appeler, dit-il à Fouqué; il n'en dînerait pas de trois jours. Mais tâche de me trouver un janséniste, ami de M. Pirard et inaccessible à l'intrigue.

Fouqué attendait cette ouverture avec impatience. Julien s'acquitta avec décence de tout ce qu'on doit à l'opinion, en province. Grâce à M. l'abbé de Frilair, et malgré le mauvais choix de son confesseur, Julien était dans son cachot le protégé de la congrégation; avec plus

506   LE ROUGE ET LE NOIR

d'esprit de conduite, il eût pu s'échapper. Mais le mauvais air du cachot produisant son effet, sa raison dimi-
nuait. Il n'en fut que plus heureux du retour de
madame de Rênal.

— Mon premier devoir est envers toi, lui dit-elle en
l'embrassant; je me suis sauvée de Verrières...

Julien n'avait point de petit amour-propre à son égard,
il lui raconta toutes ses faiblesses. Elle fut bonne et
charmante pour lui.

Le soir, à peine sortie de la prison, elle fit venir chez
sa tante le prêtre qui s'était attaché à Julien comme à
une proie; comme il ne voulait que se mettre en crédit
auprès des jeunes femmes appartenant à la haute société
de Besançon, madame de Rênal l'engagea facilement à
aller faire une neuvaine à l'abbaye de Bray-le-Haut.

Aucune parole ne put rendre l'excès et la folie de
l'amour de Julien.

A force d'or, et en usant et abusant du crédit de sa
tante, dévote célèbre et riche, madame de Rênal obtint
de le voir deux fois par jour.

A cette nouvelle, la jalousie de Mathilde s'exalta jusqu'à l'égarement. M. de Frilair lui avait avoué que tout
son crédit n'allait pas jusqu'à braver toutes les convenances au point de lui faire permettre de voir son ami
plus d'une fois chaque jour. Mathilde fit suivre madame
de Rênal afin de connaître ses moindres démarches. M. de
Frilair épuisait toutes les ressources d'un esprit fort adroit
pour lui prouver que Julien était indigne d'elle.

Au milieu de tous ces tourments elle ne l'en aimait
que plus, et presque chaque jour, lui faisait une scène
horrible.

Julien voulait à toute force être honnête homme jusqu'à la fin envers cette pauvre jeune fille qu'il avait
si étrangement compromise; mais, à chaque instant,
l'amour effréné qu'il avait pour madame de Rênal l'emportait. Quand, par de mauvaises raisons, il ne pouvait
venir à bout de persuader Mathilde de l'innocence des
visites de sa rivale : Désormais, la fin du drame doit
être bien proche, se disait-il; c'est une excuse pour moi
si je ne sais pas mieux dissimuler.

Mademoiselle de La Mole apprit la mort du marquis de Croisenois. M. de Thaler, cet homme si riche, s'était permis des propos désagréables sur la disparition de Mathilde; M. de Croisenois alla le prier de les démentir : M. de Thaler lui montra des lettres anonymes à lui adressées, et remplies de détails rapprochés avec tant d'art qu'il fut impossible au pauvre marquis de ne pas entrevoir la vérité.

M. de Thaler se permit des plaisanteries dénuées de finesse. Ivre de colère et de malheur, M. de Croisenois exigea des réparations tellement fortes, que le millionnaire préféra un duel. La sottise triompha; et l'un des hommes de Paris les plus dignes d'être aimés trouva la mort à moins de vingt-quatre ans.

Cette mort fit une impression étrange et maladive sur l'âme affaiblie de Julien.

— Le pauvre Croisenois, disait-il à Mathilde, a été réellement bien raisonnable et bien honnête homme envers nous; il eût dû me haïr lors de vos imprudences dans le salon de madame votre mère, et me chercher querelle; car la haine qui succède au mépris est ordinairement furieuse.

La mort de M. de Croisenois changea toutes les idées de Julien sur l'avenir de Mathilde; il employa plusieurs journées à lui prouver qu'elle devait accepter la main de M. de Luz. C'était un homme timide, point trop jésuite, lui disait-il, et qui, sans doute, va se mettre sur les rangs. D'une ambition plus sombre et plus suivie que le pauvre Croisenois, et sans duché dans sa famille, il ne sera aucune difficulté d'épouser la veuve de Julien Sorel.

— Et une veuve qui méprise les grandes passions, répliqua froidement Mathilde; car elle a assez vécu pour voir, après six mois, son amant lui préférer une autre femme, et une femme origine de tous leurs malheurs.

— Vous êtes injuste; les visites de madame de Rênal fourniront des phrases singulières à l'avocat de Paris chargé de mon recours en grâce; il peindra le meurtrier honoré des soins de sa victime. Cela peut faire effet, et peut-être un jour vous me verrez le sujet de quelque mélodrame, etc., etc.

Une jalousie furieuse et impossible à venger, la conti-
nuité d'un malheur sans espoir (car, même en supposant
Julien sauvé, comment regagner son cœur?), la honte et
la douleur d'aimer plus que jamais cet amant infidèle
avaient jeté mademoiselle de La Mole dans un silence
morne, et dont les soins empressés de M. de Frilair, pas
plus que la rude franchise de Fouqué, ne pouvaient la
faire sortir.

Pour Julien, excepté dans les moments usurpés par la
présence de Mathilde, il vivait d'amour et sans presque
songer à l'avenir. Par un étrange effet de cette passion,
quand elle est extrême et sans feinte aucune, madame de
Rênal partageait presque son insouciance et sa douce gaieté.

— Autrefois, lui disait Julien, quand j'aurais pu être
si heureux pendant nos promenades dans les bois de
Vergy, une ambition fougueuse entraînait mon âme dans
les pays imaginaires. Au lieu de serrer contre mon cœur
ce bras charmant qui était si près de mes lèvres, l'avenir
m'enlevait à toi; j'étais aux innombrables combats que
j'aurais à soutenir pour bâtir une fortune colossale...
Non, je serais mort sans connaître le bonheur, si vous
n'étiez venue me voir dans cette prison.

Deux événements vinrent troubler cette vie tranquille.
Le confesseur de Julien, tout janséniste qu'il était, ne fut
point à l'abri d'une intrigue de jésuites, et, à son insu,
devint leur instrument.

Il vint lui dire un jour qu'à moins de tomber dans
l'affreux péché du suicide, il devait faire toutes les
démarches possibles pour obtenir sa grâce. Or, le clergé
ayant beaucoup d'influence au ministère de la justice à
Paris, un moyen facile se présentait : il fallait se convertir
avec éclat...

— Avec éclat! répéta Julien. Ah! je vous y prends
vous aussi, mon père, jouant la comédie comme un
missionnaire.

— Votre âge, reprit gravement le janséniste, la figure
intéressante que vous tenez de la Providence, le motif
même de votre crime, qui reste inexplicable, les
démarches héroïques que mademoiselle de La Mole pro-
digue en votre faveur, tout enfin, jusqu'à l'étonnante

amitié que montre pour vous votre victime, tout a contribué à vous faire le héros des jeunes femmes de
Besançon. Elles ont tout oublié pour vous, même la
politique...

Votre conversion retentirait dans leurs cœurs et y laisserait une impression profonde. Vous pouvez être d'une
utilité majeure à la religion, et moi j'hésiterais par la
frivole raison que les jésuites suivraient la même marche
en pareille occasion! Ainsi, même dans ce cas particulier qui échappe à leur rapacité, ils nuiraient encore!
Qu'il n'en soit pas ainsi... Les larmes que votre conversion fera répandre annuleront l'effet corrosif de dix édi-
tions des œuvres impies de Voltaire.

— Et que me restera-t-il, répondit froidement Julien,
si je me méprise moi-même? J'ai été ambitieux, je ne veux
point me blâmer; alors, j'ai agi suivant les convenances
du temps. Maintenant, je vis au jour le jour. Mais à vue
de pays, je me ferais fort malheureux, si je me livrais à
quelque lâcheté...

L'autre incident, qui fut bien autrement sensible à
Julien vint de madame de Rênal. Je ne sais quelle amie
intrigante était parvenue à persuader à cette âme naïve et
si timide qu'il était de son devoir de partir pour Saint-
Cloud, et d'aller se jeter aux genoux du roi Charles X.

Elle avait fait le sacrifice de se séparer de Julien, et
après un tel effort, le désagrément de se donner en spectacle, qui en d'autres temps lui eût semblé pire que la
mort, n'était plus rien à ses yeux.

— J'irai au roi, j'avouerai hautement que tu es mon
amant : la vie d'un homme et d'un homme tel que Julien
doit l'emporter sur toutes les considérations. Je dirai que
c'est par jalousie que tu as attenté à ma vie. Il y a de
nombreux exemples de pauvres jeunes gens sauvés dans
ce cas par l'humanité du jury, ou celle du roi...

— Je cesse de te voir, je te fais fermer ma prison,
s'écria Julien, et bien certainement le lendemain je me
tue de désespoir, si tu ne me jures de ne faire aucune
démarche qui nous donne tous les deux en spectacle au
public. Cette idée d'aller à Paris n'est pas de toi. Dis-
moi le nom de l'intrigante qui te l'a suggérée...

Soyons heureux pendant le petit nombre de jours de cette courte vie. Cachons notre existence; mon crime n'est que trop évident. Mademoiselle de La Mole a tout crédit à Paris, crois bien qu'elle fait ce qui est humainement possible. Ici en province, j'ai contre moi tous les gens riches et considérés. Ta démarche aigrirait encore ces gens riches et surtout modérés pour qui la vie est chose si facile... N'apprêtons point à rire aux Maslon, aux Valenod et à mille gens qui valent mieux.

Le mauvais air du cachot devenait insupportable à Julien. Par bonheur, le jour où on lui annonça qu'il fallait mourir, un beau soleil réjouissait la nature, et Julien était en veine de courage. Marcher au grand air fut pour lui une sensation délicieuse, comme la promenade à terre pour le navigateur qui longtemps a été à la mer. Allons, tout va bien, se dit-il, je ne manque point de courage.

Jamais cette tête n'avait été aussi poétique qu'au moment où elle allait tomber. Les plus doux moments qu'il avait trouvés jadis dans les bois de Vergy revenaient en foule à sa pensée et avec une extrême énergie.

Tout se passa simplement, convenablement, et de sa part sans aucune affectation.

L'avant-veille, il avait dit à Fouqué :

— Pour de l'émotion, je ne puis en répondre; ce cachot si laid, si humide, me donne des moments de fièvre où je ne me reconnais pas; mais de la peur non, on ne me verra point pâlir.

Il avait pris ses arrangements d'avance pour que le matin du dernier jour, Fouqué enlevât Mathilde et madame de Rênal.

— Emmène-les dans la même voiture, lui avait-il dit. Arrange-toi pour que les chevaux de poste ne quittent pas le galop. Elles tomberont dans les bras l'une de l'autre, ou se témoigneront une haine mortelle. Dans les deux cas, les pauvres femmes seront un peu distraites de leur affreuse douleur.

Julien avait exigé de madame de Rênal le serment qu'elle vivrait pour donner des soins au fils de Mathilde.

— Qui sait? Peut-être avons-nous encore des sensations après notre mort, disait-il un jour à Fouqué. J'aimerais assez à reposer, puisque reposer est le mot, dans cette petite grotte de la grande montagne qui domine Verrières. Plusieurs fois, je te l'ai conté, retiré la nuit dans cette grotte, et ma vue plongeant au loin sur les plus riches provinces de France, l'ambition a enflammé mon cœur : alors c'était ma passion... Enfin, cette grotte m'est chère, et l'on ne peut disconvenir qu'elle ne soit située d'une façon à faire envie à l'âme d'un philosophe... eh bien! ces bons congréganistes de Besançon font argent de tout; si tu sais t'y prendre, ils te vendront ma dépouille mortelle...

Fouqué réussit dans cette triste négociation. Il passait la nuit seul dans sa chambre, auprès du corps de son ami, lorsqu'à sa grande surprise, il vit entrer Mathilde. Peu d'heures auparavant, il l'avait laissée à dix lieues de Besançon. Elle avait le regard et les yeux égarés.

— Je veux le voir, lui dit-elle.

Fouqué n'eut pas le courage de parler ni de se lever. Il lui montra du doigt un grand manteau bleu sur le plancher; là était enveloppé ce qui restait de Julien.

Elle se jeta à genoux. Le souvenir de Boniface de La Mole et de Marguerite de Navarre lui donna sans doute un courage surhumain. Ses mains tremblantes ouvrirent le manteau. Fouqué détourna les yeux.

Il entendit Mathilde marcher avec précipitation dans la chambre. Elle allumait plusieurs bougies. Lorsque Fouqué eut la force de la regarder, elle avait placé sur une petite table de marbre, devant elle, la tête de Julien, et la baisait au front...

Mathilde suivit son amant jusqu'au tombeau qu'il s'était choisi. Un grand nombre de prêtres escortaient la bière et, à l'insu de tous, seule dans sa voiture drapée, elle porta sur ses genoux la tête de l'homme qu'elle avait tant aimé.

Arrivés ainsi vers le point le plus élevé d'une des hautes montagnes du Jura, au milieu de la nuit, dans cette petite grotte magnifiquement illuminée d'un nombre infini de cierges, vingt prêtres célébrèrent le service des morts. Tous les habitants des petits villages de montagne traversés par le convoi, l'avaient suivi, attirés par la singularité de cette étrange cérémonie.

Mathilde parut au milieu d'eux en longs vêtements de deuil, et, à la fin du service, leur fit jeter plusieurs milliers de pièces de cinq francs.

Restée seule avec Fouqué, elle voulut ensevelir de ses propres mains la tête de son amant. Fouqué faillit en devenir fou de douleur.

Par les soins de Mathilde, cette grotte sauvage fut ornée de marbres sculptés à grands frais en Italie.

Madame de Rênal fut fidèle à sa promesse. Elle ne chercha en aucune manière à attenter à sa vie; mais trois jours après Julien, elle mourut en embrassant ses enfants.

F I N

BRODARD ET TAUPIN — IMPRIMEUR - RELIEUR
Paris-La Flèche-Coulommiers. — Imprimé en France.
6012-5-2 - Dépôt légal n° 7056, 1er trimestre 1968.
LE LIVRE DE POCHE - 6, avenue Pierre Ier de Serbie - Paris.

30 - 23 - 0357 - 13

30/0357/1